GARIBALDI

DU MÊME AUTEUR

Max Gallo

GARIBALDI

La force d'un destin

Fayard

Pour Nissa-la-bella,
Giuseppe Verdi
et
Che Guevara

« Je lègue : mon amour pour la Liberté et la Vérité ; ma haine du mensonge et de la tyrannie. »

Joseph GARIBALDI,
Testament politique (1871).

Une vie-opéra

Le visage et le regard de cet homme ne trompent pas.

A vingt-cinq ans, alors qu'il n'est encore qu'un marin qui trace sa route entre les rives de la Méditerranée, de Nice à Constantinople, et s'en va au-delà du Bosphore jusqu'aux ports de la mer Noire ou de la mer d'Azov, Odessa et Taganrog, il fixe son interlocuteur avec une attention et une gravité qui surprennent. Ses yeux marron sont enfoncés, cernés par les petites rides qui viennent souvent à ceux qui, en mer, surveillent l'horizon.

Vieux, il aura sous les sourcils blanchis la même netteté du regard, à peine voilée.

D'ailleurs, des années 1830 aux années 1880, tout au long de ce demi-siècle qui fut celui des Révolutions, qu'il traversa mêlé à tant d'événements qu'on l'imagine davantage héros de roman qu'acteur réel de l'histoire, ses traits ont peu changé.

Quand il arpentait le pont des navires, il avait, avec ses cheveux blonds mi-longs, sa barbe bouclée, la beauté romantique d'un de ces impétueux qui, portés par l'élan d'un siècle commençant, partaient à l'assaut de la vie. Le front était vaste, le profil régulier, la sensibilité si évidente que ce marin eût pu être pris pour un poète ou un écrivain. Et il le fut. Mais le corps modelé par l'effort physique était vigoureux, les épaules et le torse larges. Ce jeune homme dont le bas du visage, masqué par la barbe, manquait un peu de force, indiquant une tendance à l'hésitation, avait la charpente d'un homme d'action. Et il fut d'abord cela.

Car Joseph Garibaldi n'est pas né pour rien à Nice, un 4 juillet 1807.

Il a affronté les vagues dès l'enfance. Il a bondi sur les galets et les rochers, tiré sur les haussières, sauté du pont des tartanes sur les quais du port. Sa prestance est fruit de cette adolescence ensoleillée et active, fouettée par les embruns et le vent.

Même à la veille de sa mort − le 2 juin 1882 − quand il n'est qu'un vieillard de soixante-quinze ans que les rhumatismes paralysent et qu'il est contraint, pour parcourir quelques mètres, de s'appuyer sur une canne, que son espace − lui qui courut le monde de Montevideo à Canton, de Palerme à New York, de Manille à Rio − est limité à ce bout de terrain plat devant sa maison, dans la petite île méditerranéenne de Caprera, même à cet instant-là, son allure est altière. Son visage, dont aucune ligne ne s'est affaissée, a acquis une autorité souveraine qu'accentue la blancheur de la barbe et des cheveux. Le front s'est dégarni, les joues se sont creusées, la peau hier tannée est pâle comme un marbre. Pourtant, il n'y a aucune différence essentielle après ces cinquante ans de vie tumultueuse. C'est bien la même assurance, la même résolution, le même orgueil qu'expriment le visage, le regard et le corps tout entier.

De l'homme jeune qui s'embarquait pour gagner l'Amérique du Sud en 1835, on pouvait dire en le voyant : voilà quelqu'un qui veut se créer un destin et qui va prendre la vie à bras-le-corps.

De l'homme de plus de cinquante ans qui, en 1860, organisait avec mille compagnons une expédition destinée à libérer et à conquérir le royaume des Deux-Siciles, Palerme et Naples, on devait vanter l'intrépidité et le courage. Et George Sand parlait en ce temps-là « de cet homme de fer et de cette âme de feu ».

Mais du vieillard, même si on ignorait tout de son itinéraire et de sa notoriété, même s'il ressemblait, enveloppé dans son poncho gris, à un berger de Caprera, on devinait, à croiser son regard, à observer son port de tête, ses gestes doux et impérieux à la fois, qu'il était un homme fier que la vie n'avait pas plié.

L'un de ceux qui savent s'ouvrir un destin comme l'étrave fend la mer.

Ce visage et ce regard, cette présence physique de Joseph Garibaldi, son apparence, on ne doit à aucun moment les oublier.

Il est des personnages historiques dont on peut négliger le corps. Ces monarques secrets, ces dictateurs reclus se cachent dans l'ombre d'un palais. Ils gouvernent de loin et de haut, par décrets. Leur pouvoir vient aussi de ce vide, de cette absence physique qu'ils entretiennent, ne se montrant aux foules qu'en de très rares occasions. Le peuple les entrevoit et les imagine superbes ou monstrueux. Le peuple les vénère ou les craint : ils sont un rêve ou un cauchemar.

Mais Joseph Garibaldi joue de son corps et de son aspect.

Qui ne sait qu'il se donna un costume de scène : cette chemise rouge, ce foulard noué, rouge aussi, ce poncho blanc ou gris, cette calotte brodée qui serrait ses cheveux ou bien ce feutre à bords redressés, tous ces éléments propres à le distinguer sur un champ de bataille ou dans l'enceinte d'un parlement — l'italien ou le français — et qui le faisaient reconnaître, qui enchantaient comme des traits légendaires signalent la présence d'un héros. Tout au long du siècle, après qu'il eut emprunté en Amérique latine, où il séjourna treize ans, ces singularités vestimentaires, il utilisa ainsi sa prestance pour entraîner, convaincre, galvaniser, laisser une trace dans les mémoires, devenir un symbole vivant dont on repère les signes.

Il s'imposa de la sorte à l'imagination du monde entier, comme un air populaire d'opéra qu'on fredonnait sur plusieurs continents, puisqu'il les avait tous touchés. Il avait vécu et combattu en Amérique du Sud, en Italie bien sûr, en France. Mais il avait aussi abordé l'Extrême-Orient, la Tunisie et la Turquie, la Russie et l'Australie, séjourné à Londres et à New York. Rarement un héros national, celui dont le nom évoque l'unité d'un pays, l'Italie, fut à ce point cosmopolite, aimé ou détesté avec autant de vigueur dans sa péninsule qu'aux antipodes.

Phénomène d'autant plus extraordinaire qu'en ce XIXe siècle, les moyens de diffusion balbutiaient encore, incapables à l'évidence de reproduire instantanément, de manière simultanée, une image.

Et pourtant, le visage et les restes de Joseph Garibaldi furent diffusés à des millions d'exemplaires. Gravures et estampes racontaient en une série de scènes édifiantes ses exploits. On le voyait, dans ces « Vie de Garibaldi par l'image », échappant au naufrage sur les côtes du rio Grande do Sul, offrant son épée au gouverneur de l'Uruguay, entrant dans Côme sous les acclamations ou bien agenouillé, tenant son épouse morte entre ses bras, cependant qu'un compagnon, derrière lui, creuse la tombe.

Images simples qui se répandent comme une traînée de poudre, chez les simples d'abord. « Il est des noms que certaines circonstances romanesques rendent plus accessibles à la sympathie de l'homme des campagnes, écrit en 1859 George Sand, et je ne fus pas étonnée, ces jours-ci, de voir le portrait de Garibaldi chez les montagnards dévots du Velay et des Cévennes. Cet aventurier illustre que naguère certains esprits craintifs se représentaient comme un bandit, était là, exposé parmi les images des Saints. »

« Et pourquoi non ? poursuit George Sand. Pourquoi ne prendrait-il pas sa place parmi les patrons du pauvre peuple, lui qui, par rapport à son peuple italien, est l'initiateur de la foi nouvelle ? Voyez si sa parole ne ressemble pas à celle des premiers chrétiens ! »

L'écrivain George Sand est aussi enthousiaste que les hommes des campagnes. Et les Anglais si réservés habituellement, si chauvins, quand Garibaldi leur rend visite en 1864, l'accueillent comme jamais un étranger ne fut accueilli : des ouvriers de Manchester au prince de Galles, des foules de Londres à l'archevêque de Canterbury, de Palmerston à Gladstone, c'est l'unanimité. On veut « toucher » le héros.

La vogue Garibaldi est telle que se répandent à Paris, à Londres puis aux États-Unis et en Amérique du Sud, les « joujoux Garibaldi » : les pipes, les encriers, les calendriers, les biscuits reproduisant sa silhouette. Il y a un vin Garibaldi, un manteau Garibaldi, une blouse Garibaldi. Et, bien sûr, des chansons et des poèmes.

Garibaldi lui-même contribue à sa propre légende. Il écrit plusieurs versions de ses *Mémoires*, puis trois romans autobiographiques qui amplifient encore le rayonnement de son personnage.

Alexandre Dumas — celui de *Monte-Cristo*, précisément ! — se rend auprès de lui, devient son ami, rend compte de la conquête du royaume des Deux-Siciles puis édite (réécrit ?) les « mémoires » du général Garibaldi et publie un livre consacré aux *garibaldiens*.

L'écrivain le plus populaire et le plus imaginatif de l'époque avait donc ainsi mis sa plume au service du héros, le transformant de son vivant en figure romanesque.

Mais Victor Hugo lui-même exalta celui qui avait « délivré un peuple », Joseph Garibaldi « le glorieux soldat », ajoutant : « Garibaldi, qu'est-ce que c'est que Garibaldi ? C'est un homme, rien de plus. Mais un homme dans toute l'acception sublime du mot. Un homme de la liberté ; un homme de l'humanité. *Vir*, dirait son compatriote Virgile. » (*Pendant l'exil.*)

Il est peu d'exemples d'une telle popularité, d'un tel sentiment chez tant de peuples et parfois dans des couches sociales si opposées.

Sans doute cette unanimité est-elle ambiguë et momentanée.

La haine ou le sarcasme n'épargnèrent jamais Garibaldi. « C'est un comparse de mélodrame que votre héros », dira de lui un vicomte français, un jour de mars 1871. Et les autorités italiennes, outre qu'elles envoyèrent contre lui l'armée régulière, le mirent à plusieurs reprises en état d'arrestation.

Garibaldi, comme tout héros populaire, fut aussi calomnié, persécuté, blessé. Et — tel Monte Cristo — posséda une île en

Méditerranée, mais s'il y connut l'amour, il y vécut et y mourut pauvre.

Cependant, malgré leurs épines, la gloire et la notoriété sont là, durant tout un siècle.

C'est vrai qu'acteur, séducteur, prenant tout naturellement la pose, il savait étonner et charmer, et donc contribuer instinctivement à sculpter sa propre statue.

Les estampes qui racontent sa vie ne mentent pas. Elles figent simplement des moments héroïques. Il monte sur la dunette d'un navire et commande l'abordage. Il se dresse sur ses étriers, son poncho gris rejeté sur ses épaules, et s'expose au feu de l'ennemi. Il grimpe sur un monticule et promet à ses compagnons la victoire ou la mort. Il est l'homme qu'on voit, qu'on entend, qu'on touche à l'égal d'un saint. Les Napolitains, quand il les délivra, crurent qu'il faisait des miracles. Mais la gloire et la notoriété ne viennent jamais vraiment sans que celui qu'elles couronnent ne les ait d'une certaine manière appelées. Garibaldi savait, par exemple, utiliser sa voix chaleureuse. Orateur, il improvisait comme un acteur de la commedia dell' arte, suivant les réactions de l'auditoire, ne le guidant que peu à peu, porté par lui. Parlant couramment le français, l'italien, l'espagnol — suffisamment l'anglais — il avait conservé de ses années d'Amérique du Sud une cadence musicale, venue sans doute du castillan, et qui ajoutait à son charme.

« Garibaldi ne ressemble à personne, écrivait encore George Sand, et il y a en lui une sorte de mystère qui fait réfléchir. » Pourtant, elle ajoutait, marquant les limites de l'influence de l'apparence et du charme : « Les têtes légères veulent peut-être qu'il doive son prestige à la jeunesse, à la beauté ; les uns disent à sa force physique, à sa voix de stentor ; les autres disent à sa taille gigantesque, à son costume de théâtre. » Ceux-là se trompent, affirmait George Sand.

Pour elle, la vie de Joseph Garibaldi « ressemble à un poème » : « Cet homme presque seul devient l'homme du prodige. Il fait trembler les trônes, il est l'oriflamme de l'ère nouvelle. L'Europe entière a les yeux sur lui et s'éveille chaque matin en demandant où il est et ce qu'il a fait la veille. C'est qu'il porte en lui la foi des temps héroïques et, dès lors, les merveilles de la chevalerie reparaissent en plein XIXᵉ siècle. »

Il faudra vérifier, maintenant qu'un autre siècle a passé.

Mais, dès l'abord, comment ne pas dire que Joseph Garibaldi a l'une des vies les plus extraordinaires qui soient ?

Une vie toute en actes et en tableaux :

Mousse, marin, capitaine, condamné à mort parce que conspirateur républicain en 1834 contre la monarchie de Piémont-Sardaigne, souveraine de sa ville natale, Nice. Le voici qui s'embarque pour fuir cette Europe figée, cette Italie émiettée, et gagner Rio de Janeiro. Là, combattant, corsaire, puis chevauchant dans la Pampa, général d'une Légion italienne, défenseur de Montevideo, glorieux, il rentre à Nice en 1848 avec une femme et un enfant. Guerrier encore au service de l'Unité italienne, contre les Autrichiens ou les soldats de Louis-Napoléon Bonaparte qui défendent la papauté. La mort de l'épouse en 1850, alors qu'il est traqué. Commence un nouvel exil, des voyages : Tunis, New York, la Chine, l'Australie. Il achète l'île de Caprera en Méditerranée, quittera sa petite République, où il n'est qu'un paysan, bientôt à nouveau lancé dans l'Histoire, conquérant le royaume des Deux-Siciles (1860) avant de se retirer une fois encore, de combattre encore, d'affronter cette monarchie piémontaise à laquelle il vient d'offrir Palerme et Naples, mais qui le craint et l'emprisonne...

Garibaldi, homme vieillissant, toujours prêt à s'engager dans une nouvelle passion, pour une femme ou une cause, celle de l'Italie bien sûr, mais aussi, en 1870, celle de la France pour qui il lutte sans rancœur.

Puis mourir à Caprera et y reposer sous un bloc de granit fendu.

On comprend qu'Alexandre Dumas se soit passionné pour cette vie « fantastique ».

Vie-opéra, exhubérante et douloureuse — l'épouse et deux enfants morts, la maladie —, où ne manquent ni les dévouements absolus, ni les amours chaotiques, ni les trahisons ou les amertumes : Nice, la petite patrie tant aimée, rattachée à la France, Nice devenue terre étrangère à celui-là, le plus illustre de ses fils, dont l'œuvre fut l'unité italienne !

Vie-opéra, pleine de grandiloquence et de bruits de combats, de retournements, et tout à coup c'est le silence, le ressac de la mer sur les rochers de Caprera, les actes quotidiens de la vie.

« La première fois que j'ai vu Garibaldi, écrit Alphonse Karr [l'écrivain résidait alors à Nice], et que j'ai eu l'honneur de lui serrer la main, c'était à un banquet d'ouvriers à propos d'un baptême. J'étais assis à côté de lui. Il fut calme, réservé et simple. Cette simplicité se montrait dans toutes ses attitudes. Je le rencontrai ensuite de temps en temps, au bord de la mer, dans le quartier retiré du Lazaret [la partie est du port de Nice]. Le dimanche, il jouait aux boules avec les marins. »

C'est le moment où l'on change les décors. Une négociation diplomatique est en cours, une guerre se prépare. Le héros, sur le devant de la scène, se livre à ses occupations familières et bucoliques, et tout à coup retentissent les cuivres, l'histoire envahit le plateau avec ses fanfares et ses cavalcades, le héros se sépare de la foule, monte à cheval, se drape dans son poncho et s'élance là où l'appelle le destin.

Les peuples aiment l'opéra. Ils reconnaissent dans cette musique souvent expressive, dans ses élans du cœur et de la voix, dans l'illogisme apparent du livret, dans les sentiments et les situations extrêmes, la transfiguration poétique et musicale de leurs rêves et de leurs peurs.

Garibaldi est un héros d'opéra, héros selon le peuple : déraisonnable, parfois malheureux et généreux, rageur, excessif, téméraire, c'est le visage individuel d'un rêve collectif.

Cela ne va pas sans confusion. Il est des moments dans l'opéra où l'on ne sait plus qui est qui, où la musique s'alourdit, se répète, où tout devient, pour quelques minutes, caricature. Heureusement, le héros reparaît et tout s'ordonne *miraculeusement* autour de lui.

Mais s'il en est ainsi au théâtre et dans cette vision théâtrale que les peuples se font de l'Histoire, il en va différemment dans la réalité.

Certains historiens d'aujourd'hui, s'ils reconnaissent que l'influence de Garibaldi fut énorme, indiquent qu'elle le fut pour le bien comme *pour le mal.*

L'un d'eux (Sergio Romano) souligne même que le « pragmatisme, le courage, les intuitions de Garibaldi sur le champ de bataille, jouèrent un rôle déterminant en un moment décisif du processus unitaire de l'Italie, mais eurent dans leur ensemble, à long terme, des conséquences *funestes* ».

Garibaldi, en effet, réussit avec quelques hommes à bouleverser — à accélérer — l'histoire, comme si elle n'était qu'un jeu d'enfants ! Cette réussite — *miraculeuse* —, les successeurs l'ont exaltée.

A la mort de Garibaldi, un orateur, inaugurant le buste du héros à Rome, s'écriait : « Qui s'est éteint ? Un peuple, un royaume ? Non. César, saint Thomas, Dante ? Non. Le verbe, l'énergie de la souveraineté nationale se sont éteints. Maintenant, la signification du monde est devenue cendres... »

L'excès encore ! Comme dans un opéra de Verdi, mais la scène ici est l'histoire réelle.

Et l'historien de reprendre sa critique : L'Italie serait sujette, « dans ses moments les plus difficiles, à la fascination d'un geste déterminant et d'un événement libératoire, à la conviction que l'histoire, tout au moins la sienne, peut changer de cours par l'apparition subite d'un fait nouveau » (Sergio Romano).

L'Italie et l'Histoire, filles du miracle...

Cependant, la maladie n'atteint pas que la péninsule et ne touche pas que le XIXe siècle.

Il est un héros de notre temps dont le visage et la légende ont eux aussi, comme ceux de Joseph Garibaldi, franchi les frontières et les océans, devenant sur tous les continents le symbole d'une vie de combats, de générosité et de malheurs.

Lui aussi s'est donné un « uniforme », lui aussi forge un destin qui ressemble à celui d'un personnage de roman. Il appartient comme Garibaldi à la même culture latine et ils ont l'un et l'autre peut-être parcouru les mêmes chemins, dans la pampa argentine et en Uruguay.

Dans ce xxᵉ siècle plus impitoyable que le xixᵉ siècle, Che Guevara n'est-il pas une version tragique de la destinée de Garibaldi ?

Comparer les deux hommes, c'est donner à l'enfant de Nice sa vraie dimension. Dépoussiérer sa statue. Et, cent ans après sa mort, quelle tâche plus nécessaire ?

Il est à Nice une place qui porte le nom de Joseph Garibaldi.

C'est, à mon sens, la plus belle place de la ville. D'une architecture austère — piémontaise — elle est bordée d'arcades. Les façades ocre sont tachetées de volets verts.

Sur cette place populeuse, les cafés — café de Turin, café des Alpes — sont nombreux. Elle est — niçoise, italienne, française — un carrefour de cultures et de rues. Par l'avenue de la République, on va vers les quartiers ouvriers, vers l'Est. Par d'autres rues, on gagne la vieille ville toute proche ou le port. A quelques centaines de mètres coule le Paillon, cette rivière-frontière entre les deux parties de la ville, l'ancienne et la nouvelle. Hier, les lavandières y descendaient avec leurs draps.

Au centre de la place se dresse la statue de Garibaldi, un peu dissimulée par les platanes, difficilement accessible car la circulation l'isole des bords de la place.

La statue a été inaugurée le 4 octobre 1891. Garibaldi était mort le 2 juin 1882.

En cette fin du xixᵉ siècle, les ouvriers du bâtiment venaient encore s'asseoir sur cette place, au pied de la statue, attendant chaque matin que les entrepreneurs ou les contremaîtres voulussent bien les embaucher à la journée. Pour la plupart, ces maçons, ces charpentiers, ces manœuvres étaient italiens, originaires du Piémont, des Marches ou de la Calabre. Espérant trouver du pain en France, à Nice, cette ville natale du héros italien Joseph Garibaldi.

Ils étaient immigrés et pourtant ils se sentaient chez eux.

Ils ont, de leurs mains, de leurs privations et de leur génie, bâti cette ville-charnière, cette ville-creuset, cette ville-opéra, qui attend encore, cent ans après la mort de Garibaldi, un avenir à la hauteur de ce héros qui naquit précisément non loin de cette place, un 4 juillet 1807, et sut montrer ce que peut être la force d'un destin.

Premier acte

Le marin des origines

(1807-1835)

La ville-mère

(1807-1822)

D'abord la mère, Rosa Maria Nicoletta Garibaldi : plutôt petite, des cheveux noirs qu'elle tirait en arrière, nouant ses tresses en chignon, dégageant ainsi son front, pâle, si bien que ses grands yeux paraissaient plus vifs.

Elle avait les vertus et les peurs des femmes de ce temps. Elle était pieuse, sensible, inquiète et généreuse. Sa famille — les Raimondi — originaire de Savoie s'était fixée sur la côte Ligure, à Loano, port de pêcheurs non loin de Savone, puis à Nice.

Plus tard, quand Rosa Raimondi épousa le marin Domenico Garibaldi, elle devint Donna Rosa, toujours à la tâche avec l'humilité et l'obstination des mères italiennes aimant leurs enfants plus que leur vie. Et eux — les fils — persuadés que cette femme modeste était la plus extraordinaire des mères. Patiente, douce, attentive aux humbles, les aidant, on la voyait sur les quais du port Lympia, à Nice, attendant le retour de la tartane que possédait Domenico, son mari, ou bien accompagnant le fils Joseph quand, lui aussi, contre son avis à elle, décida d'embarquer, d'être marin comme le père.

« J'affirme, écrira Joseph Garibaldi dans ses *Mémoires*, qu'elle aurait pu servir de modèle à toutes les mères, et, ce disant, je crois avoir tout dit. »

A plusieurs reprises, Garibaldi évoquera cette petite femme discrète, anxieuse mais résolue. Elle lui avait légué cet amour intense qui donne aux fils des régions du Sud un orgueil et une assurance de façade, parfois de la vanité, la certitude qu'ils sont aimés, qu'ils doivent l'être. La conviction aussi qu'ils ont un destin exceptionnel et qu'ils sont uniques.

Ils ont lu cela dans le regard de la mère dès qu'ils ont ouvert les yeux. Mais alors même qu'ils sont poussés à agir par cet élan, cette confiance en soi qu'elle leur a donnée, ils découvrent que le monde n'a pas pour eux les tendresses et les indulgences de la mère. Déception, hésitation, nostalgie de l'enfance les assaillent alors.

« Oh ! comme tout est embelli par la jeunesse », écrira Garibaldi.

Ce qui fait leur force est aussi source de leur faiblesse. Ils sont dès l'origine divisés. Ils agissent, ils s'élancent, veulent étonner, ils n'en finissent pas de jouer au héros pour leur mère, de lui apporter en présent — en échange de l'amour absolu qu'ils ont reçu — toutes leurs victoires, mais brusquement ils se tassent, s'arrêtent et pleurent. Où est-elle, où est-il ce temps enfui des premières années ?

Ils sont doubles. Et Garibaldi l'est. Ils ont l'audace et le courage des téméraires, mais aussi une sensibilité exacerbée qui les retient tout à coup.

A Donna Rosa, Joseph Garibaldi doit cela. La complaisance aussi. La mère a été un miroir. Et Garibaldi, en même temps qu'il agit, ne cesse de se regarder. Il écrit, réécrit ses *Mémoires*. Il n'en finit pas de raconter son histoire comme s'il la répétait à une mère jamais lassée de l'entendre. Il publiera des romans autobiographiques : même démarche.

Voici qu'il se rappelle son enfance :

« J'ai passé le temps de mon enfance, écrit-il, comme beaucoup d'enfants, entre les jeux, les joies et les larmes, plus ami du jeu que de l'étude... Rien d'étrange dans ma jeunesse. J'avais bon cœur et les faits suivants, bien que peu importants, le prouvent.

« Un jour, je ramassai dehors un grillon et quand je l'eus emporté à la maison, je cassai une patte au pauvre animal en le prenant dans les mains : j'en fus tellement peiné que je m'enfermai dans ma chambre et pleurai amèrement pendant plusieurs heures.

« Un autre jour, en accompagnant un cousin à la chasse dans le lit du Var, je m'étais arrêté au bord d'un fossé profond où l'on avait coutume de tremper le chanvre et où se trouvait une pauvre femme en train de laver le linge.

« Je ne sais pourquoi, cette femme tomba à l'eau la tête la première et sa vie était en danger. Bien que tout petit et embarrassé par mon carnier, je me précipitai et réussis à la sauver. »

Les faits rapportés sont vrais, mais qu'ils reviennent en mémoire tant d'années après, que Garibaldi les prennent en compte, qu'il s'y attarde, voilà qui est significatif de l'homme, révélateur de cette faille ouverte par l'amour de la mère. Sensible, Garibaldi, au point de s'attendrir sur les souffrances d'un insecte. Émotif jusqu'à la sensiblerie, en fait. Et seul le goût de l'acte héroïque, spectaculaire — la mère fut le premier, le plus inconditionnel des spectateurs — brise le narcissisme contemplatif.

Garibaldi agit donc. Il se jette à l'eau. Dans chacune de ses attitudes demeure une naïveté et une fraîcheur qui doivent tout à la sincérité sans calcul de l'amour maternel. Comment douter du monde et des hommes quand le premier rapport qu'on a eu avec eux fut celui du dévouement maternel ? Il reste au fond de soi, ineffaçable, la conviction que les hommes sont bons, que le Juste et le Vrai doivent à la fin l'emporter. On sait qu'ils existent, puisqu'on les a connus dans l'enfance.

Donna Rosa, pour son fils Joseph Garibaldi, est la preuve à jamais donnée de la réalité de la justice et de la vérité dans le monde. Même si, avec le temps, Garibaldi doit bien se convaincre amèrement que la duplicité est aussi présente. Ou que toutes les femmes ne sont pas la mère. Si l'une d'elles — Anita, son épouse —, acceptée par Donna Rosa, possède des qualités équivalentes, dès lors qu'elle disparaît, commence pour Garibaldi l'errance du cœur, la quête d'une femme qui pourrait combler le vide laissé par la mort de la mère.

Recherche vaine, démarche hésitante : Garibaldi ne peut qu'être trompé par cet amour qu'on semble lui porter, qu'on lui porte mais qui n'est plus cet absolu dévouement qu'il a connu. Alors il ira de l'une à l'autre, amoureux de l'éclat des femmes brillantes, aux antipodes de ce qu'a été sa mère, flatté d'être admiré, mais jamais capable de s'associer longtemps avec elles, revenant à des compagnes plus simples, maîtresses-servantes, elles aussi décevantes.

Ici encore, dualité de l'homme Garibaldi — de cet enfant modelé par une mère du Sud —, hésitation dans les sentiments, comme il y a hésitation entre le goût de l'action, du spectacle, et la remémoration nostalgique.

Tout est-il donc donné dès l'enfance ? Joseph Garibaldi n'a-t-il fait que suivre passivement sa pente, lancé par cette petite femme dévouée pour qui il était le plus beau des fils ?

En fait, Donna Rosa a donné à Joseph Garibaldi les teintes qui allaient colorer sa vie. A lui, le sujet de la toile, à lui de composer, avec la palette des origines et les événements du siècle, tel ou tel tableau. A l'œuvre peinte on mesure la force d'un destin, le talent exceptionnel d'un artiste qui sait jouer avec les éléments qui le constituent, les penchants qui le déterminent, les souvenirs qui l'habitent, les lieux et les circonstances qui l'ont marqué.

Garibaldi a su faire entrer dans l'histoire du XIXe siècle cette vie que Donna Rosa lui avait apportée.

Ses frères marqués pourtant par la même femme — et cet écart entre eux et lui est précisément le fruit de la liberté, de l'art de l'homme à modeler les matériaux de ses origines — n'ont pas eu de vie publique notable.

Angelo, l'aîné (1804-1853), entreprenant, ambitieux, partit pour l'Amérique et y réussit une brillante carrière commerciale. Il fut, à la fin de sa vie, consul du Piémont-Sardaigne à Philadelphie.

De loin, il conseillait Joseph, l'invitait à étudier l'histoire et la langue italiennes. « Mon frère aîné, Angelo, depuis l'Amérique, écrit Garibaldi, me recommandait l'étude de ma langue, la plus belle de toutes. »

Michele (1810-1866), Felice (1813-1855), les deux derniers

frères s'enfoncèrent dans la vie privée, l'un demeurant à Nice, féru de jardinage; l'autre, séducteur élégant, s'installa en Italie comme représentant d'une maison d'exportation.

Rien en eux d'exceptionnel : des existences honnêtement communes dans cette petite bourgeoisie — à peine, mais déjà nettement séparée du peuple — à laquelle appartenait la famille Garibaldi.

Donna Rosa eut aussi une fille, Teresa. C'eût pu être, dans cette famille de garçons, la complice, la compagne de la mère. Mais, en 1820 — elle a près de trois ans — le drame frappe les Garibaldi. Un poêle à bois s'est renversé dans la chambre où dort Teresa en compagnie de sa nourrice (autre indication sur le milieu social des Garibaldi : les pauvres, les gens du peuple n'hébergent pas de nourrice; les Garibaldi ont bien une petite aisance). La porte est fermée à clé. On tente de l'enfoncer : en vain. Trop tard. Teresa et la nourrice ont brûlé vives. Garibaldi, qui n'a que treize ans, a dû être bouleversé par cet accident, et sa sensibilité s'en trouvera encore exacerbée.

Comment ne pas imaginer Donna Rosa prostrée, se repliant dans la prière, elle dont la religiosité était si forte déjà qu'elle rêvait de faire de son fils Joseph un prêtre ? Elle le serre contre lui : il est celui qu'elle préfère, blond, différent.

L'aîné, Angelo, elle est encore surprise de l'avoir mis au monde, comme souvent les femmes avec leur premier fils, très vite, autoritaire et indépendant. Mais, avec le second, Joseph, elle peut s'attendrir, se livrer, le livrer à son affection.

Les deux autres, Michele et Felice, elle les accueille d'un amour teinté d'habitude déjà. Restait Teresa. Le feu la prend. L'amour, le deuil, l'excès de passion maternelle et de désespoir se reportent sur Joseph.

Etre le fils préféré d'une Donna Rosa, cela vous charge de force et de devoirs — et, on l'a dit, cela vous divise.

On l'aime plus que de raison et il faut s'opposer à elle. Elle voudrait qu'on fût prêtre, parce qu'elle espère que ce fils connaîtra alors l'amour uni, la paix du cœur, la protection, l'aisance qu'aux yeux des croyants l'Église et Dieu apportent à ceux qui les servent.

« Je voyais ma mère constamment agenouillée, écrit Garibaldi, ensevelie dans sa prière. »

S'il est un enfant vif qui peut rêver des heures durant allongé à même le sol, ou entre deux rochers, il préfère à tout le mouvement et la course. « Plus ami du jeu que de l'étude », a-t-il dit. La mer jamais immobile le fascine et l'attire.

Elle est là, à portée de main, la mer.

Le père de Joseph est marin, fils d'une famille liée à la mer. A l'origine peut-être, dans les toutes premières années du XVIIIe siècle, un Stephen Garibaldi, marin, né à Chiavari (1707-1708 ?).

Son fils Angelo Maria, marin lui aussi, capitaine du port, s'établit d'abord à Gênes, puis à Nice. Il a six fils — dont Domenico — et deux filles.

A Nice, vers 1770, Angelo, marin, devient armateur, un grand mot pour une activité modeste : construire et surtout caréner, réparer les tartanes, ces grosses barques — on en compte près de cent trente à Nice — qu'on voit amarrées aux quais du port Lympia.

Domenico Garibaldi, son fils, fut « patron » de l'une de ces tartanes. Il faisait du cabotage, « padron Domenico », de la Catalogne à la Ligurie. Jamais il ne franchit le détroit de Gibraltar ou celui de Messine, s'en tenant aux caps et aux côtes repérées, naviguant à quelques encâblures du rivage.

Le marin expérimenté mais sans audace dont la tartane se nommait *Sainte Réparate*, protectrice de Nice, était modeste, travailleur et silencieux, ayant le sens du devoir, respectueux de la religion et de l'ordre ; il formait avec Donna Rosa un couple uni dont Garibaldi ne put recevoir aucun ferment de contestation, aucune puissance de révolte.

Les Garibaldi, Domenico et Rosa, tentaient plutôt, dans ces années 1807, alors que la guerre était toujours à l'horizon et que Napoléon Ier, « l'Ogre », recrutait les hommes jeunes — les fils — pour ses batailles, de se perdre dans l'anonymat des modestes : une famille calme et à l'abri du besoin. Domenico, petit patron de cabotage, se terrait, éloigné de la politique, des affaires publiques, soucieux seulement d'élever et de protéger les siens.

« Mon bon père », dira brièvement son fils Joseph, avec respect. Mais la silhouette paternelle ne revient pas, comme celle de la mère, hanter ses souvenirs, peupler les différentes versions de ses *Mémoires*.

Pourtant, Domenico n'est pas un père absent. Au contraire. Ses voyages sont brefs. Dans la maison que les Garibaldi habitent quai Lunel — n° 3 — en face du port Lympia, au deuxième étage, il rassemble autour de lui une famille élargie dans la tradition méditerranéenne : les enfants bien sûr, mais aussi les grands-parents, les frères, les cousins.

La maison appartient d'ailleurs à l'un des cousins, Gustavin.

Quand, le 4 juillet 1807, à six heures de l'après-midi, Domenico Garibaldi déclare la naissance de Joseph — l'accouchement a eu lieu tôt le matin —, sont présents devant François Constantin, officier d'état civil, deux témoins : Angelo Maria Garibaldi, le grand-père, et un ami de celui-ci, Honoré Blanqui, prêtre défroqué.

Quelques jours plus tard, Joseph Garibaldi sera baptisé dans l'église Saint-Martin.

Le grand-père Angelo Maria et son ami ne participèrent pas à la cérémonie : anticléricaux sans doute, comme il en existait en ces années d'après la Révolution où, malgré l'établissement de l'Empire et la place officielle que Napoléon accorde à l'Église, les souvenirs de la déchristianisation sont encore proches.

Est-ce chez le grand-père Garibaldi et dans le cercle des amis du vieil homme que Joseph recueille les quelques mots, les idées d'indépendance, les sarcasmes qui suffisent parfois à orienter une pensée, un caractère, une vie ?

On ne peut avancer aucune preuve, mais il faut bien que Garibaldi ait traversé dans son enfance autre chose que l'atmosphère pieuse et tranquille de sa proche famille. Sinon, il n'eût guère échappé aux déterminations conformistes des siens, à la religion auquel il est ainsi voué, « l'an mil huit cent sept, le jour du dix-neuf du mois de juillet » :

« Ce jour, poursuit Pio Papacin, recteur de l'église Saint-Martin, a été baptisé par moi soussigné, Joseph Marie, né le quatre du courant, fils du sieur Jean Dominique Garibaldi, négociant, et de Madame Rosa Raimondi, mariés en face de l'église de cette succursale. Le parrain a été le sieur Joseph Garibaldi, négociant ; la marraine, Martin Julie-Marie, sa sœur, ses paroissiens. Le parrain a signé, la marraine déclare ne savoir. Le père, présent, a signé. Messieurs Félix et Michel Gustavin, témoins.

Pio Papacin, recteur de Saint-Martin. »

Ce baptême n'était pas qu'une formalité chez les Garibaldi, mais bien le signe d'une adhésion profonde et sincère au catholicisme. D'ailleurs, quand Donna Rosa et son mari se préoccupent de faire étudier leur fils, ils choisissent deux prêtres comme précepteurs.

Les Garibaldi appartiennent bien à cette couche sociale de modestes négociants niçois qui sont pour la plupart restés fidèles aux convictions traditionnelles.

La petite bourgeoisie, dans cette ville serrée contre le château, encerclée par les collines, dans cette cité qu'aucune activité économique importante n'a encore secouée, demeure très conservatrice. Elle n'a pas été touchée, malgré les bouleversements révolutionnaires, par le grand souffle des idées nouvelles. Les luttes politiques se sont limitées à des affrontements entre quelques clans.

Française depuis 1792, Nice reste attirée par son ancien maître : le royaume de Piémont-Sardaigne. Certes, depuis que l'Empire existe, que l'ordre règne, qu'un préfet habile — Dubouchage — sait administrer la cité et le département, on supporte mieux le fait d'être français. Mais il y a les levées de jeunes hommes pour les guerres que mène l'Empereur d'un bout à l'autre de l'Europe, la lassitude et l'inquiétude que suscitent ces conflits successifs et les sacrifices qu'ils exigent. Sous la monarchie, seuls les volontaires combattaient. Le nouveau régime français et révolutionnaire exige l'impôt du sang. Si on ne partage pas ses principes, pourquoi livrer ses enfants à la guerre, à la mort ?

En juillet 1807, le jour même où est né Joseph Garibaldi, Napoléon Ier est au bord du Niémen et traite, à Tilsitt, avec le tsar Alexandre. Mais le temps que la nouvelle de cette alliance arrive et la guerre recommence au Portugal et bientôt en Espagne.

Dans le département même, la pacification n'a jamais été totale depuis 1792-1793.

Des bandes d'insoumis, des paysans révoltés par les réquisitions, des nobles que l'Empire n'a pas ralliés et qui continuent de voir en Bonaparte un usurpateur, des agents des puissances ennemies de l'Empire, rançonnent, mènent une activité de brigandage, et ces « barbets » — les « chouans » du pays niçois — signalent bien que le département, la ville de Nice même, ne sont conquis qu'en apparence, que la population subit plus qu'elle n'accepte.

Passive dans son ensemble, indifférente, préoccupée surtout de son sort quotidien, cette population travaille, supporte la disette dans les années difficiles, comme en 1811-1812 (Garibaldi a cinq ans).

Donna Rosa, en ces années-là, se dévoue. Elle est de ces femmes qui aident aux distributions de soupe populaire que la ville organise. C'est un temps de panique. Le maire déclare que le blé manque. Deux fourneaux sont installés pour préparer les rations offertes aux pauvres. Donna Rosa est présente. Elle accompagne les prêtres et les médecins qui vont à domicile apporter les secours aux plus démunis. Mais cette charité est insuffisante à soulager la dizaine de milliers d'habitants de Nice (une vingtaine de milliers avec ceux des faubourgs de la Croix-de-Marbre, de la Bourgade et de Saint-Jean-Baptiste).

Alors, peu à peu, comme l'écrit le préfet Dubouchage en 1814, « l'esprit de révolte et d'insubordination se propage dans presque toutes les communes de montagne de ce malheureux pays », et naturellement à Nice. « Les impositions ne se paient plus, les conscrits désertent et on tient publiquement, sans qu'on prenne les mesures pour les empêcher, les propos les plus infâmes contre l'Empereur et tout ce qui tient à la France. »

A la nouvelle de l'abdication de Napoléon, le 15 avril 1814, les Niçois parcourent les rues, acclamant la paix revenue, et demandent le retour de la ville à la monarchie de Piémont-Sardaigne. « Vive Victor-Emmanuel ! » crient-ils en parcourant les ruelles et les quais du port.

Garibaldi va avoir sept ans. A cet âge-là, les événements marquent. La rue qui bouge, les cris de la foule, les mouvements des soldats — les troupes françaises évacuent la ville le 14 mai 1814 — constituent un spectacle, un grand jeu qui exalte et que l'on n'oublie pas.

Ces circonstances historiques, cette instabilité du décor public, ces cortèges et ces bruits qui se répandent dans les quartiers de la vieille ville, sur les quais du port ; ces attroupements de pêcheurs, ces conversations exaltées des hommes, les murmures apeurés des femmes, ces drapeaux qu'on change et ces proclamations qu'on affiche, ces roulements de tambour, voilà l'air vif, celui de l'Histoire, qui entraîne Garibaldi hors de chez lui, voilà ce qui est facteur de désordre. La modération prudente, le conservatisme naturel des siens, sont remis en cause par ce déséquilibre du monde extérieur, cette succession d'événements qui montrent à l'enfant épris d'action, que la vie peut être aussi agitée que la mer.

Les prêtres, dès lors choisis par Donna Rosa pour enseigner et conduire Joseph Garibaldi jusqu'au séminaire, ne peuvent rien contre cet attrait d'un monde mobile et divers.

L'un d'eux, Don Giaume, habite sans doute avec la famille et Garibaldi le mentionne dans ses mémoires, comme un « prêtre sans préjugés et très versé dans la belle langue de Byron ». Mais l'étude, quand toute une ville bouge, quand l'histoire — en 1814, mais aussi en 1821 — tremble, est trop terne.

« J'ai toujours eu le remords, écrira plus tard Garibaldi, de n'avoir pas étudié convenablement l'anglais, alors que je le pouvais. »

Il échappe donc à l'enseignement et à l'influence des prêtres. « Je crois, indique-t-il, que l'infériorité physique et morale de la race italienne provient surtout de cette coutume qui consiste à donner comme précepteurs aux enfants des prêtres. » Son troisième instituteur sera laïque : un monsieur Arena, « maître d'italien, d'écriture et de mathématiques ».

Plus ouvert que ses prédécesseurs, aimant l'histoire, curieux des événements, favorable, de manière un peu confuse, à la naissance d'une grande Italie qui remplacerait les petits royaumes divisés, il enseigne à Joseph l'histoire romaine, la langue italienne. « Je conserverai toujours de lui un doux souvenir », indique Garibaldi.

L'instituteur Arena est celui qui, dans l'entourage de Garibaldi, crée le lien entre l'univers familier d'un enfant et le monde inconnu qui l'entoure. Il donne des clés : à l'heure où Nice, après douze années (1792-1814), cesse d'être française. Il apprend à Garibaldi l'italien, la langue du royaume de Piémont-Sardaigne. Au moment où, sous les yeux de l'enfant, l'histoire s'anime — avec ces soldats français qui, défilant dans les rues, quittent la ville, quand un empereur abdique puis tente bientôt de revenir (Napoléon débarque à Golfe-Juan, venant de l'île d'Elbe, le 1er mars 1815), semant le trouble dans la ville avec de nouveaux cortèges, puis, quelques semaines plus tard, après Waterloo (juin 1815), avec ces nouvelles explosions de joie sur les quais et dans les rues —, M. Arena évoque les empereurs romains, les luttes du Sénat et les conquêtes des Légions...

Ainsi, dans l'esprit de Garibaldi, fusionne ce qu'il voit et ce qu'Arena lui enseigne. L'imaginaire s'empare du quotidien. L'épique et l'héroïque imprègnent l'enfance. Demain, Garibaldi aura besoin d'événements à la hauteur de ceux qu'il a cru vivre quand il n'avait qu'une dizaine d'années, épisodes magnifiés et grandis par les yeux d'un gosse imaginatif qui mêlait Nice et Rome, et rêvait, poussé par un tempérament actif, d'entreprendre.

Comment imposer le séminaire à un tel enfant, emprisonner cette liberté alors que, devant lui, l'histoire s'est ouverte et que la mer, avec ces bateaux d'évasion, est au pied de la maison familiale, battant les quais et les grèves ?

Donna Rosa s'obstine, insiste. On parle d'un départ pour un

collège, d'une entrée prochaine au séminaire. Désir de mère soucieuse de protéger et de garder pour soi — dans le sein de l'Église, l'expression est on ne peut plus significative — cet enfant, le préféré.

Mais l'histoire de ce temps-là, avec cet Empereur et ces soldats, est masculine. Garibaldi, entraîné par elle, refuse le chemin qu'offre la mère, la femme. Il faut qu'il y ait dans sa vie un événement héroïque comme ceux dont on parle dans les rues ou dont M. Arena évoque le souvenir.

Avec trois de ses amis, Garibaldi — il a un peu plus de douze ans — s'empare d'une barque. Lui et ses compagnons connaissent bien la mer. Ils sont fils de marins. Ils ont grandi sur les quais. Ils ont accompagné leurs pères au large ou dans la baie de Villefranche, pour la pêche. Ils rament d'abord pour sortir du port, puis mettent à la voile : cap à l'Est, vers Gênes, le grand port d'où l'on s'embarquera vers l'Amérique, autre grand rêve de l'enfance.

« Las de l'école, racontera Garibaldi avec ce ton naïf qu'il a gardé, et ne supportant pas une existence sédentaire, je propose un jour à des compagnons de mon âge de nous enfuir à Gênes... Aussitôt dit, aussitôt fait : nous prenons un bateau, nous embarquons quelques vivres, des engins de pêche. Et en route vers l'est. »

L'aventure sera courte : quelques heures seulement.

« Nous étions déjà à la hauteur de Monaco, poursuit Garibaldi, quand un corsaire envoyé par mon père nous rejoignit et nous reconduisit chez nous extrêmement mortifiés. »

On imagine le retour.

Donna Rosa a sans doute compris, à cet instant-là, que son fils venait de rompre avec elle, qu'il avait choisi de suivre sa propre route et qu'il ne serait jamais le prêtre dont elle avait rêvé, un homme à l'abri des dangers, un homme enveloppé de jupes noires, aux traits réguliers et fins de fille. La fille qu'elle avait espéré porter quand elle était enceinte de lui, parce que les femmes ne font pas la guerre ; la fille qu'elle avait eue enfin, cette Teresa qu'elle avait atrocement perdue.

Il ne restait à Donna Rosa que la soumission, l'acceptation

de la volonté de cet enfant qui avait voulu, à moins de treize ans, se conduire en homme et dont la détermination, la capacité de passer à l'action disent déjà le caractère.

Ainsi se révèle le désir de mettre sa vie au diapason d'une époque vibrante dont, même à Nice, cette petite ville éloignée des centres de décision politique, on sentait et subissait le rythme.

Au demeurant, il ne faut pas peindre la ville du jeune Garibaldi comme une cité à l'écart de l'histoire.

Certes, elle ne fait pas l'actualité, mais parce qu'elle est une ville des frontières, passant de la domination de la France à celle de Piémont-Sardaigne, elle ne peut ignorer les changements politiques.

Sarde avant 1792, séparée de la République française par le Var — que ne franchit encore aucun pont —, la voici occupée par les troupes de la Révolution alors qu'elle était devenue un refuge d'émigrés.

Bonaparte y séjourne en 1796, jeune général piaffant d'ambition et de talent, regardant déjà vers cette Italie voisine dont il rêve d'être, lui le Corse, le maître et le fédérateur.

Quand l'Empire est proclamé, Nice y est intégrée, mais le reflux de la gloire et de la force impériales la refait sarde.

Ce mouvement d'aller et retour qu'ils subissent — car ils sont objets d'une histoire qui se décide ailleurs — ne peut conduire la majorité des Niçois qu'à un scepticisme teinté d'amertume ou de cynisme, ou bien à une indifférence un peu méprisante à l'égard de cette écume qui vient battre la ville et la recouvrir.

Français ? Italien ? On est Niçois et l'on choisit en fonction des intérêts. La République et l'Empire ont apporté les lois, le Code civil, l'égalité, mais il a fallu payer en hommes, subir le blocus anglais, supporter la disette, tolérer ces atteintes aux bonnes mœurs provoquées par la présence des garnisons et qui choquent une petite bourgeoisie — on l'a vu avec Donna Rosa — pieuse, conformiste.

En 1807, l'année même de la naissance de Garibaldi, on se

plaint des prostituées qui hantent les ruelles. N'arrive-t-il pas qu'on en surprenne à demi nues, attirant les soldats ou les marins ? Elles sont là, provocantes, dans la ville mal éclairée et sale.

En 1806, obligation a été faite aux habitants d'accrocher une lanterne à leur façade. Mais qui respecte cet ordre ? On se heurte, le soir, dans les rues étroites, aux dépôts d'ordures. On verse les eaux usées par les fenêtres. La promiscuité entraîne des maladies contagieuses. La ville connaîtra l'épidémie de choléra en 1834.

Les mendiants, dans ces années difficiles (1809-1812), au moment où Garibaldi commence à découvrir le monde réel, sont assez nombreux pour que le préfet se préoccupe de leur présence, les contrôle, tente de les chasser. Mais cela ne résout pas les problèmes d'une ville pauvre où les trois hospices — la Croix, Saint-Roch, la Charité — ne suffisent pas à accueillir les indigents.

La misère et les difficultés sociales et économiques de la ville sont d'autant plus grandes que Nice est une cité enfermée. Le pont de bois construit sur le Var par les soldats du général d'Anselme en 1792 ne desserre qu'à peine l'étreinte naturelle qui tient la ville.

Que faire pour échapper à cette masse quand on a l'esprit aventureux, que l'histoire bouge et qu'on le sent ?

Le préfet Dubouchage a ouvert le chantier de la route de la Corniche qui devrait relier Nice à Gênes et permettre à la ville de communiquer plus facilement avec l'Italie. La route, par la Turbie, permet de rejoindre d'abord Vintimille, mais quand l'Empire s'effondre, on n'a pas encore atteint San Remo.

Et puis, quand on est fils de marin, qu'on habite sur le quai du port, qu'on sait manier la rame, dresser la voile et tenir le gouvernail, la route — inachevée ! — paraît lente et difficile. Mieux vaut prendre la mer et Garibaldi l'a tenté. Il ne rêve plus que de recommencer — non plus cette fois comme un gamin qui fait une escapade, mais comme un adolescent qui choisit un métier.

Il appartient à cette catégorie de Niçois, étroite mais

influente, qui aiment leur ville avec passion mais qui, à un moment de leur vie, y étouffent.

Ceux-là s'en vont, la nostalgie au cœur, comme des insulaires quittant leur patrie pour le continent.

Et Nice, à sa manière, est une île dont Garibaldi veut s'éloigner en prenant la mer.

Politiquement aussi, ceux qui veulent dépasser le scepticisme ou l'indifférence de la majorité de la population, ceux qui pressentent que l'amour de Nice ne pourra jamais donner naissance à l'indépendance d'une patrie, doivent choisir de rallier une autre perspective : et deux seulement s'offrent à eux.

Il leur faut choisir entre deux puissances qui, alternativement, contrôlent Nice et sont des centres de pouvoir et des créatrices d'histoire, à des niveaux différents bien sûr : la France et la monarchie de Piémont-Sardaigne.

Parmi ceux qui s'engagent, on compte des pro-Français gagnés aux idées nouvelles, faisant carrière dans l'administration impériale ou dans la Grande Armée — Masséna — ; d'autres qui, pour défendre leurs intérêts commerciaux, font le même choix.

Mais plus nombreux sont ceux qui se rangent dans le camp du roi de Piémont-Sardaigne, par fidélité ou conservatisme, par déception à l'égard de la France qui ne leur a apporté que guerres et impôts — misère et blocus.

Et puis, à partir de 1815, Turin est dans le camp des vainqueurs. Les Garibaldi n'ont sûrement pas fait une campagne publique pour exprimer leur choix, mais celui-ci ne pouvait être, compte tenu de leurs opinions, que celui de la monarchie de Piémont-Sardaigne.

Donc, pour eux comme la plupart des Niçois, ce choix est passif, significatif d'une société close où les idées circulaient mal, confinées dans de petits salons, très vite abâtardies en ragots.

Il n'y a pas, à Nice, de vie culturelle, pas de bourgeoisie savante, et l'on ne s'étonnera pas que les parents de Garibaldi n'aient trouvé pour lui que des précepteurs médiocres. Au moins pour deux d'entre eux.

« Le summum de la science, dit un abbé niçois, Bonifassi — bon observateur de sa cité —, consiste à lire le latin, à écrire le français et à posséder une calligraphie. »

Les étrangers qui auraient pu apporter une présence stimulante dans la cité ont fui la ville pendant l'Empire. Anglais pour la plupart, ils étaient devenus des ennemis. Les quelques personnalités qui séjournent dans la cité — une fille du roi d'Espagne, ou Pauline Bonaparte, sœur de Napoléon — n'influencent pas véritablement la vie locale. On critique les mœurs de Pauline, un peu légères. On médit d'elle entre bons bourgeois, au crépuscule, en se promenant sur les terrasses qui dominent la mer, à la limite de la ville.

Couples avançant à pas lents et se saluant avec ostentation, lampes à huile et bougies tenues par des servantes : une petite société provinciale défile, se retrouvant au *Commerce* ou au *Royal*, les deux cafés, lisant l'hebdomadaire local, *Affiches et avis divers*, qui ne publie que les règlements, les annonces et ordonnances promulgués par les autorités, et quelques actes d'état civil.

La ville était en fait restée campagnarde : « Nous sommes des agriculteurs, indiquait l'abbé Bonifassi, et nous le sommes même à Nice. »

Entre la ville et les paroisses rurales de Magnan, Saint-Hélène, Saint-Étienne, Saint-Barthélemy, Cimiez, Gairaut, Saint-Roman-de-Bellet, Saint-Roch et Cimiez, s'étendaient de larges étendues à demi cultivées, laissées libres pour la pâture. Des fermes dispersées constituaient une sorte de transition entre la ville et ses quartiers (le port, le quartier des Garibaldi, compte environ sept cents habitants) et les petits regroupements paysans des collines.

Cet ensemble est pauvre : l'olivier, le figuier, l'élevage des brebis constituent, avec la viticulture et les agrumes, les ressources du pays niçois. Mais comment exporter alors que les routes manquent ? Qu'aux frontières de France un lourd droit de douane est perçu ? Comment équilibrer l'économie quand il faut importer le blé depuis Odessa et Taganrog, ces ports russes de la mer Noire et de la mer d'Azov ? Quelques-unes des tartanes du port sont dévolues à ce commerce essentiel pour Nice, et Garibaldi s'en va souvent assister à leur départ, puis, quand elles rentrent après plusieurs semaines, il descend à nouveau sur les quais, s'approche des hommes qui déchargent les couffins, les sacs remplis de blé. Ils portent le costume des marins niçois, gilet ouvert, bonnet rouge, souple, dont l'un des pans est rabattu. Puis viennent accoster les pêcheurs dont l'activité est essentielle pour l'alimentation de la ville. Garibaldi part avec eux : pêche au thon dans la rade de Villefranche, pêche au large de la Baie des Anges où l'on prend la sardine et l'anchois, et même le frai (la « poutina »), ces minuscules poissons couleur argent qu'on plonge dans l'eau bouillante ou dans l'huile brûlante, puis sur lesquels on écrase un peu de citron et qui sont un plat de choix. Mais la pêche est dépendante du passage des bancs et quand on veut saler ce qu'on capture, il faut acheter le sel, taxé lourdement par l'État de Piémont-Sardaigne. Il vaut trente sous le rup de sept kilos. Celui de France ne valait que dix sous.

Presque à chaque instant, donc, le Niçois se trouve confronté, dans les actes de sa vie quotidienne, à l'État voisin ou au souvenir de la domination de l'autre : le Français ou le Sarde. Il subit. Il sait qu'au-delà du Var ou des crêtes commence le royaume de ceux qui pèsent sur lui.

Maintenant, depuis 1814, c'est l'administration de Turin, la capitale du royaume de Piémont-Sardaigne, qui dicte sa loi. C'est elle qui oblige à l'achat du sel de Sardaigne. Elle impose la langue italienne, celle que Garibaldi découvre grâce à son instituteur laïque, M. Arena. Enseignement utile et encore rare, car dans certaines familles, l'influence française reste forte : « Nous sommes désormais les esclaves vils des Français, écrit l'abbé Bonifassi en 1828, qu'il s'agisse de livres, maximes, modes, langage, doctrine ou opinion. Je frissonne en observant que dans les grandes maisons, on ne parle aux enfants qu'en

français. Attendons les conséquences. Mais nous sommes déjà
trop avancés pour pouvoir retourner en arrière. »

Ce goût pour la France, les Garibaldi ne le partagent pas.
Mais s'il parle chez eux niçois ou italien, Garibaldi se souviendra toujours du français, sa langue des premières années, et le
parlera parfaitement.

Si la France tente certains, c'est que le royaume de Piémont-
Sardaigne, après 1815, est devenu l'un des plus réactionnaires
d'Europe.

Victor-Emmanuel Ier, qui a vécu en Sardaigne durant toute
l'époque impériale, ne subsistant que grâce aux pourboires que
lui accorde l'Angleterre, est un ultra-conservateur, lecteur du
philosophe Joseph de Maistre, l'un des plus rigoureux partisan
de la réaction. Il se méfie de ceux qui doivent lui succéder, son
frère Charles-Félix, et surtout son neveu Charles-Albert dont le
père avait pris parti pour la Révolution française. Victor-
Emmanuel veut donc balayer toutes les réformes introduites
dans ses États par la République ou l'Empire.

A Nice, les anciennes institutions sont rétablies, avec leurs
privilèges et leurs coutumes désuètes. Tous les biens confisqués
à l'Église lui sont restitués. Les Capucins rentrent à Saint-
Barthélemy et les Mineurs réformés à Cimiez. On revient sur
l'égalité accordée aux juifs : ils retrouvent leur université particulière et leur ghetto.

Les Niçois découvrent ainsi, au jour le jour, le visage de la
réaction politique. Naturellement, ils l'acceptent dans l'ensemble avec cette passivité fataliste qui est le fruit d'un destin
subi, décidé ailleurs. Mais ils ne peuvent ignorer les secousses
et les révoltes qu'entraîne cette orientation de la monarchie de
Piémont-Sardaigne.

Dans la ville, des sociétés secrètes existent : petits groupes
de quelques jeunes hommes ou de nostalgiques des idées révolutionnaires. Ils appartiennent à la Charbonnerie, se donnent
des noms qui paraissent étranges : *Adelfia, Filadelfia, Sublimes
maîtres parfaits, Fédérés.*

Toutes ces sociétés qui, à Nice, ne sont qu'embryonnaires,

tentent de rester en rapport entre elles. Elles reconnaissent un
chef, Buonarroti, un ancien révolutionnaire, sorte de patriarche
qui a survécu aux complots égalitaires de l'année 1796 et qui a
souvent parcouru la côte ligure, traversé Nice. Il vit en exil à
Bruxelles, mais son influence est réelle. On revendique la
liberté, une constitution, un régime représentatif et, surtout,
l'avènement d'une *République italienne unitaire*.

Voilà, en ce début du XIXe siècle, le grand thème du patriotisme italien qui est lancé. Que l'Italie morcelée en une dou-
zaine d'États, tous soumis depuis 1815 à la réaction la plus
aveugle, devienne une nation unie où règnent les principes
d'égalité et de justice ! Qu'on en finisse avec les monarques et
leurs ministres de l'Intérieur qui, comme dans *La Chartreuse
de Parme*, espionnent, emprisonnent et parfois torturent, souvent exécutent.

Stendhal, qui parcourt l'Italie dans les années 20, est
persuadé — et il l'écrit dans ses *Promenades dans Rome* —
que les Italiens ne consentiront pas indéfiniment à être « gouvernés par des prêtres », et c'est son barbier romain que le
lui dit.

Stendhal ajoute : « Je crois donc n'être pas chimérique en
plaçant vers 1840 ou 1845 l'époque de la révolution en Italie. »

Mais que de tentatives et d'impatience dès la chute de l'Empire français !

Napoléon Ier, par son entreprise de domination sur l'Italie,
par sa grande armée, avait d'ailleurs contribué à accélérer le
mouvement d'unité des Italiens.

Les jeunes hommes qui avaient combattu aux côtés de la
Garde impériale, en Russie ou en Allemagne, avaient cru lutter
pour l'Italie. Leur déception était souvent amère et le poète
Leopardi exprime, avec sa sensibilité un peu larmoyante, leur
sentiment :

> *Malheureux qui meurt sur le champ de bataille*
> *Non pour défendre sa patrie ou sa pieuse*
> *Épouse ou ses fils chéris*
> *Mais tué par les ennemis d'un autre peuple*

Et pour un autre qui ne peut dire en mourant
O ma belle Patrie
La vie que tu m'avais donnée je te la rends.

Ils ne veulent plus mourir que pour l'Italie.

Quand, en mars 1815, Joachim Murat, placé sur le trône de Naples par l'Empereur, se sépare de lui pour mener une politique indépendante, les Italiens qui l'entourent lancent en son nom une proclamation qui est le premier manifeste du «Risorgimento», cette résurrection italienne qui brûlera tout au long du siècle.

« Italiens, écrivent-ils, l'heure est venue où doivent s'accomplir les grandes destinées de l'Italie! Que toute domination étrangère disparaisse du sol italien. Qu'une représentation vraiment nationale, qu'une constitution digne de ce siècle et de vous garantisse votre liberté, votre prospérité intérieure... et régisse l'Italie heureuse, l'Italie indépendante! »

Mais il ne peut échoir à un Murat de réussir à rassembler les Italiens autour de ces idées. Après son échec, et malgré la réaction, les conspirations continuent. Autour de qui peut se réaliser l'unité de l'Italie? Autour de quelle idée? Monarchie ou République?

Le roi de Piémont-Sardaigne, le maître de Nice, a des ambitions. Son État contrôle les passages vers la plaine du Pô. « Notre position et l'antiquité de notre famille en Italie, et le métier des armes qu'elle a toujours professé nous portant à être le point de ralliement des Italiens, écrit-il, il paraît donc que la garde de ses confins doive lui être plus particulièrement confiée. Afin qu'elle puisse jouer son rôle avec succès et d'une manière analogue, il faut qu'elle ait une force réelle, prépondérante. »

Les bases d'une politique ambitieuse sont ainsi jetées. Et Nice, la ville de l'enfant Garibaldi, se trouve être placée à la périphérie de cet État de Piémont-Sardaigne qui aspire à devenir la puissance hégémonique en Italie.

A la condition, estime-t-on à Turin, d'être un État fort, c'est-à-dire réactionnaire et répressif. Alors, autour du Piémont pourront se rassembler les petits monarques italiens et, tous ensemble, négocier ou affronter la puissance qui contrôle le centre de l'Italie, la grasse plaine du Pô : l'Autriche.

Seulement, le Piémont est lui aussi travaillé par les courants libéraux.

Conciliabules, complots et conspirations, mouvements de rues se succèdent.

Le 11 janvier 1821, les étudiants de Turin manifeste. Comment les Niçois — et Garibaldi, qui a quatorze ans — pourraient-ils ignorer ces faits alors que les carabiniers et les soldats de la capitale du Piémont, qui répriment l'émeute libérale, sont commandés par deux Niçois : le comte Thaon de Revel, gouverneur de Turin, et le comte Trinchieri de Venanson, chef de la division militaire ?

Malgré le retard avec lequel sont diffusées les nouvelles, on ne peut, à Nice, qu'évoquer ces événements et les personnalités locales qui y jouent un rôle de premier plan.

Nice — tout en demeurant à l'écart — est ainsi reliée directement aux mouvements de 1821.

Dans la ville même, une agitation, d'autant plus remarquable que la passivité niçoise est habituelle, saisit les élèves des écoles, touchés par les idées libérales.

Garibaldi ne peut qu'être parmi eux. Il est de ces adolescents que tout événement exceptionnel attire. Comment pourrait-il ne pas rejoindre cette petite foule de jeunes qui acclament, au Café de la Poste, l'annonce de l'abdication de Victor-Emmanuel et la régence de Charles-Albert qu'on imagine ouvert aux idées nouvelles ?

Le gouverneur de la ville, le chevalier Annibal de Saluzzo, prend rapidement des dispositions afin de maintenir l'ordre : les étrangers sont refoulés au-delà du Var, les officiers et les sous-officiers des chasseurs-gardes sont surveillés. « Nice, écrira-t-il dans son rapport à Turin, fut pendant quelques jours agitée et, quoique la garnison fût tranquille et que les partisans de la révolution fussent en tout petit nombre, la garde nationale fut organisée, l'étendard de la constitution arboré et la constitution d'Espagne — libérale — publiée. »

Au Piémont, deux Niçois sont condamnés à la peine capitale et le comte niçois Cagnoli de Saint-Agnès accusé d'avoir participé au complot.

Qu'on imagine Garibaldi, vif, la tête pleine de désir d'aventures — son escapade en mer, vers Gênes, l'a prouvé — et déjà de souvenirs où l'histoire réelle se confond avec les récits de l'Empire romain ; qu'on imagine aussi cette petite ville de Nice si calme, si assoupie habituellement. Les femmes passent, brunes sous le chapeau de paille à larges bords, dans leurs habits aux couleurs vives, rouges et blanches ; les hommes sont assis sur le pas des portes ou appuyés à leurs barques tirées sur la grève des Ponchettes. Ils ont la taille entourée par une ceinture de flanelle rouge, la « caiola », qui serre leur culotte de teinte foncée et leur chemise blanche largement échancrée. Dans les ruelles sombres se mêlent les odeurs de la vie, le bruit des métiers, les cris des rétameurs ou des pêcheurs qui vendent la « poutina ».

Cette population qui parle le dialecte niçois, qui a le sentiment d'appartenir à une fière et belle petite patrie (n'a-t-elle son héroïne, Catherine Séguranne, qui chassa les Turcs le 15 août 1542 à coups de battoir à linge et en leur montrant une partie habituellement dissimulée du corps des femmes ? « Voilà le 15 août italien », disait Garibaldi en l'opposant au 15 août des Français, la fête Napoléon), ne se mêle généralement pas d'affaires politiques. Et brusquement l'histoire — une nouvelle fois, comme en 1814 — parcourt les ruelles, s'attarde place aux Herbes et sur les terrasses, face à la mer.

Manifestations de faible ampleur qui ne changent rien au cours des choses ? Sans doute, mais qui s'inscrivent dans la mémoire et l'imagination, la sensibilité si vive d'un jeune enthousiaste de quatorze ans : Joseph Garibaldi.

Ce sont de telles circonstances historiques, anodines, semble-t-il, à l'aune de la grande Histoire, qui nourrissent une personnalité en formation et en feront, plus tard, un acteur de l'histoire.

Quelques semaines après ces manifestations, l'histoire s'anime à nouveau.

Victor-Emmanuel Ier séjourne à Nice quelques jours, à partir du 22 mars 1821. Ce n'est plus qu'un souverain qui a abdiqué, mais l'accueil de la ville est pittoresque. On sait, à Nice, recevoir les grands.

En 1809, puis en 1814, on avait salué le passage du pape Pie VII en route vers Paris, puis rentrant à Rome. Et sûrement l'enfant de sept ans, fils d'une mère si pieuse, avait-il dû, lors du second passage, participer à l'enthousiasme. On avait dételé les chevaux de la voiture pontificale à la Croix-de-Marbre, l'un des quartiers Ouest de la ville. On avait conduit le Pape en triomphe jusqu'à la cathédrale. Il avait passé deux jours à Nice dans la maison même où avait habité Bonaparte en 1796. Cela aussi, pour Garibaldi, avait été rencontre avec l'événement, éveil à l'histoire, découverte du spectaculaire et de l'inattendu.

En mars 1821, il a suivi la fête donnée par les pêcheurs en l'honneur de Victor-Emmanuel Ier. Les hommes traînent dans les rues un bateau peint, sorte de char couvert de fleurs et de drapeaux où dansent des jeunes gens. Les femmes vêtues de blanc accompagnent le cortège. On va jusqu'à la mer : les barques sont illuminées. Les Niçois se rassemblent sur la grève. Le spectacle a chassé la politique, ou plutôt la politique est devenue spectacle.

Une nouvelle fois l'imagination de Garibaldi doit s'enflammer. La vie sur les bords de la Baie des Anges est déjà colorée, riche de sensations, illuminée par le soleil et le paysage, douce et forte à la fois, mêlant les fleurs et l'ail et l'oignon.

Déjà la présence de la mer — cet élément toujours renouvelé, créateur d'événements — exalte un enfant sensible, lui donne le goût de l'exceptionnel. Mais si les circonstances historiques renforcent encore ces tendances, comment des parents timides, soucieux de vie tranquille, pourraient-ils éteindre ce désir, ce feu qui brûle leur fils ?

« Malgré la mode, écrit l'abbé Bonifassi, parlant de ses concitoyens niçois, nous n'avons pas l'esprit voyageur, moins par manque de deniers que parce que nous ne trouvons pas de climat ni de campagne qui soit plus agréable ni douce que notre pays. Les autres éprouvent de la joie à voyager ; pour nous c'est un vrai sacrifice. Il nous faut un motif bien urgent pour sortir de nos lares. »

Ce motif bien urgent, pour le Niçois Garibaldi, c'est être lui-même : donner vie à ces enthousiasmes, à ces désirs de découverte qu'il sent en lui.

A quinze ans, il embarque à bord du brigantin *La Costanza* qui doit appareiller pour Odessa.

Il sera mousse. Le capitaine de *La Costanza*, Angelo Pesante, de San Remo, est un ami de son père.

Adieu pour la première fois à la ville-mère.

Voici la mer. Voici le monde.

Deuxième tableau

La découverte d'un monde

(1822-1833)

« Comme tu étais belle, *Costanza !* »

Dans la mémoire, le premier navire du premier voyage a laissé le souvenir d'une mâture élancée, de flancs larges, d'une figure de proue qui frappe le jeune mousse.

« Ma pauvre mère, écrit-il, me préparait le nécessaire pour le voyage à Odessa », mais lui regardait « ce buste plantureux de femme » taillé dans le bois, couronnant la proue que, bientôt, l'écume allait recouvrir.

Point besoin d'aveux plus explicites. Il suffit de cette opposition qu'il dresse entre ce navire-femme et cette mère qui l'accompagne sur le quai, qui le suit des yeux au moment où il franchit prestement la passerelle, pour qu'on sache que l'adolescent quitte aussi la ville-mère pour devenir un homme, libre de ses rencontres et de ses amours. Que la femme étrangère, l'inconnue est, dès cet instant-là, l'une des images fortes de son imaginaire. *La Costanza,* la mer, les villes lointaines à découvrir sont féminines pour Garibaldi. L'avenir est aussi amour.

Cette structure de la personnalité de Garibaldi et de son imagination, on comprend ce qu'elles doivent à l'influence maternelle, à cette tendresse jamais distraite de Donna Rosa pour son fils. Elle sera l'une des permanences d'un homme qui, de femme en femme, restera amoureux de l'amour.

Cette instabilité dans les effets d'une sensibilité jamais tarie vient aussi de son premier métier. Il est marin. Il va de port en port, de Nice à Odessa et à Taganrog où l'on charge le blé ; de Marseille aux ports du Levant ; de Nice à Rome ; des rades grecques aux ports espagnols.

Il faut imaginer cette Méditerranée du premier tiers du XIXe siècle, pleine de couleurs et de violences.

Quelques très rares steamers commencent à noircir l'horizon des fumées de leurs chaudières, mais on ne croise le plus souvent que des navires à voiles, felouques ou tartanes, brigantins ou goélettes, tous lourdement chargés de vin, d'huile, de coton, de blé ou de bois, parfois de pèlerins ou de voyageurs qui se rendent en Terre Sainte, de proscrits ou de poètes qui s'en vont combattre ici ou là.

Les ports ont, dans la diversité des paysages et des mœurs, un air de famille, avec leurs quais encombrés de ballots, leurs porteurs à demi-nus, leurs cris et leurs tavernes. Là règne un monarque catholique, ici un sultan ou un tsar, mais les marins qui se côtoient et boivent ensemble, espagnols, siciliens, italiens, français, grecs fraternisent dans cette complicité instinctive des gens de mer.

Garibaldi a d'abord connu cela de la vie : l'horizon qui s'illumine à l'aube avec, au loin, bleutées, les collines qui dominent les côtes escarpées de la Méditerranée.

Il a connu la promiscuité chaleureuse des équipages, les « chants populaires, les chœurs harmonieux » qu'ils entonnent sur le pont. Le mousse qu'il est regarde ces hommes avec « leurs chemises de lin rouge, leurs pantalons bleus, leurs chapeaux de paille ». « Ils chantaient, ajoute-t-il, des chansons d'amour qui m'attendrissaient, m'enivraient à cause de quelque attachement sans importance. »

C'est que ce mousse aux yeux vifs et aux cheveux blonds, cet adolescent au visage sensible, bientôt marin athlétique, à la peau hâlée, n'aura aucune difficulté, d'escale en escale, pour se faire aimer d'une femme. Amours vénales ou amours brèves et spontanées, sincères dans leur vulgarité, amours que crée l'occasion et que ne prolonge aucun serment.

Garibaldi laisse entendre cette succession de rencontres qui l'émerveillent sans le satisfaire. Qui font de lui un homme sûr de sa force et de son charme, un peu cabotin comme tous ceux qui ont facilement cueilli les bonnes fortunes, un homme qui physiquement s'épanouit, s'affirme, que le travail de mousse puis de marin endurcit, qui sait se battre et affronter le danger qu'à chaque instant la mer peut faire naître.

Quand il rentre à Nice à bord de *La Costanza* dont les flancs sont remplis du blé des plaines d'Ukraine, il est déjà différent. Un homme que les compagnons de jeu qui n'ont pas pris la mer et sont restés des adolescents incertains, entourent. Un homme qui sait raconter. Il parle avec enthousiasme et chaleur en conteur qui ne se lasse jamais et ne déçoit pas.

Désormais, l'habitude est prise : à chacun de ses retours au port, on suscitera ses récits alors que déjà, avec l'instabilité et l'impatience propres à ceux qui ont goûté au voyage et vécu l'aventure, il ne songe qu'à repartir.

Au printemps de 1825, il largue à nouveau les amarres du port Lympia. Donna Rosa est sur le quai. Ses hommes s'en vont, car Garibaldi s'est embarqué sur la *Santa Reparata,* la tartane de son père. On hisse les voiles, on va doubler les premiers caps, celui de Nice, puis le cap Ferrat. Dans ces parages, l'enfant Garibaldi allait avec les pêcheurs guetter les thons.

La tartane est lourdement chargée, les vagues viennent frôler le haut du bastingage. Sur le pont, les tonneaux de vin sont solidement arrimés. Il suffit parfois d'un de ces coups de vent brutaux de la Méditerranée pour que les cordes se brisent et que les barriques balaient le pont, déséquilibrant le navire, le renversant ou le jetant sur les rochers.

Garibaldi racontera l'un des naufrages auquel il a assisté, à portée de la côte pourtant, un jour qu'il revenait à Nice sur le brigantin *Enea,* du capitaine Giuseppe Gervino. Une rafale de vent du sud-ouest, le plus traître, sur les côtes ligures, dans les proches du cap Noli, bouscule le navire. A quelques encâblures de l'*Enea,* une felouque catalane est renversée puis engloutie par deux lames, sans que les marins de l'*Enea* puissent porter secours aux Catalans.

Cette violence de la mer qu'il faut affronter, ces surprises auxquelles il faut trouver rapidement la parade — tendre les voiles, rabattre toute la toile, tenter de virer lof pour lof, se laisser porter par la crête des vagues —, Garibaldi les découvre dans ces premières années de navigation : la Méditerranée fantasque est son université.

Il sait, dès l'âge de quinze ans, ce qu'est la peur et comment la surmonter. Une tempête, après tout, est-ce moins effrayant qu'une charge de cavalerie ?

Quand, accroché à la passerelle d'un navire qui fait à peine quinze mètres de long, on a subi le vent du sud-ouest, on peut sans céder supporter une attaque. Être marin sur ces petits esquifs montés par un équipage d'une dizaine d'hommes, c'est apprendre à lutter sans pouvoir fuir et à faire face avec seulement ce qu'on dispose : quelques mètres carrés de toile, et l'habileté. Bonnes leçons pour un futur chef de guerre.

Mais, pour son deuxième voyage avec le père à ses côtés, Garibaldi ne doit lutter contre aucune tempête. La *Santa Reparata,* longeant les côtes, se dirige vers Fiumicino, le port de Rome.

1825 est année sainte. Peut-être l'embarquement de Garibaldi à bord de la tartane de son père est-il lié à ce fait : Domenico Garibaldi veut offrir à son fils le spectacle de Rome en fête, célébrant la gloire de Dieu et de l'Église.

Pour Joseph, c'est l'instant de la rencontre entre les souvenirs historiques de la grandeur romaine et la réalité de cette ville bruyante de cortèges : ceux des puissants venus rendre hommage au nouveau pape Léon XII, qui a succédé en 1823 à Pie VII ; ceux des pèlerins.

La ville qu'il découvre, encombrée par une foule cosmopolite, est une cité contradictoire avec sa beauté prenante, ses monuments impériaux et ses mendiants, cette corruption si présente, ce pouvoir des princes de l'Église.

Rome l'enthousiasme et le déçoit. L'administration de la ville, tenue par les cardinaux, est corrompue. Domenico Garibaldi se voit condamner pour avoir, lors de la remontée du Tibre de Fiumicino à Rome, tenté d'éviter de payer la traction du bateau par des bêtes de somme le halant depuis la rive.

Rome paraît à Garibaldi étouffée par ce gouvernement pontifical. Et il est vrai qu'à la chute du régime impérial, tout ce que l'influence française avait pu créer d'institutions nouvelles est supprimé par la réaction, d'abord conduite par Pie VII, puis par Léon XII (élevé à la dignité pontificale alors qu'il était connu comme le plus conservateur des cardinaux).

A Odessa — et, plus tard, lors de ses contacts avec la terre russe, à Taganrog par exemple — Garibaldi avait entrevu la misère du peuple et la révolte l'avait saisi devant « l'aspect des esclaves cosaques ».

A Rome, il découvre un clergé innombrable, arrogant, indifférent à la foi et à la pauvreté de la population romaine qui l'entoure.

Pour un homme jeune, exigeant, aux yeux de qui Rome passait pour le « berceau de cette religion qui a brisé les chaînes des esclaves, qui a annobli l'humanité et dont les apôtres ont été les instituteurs des nations, les émancipateurs des peuples », ce spectacle est insupportable.

Garibaldi est un homme d'indignation et de rêve. « La Rome que je voyais dans mon entendement juvénile, racontera-t-il, était la Rome de l'avenir, la Rome de l'idée génératrice d'un grand peuple. »

Peut-être en 1825 — il n'a que dix-huit ans — n'a-t-il pas encore une conscience aussi claire du rôle que Rome devrait jouer dans l'unité du peuple italien. Mais il ne peut qu'être rapidement sensibilisé au destin des nations, et la question de l'Italie ne peut que se poser à lui.

Garibaldi parcourt la Méditerranée en tous sens. Pour la Maison Gioan, il va de Nice aux ports du Levant. Il se rend à plusieurs reprises en mer Noire et dans les ports grecs. Il pousse même, sur le *Coromandel*, jusqu'à Gibraltar et aux Canaries. Il embarque à bord du *Cortese*, capitaine Carlo Semeria. Il sert sur le brigantin *Nostra Signora delle Grazie* et il en deviendra capitaine en 1832. Pas une côte méditerranéenne qu'il n'ait aperçue ou touchée durant cette période d'une dizaine d'années, décisive pour la formation d'un homme.

Or la Méditerranée, en ce temps-là, est précisément la mer des tempêtes politiques. Le cœur de ce grand mouvement des nationalités qui embrase l'Europe et qui est l'héritage de la Révolution française et de la domination impériale.

C'est à l'époque où Byron s'en va combattre aux côtés des Grecs de Missolonghi et meurt sous les murs de la ville assiégée par les Turcs. On tue dans ces îles au large desquelles passe Garibaldi, où il aborde. L'insurrection grecque a commencé en 1821. On massacre à Chio, et l'enfant grec y veut simplement « de la poudre et des balles ».

En 1825, en Russie, les décembristes complotent contre le tsar. Les flottes russe, anglaise et française s'en vont affronter la flotte turque à Navarin (1827). En 1828, la guerre éclate entre la Russie et la Turquie. Une expédition française débarque en Morée.

Toute l'Europe parle de la Grèce en lutte, du martyre de son peuple, de l'indépendance qu'il réclame. Comment le marin Garibaldi, lui qui croise dans ses parages, qui boit avec les marins grecs et que parfois des corsaires grecs dépouillent au nom de la lutte nationale, pourrait-il ignorer ce mouvement, ne pas en être imprégné ?

Si Garibaldi est fils de Nice, il l'est aussi de ce mouvement national et romantique qui entraîne et exalte la frange la plus désintéressée, la plus noble, la plus enthousiaste de sa génération.

Comment, devant cette lutte des Grecs, ne penserait-il pas au peuple italien dont il fait partie, dont il identifie l'histoire à celle de Rome — héritière de la Grèce — et qui, comme le peuple grec, est opprimé par une puissance étrangère, l'Autriche, dont les troupes impitoyablement répriment tout mouvement d'indépendance ?

L'Autriche qui dispose, en la personne des monarques conservateurs, d'alliés d'autant plus sûrs qu'ils craignent les « conspirations » des carbonari.

Car la répression s'abat. On exécute à Modène, à Rome. Les « Filadelfi », ces adhérents courageux et déterminés d'une société secrète, veulent à leur tour, comme les Grecs, prendre les armes.

En 1828, dans le Cilento, massif montagneux situé en bordure de cette mer que Garibaldi parcourt en tous sens, ils déclenchent une insurrection avec l'espoir de prendre Salerne, la ville toute proche. Ils sont écrasés et vingt-huit insurgés condamnés à mort et exécutés. Leurs têtes sont exposées dans leur village d'origine.

Ce ne sont pas les « barbares » turcs qui ont accompli cet acte sauvage, mais des gouvernements « respectueux » de l'ordre et de l'église! Voilà la situation de l'Italie.

On comprend que tous les libéraux italiens s'enflamment pour la Cause grecque et quand, en septembre 1829, par le traité d'Andrinople, la Grèce obtient son indépendance, ils saluent l'événement comme annonciateur de leur propre succès.

Mais on en est loin.

La police et ses espions, l'armée autrichienne tiennent les différents royaumes.

A Nice même, quand Garibaldi regagne sa cité natale, il sent le poids de la surveillance. L'administration et la police sardes sont tâtillonnes. Il suffit d'avoir une attitude qui paraît anormale pour être inquiété. Hector Berlioz qui, en mai 1831, séjourne quelques semaines à Nice, est contraint de quitter la ville pour avoir été surpris en train de dessiner sur les rochers, au-delà du port. L'on a cru qu'il levait des plans. Berlioz était d'ailleurs déjà surveillé. « La police de Sardaigne, écrit-il, est venue troubler mon paisible bonheur et m'obliger à y mettre terme. J'avais fini par échanger quelques paroles au café avec deux officiers de la garnison piémontaise ; il m'arriva même un jour de faire avec eux une partie de billard. Cela suffit pour inspirer au chef de la police des soupçons graves sur mon compte. »

Quitter Nice, retrouver la mer, la camaraderie des équipages, c'est aussi, pour Garibaldi, un moyen d'échapper à cette atmosphère étouffante de répression et de suspicion. Il peut alors, à la lumière de l'exemple grec, penser à l'Italie.

« Aimant passionnément mon pays depuis mes premières années, raconte-t-il, et ne supportant pas son servage, je désirais ardemment m'initier aux mystères de sa renaissance. C'est pourquoi je cherchais partout des livres et des écrits traitant de la liberté italienne et des hommes qui s'y consacraient. » Il n'a ainsi pas pu ignorer le livre de Silvio Pellico, qui décrit ses longues années de détention dans les prisons autrichiennes pour avoir été carbonaro en 1820. Comment ne pas communier avec ce tenace héros qui résiste aux Plombs de Venise et à la forteresse du Spielberg, aux menaces des geôliers et écrit, avec *Mes prisons,* un livre connu dans toute l'Europe et dont Metternich estimera que « le résultat en a été plus terrible pour l'Autriche qu'une bataille perdue » ?

Garibaldi devient adulte dans ce climat politique et l'on comprend son indignation quand il constate que les marins italiens qu'il côtoie ignorent tout de leur pays. « Qui leur avait appris à être patriotes, italiens, défenseurs de la dignité humaine ? interroge-t-il. Qui nous disait à nous, jeunes gens, qu'il y avait une Italie, une patrie à venger, à délivrer ? Qui ? »

La patrie à naître, l'Italie comme donnée unique, non morcelée, est mieux perçue chez ceux qui ont quitté la péninsule et qui, à l'étranger, se sentant différents du monde qui les entoure, comprennent qu'ils sont plus que romains ou turinois, gênois ou napolitains : italiens. Qu'il y a entre eux tous, exilés des petites patries, un lien plus fort que leurs différences : celui de la communauté de destin historique, le partage d'une même langue, celle de Dante bien sûr, mais que des auteurs contemporains, Manzoni, Leopardi ou même Pellico, maintiennent vivante et renouvellent.

Garibaldi appartient par son métier, son errance de marin qui va de port en port, à cette Italie de l'exil qui rêve à la terre lointaine et sait l'imaginer unie. D'une certaine manière, le fait qu'il soit niçois, c'est-à-dire un marginal de l'Italie, né dans une terre disputée, fait de lui une sorte d'exilé d'origine, de ceux qui sont d'autant plus patriotes qu'ils n'ont pas la certitude terrienne, évidente, de participer d'une identité parfaitement définie, incontestée.

Être Italien, pour le Niçois Garibaldi, pour le marin qui ne prend que rarement pied sur le sol de la péninsule et connaît mieux les villes de Russie, du Levant ou les ports grecs que les grandes citées italiennes — Florence, Venise, Bologne, Turin — qu'il n'a jamais vues, est un choix de l'imagination, une décision de l'esprit, un désir et l'expression d'une volonté.

Cela explique la permanence de cette passion qui est de fait une abstraction, mais la seule manière, en ces temps-là, d'être patriote italien. Par contre, bien des Italiens vivant dans la péninsule sont enfermés dans les limites de petits États rivaux, prisonniers du concret d'une cité que domine le campanile. Ils ne voient pas, le plus souvent, au-delà des limites du terroir, ils sont victimes du « campanilisme » et alourdis par leurs racines.

Garibaldi, au contraire, est de naissance un exilé. Il a franchi les collines, découvert un monde, comparé les hommes. Il est devenu un Italien parce qu'éloigné de l'Italie. Il a voulu l'Italie unifiée parce qu'il avait la vision large que donne la distance. Et son désir s'est trouvé encore renforcé par les rencontres d'autres Italiens de l'exil, eux aussi rêveurs de l'Italie future, dont la générosité et l'amitié témoignaient d'une solidarité nationale alors même que la nation n'existait pas encore.

A Constantinople, par exemple, dans cette immense ville confuse où se croisent toutes les ethnies et où se négocient tous les produits, Garibaldi, malade, est contraint de séjourner alors que le brigantin *Cortese* sur lequel il était embarqué lève l'ancre. Puis, quand il est rétabli, la guerre entre la Turquie et la Russie l'oblige à demeurer sur place.

La situation pourrait être difficile pour lui, et il le pense d'abord : « Je me trouvai dans un bien mauvais pas », se souvient-il. Mais la colonie italienne est forte, organisée. Il existe un Cercle des Ouvriers italiens au quartier de Para. Les

Italiens, depuis le Moyen Age, sont voyageurs, connaissent les lois du commerce et de l'exil. Garibaldi, grâce à ses concitoyens, va connaître l'hospitalité d'une famille Sauvaigo — au nom niçois —, puis il devient précepteur des trois fils d'une veuve : des Italiens encore, solidaires du jeune marin isolé.

Voilà la découverte des vertus de l'appartenance à une même nation.

Durant ces presque deux années que Garibaldi passe à Constantinople, il lit, étudie. « Je profitai, indique-t-il, de cette période de tranquillité pour étudier un peu de grec, oublié ensuite, tout comme le latin que j'avais appris dans mes premières années. »

Sans doute aussi noue-t-il des relations plus stables avec un milieu qui l'accueille comme un adulte. Après l'errance du marin, ces mois passés à l'étranger achèvent de préparer l'homme jeune aux engagements de la vie. C'est d'ailleurs à son retour à Nice — en 1830 ou 1831 — que Garibaldi reçoit son brevet de capitaine en second.

Il n'a alors que vingt-quatre ans.

L'homme est beau, vif et vigoureux. Il possède déjà son métier, à l'âge où d'autres s'essaient encore à une occasion et même si, en ce début du XIXe siècle, la vie active commence tôt. Il a fait bien plus que son père : il a franchi le détroit de Gibraltar, il s'est écarté des itinéraires paisibles des caboteurs.

Que faire pour aller au-delà ? Traverser l'Atlantique, rejoindre Angelo, le frère aîné, qui vit aux États-Unis et y réussit ? La tentation existe parfois, mais il y a trop de puissance passionnelle chez Garibaldi pour qu'il se contente d'une vie privée, fût-elle marquée par le succès. Trop d'attrait pour un engagement absolu, exigeant, trop de goût pour la collectivité des hommes, le contact avec eux — il chante, raconte, séduit, entraîne — pour s'enfermer dans une ambition individuelle. Il a aussi le goût du défi.

A Taganrog, où il fait à nouveau escale, il se heurte, pour un tapage de matelots en bordée, à la police du tsar Nicolas Ier. Là encore, seule la solidarité des Italiens le sauve d'une déportation. Mais quelle nouvelle expérience de l'oppression, après toutes celles dont il a pu prendre conscience en écoutant les Grecs, en voyant les victimes des massacres ou de la guerre.

Si l'on ajoute à ce contact personnel les premières impressions de l'enfance, on s'explique que le besoin d'intervenir comme acteur de l'histoire s'impose peu à peu à lui. D'autant que les années trente sont riches d'événements.

Un temps, la révolution semblait avoir déserté la France et l'Italie, reprises en main l'une et l'autre après les secousses des années vingt. L'Espagne (en 1823), la Grèce (dès 1821 et jusqu'en 1829) et même la Russie, avec les décembristes (1825), semblaient avoir saisi le relais, mêlant souvent revendication libérale et nationale.

Puis la révolution parisienne de juillet, qui installe Louis-Philippe, la révolution belge d'août er celle de Pologne en novembre, réaniment le traditionnel centre révolutionnaire de Paris qui redevient la capitale de tous les exilés.

Buonarroti s'y installe, tisse sa toile de sociétés secrètes, fonde celle encore plus mystérieuse des *Militi Apofasimenti* (les « soldats qui apportent la preuve »), dont le but est la création d'une Italie unie, libre, indépendante, républicaine. Pour être admis dans cette société, il faut avoir fourni la preuve que l'on a nui réellement, par le poignard ou le poison, à un ennemi de l'Italie. Les adeptes de la société doivent signer leur serment de leur sang.

Grandiloquence? Romantisme dans une période dont la chronique ressemble à un roman d'Alexandre Dumas?

Il ne faut pas se méprendre : les risques courus par les conjurés sont réels. Ceux qui, à Modène (Menotti, Misley), à Parme, à Bologne, prennent les armes, sont durement pourchassés. Ciro Menotti est condamné à mort et exécuté.

Garibaldi suit ces événements avec passion. La figure héroïque de Menotti, victime d'un petit monarque (François IV) disposant de l'appui des troupes autrichiennes, le bouleverse. Il rêve de participer à des actions du même ordre et de s'engager dans la lutte politique.

Qu'il se sente concerné totalement par ces révoltes, un fait le prouve : son premier fils portera le nom de Menotti.

Garibaldi est donc lié au plus profond de lui-même à ce combat que mènent dans la péninsule les patriotes. A chaque escale, il s'informe. Avec retard, les petites sociétés italiennes de l'exil apprennent les nouvelles. Menotti pendu. Metternich qui répète que l'Italie n'est et ne doit être qu'une « expression géographique ». Bologne, Ancône qui s'étaient révoltées, remises au nouveau pape Grégoire XVI. Et les troupes autrichiennes qui étendent leur domination.

L'idée naît que la papauté et l'Autriche sont les deux puissances qui empêchent le Risorgimento de l'emporter, l'Italie de s'unifier.

Cette analyse, Garibaldi la fait sienne, presque instinctivement. Il a une haine naturelle de la répression. Il écoute, à chaque rencontre, les récits qu'on lui fait : exécutions ici, persécutions là.

Un soir, dans une taverne de Taganrog, il entend à la table voisine des marins italiens parler entre eux. L'un des plus jeunes s'exprime avec fougue, répétant qu'il fait partie des « initiés » qui savent, de ceux qui ont prêté serment et sont décidés à sacrifier leur vie pour la Cause. Quelle cause ? Celle de l'Italie, « la nouvelle jeune patrie de tous les Italiens ».

Pour la première fois, Garibaldi a le sentiment d'avoir rencontré un « croyant » qui partage la même foi que lui, le même rêve.

« Il m'apprit, expliquera-t-il, comment allaient nos affaires, celles de l'Italie. Christophe Colomb n'éprouva certainement pas autant de satisfaction à découvrir l'Amérique que je n'en éprouvai à trouver quelqu'un qui s'occupait de la rédemption de notre patrie. »

Ce Giovanni Battista Cuneo faisait partie d'une nouvelle organisation, la *Giovine Italia,* société secrète elle aussi, fondée par le Génois Mazzini.

Mazzini appartenait à la même génération que Garibaldi (il est né en 1805). Il avait éprouvé le poids de la justice sarde.

Jugé, condamné à l'exil, il avait, avec la sombre détermination d'un caractère absolu et le fanatisme d'un théoricien intransigeant, mis sur pied cette organisation qui devait, dans son esprit, remplacer les vieilles sectes — celle de la Charbonnerie, par exemple. En regroupant des dizaines de milliers de conjurés répartis dans toute l'Italie, elle parviendrait à soulever le pays.

« Indépendance, Unité, Liberté » : il ne fallait compter que sur l'abnégation des adhérents pour combattre et renverser tous les monarques italiens à la fois, ne se fier à aucun d'entre eux.

En 1831, quand Charles-Albert avait succédé à Charles-Félix à la tête de la monarchie de Piémont-Sardaigne, Mazzini avait interpellé, le nouveau monarque sur un ton de noblesse orgueilleuse :

« Sire,

Si je vous croyais un roi vulgaire, d'âme inepte ou tyrannique, je ne vous adresserais pas la parole d'un homme libre. Les rois de telle trempe ne laissent aux citoyens que le choix entre les armes et le silence. Sire, vous avez peut-être besoin d'entendre la vérité... Repoussez l'Autriche, laissez la France en arrière et concluez un pacte avec l'Italie. Mettez-vous à la tête de la Nation et écrivez sur votre drapeau : Union, Liberté, Indépendance... Les hommes libres attendent votre réponse dans les faits. Quelle qu'elle soit, soyez certain que la postérité vous proclamera le premier parmi les hommes ou le dernier des tyrans italiens. Choisissez !

Un Italien. »

Diffusée à de nombreux exemplaires en Italie, cette lettre de Mazzini n'eut évidemment pas de réponse.

Il fallait donc que le révolutionnaire rigoureux ne compte que sur le pouvoir des idées et des mots pour rassembler les Italiens.

Mazzini s'installe à Marseille — l'un des ports d'attache de Garibaldi — et commence le travail de fourmi des conspirateurs sans grands moyens, ne disposant que du dévouement des militants, toujours sous la menace d'une provocation, car la police autrichienne entretient même à Marseille un réseau d'espions. Quand les Autrichiens obtiennent un renseignement ou identifient un adhérent, ils en avertissent le gouvernement piémontais. On pourchasse alors les adhérents de la *Giovine Italia* dans toute l'Italie, à Nice ou à Gênes, à Rome ou à Turin.

La police française, celle du monarque couronné par la Révolution, Louis-Philippe, s'inquiète elle aussi.

Ce Joseph Mazzini, au-delà de l'Italie, n'espère-t-il pas créer une « Jeune Europe » républicaine, dangereuse pour toutes les monarchies, même celles qui se présentent comme constitutionnelles ?

La police française surveille donc les navires et les exilés italiens.

Le 4 juillet 1832, les douaniers de Marseille découvrent à bord du *Sully,* un navire de commerce, des documents qui prouvent que les membres de la *Giovine Italia* préparent un soulèvement en Italie. Des proclamations, des listes de conjurés, des indications sur les lieux de rassemblement ne laissent aucun doute sur les intentions de Mazzini et de ses camarades. En août, Paris rend un arrêté d'expulsion contre Mazzini qui doit se cacher chez des Français, républicains pour la plupart.

C'est là le sort des exilés, éternels pourchassés que la complicité des polices, la coalition des pouvoirs conservateurs rend vulnérables.

En mai 1833, à Turin, les informations convergentes inquiètent le roi Charles-Albert qui déclenche la répression à Chambéry, à Turin, à Gênes, mais aussi à Nice.

La peur se répand dans le royaume. Les dénonciations se multiplient. Les officiers qui, en grand nombre, avaient adhéré à la *Giovine Italia,* choisissent l'exil. Période sombre dont Garibaldi, chaque fois qu'il accoste, perçoit les échos. On exécute treize conjurés, on distribue des années de prison.

Ascétique, sombre, déterminé, Mazzini ne renonce pas. Les exilés prononcent son nom avec une ferveur respectueuse. Il est le maître qui sait, qui voit le destin de l'Italie. On lui fait une confiance aveugle. Ses plans, pour imprécis qu'ils soient, il les magnifie par sa conviction. Elle entraîne. On sait Mazzini rigoureux : cela suffit à faire penser que ses choix politiques et militaires sont justifiés, alors qu'ils ne sont que les fruits d'une pensée visionnaire et volontariste.

Mais l'exil prédispose à ce volontarisme qui fait prendre l'idée et le désir pour la réalité.

Quoi qu'il en soit, Mazzini s'impose et quand Garibaldi aborde à Marseille, qu'il y rencontre ses amis italiens, on lui parle prudemment, car la police est aux aguets du conspirateur, de la *Giovine Italia.*

Garibaldi est alors second sur le brigantin la *Clorinda*, commandé par le capitaine Clari.

On est en mars 1833. A vingt-six ans, Garibaldi va entreprendre un nouveau voyage vers la mer Noire. Il n'attend plus aucune surprise de ces traversées. Il ne les évoque même pas brièvement dans ses *Mémoires :* « Ces voyages sont devenus si communs, note-t-il, qu'il serait inopportun de les décrire. »

La mer n'est plus l'inconnue. Le grade de Garibaldi indique bien qu'il possède parfaitement son métier. Il peut en faire sa carrière. Mais dans quel but, alors que les peuples bougent, que l'Italie est à construire, que tout son tempérament le conduit à s'engager totalement dans une action aussi aventurée que pouvait l'être, pour un enfant de treize ans, le fait de vouloir sur une petite barque gagner Gênes avec quelques camarades ?

Garibaldi est donc à un moment de sa vie où il attend autre chose d'elle. Il guette. Il est à l'affût des rencontres.

Déjà, à Taganrog, Cuneo l'a illuminé par son analyse de la situation italienne. Voici que s'embarque en mars 1833, à bord de la *Clorinda,* un groupe étrange conduit par un homme de trente-quatre ans : Émile Barrault.

Barrault porte une longue barbe, sa voix est mélodieuse. Il parle d'abondance. Il se définit lui-même comme le disciple d'un père : c'est un saint-simonien, l'un de ces hommes que le *Nouveau Christianisme* a convertis. Il veut la fraternité, pense à fonder une nouvelle religion qui concilie la liberté des mœurs et l'égalité. Lui et ses compagnons témoignent de cette crise d'une société traditionnelle que la révolution et l'industrialisation commençante bouleversent. Ils sont partisans de la non-violence.

Expulsés de France, ils veulent établir une colonie d'hommes libres. Ils sont calmes, heureux.

Garibaldi est fasciné par Barrault, dont l'éloquence mystique et les théories l'impressionnent. Joseph n'est pas un intellectuel. Il a grandi sur les quais et les ponts. Sans être vraiment autodidacte, il en a les naïvetés et les enthousiasmes. Barrault a trouvé en lui un auditeur fasciné.

Pour lui, brusquement, tout au long de ce voyage vers l'Orient, les limites du monde connu s'écartent : il n'apparaît plus circonscrit aux luttes italiennes et à la Méditerranée. Il existe une histoire de l'humanité, un destin collectif. Ces propos nouveaux répondent aux aspirations de Garibaldi à l'absolu.

Par le fait du hasard, il se trouve ainsi, à un tournant de sa vie, sur cette Méditerranée agitée par les luttes nationales, en contact avec une autre forme de pensée, elle aussi née de ce début de siècle romantique.

« Avec Barrault, écrit Garibaldi, nous discutâmes non seulement les étroites questions de nationalité dans lesquelles s'était jusqu'alors enfermé mon patriotisme — questions restreintes à l'Italie, à des discussions de province à province — mais encore la grande question de l'humanité. D'abord l'apôtre me prouva que l'homme qui défend sa patrie ou attaque la patrie des autres n'est qu'un soldat pieux dans la première hypothèse, injuste dans la seconde — mais que l'homme qui, se faisant cosmopolite, adopte l'humanité pour patrie et va offrir son épée et son sang à tout peuple qui lutte contre la tyrannie, est plus qu'un soldat, c'est un héros. »

Leçon répétée sur le pont alors que la *Clorinda* gagne Constantinople. Enseignement qui revêt d'autant plus d'influence qu'il s'inscrit dans le superbe décor de la mer et de la nuit d'Orient. Idées jamais oubliées, car présentées avec la force généreuse du désintéressement à un homme jeune qui croyait depuis l'enfance à la grandeur de l'homme et à l'existence du bien.

Le système saint-simonien vient ainsi empêcher la fermeture de Garibaldi sur sa passion nationale. Il sera patriote, mais aussi — et quoi de plus naturel pour un homme de la mer et du voyage, de contact avec des cultures différentes ? — cosmopolite.

Barrault, avant de descendre à terre, offrit à Garibaldi son propre exemplaire du *Nouveau Christianisme* de Saint-Simon. A la fin de sa vie mouvementée et vagabonde, Garibaldi le possédait toujours.

Quelques semaines plus tard, la tête pleine encore des propos entendus, des rêves qui en étaient nés, Garibaldi débarquait à Marseille.

La communauté italienne vivait à l'heure de la répression qui se déployait au Piémont. Des exilés avaient réussi à franchir le Var. Ils parlaient des exécutions et des jugements. On murmurait que la *Giovine Italia* préparait cependant une insurrection qui ne pouvait que réussir. Mazzini, ajoutait-on, est à Marseille, clandestin bien sûr, mais Garibaldi, exalté par ce qu'il savait de l'homme et de son organisation et par cette longue conversation qu'il avait eue avec Barrault, mit tout en œuvre pour le rencontrer. Il entrerait ainsi dans l'action. Un exilé, Covi, s'entremit. On faisait confiance à Garibaldi. Covi le conduisit donc chez Mazzini.

Mazzini était un intellectuel méditatif. Le front appuyé sur sa paume, il regardait son interlocuteur de ses yeux réfléchis. L'action, pour lui, s'accordait au verbe et à la pensée. Il dressait des plans et des perspectives. Il ignorait ce qu'étaient une vague déferlante, les beuveries de marins, des plaisirs rapides des ports, le spectacle des hommes massacrés, ou encore l'humiliation quand un corsaire qui a pris votre navire vous dépouille même de vos vêtements. Et qu'il faut subir.

Mazzini dut donc observer Garibaldi et ne découvrir en lui qu'un homme musclé, pas très grand, aux cheveux longs couvrant la nuque, un marin sans connaissances historiques ou politiques, mais plein de bonne volonté. Il demandait à devenir membre de la *Giovine Italia* en prononçant les mots rituels : « J'appelle sur ma tête la colère de Dieu, le mépris des hommes et l'infamie du parjure si je trahis en tout ou partie mon serment. »

Mais, au-delà de cette adhésion, quel fut le sentiment de Garibaldi sur l'homme qu'entouraient un halo de mystère et la vénération des conjurés ?

Lui qui, dans ses *Mémoires,* évoque de menues scènes sans importance, ne dit presque rien de cette rencontre, comme si elle l'avait peu marqué ou bien qu'il préférât taire sa déception. Peut-être avait-il senti l'indifférence un peu hautaine et méprisante de Mazzini.

Homme d'affectivité et de sensibilité, Joseph avait dû être surpris par la froideur du Maître de la *Giovine Italia,* cet ascète si différent du séducteur Garibaldi.

Mazzini était de ces Italiens réservés issus de la petite bourgeoisie intellectuelle — il était juriste —, alors que Garibaldi appartenait, par son métier, ses expériences, à une autre tradition italienne : celle de l'expressivité, des chants en chœur, de la veine populaire, même si, par ses origines sociales, il appartenait aussi à la petite bourgeoisie.

Entre les deux hommes, donc, il n'y eut probablement pas de sympathie. Mais chacun d'eux reconnut le rôle de l'autre. Mazzini était le chef — il n'était âgé que de vingt-huit ans — ; Garibaldi se mettait à son service, tendait une mission. Mazzini, qui devait quitter sous peu Marseille pour installer le centre de la *Giovine Italia* dans une cité plus accueillante — ce fut Genève —, dit d'abord, avec cette assurance qui effaçait tous les doutes : « Il suffit d'une étincelle pour que l'Italie s'embrase comme un volcan. »

Garibaldi voulait être l'un de ceux qui porterait le feu jusqu'au cratère.

Il avait vingt-six ans. Il entrait en politique et devenait enfin un élément conscient du jeu de l'Histoire.

La conspiration

(1833-1835)

La place que Mazzini avait assignée à Joseph Garibaldi pour sa première participation au jeu de l'Histoire était importante. Mazzini l'avait-il immédiatement jugé à la hauteur des lourdes responsabilités qu'il lui confiait ou bien, avec cette légèreté dont il faisait preuve dans la mise en œuvre de ses plans, avait-il désigné Garibaldi parce qu'il se présentait et qu'il fallait bien trouver quelqu'un pour s'emparer de l'arsenal de Gênes, soulever les équipages de la flotte sarde, lancer à l'assaut de la monarchie le peuple auquel on aurait distribué les armes, et les marins ?

Il s'agissait, pour Mazzini, de compléter, par une action de soutien, son intervention principale qui se situait au Nord. Des exilés italiens, des républicains français et des réfugiés polonais envahiraient la Savoie à partir de la Suisse et de la France, et le trône de Charles-Albert s'effondrerait.

« Une levée en masse, expliquait Mazzini, une poussée vers les capitales, une manifestation générale et populaire prouvera à l'intérieur et à l'extérieur que la nation italienne est régénérée et qu'elle donne le signal de l'insurrection européenne. »

Noble et belle ambition !

« Et, continuait-il, un coup de main sur l'arsenal de Gênes équivaut à la Révolution. »

Ce plan, des phrases s'en sont gravées dans l'esprit de Garibaldi. Il a la détermination et la naïveté de la jeunesse. Cette tâche qu'on lui confie l'enthousiasme. Il croit au succès. Au

sien, et à celui de Mazzini. Il est sûr de ses talents. Mazzini lui
a demandé de recruter des adhérents pour la Jeune Italie, quoi
de plus simple ? Garibaldi ignore encore les labyrinthes où se
perdent les destins. Il suffit, croit-il, d'expliquer pour convaincre, et il pense que ceux qui l'écoutent, puisqu'ils paraissent approuver, sont persuadés qu'il faut en effet lutter pour
l'Italie unie, libre, indépendante. Qui pourrait rejeter ce qu'il
ressent comme une nécessité impérieuse de sa vie ?

Il est jeune, encore.

Il est parti de Marseille pour Nice d'abord, puis pour Gênes.
Mazzini lui a attribué des fonds importants que la *Giovine Italia* a rassemblés et avec lesquels il doit soudoyer ceux qui hésitent et acheter des complicités. Il faut que les marins basculent
dans le camp révolutionnaire. Il suffira, pour Garibaldi, de se
trouver parmi eux.

Selon la loi en vigueur dans le royaume de Piémont-
Sardaigne, Garibaldi doit, avant sa quarantième année, servir
cinq ans dans la marine militaire. Certes, il eût pu se dérober,
et beaucoup le font. Mais l'occasion est trop belle. Il sera dans
la place. Il marche vers le bureau de recrutement génois
comme on va à une fête, inconscient des rouages d'un État, de
son administration, de sa police et de ses espions.

A Nice, il réunit au cours de plusieurs repas les amis de sa
génération. Il offre la chère et le vin. Il parle, il n'argumente
pas. Il lui suffit d'évoquer la lutte des peuples, celle des Grecs
qu'il connaît. Il imagine que tous ses anciens camarades de jeunesse lui ressemblent, qu'ils vont, comme il l'a fait avec Cuneo
à Taganrog, avec Barrault sur le pont de la *Clorinda,*
s'enflamment après quelques phrases. Les convives approuvent
et se dispersent. Il croit avoir réussi.

Avec cette spontanéité qui lui vient de son âge, de son inexpérience, de ce métier qui l'a tenu hors du réseau serré des contraintes sociales, il ne peut même pas concevoir qu'on se
dérobe au devoir ou bien, pire encore, qu'on va, après l'avoir
écouté, le dénoncer aux carabiniers piémontais.

Seule prudence : à Donna Rosa et à Domenico Garibaldi, il

n'avoue pas le but de son voyage. Ils sont restés ce couple modestement conservateur, apeuré par la moindre allusion aux affaires publiques.

Garibaldi les rassure. Il part accomplir à Gênes ses obligations militaires. Un ami, Edoardo Mutru, l'accompagne. Ils reviendront.

Le 26 décembre 1833, Garibaldi et Mutru se présentèrent aux autorités de la marine royale.

Gênes était le plus grand port de guerre du royaume de Piémont-Sardaigne. Certains navires se trouvaient en rade, d'autres, de lourds trois-mâts, étaient amarrés bord à bord, dominant les quais de leurs hautes lisses, leurs voiles roulées sur les vergues.

L'arsenal occupait plusieurs bâtiments proches du port. Les casernes formaient, non loin de la place Sarzana, un ensemble menaçant. Les carabiniers, ces gendarmes fidèles à la monarchie, les occupaient. Gênes était bien une place forte, grouillante de vie et d'activités commerciales. Elle ouvrait le Piémont aux courants maritimes. Par elle, Turin et les villes du Nord, celles de la Lombardie sous domination autrichienne, recevaient le blé russe, les produits d'Orient, les machines d'Angleterre. Gênes était essentielle à l'activité et à la sécurité du royaume.

Autant dire que la police y était attentive et les espions nombreux.

Le gouvernement de Turin sait, en cette fin d'année 1833, que Mazzini — génois d'ailleurs — prépare une action. Les espions autrichiens ont depuis longtemps averti Charles-Albert. Les Français ont peut-être fait de même. Trop d'inquiétudes, dans l'entourage de Louis-Philippe, pour qu'on se désintéresse d'un homme qui rêve d' « insurrection européenne ».

Le 4 novembre 1833, un tribunal piémontais condamne par contumace Mazzini à mort.

Le maître de la *Giovine Italia* est à Genève, impassible, choisissant comme chef, pour ses insurgés, un général douteux, Ramorino, ancien soldat des guerres de l'Empire, chassé de l'armée piémontaise après les troubles de 1821, combattant dans les rangs de la révolution polonaise en 1830 et... joueur ! Il a dissipé dans les maisons de jeux de Lyon les 40 000 francs qu'il a reçus pour recruter des volontaires. Pire, on le dit en relation avec Vidocq, ce Vautrin de l'Histoire, ancien bagnard devenu chef de la police.

Comment réussir dans de telles conditions ?

Garibaldi ignore ces coulisses sombres de l'insurrection qui se prépare.

Rarement homme a été moins fait pour l'action clandestine. Quand, selon la tradition, on lui demande sous quel nom de guerre il veut être inscrit sur les registres de la marine royale, il donne celui de *Kleombrotos,* nom du frère de Leonidas, héros des Thermopyles.

Un triple indice : l'histoire est pour lui une scène toujours présente et qui lui sert de référence. La Grèce, celle de l'Antiquité, mais surtout celle de la guerre d'indépendance, est l'exemple qu'il veut suivre. Enfin, s'il est Kleombrotos, c'est bien que Mazzini est Leonidas.

Mutru garde son nom.

Avant de les admettre à bord, visite médicale, fiche d'identité : « Joseph Garibaldi, dit Kleombrotos, né à Nice le 4 juillet 1807, cheveux et cils blonds, yeux marron, front dégagé, nez aquilin, bouche moyenne, menton et visage ronds, taille : un mètre soixante-dix. »

On leur distribue la redingote noire, le pantalon blanc et le chapeau-tube qui constituent l'uniforme de la marine royale, puis ils embarquent à bord de l'*Eurydice.*

Et Garibaldi commence son action, si sûr de lui, si convaincu de la proximité de l'heure décisive, si incapable de toute prudence, de ce travail souterrain des clandestins, qu'il rassemble les marins par petits groupes, leur distribue des fonds, les admoneste, prêche pour l'Italie.

On l'écoute, on paraît l'approuver. Cela ne prête guère à conséquence. Et puis, il offre à boire ou à dîner, et l'éclat même qu'il donne à sa propagande semble lui ôter tout aspect de conspiration. N'est-ce pas, tout au plus, un agitateur bavard ? Peut-être même un provocateur ?

Quant aux autorités, elles laissent Garibaldi continuer, car elles le surveillent depuis Nice, peut-être depuis Marseille. Elles attendent, pour le cueillir, que des complices éventuels se démasquent. Surtout, elles ne craignent pas l'insurrection.

Cependant, pour prévenir tout risque, le 3 février, elles décident de transférer les deux matelots de troisième classe Kleombrotos et Mutru de l'*Eurydice* à la frégate *Des Geneys*. Là, ils n'auront guère le temps de jouer les agitateurs puisque Mazzini a déjà lancé ses hommes à l'assaut du royaume, là-bas, sur les frontières du Nord.

L'action est brève, illustrant l'incapacité de Mazzini et de la *Giovine Italia* à organiser une intervention efficace.

La police suisse et les troupes sardes, parfaitement renseignées, cernent, désarment ou chassent les Polonais qui, le 1er février, ont tenté de traverser le Léman, les Italiens qui ont franchi l'Arve et ceux qui, partis de France, essaient d'occuper les Echelles, le 3 février 1834. Deux prisonniers parmi les partisans de Mazzini. Ils seront fusillés. L'un d'eux était français : le tisserand de Lyon, Borrel.

Mazzini, d'émotion et de tension, s'est évanoui dans la barque qui devait le conduire en Italie. Il veut s'empoisonner, ne trouve plus le poison. Délire. Ramorino disparaît. Les volontaires polonais se battent avec les Italiens. Fin de la *Giovine Italia,* de ses espoirs généreux qui tout à coup s'effritent : une poignée d'hommes ne peut que rarement renverser un État. Il est déjà miraculeux que ces exilés se regroupent, imaginent, veuillent tenter l'aventure, alors qu'ils sont surveillés, tenus en laisse par toutes les polices européennes. Car les États sont solidaires.

Aux exilés ne restent donc que l'amertume, l'espoir fou comme un rêve, un nouvel exil. Mazzini partira pour Londres.

A Gênes, Garibaldi ne sait encore rien, sinon que l'insurrection prévue pour le 31 janvier a été repoussée au 4. Son transfert, le 3, sur la frégate *Des Geneys,* l'inquiète. Il demande à descendre à terre. A-t-il prétexté une « maladie de jeunesse à soigner » ? Qu'il en fût atteint n'est pas impossible. On n'a pas jeté sa gourme dans tous les ports de la Méditerranée sans que cela ne laisse quelques traces. Et Garibaldi n'a jamais joué les chastes.

A-t-il quitté le navire parce qu'un provocateur lui laisse entendre, pour mieux l'attirer dans une souricière, que l'insurrection va éclater à Gênes?

« J'avais entendu dire, raconte-t-il, qu'un mouvement devait s'opérer à Gênes et que, dans ce mouvement, on devait s'emparer de la caserne des carabiniers située piazza Sarzana... A l'heure où devait éclater le mouvement à Gênes, je mis un canot à la mer et me fit descendre à la Douane. De là, en deux bonds, je fus sur la piazza... J'attendis une heure à peu près, mais aucun rassemblement ne se forma. Bientôt j'appris que l'affaire avait échoué et que les républicains étaient en fuite. »

Peu après, il apprend en effet que l'action de Mazzini a échoué, que Mutru est arrêté. Il ne lui reste donc qu'à fuir, accueilli par une maraîchère qui lui donne les vêtements de son mari — le romanesque ne manque jamais dans la vie de Garibaldi — et des provisions pour la route. Car il faut gagner la France à pied, par les sentiers de montagne qui dominent la mer.

« Je ne connaissais pas la route, mais j'étais marin, explique Garibaldi. Si la terre me manquait, il me restait ce grand livre où j'étais habitué à lire mon chemin. Puis je me dirigeai sur Marseille. »

Un arrêt à Nice pour le proscrit. Il sait la maison familiale surveillée. Déjà son signalement a été transmis à toutes les villes du royaume. Un Niçois, pêcheur innocent, parce qu'il s'appelle Garibaldi, a été arrêté, conduit à Gênes. Le frère de Garibaldi, Felice, est lui-même saisi par les carabiniers près de Gênes. C'est dire que la police se préoccupe du fugitif, même si la trame étatique — communications, administrations — n'a pas encore la précision impitoyable d'aujourd'hui. Il demeure possible, avec un peu de chance et surtout d'audace, de passer entre les mailles. A condition de ne pas suivre les conseils de Donna Rosa, revue quelques instants à Nice chez une tante où Garibaldi s'est réfugié. Pour elle et pour le père, il n'y a qu'une seule solution : se livrer à la justice du Royaume, payer pour la faute et obtenir le pardon.

Adieu Nice pour des années. Adieu cette famille aimante mais aveugle.

Il faut franchir le Var — chose facile pour cet enfant du pays qui a chassé et pêché le long du fleuve — et ainsi rentrer en France.

Garibaldi est si persuadé que la France est terre d'asile qu'il se présente aux gendarmes. Mais on l'arrête après qu'il eut raconté son aventure. On le conduit à Grasse, puis à Draguignan. Là, Garibaldi a compris qu'il lui faut fuir encore. Il saute par une fenêtre et disparaît. Un dernier danger dans une auberge où il se confie à nouveau, toujours naïf, toujours persuadé qu'il suffit de dire le vrai pour être cru et de lutter pour la justice pour être suivi : or l'aubergiste menace de le livrer. Il n'y renonce qu'au moment où, dans cette Provence où paysans et habitants des petites villes sont souvent républicains, Garibaldi entonne devant les clients un air de Béranger, le chansonnier populaire. Alors on le fête et le laisse partir. Comme l'écrit Béranger :

Il est un Dieu devant qui je m'incline
Pauvre et content sans lui demander rien
Le verre en main gaiement je me confie
Ce Dieu des Bonnes Gens
C'est lui que je prie.

Garibaldi aura marché dans la campagne plus de vingt jours, redécouvrant cette terre, ces hommes de rencontre qu'il doit réapprendre à connaître. Méditant sur cette première action politique, déçu à la mesure de la foi qu'il avait mise dans l'adhésion de tous ceux auxquels il avait parlé, prenant conscience de la lenteur nécessaire pour que mûrissent les changements. Il faut utiliser les coups de vent, sans doute, ces insurrections brutales que Mazzini croyait contrôler, mais le

plus souvent avancer à la rame, péniblement. De même avec
les hommes.

A Marseille, Garibaldi est protégé par la grande ville, aidé
par ses relations avec les milieux maritimes et les exilés italiens. Il change cependant de nom. Il devient Joseph Pane, car
il a appris par le journal *Le Peuple souverain* qu'on l'a jugé
devant la Cour martiale de Gênes. Les accusés présents, dont
son ami Mutru, ont été acquittés, mais lui, « Garibaldi Joseph-
Marie, âgé de vingt-six ans, né à Nice, est condamné à la peine
de mort ignominieuse, déclaré exposé à la vengeance publique
comme ennemi de la patrie et de l'État et encourant toutes les
peines et préjudices imposés par les lois royales contre les bandits du premier catalogue. »

Mort ignominieuse : c'est-à-dire condamné à être fusillé
dans le dos.

Quelques semaines auparavant, Ramorino, le chef ambigu
et maladroit de l'expédition mazzinienne, ainsi que treize
autres conjurés, avaient été condamnés, par contumace, eux
aussi, « à être pendus et étranglés jusqu'à ce que mort s'en-
suive ».

Ainsi Garibaldi, en cette année 1834 — le jugement qui le
condamne à mort est du 3 juin — entre dans l'aristocratie de
l'exil : celle des proscrits politiques.

Que sa première action révolutionnaire ait eu des aspects si
naïfs et rocambolesques, que — retombée comique — plusieurs
femmes se soient présentées à la fin du siècle pour revendiquer
l'honneur d'avoir, une nuit de février 1834, accueilli le conspirateur traqué, ne change rien à ce fait essentiel.

Ils ne sont pas si nombreux, ceux qui font partie, en ce premier tiers du xixe siècle, de cette cohorte d'hommes sur qui la
justice d'un État étend son ombre. Ils composent l'élite d'une
génération et ils font penser — la comparaison est évidente — à
ces militants d'aujourd'hui, venus de nations opprimées, de
l'Afghanistan au Chili ou à l'Argentine, au Salvador ou à
l'Uruguay, et qu'on rencontre dans les villes d'ici, rêvant à leur
pays.

Il faut mesurer le changement qui s'est opéré de ce fait en Garibaldi. Il n'était qu'un marin expérimenté, beau parleur, qu'on pouvait prendre pour un aventurier, un Italien sympathisant de la cause nationale comme il en existait tant dans toutes les colonies de l'exil. Et, en quelques semaines (de décembre 1833 à février 1834), il a donné à sa vie antérieure un sens : elle préparait son entrée en politique. Le voici révolutionnaire, anobli par la peine capitale, contraint d'user d'un pseudonyme.

Les mois qu'il passe à Marseille ou sur les navires où il embarque à nouveau, même s'ils semblent répéter sa vie d'avant, ne peuvent être vécus par lui de la même manière. Il est un proscrit. Interdit dans son pays, donc : contraint de trancher avec ses origines, sa famille. Il s'est choisi une autre communauté que celle du sol et de la parentèle, un autre milieu que celui des équipages : il vivra avec les patriotes, les camarades en révolution, quel que soit le lieu de la terre où il abordera.

Car, comme à chaque fois qu'une entreprise révolutionnaire échoue, qu'un pays rejette et condamne certains de ses fils, une génération engagée dans l'entreprise se disperse aux quatre coins du monde. Entre ses membres — finalement peu nombreux — existent le signe de reconnaissance de l'action accomplie, les souvenirs partagés, les espoirs maintenus. Ils se connaissent tous : Garibaldi, Mazzini, Mutru, Cuneo, tant d'autres bientôt. Ils resteront unis malgré les milliers de kilomètres qui les séparent parfois, se rejoignant quand il faut agir. Grâce à eux, à Marseille, Garibaldi trouve à s'enrôler sur le brigantin français l'*Union,* capitaine Fançois Gazan.

Il en devient le second, navigue vers la mer Noire, le Levant. Il livre une corvette au Bey de Tunis.

Eut-il la tentation d'entrer au service du Musulman ? On l'a dit, mais c'est peu probable. L'homme qui avait adhéré à la cause grecque, la patriote, pouvait difficilement se soumettre à la loi d'une autorité étrangère qui ne fût pas en accord avec ses principes. Garibaldi n'avait rien d'un mercenaire.

Il rentre donc à Marseille et y retrouve cette atmosphère un peu confinée des groupes d'exilés politiques quand la défaite s'abat sur eux.

L'époque était sombre, la *Giovine Italia* mourante, son chef toujours respecté mais sans plus grande influence.

En France, la monarchie de Louis-Philippe se déformait peu à peu comme une caricature grimaçante, la peur d'une révolution populaire dont elle avait profité en 1830 la tenaillait. Elle a massacré les Canuts de Lyon en 1831, mais l'émeute renaît en 1834. Elle fait charger la troupe rue Transnonain, à Paris, et massacre encore. L'impitoyable machine de la répression et de la misère sur laquelle va se construire la société industrielle s'est mise à écraser ceux qui résistent. Et Daumier peint ce système et ces gens, bourreaux ou victimes, ces misérables qui rendent à des hommes comme Garibaldi l'atmosphère de la France irrespirable, même si le gouvernement de Louis-Philippe n'organise aucune chasse à l'exilé, et parfois lui accorde une pension mensuelle.

Mais on sent bien que, pour des années, s'amorce une période grise où chacun répétera, selon le mot de Guizot : « Enrichissez-vous. »

Que pourrait faire Garibaldi d'un tel conseil, lui qui est générosité, altruisme ?

Quand, en 1835, l'épidémie de choléra accable Marseille — après Paris et la plupart des grandes villes d'Europe — il est volontaire à l'hôpital et il revêt la chemise à capuchon de ceux qui recueillent les malades et les morts dans une ville désertée où règne la peur. Il se dévoue, indifférent aux risques, sûr, dira-t-il, de son invulnérabilité, avec cette témérité des naïfs et des croyants. Témoignage sur les qualités de caractère d'un homme, son désir d'absolu, son incapacité aussi à accepter la vie commune.

Que faire, dès lors que s'émiette l'espoir, que les divisions se creusent entre exilés, que le gouvernement français s'aigrit et surveille de plus en plus lourdement les républicains et les radicaux ?

Comment la police et les espions de Louis-Philippe ne s'inquiéteraient-ils pas de la présence d'un condamné à mort

par la justice royale de Turin, quand le 28 juillet 1835, Fieschi
— un Corse, mais, vu de Paris, il n'y a pas loin de la Corse à
l'Italie — fait exploser une machine infernale sur le passage du
roi ? Louis-Philippe en réchappe, mais la situation se tend
encore et la répression s'abat.

Partir donc, rompre. Non pas avec l'espoir et les convictions, mais avec le pourrissement qui guette l'actif contraint à
l'inaction.

Partir vers des terres ouvertes, et non vers une Angleterre où
règne un autre souverain, où la société est déjà tissée, où l'avenir doit emprunter les rails d'une carrière ou la discrétion d'une
activité livresque comme celle à laquelle se livrent bien des exilés italiens, intellectuels pour la plupart.

Garibaldi a besoin d'autre chose.

L'Amérique est un mot ouvert sur l'horizon.

Depuis l'enfance, Garibaldi l'entend. Son frère aîné a traversé l'océan. Des milliers d'Italiens sont installés là-bas, en
Amérique du Sud, où la présence italienne est forte dans certaines villes : Rio de Janeiro, Montevideo. Beaucoup sont des
exilés politiques. Cuneo, celui qui l'avait initié à la *Giovine Italia* à Taganrog, a déjà gagné Montevideo.

Les terres de ce continent à faire ont l'ampleur de la mer.
Les mœurs y sont libres comme les chevaux sauvages. Images
et impulsions se succèdent pour conduire Garibaldi à choisir le
départ. En outre, la déception politique, les souvenirs d'enfance, le goût de l'aventure et la conviction de retrouver là-bas
des camarades, le poussent à quitter la France et l'Europe où
s'installe une réaction de jour en jour plus pesante.

Le gouvernement de Louis-Philippe, en septembre 1835,
après l'attentat de Fieschi, a fait voter des lois répressives. Au
début de ce même mois, Garibaldi s'embarque sur le
Nautonnier, brigantin de Nantes, capitaine Beauregard.

Destination Rio de Janeiro, les antipodes.

Deuxième acte

Le combattant
des antipodes

(1835-1848)

Quatrième tableau

Le corsaire de la République

(1835-1839)

Un continent.

Un continent qu'annonce déjà au marin de la Méditerranée qu'est Joseph Garibaldi la houle longue, les creux et les crêtes des vagues immenses de l'océan, puis, quand la côte approche, cette odeur musquée de la terre, la couleur changée de l'Atlantique, les herbes et les troncs à la dérive, les oiseaux de la forêt qui font cortège au navire et, pour finir, se dégageant peu à peu de la brume, les pains de sucre de Rio de Janeiro sous la végétation exubérante. La baie est aux dimensions du nouveau monde que, dans les nuits et les jours d'une traversée de plusieurs semaines, l'imagination de Garibaldi a peu à peu découvert. Le paysage ressemble à une rêverie mais sa majesté, sa beauté le surprennent pourtant, comme l'étonne l'accueil des Italiens de Rio.

Ils sont là, quelques-uns, représentant la colonie des exilés, les membres de la *Giovine Italia* venus accueillir celui qu'en plusieurs lettres Mazzini leur a annoncé.

L'année précédente, peu après les tentatives insurrectionnelles de février 1834, le *Des Geneys,* le navire sur lequel, à Gênes, Garibaldi et Mutru avaient été transférés, avait fait escale à Rio de Janeiro. Les marins sardes avaient raconté l'echec de l'entreprise de Garibaldi, l'enquête qui avait été conduite parmi les équipages de l'escadre. La condamnation à mort était un anoblissement. On attendait celui que la justice piémontaise avait désigné comme l'un des meilleurs . Et puis, même si le *Nautonnier* arrivait de Marseille et non d'Italie, l'Europe était, pour ces exilés des antipodes, déjà la patrie. Ils espéraient des nouvelles, des récits, la présence de quelqu'un qui donnerait réalité aux souvenirs.

Parmi ceux qui accueillent Garibaldi, nombreux sont les Italiens qui ont dû fuir la péninsule à la suite de leur participation aux troubles révolutionnaires. Les uns ont été mêlés aux événements de 1821, les autres aux actions de 1831 ou de 1834. Beaucoup sont des intellectuels, puisque la *Giovine Italia* a recruté le plus souvent dans cette frange de la bourgeoisie que les études ont conduite à la prise de conscience et à la révolte. Ainsi cet étudiant en droit génois, Luigi Rossetti, qui sur le quai est l'un des premiers à lui souhaiter la bienvenue. « Rossetti, que je n'avais jamais vu, écrira Garibaldi, mais que j'aurais distingué dans n'importe quelle foule grâce à cette attirance réciproque de la sympathie... Nous échangeâmes un regard et tout fut dit... Après un sourire, après un serrement de mains, nous étions frères pour la vie. »

Ainsi, dès les premières heures, Garibaldi noue-t-il de ces amitiés absolues que connaissent ceux qui partagent l'exil et les mêmes convictions politiques. Par elles, il est introduit dans la société italienne de Rio de Janeiro.

Rio, capitale du Brésil, est alors l'une des plus belles villes du continent américain. Des jardins s'étendent à gauche du port où se serrent des dizaines d'embarcations aux voiles multicolores. A droite se dresse le fort de Santa Cruz. Les quais, bordés de maisons blanches, sont ombragés et frais. Des allées d'arbres courent le long de larges avenues que coupent des places ornées de nombreuses fontaines. Les façades sont souvent de granit blanc.

La ville a donc une apparence cossue. Les Italiens s'y livrent au commerce. Travailleurs habiles, intelligents, ils sont devenus riches, animent des salons littéraires, dirigent des journaux. Unis et patriotes, ils font flotter au sommet de leur toit le drapeau — vert, blanc, rouge — symbole de l'Unité italienne à construire.

L'ambassadeur du Piémont, le comte Palma di Borgofranco, a beau protester, il ne peut rien contre cette liberté que s'accordent les exilés. Le représentant sarde en est réduit à multiplier les rapports à Turin. Il donne des noms : il signale le débarquement de Garibaldi qui, sous le pseudonyme de Borel, « n'a rien trouvé de mieux à faire pour se distinguer en arrivant à Rio que d'écrire un pamphlet contre le Roi ».

Plus tard Garibaldi a touché terre à la fin de l'année 1835 ou au début du mois de janvier 1836 —, le 26 mars 1836, le diplomate indique que « dans le golfe de Rio sont apparus, arborant les drapeaux de la république (vert blanc rouge) deux nouveaux bâtiments aux côtés du brick la *Nuova Italia*. Il s'agit des navires la *Nuova Europa* et le *Mazzini*. Ils continuent de passer à côté des navires de Sa Majesté sarde, lançant des insultes et multipliant les gestes méprisants. Une protestation a déjà été faite auprès du Gouvernement brésilien, mais il est peu recommandé d'en faire d'autres parce qu'elles seraient immédiatement communiquées aux journaux et l'affaire tournerait ainsi à notre désavantage... J'aurais une proposition à formuler : je profiterais des bonnes dispositions des deux capitaines de notre marine de commerce, armés discrètement, et qui se sont offerts pour mettre fin à ces provocations. C'est une petite licence que l'on peut prendre en Amérique pour libérer notre navigation des craintes que peut susciter cette nouvelle sorte de pirates. »

Ces rapports illustrent le climat dans lequel débarque Garibaldi et qu'il contribue à entretenir puisque, dès son arrivée, il s'adonne à l'activité politique, écrit, parle surtout — raconte, raconte encore —, correspond avec Mazzini et lui propose précisément d'armer un navire pour la guerre de course au nom de la future république italienne.

Mazzini laisse la lettre sans réponse. L'affaire est scabreuse. La période est sombre pour le créateur de la *Giovine Italia*. A Garibaldi et aux exilés de conduire leur vie et leurs combats. Mazzini ne peut leur apporter qu'un vague soutien moral.

Rio compte alors plus de cent cinquante mille habitants. Autour du port le plus vaste du Brésil se sont regroupés près de quarante mille Blancs, d'origine portugaise pour la plupart, auxquels s'ajoutent les Espagnols, les Français et les Italiens. On compte des dizaines de milliers d'Indiens baptisés, civilisés de ce fait, précise-t-on, et enfin des esclaves noirs sur qui s'exerce le droit de vie et de mort de leurs maîtres.

Société composite et violente où, malgré l'héritage portugais et le poids de la tradition catholique, des mœurs originales — latino-américaines — ont surgi.

D'ailleurs, depuis 1822, le Brésil a rompu ses liens avec la métropole, proclamé son indépendance.

Don Pedro — fils du roi du Portugal, pourtant — a pris la tête de la rébellion dans cette révolution libérale qui donne naissance au plus vaste État d'Amérique latine. Mais en 1831, sous la pression des milieux conservateurs, il abdique en faveur de son fils, Don Pedro II, âgé de cinq ans, mis en tutelle par un régent — Antonio de Feijo — représentant les grands propriétaires terriens, les riches qui dominent ces millions d'hectares de plantations où travaillent les esclaves. Mais comment contrôler cet Empire que ne traversent que de rares pistes, un État où se perdent les quatre millions d'habitants, où des « gauchos » orgueilleux se taillent des fiefs ?

Tout le sud du pays — en 1835 — se déclare républicain et indépendant. Il se donne comme capitale Porto-Alegre, la ville principale du Rio Grande do Sul. Même si celle-ci est reprise par les troupes impériales brésiliennes, la République du Rio Grande subsiste, proclamant que « sa cause est celle de la Justice et de l'Égalité, sa cause celle des peuples contre les oppresseurs, des citoyens du Rio Grande, hommes libres, contre les esclaves d'une cour vicieuse et corrompue ».

A la tête de cet État républicain qui lutte pour son existence, un homme « grand et svelte, très courageux, à caractère généreux et modeste, un guerrier brillant et magnanime, un homme extraordinaire que la nature avait favorisé de ses dons et qui se nourrissait au camp d'un simple *açado* (rôti) comme un simple soldat ».

Ainsi Garibaldi décrira Bento Gonçalves qu'il a rencontré

plus tard au Rio Grande do Sul, mais dont, à Rio de Janeiro, on parlait constamment dans les milieux italiens.

Cet homme n'essayait-il pas de créer une République ? N'avait-il pas pour conseiller le marquis Tito Livio Zambeccari, un Italien proscrit en 1831 pour avoir, aux côtés de Menotti, tenté de soulever Parme et Modène ? Zambeccari, fils d'un des premiers astronautes, avait réussi à fuir alors que Menotti était pendu. Élégant comme un aristocrate de grande race, intelligent, déterminé, maigre et blond, il avait fière allure. Cosmopolite, il était de ces exilés que le désir de mettre en œuvre leurs idées dévore. Il s'associa donc à Bento Gonçalves. Et, comme lui, il fut fait prisonnier par les troupes impériales en 1836 et transféré à Rio.

On imagine le prestige de ces deux hommes dans la communauté italienne. Bento réussira à s'enfuir et à regagner le Rio Grande do Sul. En prison, Tito Zambeccari recevra sans doute la visite de Garibaldi et de Rossetti, venus demander conseil sous le prétexte d'apporter au prisonnier des nouvelles d'Italie.

Que peuvent-ils tenter pour la République du Sud ? Ils disposent d'un navire, celui-là même qu'ils voulaient armer pour la guerre de course au service de la *Giovine Italia*. Mazzini s'est tu. Pourquoi ne pas mettre le bateau au service de cet État républicain ? Peuvent-ils obtenir une lettre de course les autorisant à agir au nom de la République du Sud ?

Zambeccari écoute. Promet. Ils auront leur lettre. Ils seront les corsaires de la République.

Sous un autre drapeau (rouge-vert-jaune), la lutte de Garibaldi va reprendre.

Il était temps. Dans la petite société fraternelle de Rio de Janeiro, Garibaldi commence à sentir le poids accablant du désœuvrement, après quelques mois d'une vie qu'il qualifie d' « oisive ».

Il fréquente le salon de Luigi Dalecazi, un ingénieur de Vérone exilé lui aussi depuis les événements de 1834 et qui avait fait fortune en quelques années, ouvrant une maison de commerce à Bahia, vivant pour de longues périodes à Rio, disposant de navires. Il avait précisément offert à Garibaldi ce *Mazzini*, une petite « garopera » de vingt tonneaux (un bateau de pêche à la « garope », un poisson du Brésil). Il recevait Garibaldi dans son salon où se retrouvaient les Italiens républicains de Rio et quelques jeunes femmes.

Dans ce milieu, Garibaldi plaît. Une nièce de Mme Dalecazi, adolescente brillante, le décrira plus tard tel qu'elle l'avait vu, même si le portrait qu'elle en trace doit sans doute à la notoriété que, depuis lors, il avait acquise. « C'était un jeune homme blond et fort, dira-t-elle. Il se distinguait de la plupart de ses compatriotes par son expression de vive intelligence et sa mine pensive. Souvent, au cours d'une discussion animée, nous le surprenions plongé dans une profonde rêverie ou l'air indifférent. Ses yeux étaient ceux d'un saint ; ils avaient l'expression douce d'une bonté idéale. Dans ces moments-là, il n'était intime qu'avec les enfants et jouait avec eux comme avec ses pareils. »

Laissons l'excès, mais gardons ce mutisme, cette rêverie, ce retrait tout à coup, parce que l'entourage, avec ses ragots ou ses bavardages enflammés qui ne débouchent sur aucune action, lassent Garibaldi. Retenons sa capacité de jeu avec les enfants, et sa naïveté préservée jusqu'à la trentaine — et bien au-delà, nous le verrons.

On l'imagine quittant discrètement le coin du salon où pérorent les adultes, ces éternels conspirateurs qui mènent leurs affaires en commerçants avisés et se donnent le luxe d'agiter de grandes idées. Garibaldi rejoint alors la pièce des jeunes filles. On le surprend un jour, l'une d'elles sur les genoux, une autre fouillant dans ses poches, une troisième coiffant ses cheveux. Pas d'ambiguïté : simplement, cette sensibilité ouverte, ce désir d'être aimé sans calcul que Garibaldi gardera toute sa vie.

Mais cette existence-là, ronronnante, où Garibaldi ne serait bientôt plus qu'un matou apprivoisé et choyé, ne lui convient évidemment pas. Sans doute est-ce pour aller au-delà, et parce que les Italiens de Rio s'y trouvent en grand nombre, que Garibaldi adhère alors à la franc-maçonnerie.

Entre l'initiation à la *Giovine Italia* ou à une société secrète et le rituel qu'on impose au profane pour devenir l'un des « frères » d'une loge, il y a de grandes parentés. Et l'humanisme de la franc-maçonnerie, ses références au grand architecte de l'Univers, son déisme et sa religion morale ont sûrement séduit l'homme jeune qui avait écouté avec tant d'enthousiasme le saint-simonien Barrault.

Acte important pour Garibaldi, qui le situe d'emblée parmi les adversaires de l'Église. En ce XIXe siècle, être maçon c'est, pour la papauté, avoir signé un pacte avec le diable et mériter l'excommunication.

Garibaldi, peut-être sans bien en mesurer les conséquences, s'est rangé parmi les « ennemis des prêtres ». Au Brésil, sa situation ne change pas de ce fait. Simplement, ses relations avec Bento Gonçalves, lui aussi franc-maçon, s'en trouveront placées sur un terrain d'amitié. Et dans ce pays où les rapports confiants entre les hommes ont plus d'importance qu'ailleurs — les conventions, les règles sociales y sont moins présentes et l'on y est plutôt conduit à établir des liens d'homme à homme, comme dans toutes les sociétés où l'État est faible —, cette donnée comptera.

Mais c'est plus tard, en Italie, où la papauté est une puissance partout présente, que cette initiation à la franc-maçonnerie et ce qu'elle implique ajouteront à l'image de Garibaldi : il sera, pour cela, simplement rejeté par l'Église. Dès lors, entre Garibaldi et elle, au-delà même des oppositions politiques, ce sera l'opposition radicale, qui ne cessera même pas avec la mort.

Pour l'heure, au Brésil, cette adhésion favorise l'entrée de Garibaldi dans la vie économique. Car il faut vivre et il ne peut pas seulement subsister grâce aux dons et à l'hospitalité.

Avec Luigi Rossetti, il tente donc de créer une entreprise commerciale. Cela semble facile. Nombreux sont ceux qui font fortune en transportant du grain d'un point à l'autre de la côte, et Rio, cité en développement, est avide de produits.

Mais encore faut-il un minimum de compétence et Garibaldi
est trop désintéressé, trop perdu dans ces nuées que sont, dans
les activités marchandes, la politique et l'espoir d'une autre
société, pour réussir dans ses affaires. Incapable de faire face à
la roublardise et à la malhonnêteté, il accorde *a priori* sa
confiance à ceux avec qui il traite. L'envers de sa naïveté, c'est
d'être dupe. Il écrira à son ami Cuneo : « La raison de notre
échec vient de ce que nous avons fait confiance à des gens que
nous prenions pour des amis et qui n'étaient rien de moins que
des voleurs. » Il faut un long apprentissage des hommes pour
découvrir leur vérité et Garibaldi n'en est qu'au début de cette
expérimentation dont, d'ailleurs, il refusera toujours les conclu-
sions amères, incurablement disposé à croire celui qui parle.
Faiblesse qui est aussi sa grandeur.

« Pour le commerce, notera-t-il encore simplement, ni moi
ni Rossetti n'étions doués. »

Mais la raison majeure de cet échec est que toute la pensée
de Garibaldi le détourne d'une « vie commune », « normale »,
quotidienne. L'image qu'il a de lui, quand il se livre au négoce,
le déçoit. Il n'est pas né pour cela. Ce qu'il cherche dans la vie,
ce n'est pas le gain qui se mesure en deniers, mais bien ce qui
se compte en actions d'éclats, au service d'un idéal.

« Je suis las, écrit-il, à Giambattista Cuneo a la fin de
l'année 1836, de traîner une existence aussi inutile à notre terre
et de naviguer pour le commerce. Sois-en sûr : nous sommes
destinés à accomplir de grandes choses et nous sommes, en ce
moment, hors de notre élément. Je ne suis pas heureux. L'idée
que je ne peux rien avancer pour notre cause me torture. J'ai
besoin d'orages au lieu de calme. »

Diagnostic sur soi plein de lucidité. Garibaldi, à vingt-neuf
ans, sait quelle est sa ligne de pente et quelle doit être, s'il veut
être heureux, sa vie. La conviction politique s'enracine ici dans
une tendance intime. Et c'est ce qui lui donne ce caractère de
passion unique qui peut faire, selon les circonstances, un
« grand destin public ».

Quand on a une telle exigence et une telle conscience de soi, on ne peut que tout faire pour mettre sa vie en accord avec ces forces intérieures qui poussent à agir.

Garibaldi et Rossetti attendent, au début de 1837, les lettres de course qui leur permettront de transformer leur *Mazzini* de petit bateau de commerce en navire corsaire au service de la République du Rio Grande do Sul.

Le 22 avril 1837, Garibaldi écrit encore à Cuneo : « Je te dirai que je me dispose à une nouvelle existence toujours conforme à nos principes. »

Quelques jours plus tard, Garibaldi et Rossetti reçoivent enfin l'autorisation promise. Du point de vue du droit international, cette lettre de course est on ne peut plus contestable. Le bateau nommé n'est pas le *Mazzini*, et d'ailleurs quel État reconnaît ce gouvernement de la République du Rio Grande do Sul ?

Il permet pourtant à Garibaldi de « croiser sur toutes les mers et tous les fleuves sur lesquels circulent les navires de guerre ou marchands du gouvernement du Brésil »... Le navire corsaire peut s'en emparer par la force des armes, et ces navires seront considérés de bonne prise, puisque une autorité légitime et compétente décrète cette action...

Voici Garibaldi corsaire au service d'une république !

Le 8 mai 1837, le *Mazzini* larguait ses amarres et quittait Rio de Janeiro. Plus tard, avec quelque emphase mais sans trahir la vérité, Garibaldi écrivait, relatant le départ et définissant ce tournant de sa vie : « Je défiais un Empire. »

Pourtant, quand la « garopera » de vingt tonneaux montée par huit hommes d'équipages — six Italiens, dont Luigi Rossetti et Edoardo Mutru, et deux Maltais — quitte Rio de Janeiro et se dirige vers le sud, l'épisode peut n'apparaître que comme une séquence de plus dans la vie déjà animée d'un héros de trente ans.

Le *Mazzini* n'est, comme l'écrit Garibaldi, qu'un « minuscule navire ». Son armement se limite à quelques fusils et les marins ne sont pas tous, comme Rossetti ou Mutru, des « hommes aux mœurs pures ». Mais, poursuit Garibaldi, « pour

la première fois flottait sur ces côtes méridionales un drapeau
de libération ! Le drapeau républicain du Rio Grande ! »

L'entreprise est surtout décisive pour Garibaldi lui-même. A
son arrivée à Rio, son destin n'était pas encore joué. Il pouvait,
bien que condamné à mort et proscrit, commencer sur un
continent neuf, tout en gardant ses convictions, une vie d'aventurier déployant son énergie dans les affaires privées. Le cabotage le long des côtes du Brésil, entre le Cabo Frio et Rio, ou
bien l'élevage dans les vastes étendues du Sud, ne sont pas des
activités tranquilles et monotones.

Qui peut affirmer que Garibaldi n'a pas été tenté par cette
voie ? Après tout, l'entreprise qu'il a créée avec Rossetti, pour
maladroite qu'elle fût, était bien un premier pas dans cette
direction, même si la nature de l'homme l'empêchait de réussir.

Mais il a pris la mer. Il est déja, avec le *Mazzini*, à la hauteur de l'Ilha Grande et il voit se profiler une goélette — une
sumaca — lourdement chargée et battant pavillon de l'Empire
brésilien.

Sus à l'ennemi, à l'abordage. La *Lucia* ne résiste pas. Les
marins de Garibaldi, « outre leur physionomie qui n'était guère
rassurante, se faisaient extrêmement farouches pour terroriser
nos innocents ennemis ».

La *Lucia* est chargée de café. Elle est de bonne prise. Un
navire racé dont Garibaldi s'empare, abondannant le *Mazzini*,
enrôlant cinq noirs de l'équipage vaincu auxquels il offre la
liberté, rassurant les passagers, « mettant tout en œuvre pour
réprimer la violence » de ses propres marins, renvoyant sur un
canot les passagers à terre avec leurs affaires personnelles et
des vivres. La *Lucia* est rebaptisée *Farropilha*, le pavillon vert-
rouge-jaune du Rio Grande do Sul est arboré, et hissons les
voiles, route au sud !

Cet acte — de guerre pour son auteur, de piraterie selon les
lois — va transformer la vie de Garibaldi.

Désormais, les jeux sont faits. Il est devenu un professionnel
de l'action politique. Non pas un mercenaire, mais l'un de ces
hommes qu'une guerre, une entreprise qu'ils estiment juste,
conforme à leurs convictions, requiert et qui s'enrôlent sous

différentes bannières si, dans les couleurs rassemblées, ils reconnaissent tout ou partie de leur idéal.

« Révolutionnaire professionnel ? »

Le terme, s'agissant de Garibaldi et de la première moitié du XIXᵉ siècle, est anachronique. Il supposerait une « Internationale », une organisation mondiale qui ne naîtront que plus tard. Mais, dans l'état d'esprit, les choix librement consentis d'un homme comme Garibaldi et de certains de ses compagnons, il est facile d'identifier la version spontanée — donc plus confuse, mais aussi plus romantique, plus inventive — d'un engagement qui se donne pour champ d'action la nation à construire, bien sûr, mais aussi l'humanité tout entière.

On croit toujours, avec cette suffisance myope qui caractérise un siècle, quel qu'il soit, que tout a commencé avec lui. Que le monde n'est devenu un qu'au XXᵉ siècle, depuis que les moyens de transports rapides permettent aux révolutionnaires de lutter ici et là. Garibaldi — mais aussi les poètes qui combattirent en Grèce et, avant eux, certains soldats de la Révolution française, et, avant eux... qui pourrait interrompre la chaîne ? — montre qu'à une époque encore lente, un Italien proscrit pouvait devenir un combattant des antipodes.

Au demeurant, les luttes convergent.

Le premier bateau arraisonné, cette *Lucia*, appartient à un armateur autrichien ! L'Autriche qui opprime l'Italie, l'Autriche de Metternich qui contrôle tous les petits monarques de la péninsule, Garibaldi la rencontre là, sur les côtes brésiliennes. Épisode symbolique mais exaltant pour ces quelques hommes qui tiennent, à force d'action, leurs espérances vivantes.

Tâche d'autant plus difficile que l'engagement politique et militaire se désagrège en une série d'aventures, d'affrontements, de naufrages, de pauses qu'expliquent l'immensité de l'espace brésilien, la faiblesse des effectifs engagés, le caractère improvisé d'une guerre où les armées ressemblent à des bandes qui se dispersent une fois le combat fini. C'est cet environnement naturel, ce cadre social et politique qui marque Garibaldi durant ces années, capitales dans la vie d'un homme, qui le font passer de trente (1837) à quarante et un ans (1848 : le 15 avril, il quittera Montevideo pour l'Italie), de l'âge de l'action juvénile encore à celui des projets médités. Il y fait l'apprentissage du combat et devient un chef. C'est là qu'il doit affronter les hommes — compagnons ou ennemis —, là qu'il frôle la mort, là qu'il aime, là qu'il fuit ou monte à l'assaut. Là qu'il s'enthousiasme et désespère.

Cette période américaine lui laissera une empreinte déterminante. Il aura, toute sa vie, le regard plein de ces années-là.

Il faut l'écouter parler des « immenses champs orientaux », de « l'étalon de la pampa » :

« Comment se faire une idée, explique-t-il, de l'émotion éprouvée par un corsaire de vingt-cinq ans [il en a trente, en fait !] au milieu de cette nature farouche vue pour la première fois ! »

Quand il écrit ces lignes, il est « recroquevillé près de l'âtre et les membres engourdis » (20 décembre 1871). Il se sent « décrépit », mais lui reviennent des épisodes : quand, accroché à la vergue de misaine, il dirigeait le navire au milieu des récifs, qu'il distinguait le sillage des requins accompagnant, dans la tempête, la *sumaca*.

Il se souvient des femmes. Celle rencontrée alors qu'il a gagné la côte pour procurer des vivres à son équipage, et qui l'accueille dans son *estancia*. Elle est seule, elle parle de « Dante, de Pétrarque, de nos plus grands poètes », puis elle raconte l'histoire de sa vie. Plus tard, le mari acceptera de tuer, de découper et d'écorcher en quelques minutes un bœuf pour les marins.

Dans une autre *estancia*, ce sont les sœurs de Bento Gonçalves — le président du Rio Grando do Sul —, Dona Antonia et Dona Anna, qui entourent Garibaldi. Des jeunes filles d'une famille voisine rendent visite à l'Italien. « L'une d'elles, Manuela, régnait de façon absolue sur mon âme. Je n'ai jamais cessé de l'aimer, poursuit Garibaldi, bien que sans espoir, car elle était fiancée à un fils du Président. Dans cette angélique créature, j'adorais la beauté idéale et mon amour n'avait rien de profane. A l'occasion d'un combat où l'on m'avait cru mort, j'appris que je n'étais pas indifférent à cette angélique créature et cela suffit à me consoler de l'impossibilité de la posséder. »

On reconnaît à cette attitude l'homme du Sud, le Méditerranéen, capable de vénérer une femme d'autant plus qu'elle est inaccessible et prêt à se satisfaire de relations superficielles mais commodes. La femme est mère, ange ou servante. Elle ne peut être qu'exceptionnellement compagne.

« Les esclaves de couleur qui se trouvaient dans ces aimables domaines, précise honnêtement Garibaldi, n'étaient pas indifférentes non plus. »

Cette vie, violente puisque c'est la guerre et qu'on y risque la mort, se déroule hors des normes d'un État policé. Les nations — Brésil, Argentine, Uruguay — sont inachevées. Les armées se nourrissent sur le pays. On dompte les chevaux sauvages pour reconstituer la cavalerie. On commande à des hommes pour qui le combat est aussi une occasion de rapine.

« La troupe qui m'accompagnait, avoue Garibaldi, était une véritable canaille cosmopolite, composée de tout et de toutes les couleurs, ainsi que de toutes les nations. » Elle ne comporte que sept Italiens (dont Edoardo Mutru toujours, le Niçois, le camarade enrôlé à Gênes en même temps que Garibaldi), une trentaine d'Européens, des Noirs et des mulâtres.

Aucune discipline ne peut longtemps les encadrer. Courageux, ils peuvent se transformer en barbares quand un village est pris, qu'ils découvrent un dépôt de boissons alcoolisées et que, par représailles, ordre a été de piller.

Ce fut le cas pour le village d'Imarui, dans l'État de Santa Catarina, au nord de Porto-Alegre.

« Je fus contraint d'exécuter l'ordre, raconte Garibaldi. Et même sous un gouvernement républicain, il est bien répugnant de devoir obéir aveuglément... Je me souhaite et je souhaite à quiconque n'a pas oublié qu'il est un homme de ne pas être contraint de piller. » Et il ajoute : « Je n'ai jamais vécu une journée aussi pleine de regrets et de dégoût de la famille humaine. »

Sensibilité d'un homme qui, pour combattant qu'il soit, veut rester un homme et ne sera jamais un mercenaire. Il lui faut réfréner, tirer le sabre contre ses soldats ; risquer sa vie contre des « pillards insolents ». Il lui faut menacer, tuer pour réussir enfin à embarquer ses « fauves déchaînés ». Et découvrir à bord, dans la cale, que ces hommes jouent aux dés les produits de leur vol, sur le ventre d'un de leur compagnon mort.

Dure leçon d'humanité.

Garibaldi s'interroge sur la manière dont il conduit ces hommes avec peut-être une « bonté excessive ». Mais il en connaît la cause : « J'étais ignorant, à l'époque, de la nature humaine qui est déjà un peu portée à la perversité quand l'homme est instruit, et beaucoup plus encore quand il ne l'est pas. »

La guerre dans le Rio Grande do Sul est ainsi, pour lui, une leçon de choses humaines, même s'il n'en tire qu'une conclusion un peu courte sur les rapports entre le « mal » — la perversité — et l'instruction.

Mais Garibaldi est plus porté au jugement moral qu'à la complexité de l'analyse sociale. Il demeure confiant, en fin de compte, sur les vertus de la culture pour changer l'homme.

Et puis, malgré ces jours sauvages, cette existence anarchique lui plaît. Quand il pense aux jeunes filles de l'*estancia* de Bento Gonçalves, il assure : « Aucune période de ma vie ne m'apparaît avec plus de charme, de douceur et ne me procure de souvenir plus agréable que celle que je passai dans la très agréable société de ces femmes et de leurs chères familles. »

Un jour, on vit avec des « soldats ivres en débandade ». Le lendemain, on aime angéliquement une jeune fille. Durant quelques semaines, on se bat, puis on se repose paisiblement plusieurs mois, on apprend l'espagnol, on monte à cheval, on galope dans la pampa. Existence sans contrainte régulière, corps et âme qui s'habituent, après les libertés de la vie d'équipages, à l'inattendu et surtout à l'espace que rien ne clôture. Les vêtements — le pantalon de gaucho, le poncho — sont amples et souples.

Comment accepter plus tard la raideur d'un uniforme ? On

monte à cru. On lance le lasso. On se nourrit d'un *açado* découpé sur un bœuf qu'on vient de tuer d'un seul coup de couteau. On mange assis autour du feu. Et l'on repart.

Entre cette vie et celle d'un Mazzini, théoricien, ou bien celle d'un fonctionnaire ou d'un ministre de l'État de Piémont-Sardaigne, confiné dans ses bureaux, dans la minutie tatillonne de l'administration piémontaise, un océan se creuse. D'un côté des hommes de calculs — faux ou justes — des hommes d'étude, des hommes gris. De l'autre, un homme de cavalcade et d'action. Un homme rouge.

« La vie que l'on menait dans ce genre de guerre, dira Garibaldi, était extrêmement active, pleine de dangers à cause de la supériorité numérique de l'ennemi. Mais, en même temps, c'était une belle vie, tout à fait conforme à ma nature aventureuse. »

Et les aventures n'ont pas manqué.

Elles s'inscrivent dans la « guerre de dix ans » que mène donc depuis 1836 le Rio Grande do Sul pour conquérir son indépendance républicaine contre l'Empire brésilien. Porto Alegre, la capitale, a été reprise par les Impériaux, mais la République a été proclamée à Paratiny, village situé plus au nord.

Cette région est celle des lagunes que sépare de l'océan une plus ou moins large bande de sable. Les navires que commandera Garibaldi évolueront sur ces vastes étendues d'eau que le *pampero*, ce vent aigre, peut transformer en mer déchaînée. Il naviguera ainsi sur le Lago dos Patos au sud de Porto-Alegre.

Mais cette région est aussi celle des grands fleuves — le Rio Uruguay, le Rio Parana, le Rio Gualeguay — qui confluent dans le Rio de la Plata. Du côté nord de cette embouchure d'eau douce a été fondée, le 18 juillet 1830, la République Orientale de l'Uruguay avec sa capitale Montevideo.

Cette république s'est constituée en se séparant de l'Argentine qui se trouve au sud du Rio de la Plata. Entre les deux États, la lutte n'a jamais cessé, même si elle prend l'apparence de conflits internes à l'Uruguay.

Le dictateur argentin Juan Manuel de Rosas, un créole brutal, ennemi de l'influence européenne, qui s'est emparé du pouvoir en 1831, ne peut accepter l'existence de la République de l'Uruguay.

Montevideo, belle capitale de plus de cent mille habitants, symbolise pour lui l'Europe et ses aspirations libérales. Les Français — des Basques le plus souvent —, les Italiens (entre 1835 et 1842, près de huit mille sujets du Royaume Sarde sont venus s'installer à Montevideo), les Allemands sont si nombreux que la ville apparaît comme la plus européenne — la plus civilisée — des cités sud-américaines.

Dans la jeune et frêle république uruguayenne, Rosas a un allié, Oribe, dont le but est d'annuler l'indépendance de l'Uruguay et de faire rentrer cette « Banda Oriental » dans la souveraineté argentine.

Tout le flanc sud-américain, cette zone tempérée si propice à l'élevage et aux cultures et où les Européens s'acclimatent facilement, est donc, dans ces années qui précèdent la moitié du XIXe siècle, en pleine transformation. Tout y bouge, même si, dans cet immense espace, l'occupation humaine est encore discontinue, si les ennemis s'y cherchent dans une nature où paissent en liberté les troupeaux de bœufs et les chevaux sauvages que mènent ou dont se saisissent des gauchos fiers et libres.

L'entrée en campagne de Garibaldi dans ce nouveau monde commence mal.

Après qu'il eut fait sa première prise, deux navires uruguayens lui donnent la chasse au large de Montevideo. Combat d'une heure bord contre bord. Seul les marins italiens se battent, les autres se réfugient dans la cale et déserteront dès qu'ils le pourront. Le timonier italien est tué et Garibaldi est grièvement blessé d'une balle qui se loge dans son cou et le paralyse.

Escarmouche ? A l'échelle d'une guerre européenne, sans doute. Mais tous les combats qui se livrent sur le continent sud-américain n'engagent qu'une poignée d'hommes. Rien qui ressemble aux affrontements de masses humaines encadrées,

« uniformisées », marchant au tambour, qu'ont mises en mouvement la Révolution puis l'Empire.

Blessé, Garibaldi ne peut que conseiller à son équipage de remonter le fleuve Parana, d'entrer donc en territoire argentin. Le navire avance lentement. Garibaldi est allongé sur la passerelle. Pour la première fois atteint dans son corps. Il voit le cadavre de l'un de ses camarades jeté par-dessus bord. Il déclame des vers du poète Ugo Foscolo :

> Un sasso
> che distingua le mie della infinite
> ossa che in terra et in mar semina morte...
> (Une pierre pour distinguer mes os
> De ceux innombrables que la mort disperse
> sur terre et dans les mers...)

Complaisance et attendrissement juvéniles, souci de postérité ?

Mais l'homme est sérieusement blessé, même s'il demeure acteur de sa propre vie. Descendu à terre après que le navire eut été remorqué, il est accueilli dans la ville argentine de Gualeguay par un gouverneur compréhensif et un riche commerçant, Don Jalinto Andreus. Un chirurgien habile extrait la balle. La convalescence commence dans une liberté surveillée.

Garibaldi s'est fait reconnaître comme franc-maçon et sans doute cette « fraternité » facilite-t-elle son séjour. Il faut, dans ces pays à structure sociale lâche, des signes de reconnaissance qui ouvrent les portes.

Durant près d'un an, Garibaldi va demeurer là, chevauchant jusqu'à douze miles autour de la ville, fréquentant les salons. Vivait-il à la charge de ceux qui l'invitaient ou bien recevait-il du gouverneur, comme il l'affirme, une « pièce forte par jour » en compensation de la perte de son navire saisi par les gouvernements uruguayen, brésilien et argentin associés contre lui ? Sans doute les deux. Vie somme toute paisible. Son équipage s'est dispersé. Faut-il faire reproche à Garibaldi de les avoir, lui qui était leur chef, ainsi abandonnés à leur sort cependant qu'il trouvait refuge chez Andreus ? On décèle ici l'un de ses traits de caractère marquants : il est généreux, sait prendre tous les risques aux côtés de ses hommes, expose sa vie avec eux, mais, une fois l'entreprise achevée, il s'éloigne, individualiste, avec superbe et même indifférence, comme — la comparaison s'impose une fois encore — ces héros d'opéra qui se séparent du chœur, méditent seul sur la scène vide avant de retrouver la foule revenue peupler le décor...

Vite guéri, Garibaldi, malgré l'aisance, sent peser l'ennui de cette assignation à résidence. « Tout cela ne valait pas la liberté dont j'étais privé », dit-il.

Il décide donc de s'enfuir, persuadé que le gouverneur ne serait pas mécontent de sa disparition. Un piège lui fut-il tendu ? Il chevauche, croit la partie facilement gagnée. Mais il sera repris, traité avec la brutalité propre à ce continent violent. « Ils m'attachèrent les mains par-derrière, racontera-t-il, puis après m'avoir placé sur une rosse, ils m'attachèrent aussi les pieds sous le ventre du cheval. »

Ce n'est encore rien. Il va connaître la torture. Le chef de la police de Gualeguay le bat, parce qu'il refuse de livrer les complices de sa fuite. Deux heures de torture : « Il fit passer une corde sur la poutre de la prison et me fit suspendre en l'air attaché par les mains. » Puis on le met aux fers, évanoui, après qu'il eut craché au visage du policier.

Une femme viendra dans la prison soigner Garibaldi. « Elle méprisa la crainte qui avait envahi chacun. »

Le gouverneur, averti, intervient. Garibaldi est libéré, autorisé à gagner la capitale de la province, Bajada. Il y séjourne deux mois, puis rejoint Montevideo.

Il faut s'attarder sur ces heures de torture, les humiliations subies et cette épreuve de la douleur infligée alors qu'on est désarmé et qu'on ne peut répondre que par l'insulte et le mépris. La dignité tient alors à la résistance physique et morale, seul barrage à la douleur et à la démission.

Ces heures sont une nouvelle initiation pour Garibaldi, un baptême de plus qui le rapproche aussi des révolutionnaires de notre siècle et le sépare un peu plus encore des chefs de guerre

ou d'État, des idéologues ou des bureaucrates — gouvernementaux ou révolutionnaires — qui ne connaissent de la guerre ou
de la politique que la trace qu'elles laissent sur les cartes d'état-
major ou dans les rapports et les dossiers.

Non point qu'il faille établir une hiérarchie entre ces modes
d'action et d'engagement souvent complémentaires. Mais ils
sont différents. On ne voit pas le monde et les hommes de la
même manière quand on a été hissé par les mains liées à la
poutre d'une prison ou quand on a passé sa vie avec
monarques et diplomates dans des palais officiels.

En Argentine, Garibaldi a appris dans son corps que la fidélité aux convictions se mesure en douleur surmontée. Et toute
sa vie son corps se souviendra — il souffrira des séquelles de
cette torture jusqu'à sa mort — de la leçon.

A Montevideo, où il arrive en 1838, la situation de Garibaldi n'est pas simple.

Pour le gouvernement uruguayen, il n'est que ce corsaire qui
a fait le coup de feu contre un navire de la République. Garibaldi renoue donc avec la clandestinité, retrouvant la chaleureuse amitié de la communauté italienne. Rossetti, Cuneo,
Mutru, ces camarades qu'il connaît maintenant depuis plusieurs années, l'entourent. Mais on ne peut s'attarder à Montevideo. La République du Rio Grande do Sul a besoin
d'hommes capables. Rossetti, devenu l'un des conseillers du
président Bento Gonçalves, transmet à Garibaldi une proposition : veut-il réorganiser et compléter la flotte de la République ?

A trente et un ans, Garibaldi accède donc à une responsabilité importante, même si la flotte ne se compose que de deux
bâtiments, le *Rio Pardo* et le *Republicano*. Un Américain,
John Griggs, prend le commandement de ce dernier et Garibaldi reste à bord du *Rio Pardo*.

Pour la première fois, son rôle s'insère ainsi dans la politique d'un État, même si cet État est fragile et incertain.

Il est impressionné, séduit par Bento Gonçalves qu'il a rencontré au terme d'un long voyage en forêt, sous les pluies dilu-

viennes. Sa détermination s'en trouve sûrement renforcée.
Après cette entrevue, Garibaldi rejoint ses navires sur le lago
dos Patos.

On s'empare d'une *sumaca* impériale. On descend à terre
pour s'approvisionner et tout à coup l'ennemi surgit, entoure
l'entrepôt — ce *galpón* — qu'on défend à quatorze contre cent
cinquante, à coups de lance, pied à pied, tirant dans la paille
du toit pour en déloger les ennemis. Parmi ceux-ci, des fantassins autrichiens que l'on repousse au cri de « Viva l'Italia »,
étrange rencontre entre des ennemis européens, opposés sur un
autre continent.

Voilà aussi qui rappelle les combats et rencontres qui ont
mis face à face, en les lieux éloignés de leur patrie, des révolutionnaires et leurs adversaires.

Et on s'exalte en combattant, on chante l'hymne du Rio
Grande :

> *Guerra, guerra Fogo Fogo*
> *contro os tirannos*
> *e tamben contro os patricios*
> *che non son republicanos...*
> (Guerre, Guerre, Feu, Feu !
> Contre les Tyrans
> Et aussi contre les patriciens
> Qui ne sont pas républicains...)

Ici s'expriment des principes qui valent pour tous les pays.
Et l'on comprend que Garibaldi, plus tard, revendiquera avec
hauteur, contre ceux qui le somment d'adhérer à l'Internationale, ses années d'Amérique : « J'appartiens à l'Internationale
depuis que j'ai servi les républiques du Rio Grande et de Montevideo. »

Ce service exige beaucoup de Garibaldi. Certes, les joies,
celles de la victoire, de la fraternité dans le combat, des
femmes qui attendent et se préoccupent de votre sort, ne manquent pas. Il y a aussi la satisfaction que donne l'accord avec
soi-même, les responsabilités assumées, l'excitation de la solution originale qu'on trouve.

Pour s'échapper de la lagune, par exemple, on ne peut franchir le goulet qui mène à l'Océan, car il est contrôlé par les Impériaux. Alors on charge les navires sur un train de roues taillées dans des troncs d'arbres et on rassemble deux cents bœufs domestiques qui s'attellent aux navires et leur font ainsi traverser les terres qui séparent la lagune de la mer...

Mais c'est alors que le vent se lève et que survient le naufrage. Le bateau brisé, les camarades — Edoardo, Mutru le Niçois — emportés. « J'aimais Edoardo comme un frère », rappelle Garibaldi. Tous les Italiens qui composent l'équipage ont disparu, tous se sont noyés.

« Tous morts, répète Garibaldi, j'avais l'impression d'être seul au monde et cette existence que j'avais eu tant de mal à sauver me parut pesante ! »

Mais il faut vivre, seul, ouvrir un tonneau d'eau-de-vie échoué sur le rivage, courir sur la côte pour échapper au froid, courir et, tout à coup, découvrir une clairière, l'accueil d'une maison, des « arbres séculaires superbement robustes et hauts... des oranges qui étaient une merveille »...

Cependant, le bilan est lourd. Garibaldi répète encore qu'il se sentait « seul au monde » après la perte de cette véritable famille que constituaient ses camarades. « Ils me tenaient presque lieu de patrie dans ces contrées lointaines », explique-t-il.

Les nouveaux compagnons ne sont pas des amis. Rossetti, seul survivant, est resté au siège du gouvernement du Rio Grande et y dirige le journal républicain O Povo. Garibaldi ne pouvait compter sur sa présence.

« L'existence me devenait insupportable », répète-t-il. Et, avec cette franchise dont l'expression semble maladroite, les aveux étant sans détours, Garibaldi ajoute : « J'avais besoin d'un être humain qui m'aime tout de suite. Une femme, oui une femme. Car je les ai toujours considérées comme les créatures les plus parfaites ! Et quoi qu'on en dise, il est infiniment plus facile de trouver parmi elles un cœur aimant. »

A trente-deux ans, ce besoin de stabilité affective — ce recours contre la solitude — éclate comme une exigence immédiate.

Et Garibaldi est l'un de ces hommes qui passent aux actes sans tarder, dès lors qu'il s'agit de réaliser leur désir.

Une femme, la guerre, un enfant

(1839-1841)

Avec son goût pour la mise en scène de sa propre vie et avec sa sensibilité populaire, Garibaldi ne pouvait que déformer la réalité de sa rencontre avec la compagne qu'il recherchait.

Quand il relate dans ses *Mémoires* la manière dont il aperçut cette jeune femme de dix-huit ans, on croit entendre l'une de ces rengaines que l'on chantait dans les rues au XIXᵉ siècle, ou bien voir l'une de ces estampes aux couleurs contrastées qui racontent la vie d'un héros.

Alexandre Dumas lui-même, qui traduisit — réécrivit sans doute — les souvenirs de Garibaldi, s'étonna, à la lecture du manuscrit, de cet épisode bref et spectaculaire.

Garibaldi, seul depuis quatre mois, désespéré par la disparition de ses camarades, arpente un jour le gaillard arrière de son navire. Il observe à la longue-vue les alentours de la petite ville de Laguna dans le port de laquelle le navire est amarré. Tout à coup, il aperçoit une silhouette de femme devant une maison. Émotion, coup de foudre, certitude que cette jeune fille est celle qu'il attend : « J'ordonnai, écrit Garibaldi, que l'on m'amène à terre dans sa direction. »

Mais quand il grimpe sur la colline de la Barra où il situe l'apparition, il ne parvient pas à la retrouver. Alors, nouveau miracle, il rencontre par hasard un habitant du lieu dont il avait fait la connaissance dès son arrivée à Laguna. Celui-ci invite Garibaldi à entrer chez lui. « Et, s'exclame Garibaldi, la première personne qui s'offrit à mon regard était celle dont la vue m'avait fait débarquer. C'était Anita. Nous restâmes tous les deux extasiés et silencieux... Finalement, je la saluai et lui dis : « Tu dois être mienne... » Je fus magnétique dans mon insolence. J'avais noué un lien, prononcé une sentence que seule la mort pouvait briser ! »

Qui Garibaldi veut-il duper avec ce récit ? Songe-t-il vraiment à sa légende quand il peint ce tableau de genre qu'on imagine déjà accroché au-dessus de l'âtre avec le titre : « Rencontre miraculeuse du héros et de la jeune fille. »

On mesure en tout cas, à la simplicité de l'intrigue, combien l'art de Garibaldi dans la reconstruction est primitif. Au fond, il nous dit ce qu'il eût aimé vivre, comment il veut imaginer son passé, mais ce glissement du vrai au faux, il l'opère avec une telle absence de moyens qu'à la fin elle devient un effet de l'art et qu'on se laisse prendre, comme par un feuilleton du temps avec grands mouvements de cape, coups de sabre et enlèvement. En cela aussi, Garibaldi est représentatif de la sensibilité populaire de son époque, qu'il crée et reproduit. Et cette façon qu'il a, spontanée et rouée, de nous narrer sa première entrevue avec Anita, nous peint l'homme, habile à dissimuler ce qui le gêne, à inventer ce qui est le plus propre à nous enchanter, même si l'on sent que c'est lui d'abord qu'il veut tromper et séduire. Il se redresse, bombe le torse devant le miroir de ses *Mémoires*. Bien sûr qu'il sait que nous le regardons par-dessus son épaule, mais c'est moins essentiel que ce qu'il veut montrer de lui-même à lui-même.

Car enfin, cet arrangement de la réalité, ce maquillage, il sait bien qu'il dissimule mal ce qui s'est réellement produit. Ne dit-il pas, après avoir ainsi grimé le passé : « J'avais trouvé un trésor interdit... Et s'il y eut faute, elle fut entièrement mienne. Et... il y eut faute. Oui... J'ai été grandement coupable et seul coupable ! »

Encore un trait qui se dévoile ici : l'incapacité, chez Garibaldi, d'aller au bout de la supercherie, de tenir à son mensonge. Au moment où l'on va peut-être le croire, il avoue. Pas totalement, mais suffisamment pour que l'on sache que le tableau qu'il a peint est en trompe-l'œil. Si quelqu'un s'y laisse prendre, tant mieux, mais pour ceux qui seraient sceptiques, voici la vérité, un morceau de vérité, suffisant pour les séduire eux aussi. Garibaldi, décidément, aime qu'on l'aime. A tout prix.

D'Aninhas Ribeiro da Silva, Anita, ce n'était pas difficile. Cette jeune femme aux yeux en amande, immenses, très brune, forte, le corps musclé et la poitrine généreuse, vive, avec des mouvements brusques et une détermination étonnante, est un caractère.

Née en 1821 — elle a donc quatre ans de moins que Garibaldi — à Morrinhas, dans la province de Laguna, elle est fille de pêcheur. On dit qu'elle a écrasé sur le visage d'un soupirant trop empressé, et dont le regard insistant lui déplaisait, le cigare qu'il fumait, marquant le gêneur à vie. A quatorze ans, sa mère, restée veuve avec trois filles, la pousse à épouser un homme modeste — pêcheur ou cordonnier ? — Manuel Duarte de Aguiar, couard, partisan des Impériaux et qui la laisse insatisfaite, prête à saisir, avec l'impatience de sa jeunesse, une chance qui se présenterait.

Elle habite une maison au-dessus du port de Laguna. Cette petite ville de la province de Santa Catarina (l'État situé au nord du Rio Grande) a été conquise le 22 juillet 1839 par les Républicains.

La lutte a été sévère. Garibaldi — rescapé de son naufrage — s'y est jeté avec une énergie désespérée, prenant le commandement d'un navire brésilien dont il vient de s'emparer, l'*Itaparica*. Quand les Impériaux se retirent, il est le héros de la bataille. Dans la ville, on le fête. Les habitants — quatre mille environ — avaient souhaité ce rattachement à la République du Rio Grande do Sul. Garibaldi est le libérateur. Dans les maisons des collines qui dominent la baie de Laguna, on le reçoit. Une société provinciale mais soucieuse de paraître, riche parce que constituée de commerçants, domine Laguna.

Anita — dont le mari est absent — n'en fait pas partie. Mais comment peut-elle ne pas connaître Garibaldi ? Même à Rio de Janeiro, on a raconté la bataille, écrit sur le pirate « José Garibaldi ». Et les journaux européens ont repris l'information, faisant pour la première fois écho — naturellement, en les déformant — aux actions du proscrit, commençant ainsi, parce que la mode est aux récits romantiques et que les lecteurs s'enfièvrent pour le romanesque, à construire le mythe Garibaldi, héros du Nouveau Monde.

Anita décida-t-elle de conquérir ce combattant victorieux que l'on voyait allant et venant sur le pont de l'*Itaparica*, ou bien seul dans les rues de Laguna ? Ce serait dans la logique de cette personnalité résolue, cohérent aussi avec le comportement de Garibaldi.

Qu'il recherche une femme, on le sait. Qu'il soit capable de l'aborder, d'être saisi par la jeunesse d'Anita, son apparence sauvage, l'accord qu'il pressent entre ce corps musclé et ce pays — elle est très brune, issue d'un long métissage entre portugais et indiens —, cela ne fait aucun doute. Mais il n'est guère dans ses habitudes — de marin, de soldat, d'errant — de s'attarder. Des femmes, oui, qu'on peut aimer platoniquement pour certaines, qu'on peut rapidement posséder pour d'autres, mais une femme avec qui l'on doit vivre ? Voilà un autre choix.

« Je n'avais jamais songé au mariage, confie Garibaldi, étant d'un naturel trop indépendant et aimant trop les aventures. Il me semblait qu'avoir une femme et des enfants était chose impossible pour un homme comme moi qui avait consacré toute sa vie à un principe unique. »

Anita le fait changer d'avis parce qu'elle s'impose avec sa jeunesse pétulante, qu'elle le conquiert autant — et plus sans doute — qu'elle n'est séduite et que, pour ne pas le perdre, à la fin de l'année 1839, elle embarque avec lui à bord de l'*Itaparica*.

Elle comble ainsi les vœux de Garibaldi : il n'est plus seul. Elle échappe aussi aux cancans de sa petite cité, à son mari dont elle peut craindre le retour.

Elle tient l'homme auquel, même dans le plus démesuré de ses rêves, elle ne pouvait songer.

Cela n'enlève rien à la sincérité de son amour. Au contraire.
A Garibaldi, elle voue sa vie avec d'autant plus de force qu'elle
l'a choisi en jeune femme libre. Car, malgré le poids des traditions latines de soumission au mâle, les femmes du continent
sud-américain ont une fierté d'allure, une volonté qui étonnent
l'Européen Garibaldi.

Déjà, il avait été surpris par maintes rencontres, comme
cette femme seule dans son *estancia* qui récitait Dante et
Pétrarque et lui donnait librement son hospitalité. Les femmes
doivent savoir ici se défendre seules s'il le faut, parce que les
hommes sont brutaux et la nature exubérante. Cela leur donne
un port de tête, un maintien à la hidalgo. Il faut, en contrepartie, que les hommes qui les courtisent et les épousent soient
dignes de ce système de valeurs viriles que les femmes ont
adopté.

Le mari d'Anita n'était pas capable de les assumer. Dès lors,
elle se croyait autorisée à le quitter. Quant à Garibaldi, il par-
tageait, même s'il reconnaît avoir été « grandement coupable »
de voler une femme à un autre, cette morale guerrière. Dès lors
que l'homme est absent et que la femme est consentante, il est
licite de l'entraîner.

Morale de liberté qui récuse les lois traditionnelles et qui
situe une fois encore Garibaldi à la marge de la société et de
ses institutions.

Morale exigeante, pleine de risques. Et qu'Anita vit avec une
sorte de ferveur exaltée.

On la voit sur le pont des navires faire le coup de feu, commander le tir au canon dans des batailles navales inégales, sur
la Laguna, avec la flotte des Impériaux.

« Nous étions décidés à combattre jusqu'à la mort, raconte
Garibaldi, et cette résolution était fortifiée par l'aspect imposant de l'amazone brésilienne — Anita — qui non seulement ne
voulut pas débarquer mais prit une part glorieuse dans ce rude
combat. »

Quand les Impériaux reviennent en force et reprennent
Laguna, que l'ordre est donné à Garibaldi de mettre le feu à ses

navires, c'est Anita qui le transmet. Elle encourage de la voix les équipages effrayés.

« Je dus vraiment à l'admirable sang-froid de la jeune héroïne de pouvoir sauver mes munitions de guerre », estime Garibaldi.

Dans l'incendie qui éclaire la lagune, il faut s'enfoncer dans la forêt, abandonner l'État de Santa Catarina, voir « brûler les cadavres des frères d'armes, faute de pouvoir leur donner une autre sépulture », marcher vers le Rio Grande do Sul, commencer une retraite difficile, harcelés par la cavalerie ennemie.

Garibaldi et les quelques hommes qui lui restent — une soixantaine ! — vont réussir, après cinq mois de route, à rejoindre les troupes de Bento Gonçalves, dans le Rio Grande do Sul, à Mavacara.

Ces cinq mois ne furent pas cinq mois de bataille. La guerre comme l'occupation humaine était, dans ces régions neuves, discontinue. On franchissait les fleuves, les pâturages, domptant les chevaux pris au lasso, abattant les bœufs pour le repas du soir.

Ce furent, Garibaldi l'écrira, nostalgique, « de beaux moments » :

« Je chevauchai avec auprès de moi la femme de mon cœur, digne de l'admiration universelle... Que m'importait de n'avoir d'autres vêtements que ceux qui me couvraient le corps ? Et de servir une pauvre République qui ne pouvait donner un sou à personne ? J'avais un sabre et une carabine que je portais devant moi en travers de la selle... Mon Anita était mon trésor, non moins fervente que moi de la cause sacrée des peuples et d'une vie aventureuse. »

Langage moderne (« cause sacrée des peuples ») et sincère (autant que l'idéal pour lequel on lutte, il y a le goût de la « vie aventureuse »).

Rares sont ceux qui parleraient aujourd'hui avec une telle vérité de leur engagement, mêlant leur conviction, leur dévouement, leur idéologie à la recherche de leur plaisir, osant dire qu'ils éprouvent une intense satisfaction personnelle à la forme de lutte qu'ils ont choisie.

Garibaldi nous fait prendre conscience du dessèchement qu'a représenté, pour l'expression individuelle de la révolte, et donc pour cette révolte même, cette mise en bureaucratie, cet effacement des motivations singulières de chacun que furent les organisations nées du marxisme. Garibaldi, dans son aventure américaine, est bien le héros pré-marxiste, c'est-à-dire plein d'une sève vitale, bouillonnante de défauts, mais jaillissante, capable de voir et de dire les femmes, leur beauté, le désir et la nature.

Tout se mêle alors pour faire — et révéler — la richesse d'une personnalité :

« Anita s'était représentée les batailles comme une distraction et les inconvénients de la vie de camp comme un passe-temps », écrit Garibaldi. « Ensuite, de toute façon, l'avenir nous souriait ; et plus les immenses déserts américains se montraient sauvages, plus ils nous paraissaient agréables et beaux. Et puis il me semblait que j'avais fait mon devoir dans les actions de guerre diverses et dangereuses auxquelles j'avais participé, et que j'avais mérité l'estime des fils guerriers du continent. »

Certes, ce discours auquel se livre Garibaldi n'est pas innocent. On a vu la propension du mémorialiste à ciseler sa statue ou à reprendre la scène pour qu'elle devienne édifiante. L'éloge d'Anita n'est pas gratuit. Au héros, il faut une héroïne. En fait, les femmes semblables à Anita sont plus nombreuses qu'il ne le laisse entendre. Les épouses suivaient souvent les soldats dans ces guerres anarchiques qui rappelaient par leur durée — la « guerre de dix ans » —, leurs longues interruptions, la désagrégation des armées, les pillages, les violences, le temps des « grandes compagnies » quand, en Europe aussi, les frontières étaient mal définies et les États encore frêles.

Ces bandes de lansquenets qui avaient parcouru l'Allemagne ou la France, Garibaldi en retrouve l'équivalent dans le contexte du Rio Grande.

C'est avec ces soldats de fortune, qu'on ne peut jamais

tenir ensemble que peu de temps, qu'il fait son expérience de combattant. Il observe Bento Gonçalves, critique son manque de résolution, conclut que, « quand on commence une attaque, il faut réfléchir avec pondération, mais une fois la décision prise, engager toutes les forces disponibles, jusqu'aux dernières réserves. »

Il mesure la vaillance des uns, la lâcheté de beaucoup, et pèse les conséquences de l'indiscipline. Il subit, parce que les soldats ivres sont incapables de se battre, « la retraite honteuse, presque la fuite ».

A Taquari, à Saõ José de Norte, il pleure de dépit et de rage avec les quelques hommes — une quarantaine maintenant — qui sont restés à ses côtés. « La fière infanterie d'hommes libérés n'est plus qu'un squelette à compter du mois de juillet 1840 », indique-t-il. Garibaldi accumule ainsi les expériences d'une guerre mal dirigée, de combats conduits avec un petit nombre d'hommes, du commandement difficile face à des soldats rétifs. Il apprend à affronter les désillusions et l'adversité.

En 1840 — il a trente-trois ans — il sait que rien n'est simple à la guerre comme en politique. Le Rio Grande do Sul, cette république rêvée, est divisée en factions qui s'opposent. Le Président Gonçalves, si séduisant, n'est pas le grand chef de guerre qu'on pouvait espérer. Son régime est davantage celui d'une caste — celle des riches gauchos — que l'incarnation de tout un peuple. Et qu'est-ce d'ailleurs que ce peuple, ici ? Qu'est-ce que cette nation ?

Tout se brouille au moment même où la vie se complique.

Le 16 septembre 1840, en effet, Anita a mis au monde, dans un petit village, un garçon que Garibaldi, en souvenir du héros de Modène pendu haut et court en 1831, a prénommé Menotti.

Il faut le faire vivre et Garibaldi n'a pour le protéger qu'un foulard. Il part, seul, chercher vivres et vêtements, avance avec de l'eau jusqu'au ventre de son cheval, évite les soldats impériaux, mais quand il revient, « Anita a dû s'enfuir elle aussi, douze jours après son accouchement, avec son enfant sur le devant de sa selle ».

Il la retrouve et la retraite recommence.

Vie primitive. Garibaldi construit une cabane, dresse des chevaux.

Vie aux aguets, pleine de dangers d'embuscades. Vie de partisan ou, pour mieux exprimer la correspondance d'un siècle à l'autre, vie de guérillero dans la forêt. Ce Matos qu'il faut franchir pour retrouver enfin une petite ville, Cruz Alta, sur un haut plateau. De là, atteindre Saõ Gabriel et sentir peser la fatigue, connaître la lassitude, apprendre que Luigi Rossetti, l'ami, le dernier survivant, est mort lui aussi.

« Hélas ! note Garibaldi, il n'y a pas un coin de terre où ne dorment les os d'un Italien généreux. »

Chaque Italien, dans ce siècle où la nation n'a pu encore naître, où la révolution a échoué, est comme le fragment d'un groupe exposé, un météore tombé.

Cette mort de Rossetti est, pour Garibaldi, le dernier coup. Il ressent le besoin d'une autre vie. Il a femme et fils. De ce fait, dit-il, « beaucoup de choses dont je n'avais jamais ressenti la nécessité jusqu'alors, me devenaient indispensables ». Un toit, un minimum de stabilité et de ressources.

C'est à ce moment qu'il rencontre Anzani, un carbonaro, un exilé qui a fait le coup de feu à Paris sur les barricades de juillet 1830. Ce camarade qui devient rapidement un ami lui parle de Mazzini qui, en Angleterre, tente de reconstituer la *Giovine Italia* et essaie de l'ouvrir au monde des ouvriers. Il évoque ce Congrès scientifique rassemblant des savants de toute l'Italie et qui s'est tenu à Pise, l'année précédente, en 1839. Quatre cents personnes, des « scienzati », se sont réunis. Ils ont beaucoup parlé dans les couloirs de l'unité italienne et noué des liens entre eux, riches d'avenir.

Anzani rappelle à Garibaldi cette péninsule, son pays, qui n'a pas cessé de vivre et où se murmurent des airs nouveaux, d'une autre résurrection. En 1840, Giuseppe Verdi donne son premier opéra.

Garibaldi n'en ressent que plus vivement l'isolement dans lequel « six ans d'épreuves et de privations loin de la société, de mes anciennes relations et de mes parents », l'ont tenu. Lui qui voue de l'admiration à sa mère, à sa famille, est sans nouvelles d'eux depuis des années.

« Dans le feu de mes aventures, reconnaît-il, j'avais pu étouffer mon affection pour eux, mais celle-ci demeurait vivace dans mon âme. »

Il veut donc gagner un port de mer, Montevideo, cette ville où il sait rencontrer de nombreux Italiens. De là, il pourra, s'il le désire, rentrer en Italie, chez lui à Nice.

Moment de vive nostalgie et d'incertitude, parce que l'action collective n'entraîne plus et que les pesanteurs de l'existence privée et quotidienne retrouvent de leur force.

« Je demandai l'autorisation au président Gonçalves de quitter le Rio Grande pour Montevideo. Il me l'accorda », précise Garibaldi. Il ne déserte donc pas. On lui donne même un troupeau de neuf cents têtes de bétail, des bœufs, qui conduits à Montevideo, lui donneront quelque aisance. A condition de pouvoir les convoyer jusque-là.

Il faut d'abord les réunir au corral das Padras dans la poussière, la sueur et les odeurs. Quand le gaucho Garibaldi se met enfin en route, il a déjà mesuré la difficulté de l'entreprise.

La crue du Rio Negro, l'inexpérience, « la malhonnêteté des mercenaires » engagés, disperseront le troupeau. Il n'en reste bientôt plus que trois cents têtes, et Garibaldi comprend qu'il vaut mieux *cuerear*, tuer et conserver les peaux.

Après plus d'un mois de route, Garibaldi rentre à Montevideo avec seulement quelques peaux. Sa longue guerre ne lui aura rien rapporté.

Il tire de ces peaux quelques centaines d'écus, de quoi se vêtir, lui et les siens. Puis il regarde l'avenir.

« J'avais une famille, conclut-il, et aucune ressource. »

La chemise rouge de Montevideo

(1841-1848)

Une cour avec un puits, une étroite terrasse d'où l'on voyait le port ; deux petites chambres, une cuisine au plafond bas, enfumé : telle est la maison où s'installa Garibaldi avec Anita et leur fils Menotti, à Montevideo, au 14 de la rue del Portón.

Demeure modeste, révélatrice de la pauvreté de Garibaldi, mais aussi de ses mœurs. Il s'est, dès l'enfance, habitué à la simplicité et à la rudesse de la vie en mer. Il a connu, depuis, l'existence précaire du guérillero. Le confort n'appartient pas à ses expériences et il ne le recherche pas, indifférent aux plaisirs qu'il peut apporter. Il n'est même pas un citadin et quand il a quitté le pont des navires, ce fut pour parcourir une nature tout aussi indomptée que l'Océan.

Homme d'espace et de frugalité, Garibaldi est, en cela, rattaché à la société pré-industrielle où le rapport avec les éléments, les animaux, les hommes non emprisonnés dans les structures et les fonctions sociales, est plus important que la dépendance à l'égard de la machine, que la compréhension des rouages complexes d'un État urbanisé.

Cette dimension « rurale » de Garibaldi, phénomène de génération, mais accentué par les théâtres qu'il a choisis pour son action, est capitale pour comprendre son style d'intervention dans l'histoire du temps. De ce fait, il est proche de ces masses d'hommes que l'exode rural, dans les nations européennes, chasse vers la ville et qui ont encore une mentalité de paysans, même déracinés. Ils comprennent Garibaldi bien mieux que les politiciens bourgeois — quelle que soit la générosité politique de ces derniers — et Garibaldi magnifie leur sensibilité naïve. Il est accordé à la partie la plus traditionnelle de la société du XIXe siècle.

En un sens, quand on le compare à un Thiers, à un Guizot, ou bien sûr à un Marx, mais même à un Mazzini ou aux premiers socialistes italiens (Pisacane), il est archaïque déjà. Seulement, l'Italie dans ses profondeurs est archaïque. En 1841, au moment où Garibaldi s'installe à Montevideo, elle est encore un pays essentiellement rural. Il n'est même pas nécessaire d'évoquer l'anaphabétisme des paysans du Royaume des Deux-Siciles, ces *cafoni* opprimés par la misère et la féodalité toujours pesante, mais de noter simplement qu'alors que la Belgique, l'Angleterre ou la France ont leurs principales lignes de chemin de fer terminées, que la France vote en 1842 la loi fondamentale qui va permettre leur construction (3 000 kilomètres de voies en 1850), l'Italie n'en possédera (en 1848) que deux cents kilomètres, car elle est toujours une exception géographique. Le pape Grégoire XVI partage les craintes du tsar Nicolas Ier : le chemin de fer peut aider à la diffusion des idées nouvelles.

L'Italie, d'une certaine manière, est en même temps que la plus ancienne des terres de civilisation, une « Amérique latine » en Europe, et « l'archaïsme » de Garibaldi, renforcé par son expérience du Brésil et de l'Uruguay, le prépare à comprendre les faiblesses de cette société, à inventer un mode d'intervention adapté à son retard.

En Sicile, par exemple, Garibaldi est plus proche des réalités psychologiques et sociales de l'île qu'un fonctionnaire de Turin, au moins pour un temps. Ainsi, le « retard » de la sensibilité et de l'idéologie garibaldiennes devient-il facteur d' « avancée ». Même si, à moyen terme, ceux qui expriment les forces neuves (le développement économique, l'industrialisation, l'étatisation) l'emporteront.

Ces réflexions, Garibaldi et les Italiens de Montevideo ne se les font pas. Ils rêvent à leur patrie en termes politiques et militaires : République, indépendance, unification, insurrection.

Ils imaginent toujours qu'ils seront « l'étincelle » dont parlait Mazzini, celle qui va mettre le feu au volcan. Quand ils auront à choisir un drapeau, à Montevideo, pour guider les Italiens enrôlés dans la défense de la ville, ils prendront une bannière noire avec, au centre, brodé, le Vésuve en éruption : symbole de deuil pour la patrie prisonnière, mais symbole de révolution car la résurrection, le *Risorgimento*, va exploser comme un volcan.

Ils espèrent. Mazzini écrit depuis Londres. Cuneo, que Garibaldi a retrouvé à Montevideo et dont l'aide est précieuse, publie un hebdomadaire, l'*Italiano*, distribué gratuitement à tous les membres de la colonie des exilés italiens. Organe d'agitation, lien entre des hommes qu'unissent la nostalgie et l'espoir, l'*Italiano* recueille les informations venues de la péninsule, mais diffuse aussi en Europe les nouvelles de l'Uruguay. Mazzini le reçoit et, vues de Londres, les activités de la colonie italienne sont comme amplifiées par la distance.

Quand Garibaldi conduira des opérations militaires victorieuses, elles seront en Europe démesurément grossies, et là où 250 Italiens auront été engagés, on sera prêt à imaginer qu'ils furent deux cent cinquante mille (l'exemple est réel) ! Les petites communautés d'exilés dispersées aux quatre coins du monde ont besoin de cet alcool, même si c'est sur le sol national que se joue en fait le sort du pays. Mazzini explique ainsi à Cueneo, son lointain correspondant, qu'il a payé une surtaxe énorme pour se faire délivrer le journal : « Si l'envoi n'était pas venu de Montevideo, je l'aurais refusé. Mais nous étions si avides d'avoir de vos nouvelles que nous aurions payé davantage encore. Ma joie fut si grande que je ne puis l'exprimer par des mots. »

La vie, à Montevideo, est, en fait, les premiers mois, d'une trivialité désespérante. Une vie pour survivre. Quotidienne, donc, après les chevauchées de la guerre au Rio Grande. Les amis (Cuneo, Anzani, Castellini, l'armateur Stefano Antonini, le jeune révolutionnaire Medici) aident Garibaldi sans res-

sources. On bavarde. On attend. Antonini promet : « Dès qu'en
Italie commence l'incendie, je te donne un bateau et tu
retournes là-bas. » On guette l'arrivée du courrier. Une nouvelle frappe Garibaldi de plein fouet : il apprend que, le 3 avril
1841, son père, Domenico, est mort.

Peu d'échos, dans les *Mémoires*, sur la disparition du
modeste patron de la *Santa Reparata*. Les rapports entre père
et fils sont toujours discrets dans les pays du Sud. Mais, ici et
là, à quelques mots, on perçoit la détresse, l'hésitation sur le
sens de la vie qui en naît.

Le besoin de stabilité qui s'était exprimé après la mort des
camarades s'affirme. Le 26 mars 1842, Garibaldi épouse reli-
gieusement — lui, le franc-maçon — Anita, déclarant sous serment que son mari, Duarte, est mort.

Le décès du père pousse donc Garibaldi à constituer sa
propre famille et Anita, aussi déterminée dans la réalisation de
ses vœux privés qu'elle le fut sur les lieux du combat, se mue en
« mère » jalouse, surveillant les sorties de son mari, lui donnant, durant les sept années que durèrent leur séjour à Montevideo, trois autres enfants : chacun d'eux lié par son prénom à
un être cher, ce qui prouve à quel point, pour Garibaldi, il y a
délibérément nécessité de maintenir la chaîne de la fidélité
entre les disparus et l'avenir. Sa première fille, Rosita, qui
devait mourir à l'âge de deux ans, ainsi nommée pour rappeler
la mère, Donna Rosa, dont il est séparé depuis tant d'années.
Teresita, qui rappelle la petite sœur Teresa, morte dans le feu.
Riccioti, le deuxième garçon qui, comme Menotti, rappelait un
héros révolutionnaire de Modène, prolongera le nom d'un
patriote italien (Nicola Ricciotti), fusillé en 1844.

La famille de Garibaldi est ainsi construite au croisement
des souvenirs privés et de ceux de l'histoire comme pour marquer que, dans ce noyau-là, l'histoire est une affaire de famille.

Il y a sans doute de l'ostentation dans ce choix des prénoms
masculins, l'aveu que, pour Garibaldi, chaque acte, même
privé, doit être agité comme un drapeau, si cela est utile. Et il y
a loin de la séparation entretenue par certains entre leur monde
personnel et secret et leur vie politique. Mais Garibaldi vit à

l'aperto. Cela aussi est le fruit d'une culture et d'une civilisation qui « personnalisent ». Mais ce comportement n'enlève rien à la sincérité de l'homme.

Il lui faut faire face à ses charges : « Je devais assurer la subsistance de trois personnes d'une façon indépendante », écrit-il.

Il est fier. « Le pain d'autrui m'a toujours semblé amer », explique-t-il. Il faut donc gagner de l'argent. Par la loge maçonnique des « Amis de la Patrie », qu'il fréquente comme la plupart des Italiens, il noue des relations utiles. Le voici commis-voyageur, essayant de vendre des étoffes, du fromage, du froment et de la pâte d'amande, allant avec ses échantillons d'une boutique à l'autre, révolutionnaire et guerrier empêtré dans les politesses et les insistances d'un démarcheur.

Naturellement, il ne réussit pas. Le commerce, il l'a déjà éprouvé, n'est pas son fort. Et comment le serait-il alors qu'il oblige à réduire les rapports humains à ces petites transactions sans gloire, sans fantaisie, où les pièces tintent, donnant à la vie sa dimension la plus dérisoire ?

L'échec est si patent, les gains si insuffisants qu'il faut trouver autre chose.

Un prêtre d'origine corse — Paul Semidei —, contraint de quitter Paris pour avoir publié un pamphlet contre les abus du clergé et devenu à Montevideo l'abbé Paul, engage alors Garibaldi dans le collège qu'il dirige, transformant pour quelques mois le guérillero en professeur de mathématiques et d'histoire.

Pour Garibaldi, dont la formation scolaire fut sommaire, l'effort à faire est grand. On l'aperçoit, lisant dans les rues ou bien préparant ses cours, le soir, chez lui. Mais, si le détail peut sembler romanesque, il demeure vrai — les bougies manquent, car l'argent est rare.

A cette vie difficile, Anita s'adapte bien. Comme Garibaldi, elle est indifférente au confort ou à la richesse. Elle est heureuse de cette existence qui lui permet de retrouver chaque jour l'homme auquel elle a voué sa vie. Elle le guette. Elle le sait léger, séducteur et, surtout, toujours prêt à se laisser séduire. Rien qui l'étonne dans cette attitude classique des hommes du

Sud. Voilà pourquoi aussi elle tenait, pieuse et habile, à un mariage religieux. Elle sent bien, en effet, que Garibaldi l'anti-clérical, l'adepte de la maçonnerie, a gardé un respect instinctif pour la religion. Il n'est besoin à Anita, pour l'en convaincre, que de l'écouter parler de Donna Rosa. Elle sait que cet homme-là est respectueux des serments qu'il prête et des sacrements qu'il reçoit. Mais sa jalousie la dévore, tout comme la crainte de le voir à nouveau épouser la guerre.

Car elles sont là, la guerre, l'action sur le Rio de la Plata.

Les flottes de l'Uruguay et de l'Argentine s'affrontent dans le cadre de ce conflit qui oppose les deux États, qui s'éternise dans la confusion de luttes internes et se complique par l'intervention intéressée des grandes puissances.

Rosas règne toujours en Argentine, combinant la terreur qu'administrent les tortionnaires de la *Mas Horca* et le chauvinisme. Oribe, chassé de l'Uruguay par le général Rivera, est toujours son allié et rêve de rentrer à Montevideo en vainqueur. La France, lésée dans ses intérêts, envoie ses navires mettre le blocus devant Buenos Aires. L'Angleterre rivale dépêche les siens pour soutenir l'Argentine. Un vieil amiral, survivant des guerres napoléoniennes, William Brown, Irlandais pittoresque, commande la flotte de Rosas. Un Américain, John Coe, celle de l'Uruguay.

Cette internationalisation du conflit, même partielle, le rôle des étrangers, ressortissants de grandes puissances, sont importants, comme l'est le fait qu'à Montevideo vivent des milliers de Français ou d'Italiens.

La presse mondiale ne peut ignorer ce conflit et, dès lors, ceux qui y sont engagés vont devenir des personnages, promus, quelle que soit la dimension réelle des affrontements, au rang de grands capitaines.

Les journaux à large diffusion sont, en effet, la grande nouveauté de cette période. L'imprimerie est en plein essor. Il faut des nouvelles pour alimenter ces feuilles auxquelles on s'abonne toujours, mais que l'on vend aussi à la criée. Or, curieusement, il n'y a pas, entre 1841 et 1847, une grande guerre « pittoresque » riche en rebondissements et incertitudes. Celle qui se livre sur le Rio de la Plata en tiendra lieu. D'ailleurs, elle l'est. Garibaldi va donc bénéficier de ces circonstances et être « lancé » par la presse européenne qui a besoin de héros.

Un signe qui ne trompe pas : Alexandre Dumas, toujours à l'écoute de la sensibilité de son temps et prompt à l'exploiter et à l'exprimer, publiera en 1850 un livre vite célèbre, *Montevideo ou une Nouvelle Troie*. On mesure l'amplification légendaire et la gloire que Garibaldi peut en recueillir. Quant aux Italiens, en quête d'un destin national, ils ont plus que tout autre peuple le désir de trouver des hommes qui symbolisent leur grandeur et leurs espérances. C'est dire comment ils recevront les nouvelles des actions de Garibaldi en Uruguay, comment aussi les patriotes utiliseront systématiquement son nom comme arme dans leur lutte contre les oppresseurs.

Même si tout cela n'est pas totalement perçu par les exilés de Montevideo, ils ne l'ignorent pas. Quand, après la défaite de la marine uruguayenne face à celle de l'Argentine, le général Rivera lui propose le grade de colonel et la charge de réorganiser sa flotte, il insiste pour que Garibaldi accepte, au nom de leurs idéaux et de l'Italie.

C'est le début de l'année 1842. Garibaldi a près de trente-cinq ans. Le goût de l'action brûle tout son corps après ces mois de vie médiocre, ce bourbier de quotidienneté où l'espoir, la passion et l'idée que l'on se fait de soi se morcèlent en petites démarches ou sont étouffées par les criailleries d'un enfant et d'une femme. Il a vu de sa terrasse l'amiral Brown démanteler les navires uruguayens qui ont réussi néanmoins à se réfugier à Montevideo.

Sa décision est donc prise. Il s'agira de se battre non seulement pour l'Uruguay mais, tous les Italiens en sont convaincus, pour l'Italie et pour l'humanité, puisque Rosas n'est qu'un tyran.

En avant donc. Appareillage, remontée du Rio de la Plata en évitant la flotte plus puissante de Brown. Le but de l'expédition, folle, est d'emprunter le cours du Rio Paraña, d'aller jusqu'à la province argentine de Corrientes qui s'est insurgée contre Buenos Aires. Entreprise suicidaire, estime-t-on à Montevideo, puisqu'il suffira à Brown de bloquer le fleuve pour empêcher Garibaldi de retrouver le Rio de la Plata et l'Uruguay. Aux difficultés de la guerre s'ajoutent celles de la navigation fluviale. Les trois navires de Garibaldi — *Constitución*, *Procida* et *Pereira* — remontent le fleuve avec peine à cause du brouillard. La *Constitución* s'ensable sous les canons de la flotte argentine. On réussit à la dégager. On repart. De temps à autre, on débarque sur la rive ennemie. Quelques hommes s'emparent de vivres, de bœufs, sèment l'inquiétude, puis on appareille vers le nord. Les équipages sont peu sûrs, les munitions rares, et quand, à la mi-août 1842, il faut affronter Brown, on se sert, une fois les obus épuisés, des chaînes d'ancres taillées durant la nuit comme projectiles. Puis on incendie les navires qu'on ne peut plus défendre et on s'engage dans une longue marche vers Montevideo.

Etranges combats. Car les flottes sont de faible tonnage, les armements finalement légers, comparés à ceux mis en action dans les guerres européennes. Plus que sur les vastes champs de bataille, ce qui décide ici du sort du combat tient à l'homme, à ses qualités morales, à sa capacité d'improvisation et à son flair.

« Je n'étais pas pris de désespoir, affirme Garibaldi en relatant l'un de ces affrontements inégaux, ce qui ne m'est jamais arrivé. » Déclaration peut-être excessive, mais qui marque en tout cas la décision volontaire de ne pas céder, jamais.

Il ajoute à cette force de caractère un sens tactique adapté à ces conflits des grands espaces où le nombre des hommes est moins important que leur mobilité. « Suivant mon système préféré du rio Grande, dit-il ainsi, je ne marchais jamais à terre sans un contingent de cavalerie. »

De plus, il n'est prisonnier d'aucune théorie. Chef formé sur le terrain — guérillero —, il se fie un peu superstitieusement à ses intuitions. « Il y a dans notre être, en dehors de l'intelligence, quelque chose que l'on ne connaît pas, assure-t-il, que l'on ne peut pas expliquer et dont l'effet, même trouble, est une sorte de prédiction qui rend heureux ou malheureux. »

Ces premiers combats, la presse de Montevideo en exalte la grandeur. Se battre sur le Paraña contre Brown (un ancien officier de Nelson) devient, pour elle, aussi glorieux que Trafalgar ou Aboukir. Un continent se donne une histoire avec emphase. Et les adversaires à Buenos Aires (le journal *La Gaceta Mercantil*) répondent en affirmant que Garibaldi a laissé périr dans l'incendie de ses navires des prisonniers et des blessés argentins. Vrai, faux ? Cette guerre, pour limitée qu'elle soit, est souvent atroce. On massacre souvent les prisonniers. Parfois aussi on les libère et ils changent de camp.

Lorsque, à Arroyo Grande, les troupes uruguayennes du général Rivera sont défaites par celles d'Oribe, ce désastre — mille cinq cents morts et blessés chez les Uruguayens — est suivi par l'égorgement des prisonniers d'un coup de coutelas, comme on saigne un bœuf. Cette bataille perdue ouvre à l'ennemi la route de Montevideo. Il ne faut pas que la capitale tombe, et Garibaldi rejoint la ville avec ses équipages.

L'amertume l'étreint. Il dénonce « les discordes fomentées par l'ambition et l'égoïsme de quelques prétentieux qui précipitèrent dans d'immenses malheurs des populations généreuses tout entières et les exposèrent sans défense à l'extermination de l'implacable vainqueur ».

Le jugement est sévère. Il indique que dans ses guerres américaines, Garibaldi a aussi tiré des leçons politiques. L'ambition individuelle des chefs, leur goût pour le pouvoir, les luttes de clans, tous les travers politiciens, il a appris que seuls les peuples en paient le prix. Il les rejette. Il n'aura pas de mots assez violents pour dénoncer ceux qui « se salissent dans le plus sordide des complots, par jalousie et par soif de pouvoir, et ruinent ainsi la cause de leur pays ». Un homme de mérite, selon Garibaldi, « n'entraîne pas son pays dans les guerres intestines les plus longues et les plus meurtrières par intérêt personnel ».

Ce choix est décisif.

Garibaldi — caractériellement et politiquement — veut être
l'homme de l'unité, renonçant délibérément à l'affrontement
qui, aux yeux de certains, peut être salutaire. On le savait, du
fait même de sa sensibilité, le contraire d'un fanatique ; les
souffrances du peuple et des soldats uruguayens, le spectacle —
caricatural à Montevideo — des ambitions politiques et de
l'égoïsme des chefs, le conduisant, au nom des intérêts du
peuple, à choisir le retrait de la lutte s'il le faut, le compromis
plutôt que la guerre civile.

Il le dira très clairement dans une lettre à Cueno du
26 février 1846 : « A l'éducation du feu et des batailles que
nous avons reçue aujourd'hui, écrit-il, il faut ajouter l'éducation morale des concessions, qui est peut-être ce qui nous fait le
plus défaut, à nous tous les Italiens. » Cela ne va pas sans ambiguïté, voire pire, jugeront certains, sans absence de rigueur
politique. Laisser le terrain à l'autre, au nom de l'unité, n'est-ce
pas en fait abandonner à celui qui précisément est sans scru-
pule, ou qui incarne la politique la plus réactionnaire, la direction de la nation ? Mais, selon Garibaldi, ainsi qu'il l'indique
dans une autre lettre : « Les dissensions des Italiens sont
l'unique cause de leur abaissement. »

Ce problème qui se posera de manière aiguë lors du retour
de Garibaldi en Italie n'est pas encore celui qu'il doit résoudre
à la fin de l'année 1842 quand s'approchent de Montevideo les
troupes d'Oribe, l'allié du sanglant Rosas.

Manuel Oribe dispose alors d'environ douze mille hommes,
dont cinq mille cavaliers. La garnison de Montevideo ne
compte que quatre mille deux cent trente-six hommes et l'Uruguay tout entier ne peut rassembler que neuf mille hommes,
dont cinq mille anciens esclaves noirs. Encore faut-il estimer
les désertions possibles, et bien sûr les trahisons. Car Rosas et
Oribe paient bien. La lutte est donc inégale, même si les
troupes d'Oribe sont parfois réduites à sept mille hommes. Et
pourtant, le siège de Montevideo va durer du 16 février 1843 à
octobre 1851.

« Nouvelle Troie », comme dit Alexandre Dumas ? « Lutte

qui servira d'exemple aux générations futures de tous les peuples qui ne voudront pas se soumettre à la force », comme l'indique Garibaldi, « fier, précise-t-il, d'avoir partagé avec cette courageuse population plusieurs années de sa défense immortelle ».

Il est vrai que, dans Montevideo, on assiste à une mobilisation populaire qui balaie les querelles et les enjeux personnels. La capitale, avec sa forte présence d'exilés politiques européens, devient, comme l'écrit Garibaldi, « le bastion de la liberté orientale ». Un véritable enthousiasme «révolutionnaire» embrase la ville. Des chefs prestigieux et honnêtes la rejoignent — le général Paz, le général Pacheco. Les armes sont peu nombreuses, les munitions rares, les caisses vides, mais tout le monde se met au travail. On creuse des lignes de fortification autour de la ville. Femmes et enfants y travaillent avec les hommes. On fond le métal pour en faire des balles ou des canons. On taille des uniformes pour les soldats. On remet en usage les vieilles pièces d'artillerie — devenues des barrières le long des routes — qui sont les vestiges de la présence espagnole !

Dans cette atmosphère enthousiaste et confiante, Garibaldi est à son aise. La vie retrouve le rythme qui lui donne son sel. L'accord se fait en lui entre l'activisme de tempérament et les convictions de l'homme engagé. On le charge d'organiser une petite flottille composée de navires marchands, mais qu'il arme avec des canons récupérés sur l'ennemi.

A plusieurs reprises, avec ces embarcations légères, il défiera la flotte de l'amiral Brown, organisant des sorties, de petits débarquements, montant des opérations de diversion, servant de proie qui se dérobe afin de permettre à des navires marchands de rompre le blocus et d'apporter à Montevideo les vivres qui lui manquent.

Son personnage devient légendaire. « Garibaldi sort », crie-t-on sur les jetées et dans les rues quand la flottille quitte le port. Le combat naval est un spectacle et les acclamations saluent le retour des navires, toujours miraculeux tant l'inégalité des forces est patente.

Un jour, c'est le brouillard qui permet à Garibaldi de s'échapper. Dans une autre situation difficile, alors qu'il est mitraillé, que le pont est jonché d'éclats, que les blessés se multiplient, une yole anglaise s'interpose et le combat cesse, « comme si les combattants avaient été frappés d'un coup de baguette magique... car le drapeau anglais est l'un de ceux qui arrêtent les tempêtes ».

C'est qu'au cours de cette longue guerre, où bien sûr on ne se bat pas tous les jours, l'Angleterre et la France se sont rejointes pour soutenir l'Uruguay et, pour Londres donc, abandonner l'Argentine de Rosas. Aide précieuse comme on le voit, même si elle n'est dictée que par le souci de la défense des intérêts commerciaux des deux nations européennes dans le Rio de la Plata.

Mais le sort de Montevideo ne se joue pas sur mer ou sur les fleuves. La lutte essentielle se livre à terre et Garibaldi va, sur ce terrain aussi, devenir — sur place mais aussi, par voie de presse, dans toute l'Europe et aux États-Unis — une figure héroïque.

Tous les habitants de Montevideo s'étaient engagés dans la lutte. Ils souffraient de la faim et de la disette, de maladies contagieuses — c'est une épidémie de scarlatine qui emporte Rosita, la première fille de Garibaldi — d'inquiétude : quel serait leur sort si entraient dans la ville les soldats d'Oribe ? Ils supputaient, chaque jour, le sort des armes, vivaient dans l'angoisse que provoquaient les combats : les proches qui étaient sur les lignes survivraient-ils ? La guerre, comme toujours quand il s'agit d'un siège, entremêlait ainsi vie privée et vie militaire. Les soldats — et Garibaldi comme eux — retrouvaient le soir leur foyer, et parfois y demeuraient jusqu'à ce que les cloches ou les appels les rassemblent pour une sortie.

Dans ces conditions, la discipline, déjà si difficile à maintenir dans ces armées improvisées, dépendait des relations des hommes avec leur chef direct. Au début, celles de Garibaldi avec les siens ne furent pas meilleures que celles de n'importe quel officier.

Les exilés italiens s'étaient regroupés dans une Légion italienne qu'il commandait. Malgré son prestige, elle ne comptait que quatre cents hommes, alors que la Légion française commandée par le Basque Thiébaut, un ancien de la révolution de 1830, comptait deux mille six cents volontaires.

Entre ces « Légions étrangères », la compétition, marquée par les injures ou les sarcasmes, était vive.

La Légion française, composée de républicains et de socialistes, avait fait la preuve de sa résistance au feu. Son journal, *Le Patriote français*, qui rappelait un titre de la Révolution française, exprimait des opinions souvent extrêmes.

Les Italiens de Garibaldi, hors le noyau républicain de la *Giovine Italia*, paraissaient moins résolus. Ils réclamaient au gouvernement uruguayen une solde et des pensions. Peu combatifs, peu aguerris surtout, ils firent, lors de leur première sortie, piètre figure. Ils se dispersèrent puis s'enfuirent dès les premiers coups de feu.

Cette panique du 2 juin 1843 était lourde à porter pour Garibaldi. Les Français se moquaient de la valeur combative de la Légion. « On railla à Montevideo en mettant en doute le courage des Italiens. Je rougissais de honte : il fallait réfuter ces railleries. »

En organisant de nouvelles sorties, en resserrant la discipline, en « épurant » la Légion, Garibaldi réussit à en faire un corps efficace et courageux.

Il l'avait dotée de cet étendard reproduisant le Vésuve. Il lui avait donné un uniforme, qui allait devenir l'emblème des garibaldiens, cette chemise rouge née sans doute du hasard.

Garibaldi, en effet, s'il portait toujours sur lui une pièce de vêtement rouge, un foulard, un parement, n'est pour rien dans ce choix, même si, par son côté spectaculaire, inattendu et symbolique, elle semble sa propre création.

Il est peu probable, par ailleurs, que ce soit le peintre gênois Gaetano Gallino, exilé à Montevideo, qui ait suggéré à Garibaldi cette chemise rouge.

En fait, comme en témoigne un officier anglais, présent à Montevideo pendant le siège, les nécessités seules provo-

quèrent ce choix. Il écrit : « Il fallait habiller le plus économi-
quement possible la Légion italienne tout récemment créée ; et
comme une entreprise commerciale avait offert au gouvernement de lui vendre à prix réduit un stock de tuniques de laine
rouge, destiné au marché de Buenos Aires alors fermé à cause
du blocus, l'offre avait paru trop belle pour ne pas l'accepter, et
l'affaire fut conclue. Ces vêtements, poursuit-il, avaient été préparés à l'usage des ouvriers des *saladeros* argentins, c'est-à-
dire des abattoirs et saloirs : c'étaient de bons vêtements pour
l'hiver, destinés, par leur couleur, à faire moins ressortir l'aspect sanglant du travail que devaient faire ces hommes. »

Mais Garibaldi comprit vite tout le parti qu'il pouvait tirer
de cet élément d'uniforme exceptionnel. Il en fit comme un drapeau porté par chacun de ses hommes. Lui-même revêtit la
chemise rouge et ne cessa d'en porter une. *Camicia rossa*,
poncho gris ou blanc, chapeau à large bord de la pampa :
Garibaldi avait trouvé en Amérique sa tenue de scène propre à
frapper les imaginations.

Garibaldi affirme ainsi une fois encore son individualisme,
sa capacité, dans le cadre d'une action collective, à imposer
son style, à laisser sa trace. Il est de ces hommes peu nombreux
qui, tout en oubliant leur ambition personnelle, ne s'effacent
jamais. Ils sont, par tout un jeu de circonstances, par leur ténacité, la chance aidant souvent, le caractère toujours, créateurs
de symboles et d'événements. Leur cheminement personnel,
toujours entrelacé avec l'histoire, ne s'y dissout jamais. Ils
demeurent, tout en ayant accepté avec humilité les contraintes
de l'engagement au service des autres et en ne recherchant
jamais la gloire pour eux-mêmes, des individualités singulières.

Chefs ? Leaders ? Caudillos ? Duce ? Meneurs d'hommes ?
Ces définitions sont imparfaites, parce qu'elles insistent sur le
pouvoir de commandement et l'autorité, alors que Garibaldi, et
le type d'acteurs de l'histoire qu'il représente, sont prises du jeu
— naturel — des événements qui les distingue et peu à peu les
isole. Si bien qu'ils n'ont besoin d'aucune institution pour affir-

mer leur présence ; quelques signes tout au plus — une *camicia rossa*, un poncho — et l'action seule qui devient légende.

Quand ils se retirent, ils laissent un mythe plus que des lois. Ils sont dans le mouvement et le « faire », et non dans l'administration de ce qu'ils ont aidé à réaliser. Quand une situation se consolide, ils s'y sentent emprisonnés comme la vie dans une eau qui gèle. Indépendants, ils se dégagent alors, irresponsables, dira-t-on parfois, incapables de cette persévérance modeste qui fait les hommes de gouvernement en périodes calmes.

Ils sont comme des poètes qui ne sauraient écrire en prose un quelconque article de quotidien. Mais c'est leur œuvre rythmée qui invente les mots, et c'est elle que les peuples apprennent par cœur.

Garibaldi a conscience de cette situation particulière qu'il commence à occuper dans l'histoire et que la période montevidéaine lui révèle.

Dans ses *Mémoires*, relatant les combats du siège et les expéditions conduites hors du cercle des troupes de Manuel Oribe pour tourner les lignes ennemies, il fait l'apologie du *matrero*, terme qui peut signifier vagabond ou bandit, mais qui définit aussi le gaucho, un éleveur, un chasseur, un coureur de pampa. Certains de ces *matreros* s'étaient mis au service de la République uruguayenne.

Garibaldi trace le portrait du *matrero* mais c'est son idéal personnel qu'il exprime. Et l'on y découvre toute la force de l'individualisme garibaldien, cette nostalgie d'une société sans maître, ouverte sur les espaces libres. Rêverie anarchisante, héritière du saint-simonisme, fille de l'utopie, significative du XIXe siècle ? Peut-être, mais combien forte !

« Le *matrero*, écrit Garibaldi, est le type même de l'homme indépendant.

« Et pourquoi devrait-il vivre dans une société corrompue, dans la dépendance d'un prêtre qui le trompe et d'un tyran qui vit dans le luxe et la débauche avec le fruit de ses efforts, alors qu'il peut subsister dans les immenses champs vierges d'un monde nouveau, libre comme l'aigle ou le lion, reposer sa tête chevelue sur le sein de la femme de son cœur lorsqu'il est fatigué, ou voler dans les pampas immenses avec son coursier sauvage, à la recherche d'une nourriture exquise pour lui-même et sa bien-aimée ?

« Le *matrero* ne reconnaît pas le gouvernement. Ces Européens tellement gouvernés, sont-ils plus heureux pour autant ? »

Homme libre dans une nature libre, homme sachant, si l'accord existe entre sa morale et un projet collectif, se mettre au service de cette cause : le fier Garibaldi ne cache pas ce qu'il veut être et l'étendue de son rêve.

Son mythe est accordé à ceux de millions d'hommes de ce temps qui espèrent — les estampes le montrent — briser leurs chaînes, marcher vers le soleil levant et rencontrer la femme, nue, aux formes généreuses, entourée de fruits, belle comme la nature.

« Ah, la femme ! écrit Garibaldi. Quel être extraordinaire ! Elle est plus parfaite que l'homme et de nature plus aventureuse et plus chevaleresque que lui ! Mais l'éducation servile à laquelle elle est condamnée en rend en effet les exemples moins fréquents. »

Ce sont ces pensées, ces images populaires, ces naïvetés qui font la force de Garibaldi. Il a cette capacité peu répandue — et qui est un ressort pour l'action —, de « transfigurer », d'idéaliser les situations et les hommes, de les projeter dans l'avenir. Un imaginatif, Garibaldi.

Mais pourrait-il agir s'il n'imaginait pas ?

Or il agit, et vigoureusement. Des *matreros*, il en rencontre. Ainsi Juan de la Cruz, « un de ces rares privilégiés venus au monde pour dominer sans violence tous ceux qui l'approchaient ». Ainsi ce Jose Mundell qui « ne s'était jamais mêlé d'affaires politiques tant que celles-ci avaient pour auteurs des rivalités individuelles, des jalousies d'autorité, de pouvoir, mais quand l'étranger, sous les ordres d'Oribe, envahit le territoire de la République, Mundell jugea que l'indifférence était un crime ».

C'est encore de lui-même que Garibaldi parle en peignant ces hommes qu'il admire et qui le rejoignent. Avec eux, il remporte des succès, modestes si on les évalue en fonction des effectifs engagés ou des pertes subies, mais grands par l'effort humain qu'ils ont exigé et l'écho que la presse leur donne.

Le 8 février 1846, par exemple, dans la région proche du petit fleuve San Antonio, Garibaldi et ses troupes tombent dans une embuscade. Ils ne sont que cent quatre-vingts fantassins surpris par près de mille cinq cents hommes, dont un millier de cavaliers. « On pouvait se faire massacrer jusqu'au dernier, écrit Garibaldi, mais pas se retirer... Dans un tel engagement, le mot de retraite est condamnable, il est lâche. Il fallait combattre et nous combattîmes comme des hommes qui préféraient une mort honorable à la honte. »

Finalement, Garibaldi réussit à ramener ses troupes jusqu'à la ville de Salto où Anzani l'attend. L'accueil est triomphal. La nouvelle de cette bataille — une retraite bien conduite, en fait — se répand dans tout l'Uruguay, puis en Europe. Fait d'armes qui devient spectaculaire même si on n'y dénombre que trente morts et cinquante-quatre blessés !

La renommée de Garibaldi est telle que Rosas, après avoir tenté de le faire assassiner, lui propose une somme de trente mille dollars pour déserter et entrer au service des Argentins. Mais on connaît le désintéressement de Garibaldi.

Le ministre de la Guerre uruguayen, le général Pacheco, lui rendant visite, découvre la maison modeste de Garibaldi et se rend compte que celui-ci ne dispose même pas de bougies en nombre suffisant pour s'éclairer. Cent pièces d'or sont alors mises à la disposition de Garibaldi qui les partagera avec une veuve, voisine de rue.

Scène de genre ? Elle doit être retenue, car l'indifférence à l'or n'est pas si fréquente chez les soldats glorieux, et d'abord en Amérique latine.

Quand le gouvernement de l'Uruguay veut faire don de terres à la Légion italienne en échange des services rendus, Garibaldi répond par une lettre orgueilleuse qui le campe dans sa noblesse ombrageuse :

« Les officiers italiens, écrit-il, après avoir entendu la lecture de votre lettre et après communication de l'acte qu'elle contenait, ont déclaré à l'unanimité, au nom de la Légion tout entière, qu'ils avaient demandé des armes et offert leur concours à la République sans prétendre à d'autres récompenses qu'à l'honneur de partager les périls des habitants d'un pays qui leur a offert l'hospitalité. En agissant ainsi, ils obéissaient à leur conscience. En satisfaisant à ce qu'ils croient être seulement l'accomplissement d'un devoir, ils continueront, tant que les difficultés du siège l'exigeront, à partager les travaux et les dangers des valeureux Montevidéains, et ils ne désirent aucune autre récompense pour leur peine. »

Tous les témoignages concordent : Garibaldi est incorruptible.

L'amiral français Lainé parle de sa simplicité et de sa modestie. Lainé écrit ainsi à Garibaldi :

« Mon cher général,

Je me félicite avec vous de ce que vous ayez pu, par votre intelligence et votre intrépidité, accomplir un fait d'armes dont seraient orgueilleux les soldats de la Grande Armée, qui en ce moment domine en Europe.

« Je vous félicite aussi pour la simplicité et la modestie qui rendent plus précieux encore le rapport dans lequel vous racontez, dans ses plus minutieux détails, un fait d'armes dont, sans crainte d'erreur, on doit vous attribuer tout l'honneur.

« Du reste, votre modestie vous a attiré les sympathies de toutes les personnes capables d'apprécier, comme il convient, ce que vous avez fait depuis six mois, et parmi lesquelles, au premier rang, je dois citer notre ministre plénipotentiaire, l'honorable baron Deffaudis, qui honore votre caractère et en qui vous avez un défenseur puissant, surtout lorsqu'il s'agit d'écrire à Paris, pour détruire les impressions fâcheuses que pourraient produire certains articles de journaux rédigés par des gens dont l'habitude est de mentir, même quand les choses se sont passées sous leurs yeux.

« Recevez, général, l'assurance de ma haute estime.

Lainé. »

L'amiral anglais Howden trace le portrait de cet « homme de grand courage, doué de vrais talents militaires, auquel je suis heureux de rendre hommage pour son désintéressement d'autant plus rare qu'il était entouré de gens qui ne cherchaient qu'à satisfaire leur ambition personnelle ».

Le diplomate anglais Ausely, en poste à Montevideo, ajoute : « De chaque épreuve, son honneur sortait sans tache, chaque vérification montrait son excellent jugement et la perspicacité de ses conseils. » Il précise même que Garibaldi non seulement n'a pas assez d'argent pour s'acheter des bougies — deuxième témoignage —, mais « qu'il gardait son poncho fermé pour cacher l'état misérable de ses vêtements, car il n'avait véritablement pas le moyen de se procurer un habit convenable. »

Peu à peu s'impose l'image d'un homme intègre, valeureux, grand capitaine, personnage rutilant et cependant modeste. Portrait simplifié mais qui n'est pas en contradiction avec la réalité de l'homme.

On comprend que l'unanimité se fasse, alors que les luttes de factions déchirent la République uruguayenne, pour lui confier le commandement en chef de l'armée. Le voici, à quarante ans, général. En pleine gloire.

Cette gloire s'est constituée pierre après pierre, fait après fait, article après article. Machine de guerre des patriotes italiens qu'ils dressent contre les Autrichiens et les monarques réactionnaires, elle s'explique autant par les actions de Garibaldi que par le surgissement dans toute l'Italie d'une opinion publique nationale qui veut se donner un monument symbolisant sa lutte et la grandeur de l'Italie. Les œuvres de Leopardi, de Manzoni (Les Fiancés), de Silvio Pellico (Mes prisons) avaient créé le climat intellectuel nécessaire au Risorgimento.

En outre, depuis 1834, les initiatives se sont multipliées sur tout le territoire de la péninsule. Dans le royaume de Piémont-Sardaigne, d'abord, où s'opère sous la direction de Charles-Albert un « tournant dans l'histoire du Piémont », comme le note l'ambassadeur de France à Turin. Avec le cynisme ambigu d'un hésitant, Charles-Albert, après avoir réprimé durement les mouvements mazziniens de 1831 et de 1834, change de politique, autrement dit récupère au profit de la monarchie cette poussée nationale dont il avait craint qu'elle n'emportât son trône. Ses ministres élaborent des réformes qui font du Piémont l'État le plus moderne d'Italie. L'armée, l'instruction, les communications, la justice, le commerce : chacun de ces secteurs est rénové. Le royaume bouillonne d'initiatives et Charles-Albert écrit à son ministre de la Guerre : « Je ne crains point l'Autriche et je suis prêt à entreprendre seul une guerre d'indépendance. » Le Piémont se donne ainsi les moyens d'apparaître comme l'État autour duquel peut se réaliser — contre l'Autriche — l'unité de l'Italie. Pour un royaume qui avait condamné à mort Garibaldi et Mazzini, le retournement, en quelques années, est spectaculaire. Les ambitions monarchiques du roi du Piémont empruntent désormais le cours, qu'elles devinent puissant, du fleuve national.

C'est à Turin, en décembre 1847, qu'un homme obstiné, un noble piémontais, propriétaire terrien, qui fut un officier d'idées libérales, puis homme d'affaires entreprenant en même temps que fin analyste de son temps, Cavour, lance un journal qu'il intitule *Il Risorgimento*.

Mais, dans tous les États d'Italie et dans tous les groupes d'exilés — en Amérique latine, on l'a vu, mais aussi à Bruxelles ou à Paris — c'est la même floraison d'actions, de livres, d'idées. L'abbé Gioberti, dans *Il primato civile e morale degli italiani* (publié à Bruxelles en 1843) plaide pour la confédération italienne et formule son programme : unité, indépendance, liberté. Le pape et le roi de Piémont doivent s'associer pour réaliser ces buts qui permettront aux Italiens d'affirmer leur « primauté civile et morale ».

Le livre est lu, passionnément discuté dans cette couche intellectuelle que compte chaque cité italienne et où, depuis des siècles, existe une tradition de pensée politique. Dans *Le speranze d'Italia* (1844), le comte Balbo attribue lui aussi au Piémont un rôle majeur dans la libération des provinces italiennes esclaves de l'Autriche. En 1847, Massimo d'Azeglio formule un *Programme pour l'opinion nationale italienne*, sorte de charte minimale dressant un catalogue de réformes auquel souscrivent des libéraux des différents États italiens.

Coup de fouet à ce mouvement : l'élection en juin 1846 d'un nouveau pape, Pie IX, qui, le 16 juillet, proclame une amnistie générale de tous les condamnés politiques, autorise les émigrés à rentrer, semble avoir des intentions réformatrices. Le 24 août 1846, le Pape n'a-t-il pas envoyé une circulaire aux gouverneurs de ses provinces les invitant à formuler leurs projets pour améliorer l'instruction du peuple ?

« Viva Pio Nono, Pie IX », entend-on désormais crier. L'Italie patriote croit avoir trouvé un guide.

Après tant d'échecs cruels — en 1844, la tentative insurrectionnelle des frères Bandiera en Calabre avait provoqué l'exécution de dix-neuf patriotes, dont Nicola Ricciotti, celui dont Garibaldi retint le nom pour son deuxième fils — une voie s'ouvrirait-elle ?

C'est dans ce climat que s'inscrivent la popularité et la gloire de Garibaldi.

En Toscane, des tracts libéraux répandus dans les cafés et les théâtres font connaître les combats du « général Garibaldi » et de sa Légion italienne.

La retraite — réussie — de San Antonio devient, dans le journal de Bologne *Il Felsineo* — un journal de mode — un immense succès militaire. D'autres publications — les *Letture di Famiglia* ou le *Diario del Congresso scientifico italiano* — reproduisent l'article, amplifiant encore la popularité de Garibaldi. Un livre — du colonel Toscan Laugier — raconte l'épopée des *Camicie rosse* garibaldiennes.

Cette gloire de Garibaldi est une nécessité psychologique et patriotique : instinctivement, ou systématiquement pour quelques-uns, les Italiens ressentent le besoin d'une haute figure militaire contemporaine. Car c'est le « général », le soldat, le vainqueur que ce peuple sans traditions militaires récentes, incertain même sur ses vertus guerrières, se choisit. C'est par le fait d'armes que semble passer l'avenir de la nation.

En un siècle où tous les grands États s'affirment par leur puissance militaire et où l'énergie nationale résonne au son du tambour — Valmy, Austerlitz, Leipzig, Waterloo — les Italiens qui veulent que leur pays soit une grande puissance unifiée se reconnaissent dans ce général populaire, soldat de l'an I de la nation italienne pas encore rassemblée.

On comprend dès lors ce que peut avoir de légitime et de spontané l'amplification emphatique qui gonfle tant de récits d'époque consacrés à la geste garibaldienne. Et pourquoi ils rencontrent une telle audience.

Quand deux Florentins — Carlo Fenzi et Cesare della Ripa — proposent d'ouvrir une souscription dans toute l'Italie pour offrir à Garibaldi une épée d'or et à chacun de ses légionnaires une médaille d'argent, en signe de « gratitude nationale », le succès est immédiat, même si certains États — la Sicile, Parme, Modène, la Lombardie-Vénétie — la considèrent comme subversive. En quelques jours, elle rassemble quatre mille six cents lires et Charles-Albert est l'un des souscripteurs, avec, murmure-t-on, plus d'une lire.

A Montevideo, les exilés italiens n'ignorent pas ce mouvement de fièvre qui secoue l'Italie. Mazzini écrit. Les nouvelles, déformées par la distance, arrivent aussi par de multiples canaux. Il semble que l'Italie tout entière soit à la veille de se soulever. Mazzini, dit-on, se serait rallié à Pie IX, le Pape libéral. Effectivement, le révolutionnaire a, de son exil, envoyé une missive au souverain pontife : « La renaissance de l'Italie sous l'égide d'une idée religieuse, écrit Mazzini, peut mettre l'Italie à la tête du progrès européen ; un autre monde doit se développer du haut de la Cité éternelle qui eut le Capitole et qui a le Vatican. »

A Montevideo, Garibaldi et les exilés se réunissent sans trêve. Au vu des nouvelles d'Italie, les années passées en Amérique du Sud, les combats qu'ils y ont menés ne leur paraissent plus que comme une préface mineure à leur grand dessein : la liberté italienne. Brusquement, ces régions, ces paysages, ces conflits politiques, ces honneurs leur pèsent. Rentrer, toucher le sol de la patrie, retrouver les familles et les cités, réussir enfin à construire cette unité de la patrie pour laquelle nombre d'entre eux ont tout sacrifié, voilà leurs vœux.

Garibaldi et Anzani — deux francs-maçons ! — sont à ce point désireux d'agir, si convaincus du rôle que peut jouer Pie IX, si peu sectaires qu'ils écrivent, le 12 octobre 1847, à Mgr Bedini, le nonce apostolique à Rio de Janeiro, pour le prier de transmettre leurs offres de service à Pie IX. En fait, ils mettent à sa disposition la Légion italienne, plaçant au-dessus de leur anticléricalisme, dont on mesure ici le caractère uniquement politique, leur patriotisme.

« Voilà cinq années, écrivent-ils, que pendant le siège qui enveloppe les murailles de cette ville, chacun de nous a été mis à même de faire preuve de résignation et de courage ; et, grâce à la Providence et à cet antique esprit qui enflamme notre sang italien, notre Légion a eu l'occasion de se distinguer... Elle a, sur le chemin de l'honneur, dépassé tous les autres corps qui étaient ses rivaux et ses émules... »

Les Italiens proscrits ont donc été les premiers, poursuivent Garibaldi et Anzani, et « si aujourd'hui les bras qui ont quelque habitude des armes sont acceptés par Sa Sainteté, inutile de dire que bien plus volontiers que jamais, nous les consacrerons au service de celui qui a fait tant pour la Patrie et pour l'Église ».

Sincère, politique, orgueilleuse, la lettre était aussi naïve. Mais des milliers de patriotes, en 1847, partageaient les illusions et enthousiasmes de Garibaldi et de ses proches.

Le message, transmis à Rome par le nonce, n'eut pas de réponse. Mais les nouvelles se succédaient, rendant Garibaldi plus impatient encore. Il atteignait la quarantaine. Il était à l'âge où, mûri par l'expérience, il avait le sentiment de pouvoir enfin agir pleinement en homme à la fois jeune et sage, qui avait éprouvé ses capacités de chef, ses facultés de résistance.

A ce tournant d'une vie d'homme, l'histoire ouvrait une porte royale : la lutte commencée dans sa jeunesse à Gênes

redevenait actuelle après treize ans d'exil. Comment ne pas
tout faire pour partir ?

Et il faut agir rapidement, de crainte que l'on n'arrive une
fois l'action achevée. A l'impatience se mêle ainsi l'inquiétude
de se voir frustré, après tant d'années, de ce qui doit être la
meilleure part.

Une souscription est ouverte pour affréter un navire. L'armateur Stefano Antonini verse mille pesos. Rapidement, les
fonds s'accumulent. On dresse les listes des membres de la
Légion italienne qui feront partie de l'expédition de retour,
armes à la main, afin de déclencher la bataille ou de se lancer
dans la lutte. En septembre 1847, Charles-Albert n'a-t-il pas
déclaré : « Si Dieu nous fait la grâce de nous permettre d'entreprendre une guerre d'indépendance, je serai seul, moi seul, à
commander l'armée. Ah ! qu'il sera beau ce jour où nous lance-
rons le cri de l'Indépendance nationale. » S'il le faut, la Légion
servira sous le commandement du Roi dont, il y a treize
années, la justice condamnait à mort Garibaldi.

Mais point de rancune quand le sort du pays est en jeu !

A la fois parce qu'il est sûr de partir désormais, parce qu'il
veut le manifester, et aussi pour être plus libre de ses mouvements et connaître l'état d'esprit au pays, Garibaldi décide
d'envoyer à Gênes, puis à Nice, sa femme et ses enfants
accompagnés du jeune patriote Medici. Puisque la Légion
envisage de se jeter directement dans la bataille, peut-être en
débarquant en Toscane, la place d'une famille n'est pas à bord
du bateau qui transportera ces quelques centaines d'hommes.

Anita s'éloigne donc pour Gênes. Elle y sera reçue dans l'enthousiasme, indice de la popularité de Garibaldi. On crie sous
ses fenêtres, raconte-t-elle, on lui offre un drapeau tricolore.
« Chaque jour, dès qu'un bateau arrive, continue-t-elle, les
Gênois croient que c'est lui qui revient de Montevideo. »

Lettre d'Anita ? Trop bien écrite pour qu'elle n'ait pas été
retouchée, mais lettre qui reflète bien la situation de l'Italie,
l'attente du retour de Garibaldi. Les calomnies qu'ici et là — à
Paris, le *Journal des Débats* — on a tenté de répandre, le présentant comme un aventurier, un mercenaire vivant de rapines,

n'ont eu aucun écho. Les preuves de son désintéressement ont été facilement rassemblées.

On l'espère donc. Mais voilà qu'à Montevideo, les difficultés s'accumulent. Les hommes hésitent à partir. Anzani est malade. Il faut attendre encore, écrire à Anita de quitter Gênes pour Nice en lui demandant — en la priant — de traiter avec respect la mère, Donna Rosa. Et l'inquiétude transparaît : si les deux femmes s'opposaient, que de conflits pour le fils devenu époux ! Garibaldi insiste donc : « Je désire que tu te plaises dans ce joli coin de terre qui m'a vu naître, qu'il te soit cher comme il l'a toujours été à mon cœur. Tu connais mon idolâtrie pour l'Italie, et Nice est certainement un des plus beaux endroits de ma patrie si infortunée et si radieuse. Lorsque tu passeras près des lieux qui me virent enfant, oh ! rappelle-toi du compagnon de tes travaux, du compagnon de tes peines, qui t'aime tant, et salue-les pour moi. »

La nostalgie de Garibaldi est d'autant plus forte qu'il doute encore de son propre départ, que les désillusions se multiplient, que les événements vont si vite en Italie qu'il se sent hors jeu.

A la fin, ce sont seulement soixante-trois hommes, « tous jeunes, tous formés sur les champs de bataille », qui embarqueront sur le brigantin *La Speranza*, quittant Montevideo le 15 avril 1848. Anzani est à bord, atteint de tuberculose.

On hisse les voiles, on chante. On commence sur le pont à s'entraîner physiquement pour les combats à venir.

« Et ceux qui ne savaient pas lire apprenaient de ceux qui étaient instruits. »

Fraternité des hommes qu'unit la même conviction.

« Nous partions satisfaire la soif, le désir de toute une vie, écrit Garibaldi. Et nous franchîmes ainsi l'Océan, incertains du sort de l'Italie. »

Troisième acte

Le héros de la nation

(1848-1860)

Entre le peuple et le Roi

(1848)

Le sort de l'Italie ? Il se joue alors que *La Speranza* traverse l'Océan à toutes voiles et que Garibaldi et ses soixante-trois hommes s'interrogent, ignorant que, comme une traînée de poudre, la révolution a parcouru non seulement toute la péninsule, mais aussi l'Europe.

C'est en effet tout le système politique européen qui semble avoir été jeté bas depuis que, première secousse, les Siciliens ont à Palerme pris le pouvoir, dès le mois de janvier 1848.

Le 10 février, devant la détermination des insurgés, il faut bien que le roi des Deux-Siciles, depuis son palais de Naples, accorde une constitution. Premier ébranlement.

Mais, en Toscane, les libéraux prennent le relais et le Grand Duc est contraint lui aussi aux concessions, à l'octroi d'une constitution dès le 17 février.

En Piémont, dans la Lombardie contrôlée par les Autrichiens, l'agitation entretenue partout par une presse clandestine gagne les villes — Milan dès le 23 janvier — et les campagnes.

On ne peut plus tenir l'Italie. La vague qui commence à déferler vient en effet de loin, de ces insurrections avortées, réprimées, auxquelles Garibaldi en 1834 a été mêlé, de cette affirmation d'une personnalité nationale dans les livres des romanciers ou des essayistes, mais aussi, depuis les années 1846, de la misère et des difficultés qu'engendre la crise économique.

Dans le froid très rigoureux de l'hiver 1845-1846, puis au printemps pluvieux de 1846, les prix des denrées alimentaires ont brusquement flambé. On a eu faim du sud au nord de la péninsule. Les émeutes brèves mais violentes ont secoué les piazze et les marchés. Partout on a protesté contre les exportations de grain et de riz à destination de l'Autriche, rendue responsable de la cherté de la vie et de la rareté des produits. Vienne, seule riposte conduite par Metternich, envoie des troupes croates renforcer celle du maréchal Radetzki afin de réprimer les troubles.

Ainsi, la combinaison toujours détonnante de la revendication nationale et libérale et de la protestation contre la faim se réalise en Italie depuis plusieurs mois. Chaque événement, dans ces périodes de crue révolutionnaire, renforce, accélère la prise de conscience. Tout semble aller dans le même sens. Et l'élection de Pie IX, et les ambitions monarchiques de Charles-Albert qui rêve d'un grand Piémont annexant les autres États italiens, et la gloire de Garibaldi accentuent ces tendances.

Mais ce mouvement s'accélère, devient irrésistible dès lors que toute l'Europe s'est mise à trembler.

Louis-Philippe est chassé de Paris le 24 février 1848. Surtout, le verrou qui tient l'Europe saute le 15 mars 1848 : des émeutes ont renversé à Vienne le gouvernement de Metternich. Le printemps des peuples commence.

En Allemagne, en Bohême, en Hongrie, puisque l'armée autrichienne hésite, que ses chefs paraissent désemparés, les foules se répandent dans les rues. Constitution ! Liberté ! Patrie ! En Italie, l'enthousiasme balaie les résistances.

Déjà, début mars, Charles-Albert a accordé aux sujets du Piémont-Sardaigne un « statut » plus libéral. Déjà, Pie IX, le 15 mars, a octroyé une constitution.

Maintenant, le peuple de Milan est dans les rues, armes à la main, pour chasser les troupes autrichiennes. Radetzki, habile, tente de parlementer, de conserver ses forces intactes afin de pouvoir contre-attaquer un jour. Mais la population milanaise, animée par un Conseil de Guerre, se lance dans l'insurrection générale. Des campagnes lombardes convergent vers la ville des colonnes de patriotes bourgeois, de jeunes des petites cités de la plaine du Pô et de paysans qui se joignent aux Milanais. Ils ont, en cinq jours d'une lutte acharnée, raison des quatorze mille hommes de Radetzki, vaincus dans ces combats de rue. Trois cents morts, des hommes du peuple pour la plupart et quelques intellectuels paient de leurs vies la libération de la ville. Les Autrichiens auraient perdu des centaines d'hommes.

A l'autre extrémité de la plaine, le patriote Daniel Manin prend la tête du peuple de Venise. La vieille, la noble, la fière République de Saint-Marc se jette dans le combat. Les ouvriers de l'Arsenal, les marins, le *popolo minuto* (le petit peuple) chasse l'Autrichien et proclame la République le 22 mars 1848.

Alors, parce que la situation semble lui échapper, être contrôlée par les éléments républicains qui, à Milan et à Venise, ont dirigé l'insurrection, l'hésitant, l' « énigmatique » roi Charles-Albert fait avancer les troupes piémontaises, une armée forte de quarante mille hommes. « L'heure suprême de la dynastie a sonné », « la guerre du Roi » commence.

Les jours suivants, des troupes venues de Toscane et même de Naples et des États pontificaux viennent prêter main-forte aux troupes piémontaises.

Est-ce enfin le sursaut unifié des monarques et du peuple contre l'ennemi principal : l'Autriche ? Nous sommes à la fin mars.

La *Speranza* a quitté Montevideo le 15 du même mois, elle vogue pour plusieurs semaines sur l'Atlantique. La situation, alors que le navire se dirige vers le détroit de Gibraltar, évolue vite. Et mal.

Pour vaincre, il fallait briser l'instrument de guerre ennemi : son armée. Mais le maréchal Radetzki, prudent, s'est replié sur les places fortes, un quadrilatère de villes : Vérone, Mantoue, Legnano, Peschiera.

Il faudrait les enlever. Charles-Albert hésite, piétine après deux succès à Goito et à Peschiera. Une ville forteresse est donc tombée. Pourquoi ne pas aller plus avant ? Timidité caractérielle du monarque piémontais qui ne sait pas saisir l'instant et qui se perd dans l'analyse du pour et du contre ? Pourtant, à la guerre, souvent, si l'on veut vaincre, « on s'engage et puis on voit ».

En fait, la prudence de Charles-Albert s'explique surtout par l'ambiguïté politique d'un homme d'ordre, pieux, soucieux de ses étroits intérêts monarchiques. Annexer des États, oui. Favoriser des démocrates ou des républicains, non. Il se méfie de Milan et de Venise. Son ennemi n'est pas seulement devant lui sous l'uniforme autrichien, mais aussi derrière lui, dans les conseils populaires qui s'ébauchent.

Mazzini ne vient-il pas de débarquer à Gênes ? Garibaldi n'est-il pas en route ? Et Medici, son envoyé, ne prépare-t-il pas, après avoir conduit à Nice Anita Garibaldi et ses enfants, le débarquement de la légion garibaldienne entre Livourne et Gênes ?

Mazzini et Garibaldi, Charles-Albert les connaît bien puisque sa justice les a, il y a quatorze ans, condamnés à mort.

On ne peut mieux marquer les causes d'une hésitation. Que, d'ailleurs, à Milan et à Venise, les démocrates partagent mais à l'égard du monarque. Comme le dira Garibaldi, ils n'ignorent rien du « passé infâme » du Roi. On a exécuté des patriotes sous son règne.

Dans les autres royaumes, on relève la même réticence des souverains à suivre jusqu'au bout les aspirations nationales. Dans ce grand bouillonnement patriotique, c'est leur trône qui risque de disparaître.

Dès le mois d'avril, Pie IX, celui qu'on avait acclamé et imaginé prenant la tête d'une croisade nationale contre l'Autrichien, joint les mains dans un geste de prière et déclare qu'il ne peut, lui, « le pasteur des peuples », mener une guerre offensive contre l'Autriche.

A Naples, Ferdinand II, le 15 mai, étouffe les forces révolutionnaires.

Le reflux a commencé.

Garibaldi n'a pas encore touché le sol de l'Italie. Quand la *Speranza* entre en Méditerranée — au début de juin 1848 —, ce n'est plus seulement l'Italie qui voit peu à peu se retirer la vague révolutionnaire, mais l'Europe entière.

A Prague, à Vienne, à Paris (la troupe va, au cours des journées sanglantes de juin, liquider les aspirations sociales de la Révolution, et, de ce fait, commencer l'étranglement de la République), partout les démocrates reculent. Et l'armée autrichienne, qui n'a pas été désagrégée, est l'épée de la réaction. A Prague, mais aussi dans la plaine du Pô, le maréchal Radetzki contre-attaque, bouscule les troupes piémontaises et enlève Vicenze, le 11 juin 1848.

Potentiellement, le Piémont est vaincu, le sort de l'Italie scellé.

La *Speranza* touche terre à Santa Pola, près d'Alicante. Il faut des vivres et de l'eau. Le capitaine ne s'attardera pas sur le sol d'Espagne. Il regagne son bord en criant et en agitant les bras. Il rapporte « des nouvelles capables de rendre fous des hommes beaucoup moins exaltés que nous », raconte Garibaldi.

Ces nouvelles, elles sont anciennes mais il en va ainsi au XIXe siècle. Radetzki a déjà retourné la situation, le reflux est partout net, le printemps des peuples n'est rien qu'une espérance brisée, mais Garibaldi et les siens « courent sur le pont de la *Speranza,* s'embrassent, rêvent et pleurent de joie ».

Anzani, que la maladie terrasse, veut se lever pourtant. On crie : « A la voile, à la voile ». Il faut gagner le premier port d'Italie pour participer à la poursuite de l'armée autrichienne « en déroute » !

Garibaldi décide dans ces conditions d'accoster à Nice, puisqu'il n'est plus nécessaire de combattre pour débarquer, que la « prodigieuse révolution qu'ont réalisé Palerme, Milan, Venise, et cent villes sœurs », a transformé le sort de l'Italie.

Le 21 juin 1848, la *Speranza* se présente dans la Baie des Anges, battant pavillon italien, celui des patriotes.

Instant d'émotion pour Garibaldi. « Un bonheur tel qu'il n'est permis à aucun homme de prétendre à un plus grand ! »

Pour qui dispose de toutes les informations, pour qui connaît la pusillanimité de Charles-Albert et ses arrière-pensées, pour qui n'ignore pas les divisions de l'Italie et la détermination autrichienne, pour qui entend les coups de feu dans les rues de Paris et voit les troupes de ligne conquérir impitoyablement les barricades, pour qui sait les faiblesses des patriotes, rien n'est plus pathétique que ce mouvement de bonheur et d'enthousiasme, que cet élan sur le quai du port de Nice pour accueillir l'enfant glorieux de la ville dont on imagine qu'il va achever de libérer l'Italie dans les jours à venir.

Alors que tout est joué pour l'épisode commencé en janvier 1848.

Mais il faut aussi une part d'aveuglement et d'illusion, et ce sont ces ignorances du rapport de forces réel qui permettent à beaucoup de continuer à agir et, de ce fait, à changer l'équilibre, à introduire ce grain de volonté qui, lentement, malaisément, créera un futur différent du présent, un avenir qui ressemblera tant soit peu aux espoirs et aux illusions.

La *Speranza* est donc en vue de Nice. Quatorze ans que Garibaldi n'a pas aperçu sa ville, les terrasses des Ponchettes, les toits de tuiles rouges qui s'agglutinent au pied de la colline, du château au fond du bassin du port Lympia.

La *Speranza* devrait se soumettre à des formalités de quarantaine ou payer le pilote qui s'avance, mais « tout fut résolu par la voix du peuple désormais conscient de sa toute-puissance ». Une foule s'est rassemblée. Mais : « Avant d'entrer dans le port, dit-il, je vis mon Anita et mon fils Menotti qui se dirigeaient vers nous sur un petit bateau ; sur le rivage, mes compatriotes m'applaudissaient. Combien de camarades de mon enfance, d'amis de mon adolescence, ai-je revus et embrassés dans ce jour ? »

La ville a peu changé en quatorze ans.

La révolution de 1848, le statut accordé par Charles-Albert l'ont bien sûr agitée. Elle n'a pas échappé au souffle qui parcourt l'Europe et la péninsule. « La journée du 10 février sera pour nous un de ces beaux jours dont le souvenir ne s'efface jamais », écrit le journal *l'Écho des Alpes Maritimes*.

Des hommes se sont rassemblés puis se sont rendus jusqu'au pont du Var, et là, à la frontière d'avec la France, ils ont planté le nouveau drapeau national. Manifestation patriotique et fraternelle puisque les Français sont eux aussi entraînés par cette poussée révolutionnaire.

Pourtant cette agitation minoritaire ne doit pas faire illusion. La cité, bien que comptant désormais, avec ses faubourgs, plus de trente-cinq mille habitants, demeure assoupie. Les étrangers commencent à y venir plus nombreux, empruntant ce « chemin des Anglais » qui longe la Baie des Anges et où on les voit, sous des ombrelles blanches doublées de vert, se dorer au soleil d'hiver.

Mais la ville de Garibaldi n'est pas celle de ces faubourgs d'au-delà de la rivière du Paillon. C'est toujours la cité de la rive gauche, cette « vieille ville » et ces quartiers du port où il a grandi. Il s'installe là chez sa mère où logent déjà Anita et les enfants. Donna Rosa s'est tassée. Elle a le visage fripé et brun, sous les cheveux blancs tirés des vieilles Méditerranéennes. Elle vit plus que jamais au milieu des images pieuses et va de messe en vêpres, de communion en bénédiction. Elle regarde ce fils miraculeux, étrange comme certaines images d'ex-voto, cheveux longs et barbe blonde, chemise rouge et poncho blanc. Il est vivant, il est glorieux, il semble heureux. Il ne reste à Donna Rosa, toute acceptation, qu'à prier pour lui.

Pour Garibaldi, ces quelques jours niçois sont le temps de la plénitude, la récompense des années d'exil. On l'entoure, on le fête. Sa mère, sa femme, ses enfants, sa ville, ses amis sont autour de lui, comme un écrin pour sa gloire.

Le 25 juin, à l'*hôtel d'York*, place Saint-Dominique — aujourd'hui place du Palais —, il est fêté lors d'un grand banquet de deux cents couverts auquel assiste — on mesure l'évolution depuis la condamnation à mort de 1834 — l'intendant du Comté, représentant le roi Charles-Albert, le comte Sonnas. L'*hôtel d'York* est l'un des plus réputés de la ville. Le bureau des Messageries y est situé, sur cette place qui est le cœur de la cité, non loin de la rue Saint-François de Paule, l'artère élégante. En face de l'hôtel se trouve la Caserne Saint-Dominique où se sont installés les soixante-trois membres de la Légion italienne, célébrés eux aussi comme des héros.

A la fin du banquet, Garibaldi se lève, hésite, puis s'exprime en français.

Situation étrange, significative de ces contradictions italiennes d'alors, accusées à Nice, cité française quand Garibaldi y est né.

Premier discours attendu, car on ne sait encore si ce républicain va, au nom du « réalisme », soutenir Charles-Albert. Dès les mots d'ouverture, Garibaldi exprime clairement sa position :

« Tous ceux qui me connaissent peuvent dire que je n'ai jamais été un seul jour favorable à la cause des Rois. Mais cela fut seulement parce que les Princes faisaient le malheur de l'Italie. Maintenant, au contraire, je viens auprès du roi de Sardaigne qui s'est fait le régénérateur de notre péninsule et je suis, pour lui, prêt à verser tout mon sang. Je suis sûr que tous les autres Italiens pensent comme moi ».

Et il ajoute, toujours amoureux de sa ville : « Quand le sol de la patrie sera débarrassé de la présence de l'ennemi, je n'oublierai jamais que je suis un fils de Nice et toujours elle me trouvera prêt à défendre ses intérêts. »

Vive l'Italie, vive Nice et vive le Roi !

Dans un décor de bannières et de fleurs, au milieu des cris et des applaudissements, Garibaldi a défini son attitude, conforme à ce qu'il avait écrit à Cuneo, à ce réalisme qui lui faisait refuser les dissensions ou les rivalités qui affaiblissent une cause. Mais en faisant acclamer le Roi, il ne pouvait aussi que préparer des découragements. Car comment faire confiance à un Charles-Albert ?

Cependant, pour Garibaldi — question de caractère autant que d'analyse politique —, l'heure n'est pas aux nuances. Se donner tout entier à la lutte, s'engager sans réticence auprès du Roi, entraîner le peuple dans la guerre, s'y jeter vite, telle est sa décision.

Dès le 28 juin, laissant Nice, il gagne Gênes avec ses légionnaires qu'ont rejoint soixante-sept jeunes Niçois.

A Gênes, tout est déjà moins simple. Le peuple « palpite de joie et d'émotion ». Les autorités royales accueillent Garibaldi du bout des lèvres et des doigts. « Avec la froideur d'une conscience pas tranquille », écrit Garibaldi. Elles craignent « l'homme rouge », ceux qui le suivent et ces foules qu'il peut rassembler, entraîner dans une révolution républicaine, ou même simplement conduire au combat en dehors des règles de la stratégie monarchique.

Que faire de ce gêneur, de ce concurrent, de cet ancien adversaire dont le ralliement inquiète le gouvernement de Turin ? Lorsqu'il était loin de l'Italie, on pouvait applaudir à sa gloire. A Gênes, dans le jeu timoré de Charles-Albert, lourd d'arrière-plans conservateurs, il perturbe.

Mais Garibaldi ne trouble pas que les ministres et les fonctionnaires piémontais.

Ses camarades même s'interrogent. Aurait-il largué ses idées pour rallier le camp du Roi ? Medici, ce jeune révolutionnaire, ce partisan de Mazzini qui, en avant-garde, avait gagné l'Italie, fait le siège d'Anzani qui agonise à Gênes. Il l'exhorte de rappeler Garibaldi à son devoir de Républicain. Il conteste l'analyse de Garibaldi, trop prompt à louer Charles-Albert.

Anzani, selon la version qu'en donne Alexandre Dumas, aurait pris la main de Medici et, avec « un accent prophétique », lui aurait dit : « Ne sois pas sévère pour Garibaldi. C'est un homme qui a reçu du ciel une telle fortune qu'il est bien de l'appuyer et de le suivre. L'avenir de l'Italie est en lui. C'est un prédestiné. Je me suis plus d'une fois brouillé avec lui, mais convaincu de sa mission, je suis toujours revenu à lui le premier. »

Que la recommandation d'Anzani soit vraie ou bien qu'elle ait été forgée de toutes pièces par Dumas, elle révèle les tensions qu'une situation politique complexe — que Garibaldi simplifie par ses déclarations — crée jusqu'entre ceux qui ont partagé l'exil.

On imagine ce que peuvent être les rapports entre le Roi, ses ministres, ses généraux et Garibaldi. Entre les deux univers, les deux sensibilités, les deux histoires, il ne peut y avoir que des contacts superficiels, de courtes convergences tactiques, jamais de réelles alliances ou d'authentique confiance.

Cette discordance va bien au-delà de la « politique ». La monarchie piémontaise — et son administration — ont une tradition pointilleuse de conservatisme prudent et tatillon. Ces monarques, dans les brumes et les rigueurs de l'hiver turinois, ont élaboré une étiquette et une idéologie à la fois cauteleuses et orgueilleuses, faites d'habileté et de timidité, de calculs, de dissimulation et de faux pas. La monarchie de Piémont-Sardaigne est avare, née au croisement de deux mondes, le savoyard et le méditerranéen, le français et le lombard. Elle est habituée au « double jeu » par situation et par nature. Comme disait Louis XIV, « Monsieur de Savoie ne termine jamais la guerre dans le camp où il l'a commencée ».

Ayant le sentiment d'être méprisée par ses puissants voisins — la France, l'Autriche maîtresse de la Lombardie — elle est devenue à la fois dissimulatrice et tortueuse, hésitante et si insatisfaite de cette situation qu'elle peut commettre, sur un coup de tête, une action d'éclat, parce qu'elle a peur de perdre et que sa prudence tout à coup lui est insupportable.

Charles-Albert incarne, face à Garibaldi, la complexité manœuvrière, provinciale, de cette monarchie âpre au gain comme un notable de petite ville, humilié par les nobles et qui leur arrache lentement le droit d'arrondir son patrimoine.

Les deux hommes se rencontrent au Quartier général de Charles-Albert, à Roverbella, près de Mantoue.

En ce 4 juillet 1848, la plaine du Pô est écrasée par l'une de ces chaleurs orageuses qui rend la respiration difficile. Charles-Albert, en strict uniforme, joue les chefs de guerre. Des officiers supérieurs vont et viennent avec l'assurance méprisante des hommes qui disposent de la vie d'autres hommes. Ils sont à la tête d'une armée.

Garibaldi, qui arrive de Gênes dans son accoutrement de

guérillero, qui a composé sa tenue comme sa carrière à coups de hasard et de mouvements de passion, est fatigué après des mois de mer et les émotions qu'il vient d'éprouver.

A Roverbella, il contractera d'ailleurs, dans l'atmosphère humide de la vallée, la malaria qui le fera succomber souvent à de courtes et fortes fièvres.

On le conduit à Charles-Albert. Le roi le toise.

« Je le vis, dit Garibaldi, je devinai de la défiance dans son accueil et je déplorai dans les hésitations et les indécisions de cet homme que le destin de notre pauvre patrie soit si mal placé. »

Quant à Charles-Albert, il partage le mépris de ses généraux qui parlent, sans jamais nommer Garibaldi, « de cet individu qui vient de Montevideo ». Bien sûr, avec une « courtoisie princière », comme l'indiquera un familier du Roi, Charles-Albert complimente hautement Garibaldi pour sa conduite en Amérique dont il se montre instruit.

Mais lorsque Garibaldi souhaite obtenir des précisions sur le poste — quelle unité ? quel front ? — auquel on le destine, Charles-Albert se dérobe et, quelques heures après l'entrevue, le roi écrit à son ministre de la Guerre « qu'il serait déshonorant pour l'armée de donner le grade de général à un tel individu ».

Cependant, il est difficile, dans l'Italie de 1848, de proclamer une telle opinion. Mieux vaut tergiverser, neutraliser Garibaldi en lui proposant de faire le corsaire dans l'Adriatique. Mais le mieux serait qu'il disparaisse. « Nous pourrions peut-être l'y inciter en lui accordant quelques subsides, pourvu qu'il nous débarrasse de sa présence », conclut le roi.

Garibaldi, pour naïf qu'il soit, n'est pas dupe longtemps. A Turin, le ministre de la Guerre est absent. On renvoie Garibaldi de bureau en bureau, avec parfois une condescendance ironique ou une bienveillance méprisante. Finalement, c'est le ministre de l'Intérieur qui le reçoit. Garibaldi est gagné par la colère. « Ces procédés inqualifiables me font encore frémir d'horreur », écrira-t-il dans ses *Mémoires*. Ses hommes —

moins de deux cents, faut-il le rappeler pour apprécier, au-delà de sa valeur de symbole, la réalité militaire de cette Légion ? — ont « la triste impression que les corps des volontaires étaient inutiles et avaient une influence pernicieuse ».

Ils ne se trompent pas. Le roi du Piémont veut conserver la maîtrise de la guerre. Ce qu'il craint dans les initiatives de Garibaldi, ce ne sont pas ses deux cents hommes, mais l'exemple qu'ils peuvent constituer et la « levée en masse » de volontaires qu'ils peuvent déclencher.

Si bien que ces premiers jours de la « première guerre d'indépendance » italienne, ces premiers rapports entre la monarchie et Garibaldi, révèlent une dualité qui se perpétuera durant tout le « Risorgimento ».

D'un côté le Roi, son État, son armée, de l'autre le peuple à mobiliser, le peuple comme une menace potentielle si les barrages derrière lesquels on le contient, sa passivité que l'on souhaite, viennent à céder.

Garibaldi entre les deux, image du héros populaire, capable d'initiative, mais qui choisit (ou est contraint par les circonstances, le rapport de forces) de rallier le camp royal, de se mettre à son service.

Otage ? Acteur utile à l'État parce qu'il fait croire que le peuple participe ? C'est le débat.

Les événements de l'été 1848 n'en sont que plus importants, car ils permettent à Garibaldi — et à l'historien — d'éclaircir les conditions de ce jeu à deux termes.

Le 25 juillet 1848, le roi Charles-Albert et l'État piémontais quittent la scène. Les Autrichiens du maréchal Radetzki ont lancé leur offensive et l'armée piémontaise s'est effondrée à Custozza. Et le 9 août, Charles-Albert signe avec Vienne l'armistice.

Dès lors, Garibaldi reste seul en scène. Il peut faire appel au peuple. Le peuple viendra-t-il ?

A Milan où un gouvernement provisoire s'était constitué avec des démocrates, tel Cattaneo, Garibaldi avait, au mois de juillet, été nommé général. Les Milanais lui confiaient le commandement d'un corps de volontaires d'environ trois mille hommes.

Après les procédés dilatoires employés à son égard par les ministres du Roi, Garibaldi a accepté avec enthousiasme de gagner le nord, Bergame, même si la mission qu'on lui a confiée « ne correspond pas à ma nature et à mes maigres connaissance des théories militaires », précise-t-il.

Mais enfin, il va peut-être se battre.

Espoir de courte durée. C'est près de Monza que la nouvelle de la défaite de Custozza, puis de l'armistice, surprend Garibaldi.

Ce pays, l'Italie du Nord, il ne le connaît pas. Ces paysans qui regardent maintenant passer le flot de fuyards, s'il peut se faire comprendre d'eux dans son italien maladroit, il ne saisit pas leur dialecte. Cette guerre avec ses arrière-pensées politiques sur lesquelles il ne veut pas réfléchir, tout cet univers nouveau lui échappe.

Il tente pourtant de le maîtriser, malgré la démoralisation qui gagne ses volontaires et la population. Elle est à la mesure de l'espoir que chacun avait placé dans cette libération qui commençait si bien, dans l'ardeur des combats populaires de mars à Milan.

Que faire ? Parler. Agir.

Garibaldi rencontre Mazzini qui, avec une satisfaction morose, voit se réaliser ses pressentiments les plus pessimistes. Le Pape et le Roi ont abandonné la cause de l'Italie. Pâle, portant un fusil d'opérette et un drapeau, Mazzini observe Garibaldi, s'enrôle dans sa troupe. Bientôt il lancera : « La guerre du Roi est terminée. La guerre populaire commence. »

Cette guerre populaire, Garibaldi voudrait l'entreprendre. Elle correspond à son expérience, à son tempérament individualiste qui le fait changer d'itinéraire, de plan au gré des événements.

Il marche donc vers Côme pour échapper au climat de défaite et de panique qui règne dans la région de Milan, pour fuir l'étreinte que les troupes de Radetzki commencent à faire peser sur tout le pays.

Lettres, proclamations, il répète que « la guerre contre l'Autriche continuera tant qu'il y aura des Italiens capables de se battre ». A la jeunesse, il lance : « La patrie a besoin de vous ». Ses discours, émaillés de références historiques — « Quand les barbares étaient aux portes de Rome » — ont peu d'écho.

L'emphase n'est pas, pour Garibaldi, une manière de refuser la lutte. Au contraire. Dans cette région si différente des contrées américaines, il tente d'appliquer une tactique qui lui a réussi : « la guerre de bandes », puisqu'on ne peut rien faire d'autre. Il explique « qu'il faut continuer la guerre d'aventuriers, en bandes armées, que cette guerre est la plus sûre, la moins périlleuse, qu'il suffit d'avoir confiance dans son chef et d'aider ses compagnons ».

Cette « guérilla » qu'il essaie de mettre sur pied, cette « guerre de partisans » suppose la détermination des combattants et le soutien — au moins passif — de la population. Or la petite troupe s'effrite au fur et à mesure que la pression ennemie s'accroît.

Autour de Garibaldi, on dénombrait d'abord trois mille hommes, puis huit cents, puis une centaine.

Ils se battent autour du lac de Côme, s'emparent d'embarcations, tiennent des villages, puis s'enfuient, sont surpris par les Autrichiens en cours de halte.

En fait, si on analyse cette période non plus au plan des intentions mais des faits, on n'y voit qu'une poignée d'hommes et un chef souvent terrassé par la fièvre qui tentent d'échapper à la pression d'une armée efficace et impitoyable.

Dans de petits villages, Luino, Morrazzone, on fait le coup de feu, puis on se dérobe. « Nous ne voulons pas abandonner, sans nous sacrifier, le sort de notre terre sacrée à la risée de ceux qui la soumettent et la violent », répète Garibaldi. Mais la frontière suisse est proche. Mazzini lui-même, avec sa carabine et son drapeau où sont inscrits les mots « Dieu et le Peuple », la franchit. « Beaucoup de ses fidèles ou supposés fidèles l'accompagnèrent en terre étrangère », note avec amertume Garibaldi.

Il s'obstine encore, avec sa troupe qui ressemble davantage à une « caravane de bédouins qu'à des gens prêts à combattre ». Il s'accroche à son rêve — que quelques petits succès confortent parfois — : que chaque Italien s'arme, devienne un guérillero et qu'à défaut d'une armée organisée se livre partout la « guerre de bandes ».

Lui-même s'est proclamé « Duce » : guide, conducteur, chef. Ses hommes vivent sur le pays, payant avec des bouts de papier les paysans méfiants qui savent que l'armée autrichienne exécute sans hésiter les partisans.

Mais il y a plus grave que cet effroi. Garibaldi découvre que ce peuple auquel il en appelle, non seulement se dérobe mais renseigne l'ennemi. « Je faisais ici les premières expériences, note Garibaldi, du peu d'attachement des gens de la campagne à la cause nationale. Soit parce qu'ils étaient les créatures et la proie des prêtres, soit parce qu'ils étaient en général ennemis de leurs patrons qui, à la suite de l'invasion étrangère, devaient pour la plupart émigrer, laissant ainsi les paysans s'engraisser à leurs frais. »

Un soir, après avoir réussi à briser l'encerclement ennemi — à Morrazzono —, marché par des sentiers presque impraticables, vu s'éloigner la plupart de ses hommes qui profitent de l'obscurité pour se disperser, Garibaldi parvient lui aussi à la frontière suisse. Qu'il franchit à son tour, le 29 août 1848, avec une trentaine de fidèles.

La « guerre de bandes » a été brève.

Garibaldi s'est donc réfugié à Agno et il s'y couche.

La fièvre, dans ce petit village du Tessin, la maladie comme expression de la déception. Garibaldi qui, dans la nature hostile d'Amérique, a toujours surmonté ses fatigues, se laisse ici, pour quelques jours, vaincre par elles.

Certes, la quarantaine est là, et cela fait des années qu'il se donne sans compter. Mais pourquoi la déception après l'espoir ne serait-elle pas cause de cette moindre résistance qu'il oppose ? Il peut, isolé, fébrile, réfléchir à ces dernières semaines, de l'arrivée à Nice à cet exil nouveau qui scelle l'échec de la campagne en Lombardie.

Comprend-il que ce peuple de paysans plus disposé à vendre ses services à l'Autrichien qu'à s'insurger se sent peu impliqué dans une guerre où on ne le consulte pas ? Qu'il est peu convaincu que ce « Risorgimento » voulu par les Messieurs de la Città, le roi du Piémont et quelques têtes brûlées dans les villages, puisse apporter de l'amélioration à leur vie quotidienne ?

Au début, les paysans ont aidé les Milanais, cru que le vent national qui se levait serait aussi celui des réformes sociales, du changement dans les statuts du fermage et du métayage, si défavorables aux paysans de la plaine du Pô.

Rien de tout cela n'est venu, mais la guerre dont la terre et ceux qui la travaillent paient d'abord les frais.

Ce ne sont pas les quelques hommes déguenillés qui suivent ce général en chemise rouge qui vont rassurer les paysans. Ils craignent plutôt pour leur poulailler, leurs réserves de salaisons et de vin. Est-ce cela le Risorgimento ? C'est affaire de citadins, de gens cultivés, de petits-bourgeois ; autant, pour les paysans, rester du côté du plus fort. Logique irrécusable des faibles qui savent mieux que d'autres lire la réalité du rapport de forces.

D'ailleurs, qu'est-ce qu'être Italien ?

Ici, chacun a sa petite patrie, Bologne ou Parme, Côme ou Venise. Le patriotisme de chaque ville et de sa campagne environnante est une donnée séculaire de la politique italienne. Le Piémontais n'est pas aimé en Lombardie. Et le Vénitien se méfie des gens de la terre ferme. Ce campanilisme vivace est un autre obstacle à la diffusion, dans les profondeurs populaires, des idées nationales.

Certes, Garibaldi n'est de nulle part. Et il doit aussi sa notoriété à sa situation de « marginal ».

Admis par le Toscan comme par le Vénitien, par le Turinois comme par le Génois, parce qu'il n'appartient à aucune de ces grandes cités rivales, mais à cette « Nizza » qui n'est rien, pour l'Italie traditionnelle, qu'une bourgade sans panache ni renommée, qu'une marche-frontière, Garibaldi est donc, par ses origines puis par son long exil, insensible au campanilisme. Issu d'une cité qui n'a aucune prétention à jouer un rôle de premier plan dans l'histoire italienne, et qui ne l'a jamais joué, Garibaldi le déraciné ne peut qu'être l'homme de toute la patrie, d'une nation unie.

Remet-il en cause son ralliement à la monarchie savoyarde dont le printemps et l'été 1848 montrent la pusillanimité ? Il doute. Mais où sont les forces avec lesquelles il pourrait agir ? Qui est capable de rassembler une armée pour faire face à l'Autriche ?

Fiévreux, incertain, tenaillé par ces questions qui remettent en cause l'orientation de toute sa vie, Garibaldi quitte la Suisse et gagne Nice.

Sa mère, sa femme, ses enfants et ses amis l'entourent. Il se tait, il bougonne. Il essaie de se soigner.

En fait, il attend des nouvelles. Si la Lombardie s'est soumise, il reste Venise, la Toscane et, qui sait, Rome ?

A la fin, il n'en peut plus de ces incertitudes et de son inaction.

« Comme j'étais plus malade de l'âme que du corps, écrit-il, le tranquille séjour de ma maison ne me convenait pas et je me rendis à Gênes, où grondait le plus la protestation publique contre l'humiliation de la patrie. Et là, je finis de me soigner. »

On ne saurait mieux dire que l'action et l'espoir sont les remèdes dont a besoin Garibaldi.

Le 26 septembre 1848, Garibaldi arrive à Gênes. L'accueil est enthousiaste, la santé meilleure, donc.

Est-ce la fin du reflux ? Le début d'une nouvelle crue révolutionnaire et nationale qui, après le creux de l'été, viendrait avec l'automne relayer d'une poussée populaire et démocratique la défection monarchique ?

C'est évidemment l'espoir de Garibaldi, mais aussi de Mazzini et des patriotes qui, en Sicile, à Livourne, en Toscane, à Rome, dans ces régions, ces villes, ces États qui n'ont pas à subir la présence d'une armée étrangère, ne sont pas encore défaits.

En Lombardie, ce sont les soldats autrichiens qui ont décidé du sort du Risorgimento. Dans le reste de l'Italie, peut-être tout n'est-il pas joué ? La vague nationale et révolutionnaire doit aller jusqu'au bout de son énergie pour s'éprouver. Et Garibaldi se laissa porter par elle.

Rien de moins prémédité, en effet, que son action. Des envoyés le sollicitent de recommencer la guerre en Lombardie. Soit. Il accepte. Il prononce des discours, enflamme les auditeurs : « Celui qui veut vaincre le peut ». Volontariste, refusant d'admettre la défaite, ignorant la situation concrète, il convainc ceux qui ne demandent qu'à le croire — mais non à le suivre.

Un petit bourg près de Chiavari l'élit même député au Parlement de Turin. Il refuse. Il est fait pour se battre. En Lombardie ? Il a déjà changé d'avis. Un délégué du gouvernement de Sicile lui demande de rejoindre l'île, où la population a su résister au roi de Naples. « J'acceptai avec joie », dit Garibaldi.

Il embarque avec soixante-douze compagnons à bord d'un vapeur français, le *Pharamond*. Direction Palerme. Mais on jette d'abord l'ancre à Livourne. La population se rassemble et Garibaldi, peut-être à tort, reconnaît-il, cède aux sollicitations et débarque. On lui promet de rassembler des volontaires, une grosse colonne à la tête de laquelle il marchera vers Naples, libérant les villes, aidant ainsi indirectement la Sicile. Il accepte. Le *Pharamond* lève l'ancre sans Garibaldi.

En fait de volontaires, il n'y a que quelques fusils. On marche vers Florence où le Grand Duc a accordé une constitution. Tout cela improvisé et brouillon : les directions de la marche et les objectifs de guerre changeant d'un jour, d'une heure à l'autre. On vit sur l'habitant. La neige tombe, recouvrant l'Apennin. Il faut nourrir les hommes alors que l'argent manque, que les gouvernements se dérobent. « C'est un essaim de sauterelles, dit de cette bande garibaldienne le ministre de l'Intérieur de Toscane, un patriote pourtant. Considérons-la comme l'une des plaies d'Égypte et employons tous les moyens pour qu'elle passe vite en contaminant le moins de lieux possible. »

Ils ne sont qu'une centaine d'hommes à peine, mais on les

craint cependant. S'ils étaient la mèche capable de faire exploser l'ordre social, ce monde paysan si misérable, que deviendraient cette bourgeoisie des villes, patriote mais possédante, ces propriétaires terriens qui n'accordent rien aux populations rurales ? Alors, poussons au loin ces hommes en chemises rouges.

Voici Garibaldi à Bologne, puis à Ravenne. Il parle. Il réalise ainsi une tournée de propagande non calculée mais qui élargit un peu plus encore son audience, même si la vue de ces hommes indisciplinés qui s'emparent des animaux mal gardés, pour les rôtir, laisse des sentiments mitigés dans les villages.

A Ravenne, on change encore de but : il faut rejoindre Venise qui tient toujours tête aux Autrichiens.

Garibaldi tente d'organiser un bataillon d'hommes décidés à se joindre à lui, à « obtenir l'indépendance de l'Italie ou à mourir ». Qui doute de sa détermination, même si, tout au cours de cet automne, il a plus parlé qu'agi, se laissant — et c'est la preuve de son indécision comme de l'instabilité d'une situation — guider par d'autres ? Après ces événements, la langue italienne se donnera une expression : *« fare un quarantotto »*, qui signifie se conduire de manière brouillonne, dans le désordre.

Garibaldi « fait un quarante-huit ». Et il y est contraint parce que les moyens manquent, que sa personnalité ne suffit pas à regrouper des forces telles qu'elles pourraient affronter l'ennemi. Il ne peut être l'élément fédérateur. La preuve est faite, au début du mois de décembre 1848, que le peuple ne suit pas, que sans un État qui prenne en charge la lutte nationale, rien ne peut réussir.

Et cet État, le Piémont, s'est retiré du combat.

Aucun espoir, alors ?

Le 16 novembre, on apprend que Pellegrino Rossi, l'un des ministres de Pie IX, a été assassiné à Rome. Quelques jours plus tard, le 24, Pie IX abandonne sa ville, vêtu comme un simple prêtre, et se réfugie à Gaète où le grand duc de Toscane le rejoindra. A Rome, la place semble libre pour les républicains, les plus radicaux des patriotes. Voilà peut-être le centre fédérateur qui manquait à la lutte.

Le 8 décembre, les révolutionnaires qui ont pris le pouvoir à Rome adressent un télégramme à Garibaldi : qu'il rejoigne avec sa légion la ville.

Enfin un appel clair, enfin un événement. Tout peut être gagné encore, puisque Rome est « à nous ».

Garibaldi se met immédiatement en route.

Jusqu'aux dernières forces

(1849)

Il faudrait suivre la chevauchée de Garibaldi et de ses légionnaires à travers les Apennins et dans la campagne romaine, de village en petite ville, de Macerata à Rieti, entendre les allocutions qu'il prononce sur les piazze devant les notables et les paysans réticents qui, venus au marché, ou bien debout devant les portes de leurs maisons, se tiennent à l'écart.

Le cortège, qui séduit les citadins patriotes, effraie les hommes de la terre. Parce qu'ils sont, comme le pense Garibaldi, tenus en main par les « papalins », victimes de la propagande des prêtres ? Plus simplement parce que cette « bande » inquiète, qu'elle vit sur le pays, que certains de ses membres parlent avec arrogance, chapardent et boivent, en combattants qu'aucune discipline n'a jamais vraiment encadrés. Leur tenue même, si différente des uniformes des troupes régulières, confirme aux yeux des plus timorés qu'il s'agit de « brigands » — et on connaît bien le brigandage dans ces régions des Apennins, mal contrôlées, propices aux guet-apens et où, l'hiver, les villages isolés par la neige se terrent, cependant que rôdent les loups.

Garibaldi avance à la tête de ses hommes : chemise rouge, poncho blanc, chapeau à plume et sabre. Derrière lui, Aguyar, le nègre qu'il a libéré de l'esclavage en Amérique, à la fois officier et ordonnance. L'homme, de haute stature, portant manteau noir et lance au bout de laquelle flotte une étoile rouge, étonne. Cette troupe disparate compte des déserteurs, des volontaires toscans et lombards, et les « Montevidéains », fidèles entre les fidèles, qui ont accroché à leur selle le lasso des gauchos.

Peu à peu, cependant, Garibaldi, qui s'attend à des combats sérieux, s'emploie à donner une apparence de cohésion à cette troupe. Il réclame des uniformes et des armes. Mais même à Rome, on demeure réservé à son sujet. Garibaldi se convainc vite qu'on veut le tenir éloigné de la ville. On lui demande de ne pas recruter au-delà de cinq cents hommes. On le dirige, sous prétexte d'avoir à la protéger, vers telle ou telle ville que rien ne menace. Il doit franchir une nouvelle fois les Apennins, dans la rigueur de l'hiver, alors que ses hommes ne disposent même pas d'une capote. A nouveau il découvre les réticences, la peur des populations. « On craignait notre approche comme celle des loups ou des assassins », répète-t-il. Résultat du venin répandu parmi les « populations ignorantes par les nécro-mants » (les prêtres), estime-t-il encore.

Quand il se rend compte qu'on lui refuse les armes dont il a besoin, il se décide à faire fabriquer des lances. Signe parmi d'autres de sa détermination. Et dans les villes, tout au moins, on lui fait confiance. Les habitants de Macerata qui voient les légionnaires faire l'exercice, qui entendent les discours de Gari-baldi, l'élisent député afin qu'il siège, à Rome, à l'Assemblée Constituante.

La situation dans la ville était complexe. La population était loin d'avoir participé, dans son ensemble, aux manifestations qui avaient marqué l'arrivée au pouvoir des démocrates après le départ de Pie IX.

La ville, depuis des siècles, avait été soumise. Elle avait été l'objet d'une surveillance tatillonne de l'autorité pontificale. Journaux censurés ou « déconseillés », conversations épiées, participations obligatoire aux cérémonies religieuses qui scan-daient la vie quotidienne. Rien n'avait été négligé pour réduire l'opposition. Aucun effort n'avait été fait pour améliorer le sort des pauvres.

Rome, alors, n'avait pas beaucoup changé depuis le premier séjour de Garibaldi en 1825, lorsqu'elle l'avait déçu, scandalisé même, lui qui avait dans la tête les souvenirs de sa grandeur passée.

Quand il y entre, au début de l'année 1849, pour participer aux réunions de la Constituante, on compte toujours plus de 90 % d'analphabètes. Pourtant, dans cette population écrasée par la misère et l'obscurantisme (toutes les leçons à l'Université se donnent encore en latin et les matières dangereuses, comme l'économie politique, y sont interdites), il trouve des partisans, parmi les jeunes ou bien dans ces couches sociales, plus ou moins marginales, qui, regroupées par métiers (charretiers, tonneliers, etc.) entretiennent des traditions d'indépendance.

Là, des personnalités fortes et pittoresques, révoltées et éloquentes, se séparent de la foule apeurée et sont prêtes à lutter, autant pour un homme ou des idéaux, que par protestation individuelle, contre l'ordre conservateur. Ainsi un Angelo Brunetti, dit Ciceruacchio (Ciceron le petit), orateur de place, râblé, courageux, qui rejoindra la troupe garibaldienne.

Mais combien représentent-ils ? A peine quelques centaines d'hommes — quelques milliers tout au plus. D'ailleurs, aux élections à la Constituante, on ne dénombre que deux cent cinquante mille électeurs. Les conservateurs et les modérés se sont abstenus. Rien d'étonnant alors si Mazzini, le comte Felice Orsini (qui, en 1858, essaiera de tuer Napoléon III) et Garibaldi soient parmi les élus.

La cérémonie d'installation de l'assemblée fut à la mesure de Rome et de son goût pour les fêtes.

Le 5 février 1848, les élus se rassemblèrent au Capitole, écoutèrent la messe à l'Ara Coeli, puis, en cortège, se dirigèrent vers le palais de la Chancellerie. Le drapeau tricolore menait le défilé, puis suivaient les députés en hauts-de-forme, parmi lesquels tranchait Garibaldi, en chemise rouge et chapeau calabrais. Les douze mille hommes de la Garde civique clôturaient la parade.

Grand jour pour Garibaldi et les patriotes : Rome semble pouvoir devenir le centre autour duquel se rassembleront tous les Italiens.

Dès la première séance, alors que, respectueux des formes, commencent les travaux de l'Assemblée, Garibaldi se lève, prend la parole avant qu'on la lui accorde, rompant le déroulement de l'ordre du jour. « Des faits et non des mots », crie-t-il. Il demande qu'on institue la République. Il en appelle aux traditions des « Antiques Romains », lance encore : « Vive la République ! ».

Il n'est évidemment pas homme d'Assemblée et en ignore les règles de fonctionnement.

C'est pourtant son vœu qui sera exaucé, parce qu'il est partagé par cent vingt députés contre neuf et quatorze abstentions : quelques jours plus tard, le 9 février 1849, l'Assemblée proclame la République romaine, met fin au pouvoir temporel du Pape, décide la confiscation des biens de l'Église, la liberté de l'enseignement et de la presse, l'égalité de tous les citoyens devant la loi.

Plus tard, sous la pression de Mazzini, arrivé à Rome le 6 mars et devenu l'un des triumvirs qui gouvernent la ville (le 9 mai, en compagnie de deux démocrates, Armellini et Saffi), l'Assemblée ébauchera un programme social et notamment la division en petits lots des biens confisqués à l'Église et leur répartition entre des familles de cultivateurs pauvres.

Une révolution a bien eu lieu.

Elle comble Garibaldi de satisfaction, même s'il ne la juge pas assez rigoureuse dans son anticléricalisme.

Déjà, en Lombardie, mais surtout dans l'Italie centrale, il a constaté la passivité paysanne. Pour la briser, il dénonce une fois encore l'influence des prêtres et laissera ses légionnaires, installés au couvent San Silvestro, après en avoir chassé les religieuses, se livrer à ces petits actes iconoclastes, sans signification profonde, mais qui suffisent à établir ou confirmer une réputation.

Garibaldi, pour les cléricaux européens, devient le symbole de la lutte contre l'Église. On le haïra pour cela.

En fait, il stigmatise l'Église parce qu'il ne saisit pas les causes plus profondes des résistances que le mouvement national rencontre. L'hostilité qu'il perçoit lorsqu'il traverse les campagnes, il est plus simple d'en attribuer l'origine aux « papalins » ou à l'ignorance des populations qu'ils ont maintenues écrasées sous leurs bigoteries, que d'en découvrir les racines économiques et sociales.

La foi et l'ignorance masquent le poids de structures sociales féodales. Le paysan pauvre serait prêt — il l'a montré parfois — à chasser tous ses maîtres, féodaux et propriétaires fonciers bourgeois, dans une jacquerie violente et radicale, mais on ne lui offre que de crier « Vive l'Italie ! ».

Mais qu'est-ce que l'Italie pour lui ?

Analphabète, endetté, il n'a même pas de quoi payer les semences de la prochaine saison.

Cela, Garibaldi ne le comprend pas. Il a du mépris pour le paysan. Il ne l'a jamais été. Il en est proche par la sensibilité, il est capable de s'exprimer avec naïveté, de frapper les imaginations rurales. Mais la prudence, la ténacité, la modestie paysannes, cette grandeur humaine qui s'inscrit dans l'attachement à un lieu, dans un travail ingrat indéfiniment recommencé, il ne les conçoit pas. Il ne sent pas la haine qui sépare les groupes sociaux dans un pays où les différences de conditions sont si marquées.

Il lui suffit, dans une petite ville, d'assister à une réunion pour chanter « cette concorde vraiment admirable entre les différentes classes de citoyens. La concorde parfaite entre les différentes classes d'une ville italienne, c'est comme le phoenix, poursuit-il. Quand elle est largement répandue, c'est le pivot de la liberté et de l'indépendance de la patrie ; et nul doute que son absence soit à l'origine de nos malheurs et de notre abaissement ».

Les prêtres ! Les prêtres ! Voilà les responsables. Et sont coupables aussi les ambitions politiciennes et les jalousies.

La richesse, la pauvreté, l'exploitation des uns par les

autres ? Garibaldi n'en parle pas. Il rêve à un « seul cercle de
tous les citoyens ; une seule opinion du noble au plébéien, du
riche au pauvre, quand tous aspirent à voir leur patrie libérée
de l'étranger, sans s'occuper momentanément de la forme de
leur gouvernement ! »

Vision morale, analyse limitée, même si, dans les circonstances dramatiques que connaît l'Italie durant l'hiver et le printemps 1849, c'est cet « aveuglement » de Garibaldi, sa détermination obstinée de patriote qui sont de mise.

La situation, en effet, après la poussée révolutionnaire de
l'automne et de l'hiver 1848, s'est dégradée.

Le nouveau flux, pourtant, a paru d'abord l'emporter : une
fois de plus, le « gendarme » autrichien a des difficultés chez
lui. La Hongrie est en pleine révolte en octobre 1848 et l'empereur d'Autriche doit quitter Vienne pour se réfugier à Olmutz.
Quand le verrou autrichien cède, l'Italie se sent libre.

Déjà, l'armistice conclu par Charles-Albert (août 1848)
avait été durement critiqué par les patriotes. Ils font campagne,
dans le cadre du Statut accordé par le roi au printemps 1848,
pour une nouvelle intervention du Piémont en Lombardie
contre l'Autriche. Aux élections qui ont lieu les 15 et 22 janvier 1849, les « démocrates » les plus déterminés l'emportent.
Un ministère démocrate est donc constitué, dont le premier
objectif est la reprise de la guerre.

Trop tard.

Budapest en révolte a été matée le 5 janvier 1849. Le gendarme autrichien est à nouveau sûr de lui et quand, le 12 mars
1849, le Piémont rompt l'armistice, il suffit d'une bataille —
Novare, le 23 mars 1849 — pour liquider l'armée piémontaise.
L'humiliation est complète. Encore heureux que le Piémont
n'ait pas été occupé par les Autrichiens : seule la menace d'une
intervention française au secours de Turin a évité cette catastrophe.

Décidément, l'armée piémontaise isolée ne peut rien contre
les forces autrichiennes. Le général Ramorino, le mazzinien de
1834, qui commandait l'une de ces unités, est déclaré respon-

sable de la défaite et fusillé. Quant au roi Charles-Albert, il abdique, quitte discrètement l'Italie pour le Portugal et laisse la place à son fils Victor-Emmanuel II, âgé de 29 ans.

Novare, défaite piémontaise, sonne le glas des espoirs italiens. Il n'y a plus d'obstacles au reflux, au retour en force des éléments les plus réactionnaires, partout appuyés par les Autrichiens. Ils entrent à Florence le 11 mai 1849. A Parme et à Modène, ils restaurent les ducs (août 1849). Le roi de Naples, rassuré par la victoire autrichienne, peut partir à la reconquête de la Sicile. Dans chaque État, dans chaque ville, les prisons se remplissent.

Reste Rome, reste Venise, deux villes, deux Républiques.

Garibaldi, à Rome, a compris le danger. L'Autriche pousse vers le sud. Elle est en Toscane, elle vient vers Rome. Et la ville va être prise en tenailles entre les Napolitains du Bourbon de Naples et les Autrichiens.

Levée en masse! Levée en masse!

Garibaldi recrute, renforce sa Légion, lui fait faire l'exercice. Il est dans son élément : l'action, le combat, le drame aussi. Car il est de ces personnalités que seules les situations exceptionnelles — dramatiques, donc — exaltent. Est-ce à l'enfance marquée par des manifestations de rues (1814 et 1815), par l'atmosphère de guerre de ses premières années, ou bien est-ce à son adolescence passée en mer qu'il doit ce goût de l'événement, exprimé par les choix de sa vie?

Il écrit aux triumvirs. Il demande des hommes et des armes. Il réclame l'autorisation d'emprunter la Via Emilia et de marcher sus aux Autrichiens.

Manifestement, il n'a pas une vision complète du conflit qui se prépare. Car Rome est désormais au centre des relations internationales. Ni Paris, ni Vienne, ni Londres ne peuvent ignorer cet abcès où se mesure aussi leur influence. La «question romaine» confirme ainsi — ce que Garibaldi n'a pas perçu — que la solution de l'unité italienne ne peut échapper aux rivalités entre grandes puissances.

Les yeux rivés sur son combat local, homme de champ de

bataille, entraîneur d'hommes, Garibaldi le cosmopolite oublie la dimension diplomatique du destin de l'Italie. Le sort de Rome va lui ouvrir les yeux.

Dès le 20 avril, Pie IX, lui aussi rassuré par la victoire autrichienne de Novare, lance un appel aux puissances catholiques depuis Gaète, son refuge.

Qu'on le sauve des barbares ! Qu'on lui rende sa ville et ses États ! C'est là le devoir de tous les catholiques.

Qui va intervenir pour porter secours au pape ? Vienne ou Paris ?

A Paris, on se préoccupe de l'influence grandissante de l'Autriche en Italie. L'Assemblée nationale discute, dès le 17 avril 1849, d'une intervention : on assurera la présence française et on satisfera l'opinion catholique, ceci ne peut qu'être souhaitable dans une république conservatrice que gouverne un prince-président, Louis-Napoléon, incarnant l'ordre.

Mais, en avril 1849, Paris est encore prudent. Que des troupes débarquent à Civitavecchia, mais qu'elles se bornent à favoriser par leur présence un compromis entre le pape et ses sujets romains, tout en empêchant une intervention autrichienne : telle est la solution choisie.

Le 25 avril, les troupes du général Oudinot, duc de Reggio, entrent dans la ville italienne en criant : « Vive l'Italie et vive la République ! »

La garnison de Civitavecchia ne s'est pas défendue. La population est accueillante. La France n'est-elle pas républicaine ? Que peut-on craindre de ses soldats ? Ceux-ci, d'ailleurs, ignorent qu'Oudinot a déjà arrêté la date de la conquête de Rome. Ce ne sera qu'une promenade militaire. Les Italiens ne sont pas des soldats.

A Rome, on ne s'illusionne guère sur les conséquences de ce débarquement des Français. L'Assemblée se réunit, nomme le 23 avril Garibaldi général de brigade « commandant le corps des émigrants ». On lui demande de faire entrer la totalité de sa légion dans Rome.

Voici les Garibaldiens — mille deux cents hommes — qui pénètrent dans la ville par la Porte Majeure. Garibaldi, qui caracole à leur tête, a réussi à leur donner, pour quelques heures, l'apparence d'une troupe disciplinée. Pourtant la route a été longue, quarante et un kilomètres de marche — depuis Agnani — sous l'une de ces pluies de printemps torrentielles et glaciales. Ils s'installent, on l'a vu, au couvent de San Silvestro, mais pour peu de temps. La Légion reçoit l'ordre de camper sur la piazza Saint-Pierre et d'occuper ensuite les murs, de la porte San Pancrazio à la Porte Portese.

Ainsi les vieilles fortifications de la ville s'animent-elles et cette capitale qui sommeillait, seulement soumise au rythme des fêtes religieuses, gangrenée par la corruption, vibre-t-elle à l'annonce des combats prochains.

Garibaldi s'exalte en cette situation qui le place dans « sa » Rome, à la tête de « ses » hommes, pour la défense du « principe italien ».

Qu'on imagine l'état d'esprit de cet exilé, de ce combattant des fleuves uruguayens, debout, donnant des ordres dans le décor monumental de Rome ! Moment privilégié dont, avec sa sensibilité historique, son sens du symbole, il savoure l'importance.

Certes, il n'est pas — et il le regrette — à la tête des troupes de la République. Mazzini est triumvir. Carlo Pisacane, un Napolitain d'une inteligence et d'une culture remarquables, ancien élève de l'Académie militaire de Naples, dirige la commission de la Guerre de la République. Cet Italien, qui, à Paris, a fréquenté les milieux socialistes et a été influencé par eux, est un intellectuel et un homme d'action. En Garibaldi, il apprécie le courage, mais il n'aime guère l'improvisation, les initiatives et les gestes spectaculaires. Il a, pour contenir Garibaldi, placé au-dessus de lui deux généraux, Avezzana et Roselli. Le premier, ministre de la Guerre ; le second, commandant en chef.

Avec Avezzana, Garibaldi entretient de bons rapports et l'homme deviendra l'un de ses fidèles. Lui aussi, exilé en 1821, a combattu au-delà de l'océan, au Mexique. Il a pris la décision de donner à Garibaldi cinq cents fusils neufs qui permettent d'armer la Légion.

Mais, avec Roselli, les différends ne manqueront pas. Avec Mazzini non plus.

Le maître de la *Giovine Italia*, dont la route croise toujours celle de Garibaldi puisqu'ils sont l'un et l'autre, de manière différente, attachés corps et âme à l'Italie, siège à Rome dans un petit bureau de la Chancellerie. Triumvir, Mazzini se montre habile politique et modéré dans ses décisions, tout en demeurant déterminé dans la lutte.

Quand l'Assemblée, à l'annonce du débarquement des troupes françaises d'Oudinot, « confie au triumvirat la mission de sauver la République et de repousser la force par la force », Mazzini ajoute : « Nous regrettons vivement que l'invasion soudaine, et avec tous les caractères d'une hostilité non provoquée, opérée par le général français sur notre territoire, empêche temporairement la conciliation qu'une initiative plus pacifique aurait pu amener. C'est avec une vraie douleur que nous nous trouvons forcés à une collision contre la France que nous aimons et dont nous apprécions l'unité. »

Garibaldi est moins politique, plus « militaire » quand il parle des Français, ces « soldats des curés et de la réaction ».

Il en veut à Mazzini de ne pas comprendre que, dit-il, « moi aussi je devais m'y connaître un peu en matière de guerre ».

Rivalités de deux hommes qui veulent l'un et l'autre incarner l'Italie ? Plutôt incompréhension de deux tempéraments différents, divergence de deux approches, l'une plus théorique, plus politique, l'autre pragmatique et militaire.

Garibaldi sera sévère pour le triumvir Mazzini qui l'avait jadis, à Marseille, introduit dans la *Giovine Italia*. Mais le néophyte timide et naïf est devenu un général célèbre et Mazzini, le maître, est resté un homme d'études qui administre la révolution, la morigène de son bureau plutôt que d'une redoute.

« Si Mazzini — et il ne faut accuser personne d'autre —, écrit Garibaldi, avait eu des qualités pratiques, lui qui se plaisait à concevoir des mouvements et des entreprises ; et s'il avait eu d'autre part — ce qu'il a toujours prétendu — le génie de diriger les affaires de la guerre, si en outre il s'en était tenu à écouter certains de ses proches que leur expérience pouvait rendre susceptibles de savoir quelque chose, il aurait commis moins d'erreurs et, dans les circonstances dont je parle, il aurait pu sinon sauver l'Italie, du moins retarder indéfiniment le désastre de Rome... »

Cependant, en cette fin d'avril 1849, même si le « désastre de Rome » est, contrairement à ce que pensera Garibaldi, inscrit dans la logique de la situation italienne, elle-même dépendante de la situation internationale, l'heure n'est point encore au bilan mais à la résistance.

Avec la morgue que leur donnent l'assurance de la supériorité militaire et la conviction qu'ils ont affaire à de « mauvais sujets », à « quatre brigands d'Italiens », les troupes françaises avancent sur Rome.

Oudinot n'a même pas cru nécessaire de se procurer un plan de la ville. Le 28 avril il s'est mis en mouvement et, dans la campagne romaine, sous les pins parasols où paissent des troupeaux de moutons, il n'a rencontré que quelques bergers inoffensifs. Tout va bien : promenade militaire, comme prévu.

Mais Garibaldi a organisé la résistance. Il est à son affaire. Il envoie des éclaireurs en embuscade. Son expérience sud-américaine lui a enseigné que « quand un ennemi approche, il est toujours avantageux de préparer quelques embuscades ». On mesure sa progression, on fait ainsi quelques prisonniers. Des murs qu'il doit défendre, Garibaldi assiste à l'avancée tranquille de l'armée française. Ces soldats de ligne qui la composent ont participé à la répression en Algérie. Les officiers sont des hommes d'ordre, dont certains se sont illustrés déjà en écrasant à Paris les insurgés de juin 1848. On les retrouvera en 1871, contre la Commune. Ils mettent en place quelques batteries d'artillerie, puis ils continuent leur avance.

Et brutalement, ce sont les feux croisés des Romains qui désorganisent les rangs français et surprennent Oudinot. Garibaldi est debout sur la terrasse de la villa Corsini et, vers midi,

ce 30 avril, il fait sortir la Légion qui donne l'assaut à la baïonnette et provoque la fuite des unités françaises.

Il a vu juste, en homme de terrain. S'il ne tenait qu'à lui, il
lancerait ses hommes à la poursuite des Français de manière à
les contraindre à rembarquer et il parachèverait la victoire.
Mais la commission de la Guerre et les triumvirs en jugent
autrement.

Garibaldi avait sans doute raison. Car ce premier combat
avait galvanisé les légionnaires et les défenseurs de Rome. Ils
étaient sortis vainqueurs de leur premier affrontement avec une
troupe aguerrie, lui faisant plus de trois cents morts — perdant
eux-mêmes deux cents hommes — et capturant trois cent
soixante-quinze prisonniers, certains, dit la légende, au lasso.
Nino Bixio, l'un des proches de Garibaldi, fit prisonnier un
major Picard à l'issue d'un simple corps à corps...

L'armée française vient d'essuyer un camouflet et, dans les
rues de Rome, les prisonniers — fort bien traités — sont moqués
sur l'air de la Marseillaise :

> *Allons enfants de sacristie*
> *Le jour de honte est arrivé...*

A Paris, les députés ont le sentiment d'avoir été trompés.
Les troupes françaises ont été engagées dans un conflit armé
avec la république romaine alors qu'elles auraient dû se borner
à favoriser une médiation. Un blâme contre le gouvernement
est voté par trois cent vingt-huit voix contre deux cent quatorze, et les députés décident d'envoyer à Rome, comme intermédiaire, le consul Ferdinand de Lesseps.

Mais, en même temps, les éléments du « parti de l'ordre »
sont bien déterminés à infliger une leçon à ces anticléricaux qui
ont blessé l'orgueil national.

Pour eux, pour le général Oudinot, la trêve proposée par
Lesseps n'est qu'un moyen de gagner du temps afin de se renforcer. Et, de fait, en quelques semaines les troupes françaises
reçoivent de nouveaux contingents : l'effectif passe de trois
mille à trente mille hommes. Quant à Louis-Napoléon Bonaparte, président de la République depuis le 10 décembre 1848,

il écrit à Oudinot : « Notre honneur militaire est engagé, je ne souffrirai pas qu'il reçoive une atteinte. »

Le 13 mai 1849, nouvel élément défavorable à Rome : les élections françaises donnent la majorité au parti de l'Ordre. L'Assemblée législative est désormais hostile à la République romaine, comme l'est Louis-Napoléon Bonaparte. Lesseps va bientôt être désavoué par Paris et Oudinot recevoir la mission de reprendre son assaut contre Rome.

Naturellement les républicains romains ne sont pas restés passifs.

Garibaldi est l'un des plus déterminés. Il est, malgré la victoire du 30 avril, inquiet et amer. Blessé légèrement à l'abdomen lors des combats, il souffre et cela l'irrite. Déjà, il a subi à plusieurs reprises des attaques de douleurs rhumatismales, très sévères, qui l'ont laissé paralysé. On a dû le porter. Après les accès de fièvre qui l'ont terrassé en Lombardie, ces crises aiguës qui viennent s'ajouter à la malaria chronique signalent que l'homme n'a plus l'invulnérabilité physique ni la résistance de sa jeunesse.

Non qu'il soit déjà vieux. Il est toujours athlétique, se tient très droit en selle, et sa pugnacité n'est pas atteinte. Mais il a quarante-deux ans et il s'est donné sans retenue aux actions qu'il a entreprises. Peut-être aussi ces crises rhumatismales qui le frappent sont-elles la conséquence de maladies mal soignées.

Garibaldi s'insurge contre les décisions de Mazzini. Il eût fallu poursuivre les troupes françaises. Au lieu de cela, avec cette insouciance romaine — italienne ? — on libère les prisonniers après les avoir fêtés — et quelque peu chansonnés, on l'a dit. Irresponsabilité, répète Garibaldi qui ne participe pas à ces festivités. Est-ce pour se débarrasser de lui, qui gêne à nouveau, que le Conseil de défense décide de l'expédier au sud de Rome, afin d'arrêter l'avance des troupes napolitaines qui se dirigent vers la ville ? On lui adjoint des volontaires qui découvrent avec étonnement la Légion garibaldienne, « une tribu », « un groupe de brigands », témoignent-ils.

Mais la combattivité des hommes de Garibaldi, au moins

dans cette circonstance, est réelle. En deux affrontements, à Palestrina et à Velletri, ils repoussent les Napolitains. Garibaldi a une fois de plus payé de sa personne, se mettant, avec le noir Andrea Aguyar, en travers de la route pour arrêter ceux des volontaires dont les chevaux mal dressés s'enfuient. Mais le choc qui se produit entre ces deux hommes et la masse de cavaliers qui déferlent est tel que tous sont renversés. Garibaldi est piétiné après avoir été jeté à terre. La cavalerie ennemie surgit, mais, heureusement, les légionnaires, de part et d'autre de la route, font feu.

« Je me relevai finalement, conclut Garibaldi, avec beaucoup de mal et me tâtai les membres pour m'assurer qu'aucun n'était cassé. »

L'épisode montre à quel point Garibaldi est davantage un meneur d'hommes qu'un de ces officiers qui méditent sur cartes une stratégie. Il s'adapte au terrain avec son expérience d'Amérique du Sud et quand les vivres manquent, il prend sur les propriétaires comme s'il se trouvait encore dans une nature sauvage où abonde le bétail. « J'avais fait tuer des bœufs — dit-il, relatant sa campagne contre les Napolitains — qui se trouvaient en abondance dans les riches domaines appartenant à des cardinaux. »

Devant ce « diable d'homme », le roi de Naples retire ses troupes. Et des villages environnants on vient saluer l'armée de Rome, libératrice. On invite Garibaldi à entrer dans le royaume de Naples où, affirme-t-on, l'accueil sera enthousiaste.

Fallait-il s'enfoncer au sud ? Garibaldi y est décidé. La guerre qu'il conçoit s'élabore au coup par coup. Il force l'événement. « Il y a dans la vie des peuples, écrit-il, des moments décisifs comme dans celle des individus ; et cette occasion-là fut solennelle et décisive. »

Mais voilà, « il fallait du génie ». Et, à Rome, Mazzini n'en a pas. On réclame Garibaldi et ses troupes pour défendre la capitale menacée de nouveau par les Français qui ont rompu la trêve. Pour Garibaldi, il ne s'agit que d'un « acte de faiblesse intempestive, d'une erreur ».

On ne peut réécrire l'histoire, savoir ce que la poussée de Garibaldi vers le sud eût pu apporter, ce que son « activisme » eût accéléré. Il est sûr, cependant, qu'il est la seule figure audacieuse du Risorgimento, avec ce que cela contient de témérité et d'imprudence, d'improvisation et de désordre. Même Mazzini est, dans l'action, un modéré. Il n'est excessif et aventurier que dans ses projets et ses analyses. Mais, au-delà de ces oppositions, il y a entre eux une différence fondamentale de stratégie.

Garibaldi, qui a déjà voulu lancer en Lombardie « la guerre de bandes », refuse de se laisser enfermer dans Rome. Il voudrait encore appeler toute la population du royaume aux armes, continuer sa « marche victorieuse au cœur du royaume », s'enfoncer dans le pays et ne pas s'enfermer derrière les kilomètres de murailles romaines impossibles à tenir contre une armée supérieure en hommes et en matériel. « Le tyran de la Seine » ne ferait qu'une bouchée des défenseurs.

Sur le plan militaire, Garibaldi a incontestablement raison. Mais il oublie, en homme qui s'est surtout déplacé dans les contrées sans habitat, que l'Italie est un pays peuplé. Que, pour réussir, la guerre de bandes a besoin de l'appui de la population. Or, il ne peut compter sur ce soutien. Il le dit lui-même, mais il n'en tire pas les conséquences : sa stratégie est, comme celle de la résistance dans Rome, vouée à l'échec.

Mais un homme qui se bat peut-il avoir une totale conscience de ce qui l'attend ?

Très vite, en arrivant à Rome, Garibaldi se rend compte que la situation dans la ville ne permet pas une longue résistance.

Certes, la République a tenté de renforcer son armée. Des Polonais, — ces patriotes qui, comme les Italiens, n'ont pas encore de patrie —, des Hongrois, des Anglais séduits par Garibaldi, des Français scandalisés par l'intervention militaire de leur pays contre une République, ont rejoint les défenseurs de Rome.

Mais, selon Garibaldi, c'est l'orientation générale de la poli-

tique conduite par le triumvirat qui est condamnable. Il leur
reproche de ne pas avoir une vue d'ensemble de la situation italienne. De ne penser qu'à Rome, à son destin symbolique, et de
ne pas envisager de soulever le pays, ou, par exemple, de s'allier à la République qui, à Venise, continue de résister aux
Autrichiens.

Il se présente aux triumvirs, à Mazzini particulièrement. Il
raconte : « En voyant de quelle manière on traitait la cause
nationale et en prévision de la catastrophe inévitable, je
demandai la dictature ; et je demandai la dictature comme dans
certaines occasions de ma vie j'avais demandé à prendre la
barre d'un bateau que la tempête poussait vers les brisants. »

Sans doute les souvenirs de l'histoire romaine ont-ils pesé
dans cette exigence formulée par Garibaldi, mais il faut surtout
y voir la conviction d'être le seul capable de sauver Rome et la
cause nationale du naufrage. Sens de ses responsabilités et
conscience de sa valeur, plutôt que volonté de diriger.

« Ici, dira-t-il, je ne peux être, pour le bien de la République,
que dictateur aux pouvoirs illimités ou simple soldat. Choisissez. » Peut-être y a-t-il, de sa part, manœuvre pour chasser le
général Roselli, commandant en chef, dont Garibaldi conteste
les décisions. Ou bien tout simplement — et c'est le plus probable — désir de l'homme qui connaît les nécessités du combat
et qui sait que, comme sur un navire, il faut un « seul maître à
bord » dans les périodes de tempête.

Et pour Rome, c'est la tempête. Les troupes d'Oudinot se
sont mises en marche. Le 1er juin, le général écrit aux triumvirs : « Mes ordres me prescrivent d'entrer le plus vite possible
à Rome... J'ai fait prévenir par écrit nos avant-postes que les
deux armées étaient en droit de recommencer les hostilités.
Seulement pour donner à vos nationaux qui voudraient quitter
Rome, et sur la demande de M. le Chancelier de l'ambassade
de France, la possibilité de le faire avec facilité, je diffère l'attaque de la place jusqu'au lundi matin au moins. »

La détermination française est évidente. C'est une véritable armée d'au moins trente mille hommes, avec une artillerie

de siège, qui avance vers la capitale. Afin que la surprise du 30 avril ne se renouvelle pas, Oudinot conduit sa progression, puis le siège, avec une lenteur systématique, indifférent aux destructions qu'il peut occasionner dans la Ville Sainte en bombardant la cité. Plus de risques. Il lui faut des succès.

Dans le premier que les Français remportent et qui est décisif, la responsabilité de Garibaldi est peut-être engagée. En effet, quand il apprit que, dans la nuit du 2 au 3 juin, les troupes françaises s'étaient emparées de deux positions clés (les villas Corsini et Pamphili) qui permettaient de contrôler les collines du Janicule, et donc de dominer Rome, Garibaldi réagit et, toute la journée, fit donner ses hommes dans une vaine tentative pour reprendre ces positions, et d'abord la villa Corsini.

Les combats ont lieu au corps à corps, par vagues successives d'hommes lancés à l'assaut, baïonnette au canon. Les meilleurs des légionnaires garibaldiens tombent, et souvent des « Montevidéains », au cours de cette journée sanglante du 3 juin.

Garibaldi, qui a saisi l'importance stratégique des positions perdues, a-t-il sous-estimé la puissance de feu de l'adversaire et les pertes provoquées par des attaques frontales, jetant les hommes en terrain découvert? A-t-il été ainsi victime de son expérience sud-américaine où il n'a eu à affronter que des soldats mal entraînés, cédant à la pression de l'enthousiasme? Ici les Français sont bien encadrés et bien armés. Ils l'emportent à la fin. Non seulement ils restent solidement installés sur leurs positions, mais les garibaldiens ont perdu cinq cents hommes parmi les meilleurs.

Garibaldi ne pourra reconstituer rapidement une telle force combattante.

Pourtant, le siège va durer près d'un mois.

Garibaldi s'y montre actif, téméraire, s'exposant chaque jour sur la terrasse d'une villa proche de la ligne de feu, provoquant avec une désinvolture de condottiere les tireurs français.

Inutilement brave? Si l'on s'en tient à la stricte utilité militaire de cette attitude, ou bien même à l'importance de son rôle, on peut condamner un tel comportement. Mais Garibaldi n'est pas un militaire traditionnel et la bravoure, le défi font partie de sa personnalité et de son rayonnement. Il est conforme à sa légende, et celle-ci est un facteur agissant de l'histoire italienne.

Certes, les aspects négatifs existent. Confondre témérité et efficacité, par exemple, et chez un peuple qui n'est que trop porté à l'individualisme et au geste théâtral, c'est aggraver encore cette tendance. Mais les héros ne sont pas si nombreux en cette période.

D'ailleurs, au fur et à mesure que le siège se resserre, les défections se multiplient.

Oudinot a reçu de nouveaux renforts. A Paris et à Lyon, les républicains de gauche — les Montagnards — ont tenté, le 13 juin, de manifester contre l'intervention française. Mais le gouvernement réprime avec vigueur ces protestations.

Louis-Napoléon Bonaparte peut, sans risque intérieur — au contraire : les catholiques n'en seront que plus dociles — inciter le général Oudinot à vaincre et se moquer de ceux qui, au nom du caractère sacré de Rome, s'élèvent contre l'intervention française. « Votre bombardement, écrivent ainsi les consuls étrangers, a déjà coûté la vie à plusieurs personnes innocentes et porté la destruction sur des chefs-d'œuvre. »

C'est que les combats sont durs, impitoyables même, et le fait doit être souligné parce qu'il démontre la résolution des patriotes dont Garibaldi est l'incarnation.

Il anime la résistance. Incite l'Assemblée constituante à quitter Rome afin de poursuivre la lutte dans les montagnes, les Apennins ou les Abruzzes.

Le 26 juin, alors que l'encerclement s'est encore rapproché, Garibaldi voit arriver Anita. La jeune femme enceinte avait quitté Nice pour rejoindre Rome afin d'être aux côtés de son époux dans cette guerre dont les journaux rendaient compte, insistant sur sa violence.

On imagine l'inquiétude de Garibaldi.

Lui qui écrivait à Anita, le 12 juin : « Je veux voir ton écriture et celle de ma mère pour me tranquilliser. Ici les enfants

courent à travers les balles et les bombes... Le peuple est digne
de la grandeur de son passé », la retrouve affaiblie, malade. Ce
n'est plus la vigoureuse cavalière du Rio Grande, mais une silhouette frêle et un visage dévoré par la passion et la fatigue
qu'il accueille au pire moment de la lutte.

En effet, dans la nuit du 29 au 30 juin, Rome célèbre la fête
de Saint-Pierre, mais Oudinot a choisi ce jour pour, profitant
de la liesse populaire, livrer l'assaut final. Après les feux d'ar-
tifice, un orage d'une violence inaccoutumée éclate, retardant
le moment de l'attaque qui se déclenche à deux heures du
matin.

Garibaldi est avec ses hommes. On se bat dans l'obscurité à
coups de baïonnette, à coups de lance et avec des couteaux.
Durant toute la nuit, Garibaldi résiste, puis il est contraint
d'abandonner le bastion qu'il voulait défendre. Près de lui sont
tombés de nombreux combattants, dont le noir Aguyar.

Les Français n'arrêtent les tirs d'artillerie qu'autour de midi.
Un armistice de vingt-quatre heures est conclu. C'est la fin.

Garibaldi s'est présenté couvert de boue devant l'Assemblée.
Celle-ci délibère et promulgue encore des lois, afin de prendre
date pour l'avenir : tolérance religieuse, suffrage universel et
public, indépendance du pouvoir judiciaire sont ainsi décidés.
Les députés debout acclament Garibaldi mais quand, une nouvelle fois, il leur propose de continuer la lutte, ils se dérobent. Une seule voix se prononce pour la solution de Garibaldi.

Il est isolé. Il veut se battre encore, tenace comme à l'accou-
tumée. Ne renonçant à aucune chance contre l'évidence même.

Le 2 juillet, le consul américain Cass lui offre de s'embarquer — avec un passeport américain — sur un navire des États-
Unis ancré à Civitavecchia. Garibaldi hésite-t-il, pèse-t-il les
chances de réussite de l'entreprise alors que la flotte française
fait le blocus des côtes, pense-t-il à Anita ? En tout cas, il
refuse.

Il rassemble ses hommes sur la piazza Saint-Pierre. On
dénombre, dans le décor majestueux de ce long crépuscule

romain, près de trois mille fantassins, quatre cents cavaliers, des charrettes et des voitures chargées de munitions.

Quand on sait que le siège a coûté près de deux mille hommes aux défenseurs (et mille vingt-quatre aux Français), on mesure ce que représente de détermination la présence de ces hommes décidés à suivre Garibaldi.

Il parle à ces volontaires. Il leur redit ce que, le matin même, il a expliqué aux députés de la Constituante : « Là où nous serons sera Rome. Mais rappelez-vous pourtant que vous n'aurez ni vos maisons confortables, ni vos cafés, ni vos dîners. Vous dormirez souvent à la belle étoile, et quelquefois sous la pluie. Vous marcherez sous le soleil, vous mangerez ce que vous trouverez et, au besoin, vos chevaux... Pensez à tout cela et décidez-vous. »

Les députés avaient choisi.

Aux combattants, Garibaldi dit seulement : « Je sors de Rome. Que celui qui veut continuer la guerre contre l'étranger vienne avec moi. Je n'offre ni solde, ni cantonnement, ni approvisionnement. J'offre la faim, la soif, les marches forcées, les batailles et la mort. »

Et l'on part. Près de Garibaldi chevauche Anita en tenue masculine, ses cheveux coupés courts, enceinte de près de cinq mois.

A nouveau une étrange armée se mettait en route.

Mazzini ne l'avait pas ralliée. Il franchit les lignes sous un déguisement et gagna Marseille, avec l'aide du Consul anglais à Rome.

Garibaldi l'obstiné, lui, ne cédait pas, s'accrochant au sol de l'Italie.

« Ma petite brigade », voilà ce qu'il reste à Garibaldi. Il a pris la route de Tivoli, il marche toute la nuit. Il a donné ordre de combattre « quiconque voudrait nous arrêter ». Mais personne ne fait obstacle à la marche.

Ce 3 juillet 1849, les Français rentrent dans Rome sous quelques cris hostiles et le plus souvent dans l'indifférence. Ceux qui lancent sur le Corso « A bas le Pape, à bas les prêtres, dehors les Français », ne sont qu'une minorité. Bientôt la répression va s'abattre sur eux. Et dans toutes les villes d'Italie — de Parme à Palerme, de Florence à Naples —, là où règne l'Autrichien ou ceux qu'il a aidés à remonter sur leur trône, c'est la même situation : on traque les patriotes. On les enferme dans des prisons médiévales, inhumaines. Quinze mille prisonniers pourriront dans celles de Naples et de Palerme, malgré les protestations de Palmerston devant le Parlement britannique. On fusille aussi. Un an a suffi pour que l'éclosion du printemps des peuples soit étouffée.

En juillet 1849, quand Garibaldi quitte Rome, seule résiste encore Venise et c'est vers elle, le dernier bastion, qu'il veut se diriger. Action de désespéré ? Garibaldi l'a écrit : il ne connaît pas le désespoir. Vraie ou fausse, l'affirmation marque la volonté d'aller jusqu'au bout, avec une énergie vitale et psychologique qui surprennent.

Dans cette retraite, de Rome en direction de Venise, Garibaldi fait preuve d'un ressort que Mazzini, par exemple, n'a jamais montré. Les Français ne le lâchent pas. Cette colonne de quelques milliers d'hommes est une menace. On la poursuit jusqu'aux frontières des États pontificaux. Il ne faut pas que demeure vivante en Italie une force vagabonde qui sèmera ses idées, son exemple, ou simplement le désordre. Mais les troupes détachées par Oudinot ne parviennent pas à saisir « les brigands ».

C'est que Garibaldi connaît cette guerre-là. Certes, le pays n'est pas aussi propice que les espaces du Rio Grande à des dérobades, mais il sait changer de route, échapper aux avant-gardes ennemies, envoyer des éclaireurs. Il est le seul chef, comme un capitaine de navire. Et, après tout, ces milliers d'hommes ralliés à lui, « navigant » dans le pays, sont bien l'équivalent d'un équipage.

Mais aux Français se sont ajoutés puis ont succédé les Autrichiens. Plus nombreux, ils contrôlent tout le pays. La pression est plus forte, les conditions de la retraite d'autant plus difficiles que le nombre de déserteurs s'accroît.

Il faut franchir l'Apennin, s'enfoncer dans la montagne par

des sentiers muletiers, marcher vers le nord-est. Garibaldi, qui
espère toujours soulever le pays, « se mêler à une population
énergique et stimuler son patriotisme », doit se rendre à l'évidence. « Non seulement je ne pus pas recruter un seul homme,
écrit-il, mais en outre, chaque nuit, comme s'ils avaient eu
besoin de cacher dans l'obscurité leur action honteuse, ceux
qui m'avaient suivi depuis Rome désertaient. »

Ils laissent leurs armes qu'un temps Garibaldi fait traîner
par ceux qui restent, puis elles deviennent si nombreuses qu'on
les distribue aux paysans qui semblent résolus, un jour, à se
battre ou qui paraissent honnêtes.

Garibaldi ne cache pas sa déception. Il reste silencieux avec,
à ses côtés, Anita dont la pâleur s'accentue et que la chaleur et
la sécheresse accablent. Ses compagnons d'Amérique, les plus
déterminés combattants de Rome, se tiennent auprès de lui. Ils
observent la campagne, ces villes qui se ferment, ces paysans
qui se détournent. Le mépris et l'amertume — que Garibaldi
avaient déjà manifestés en Lombardie, puis dans sa descente
vers Rome — réapparaissent. « J'aurais pu faire une belle
guerre pendant longtemps, dit-il, et offrir aux Italiens revenus
de leur surprise et de leur abattement l'occasion de secouer le
joug des spoliateurs étrangers ; mais malheureusement, il n'en
fut rien. »

Il remâche son passé. Il confronte ses propres sacrifices,
ceux d'une femme comme Anita, à la passivité de tous ces paysans pour qui on se bat et qui refusent même à prix d'or de servir de guides, mais qui renseignent l'ennemi, si bien que les
Autrichiens peuvent à chaque instant du jour suivre la progression de la colonne. Il pense à ces Uruguayens, à ces patriotes du
Rio Grande do Sul.

« Je comparais, dit-il, la constance et l'abnégation des Américains avec lesquels j'avais vécu, privés de toutes les facilités
de la vie, qui résistaient des années durant dans les déserts ou
les forêts en menant une guerre d'extermination, plutôt que de
plier le genou devant les abus d'un despote ou d'un étranger »,
et il ajoute, violent tout à coup : « Quand je comparais, dis-je,
ces fils énergiques de Colomb avec mes concitoyens efféminés

et lâches, j'avais honte d'appartenir à ces descendants dégénérés d'un très grand peuple, incapables de tenir le maquis pendant un mois sans les trois repas par jour habituels de la ville. »

Jamais Garibaldi n'a été aussi loin dans la dénonciation de la « décadence » de son peuple qu'une fois encore il apprécie en termes de morale, avec l'indignation de qui risque sa vie pour une cause sans pouvoir compter sur l'aide de ceux auxquels il se sacrifie. Ce sentiment d'isolement, légitime, s'alourdit ainsi de toutes les exigences d'un homme qui a choisi de vivre sans entraves, d'entraîner les siens dans ses passions et qui ne comprend pas que la vie quotidienne est, pour la plupart des hommes, la seule manière d'exister. Mais cette violence dans le propos révèle aussi l'épuisement de Garibaldi, la conviction, qui peu à peu le gagne, qu'il ne pourra rien. Les citadins sont démoralisés. Les notables — ceux d'Orvieto, par exemple — ne cherchent qu'à se concilier les bonnes grâces des Français ou des Autrichiens, ou à retrouver l'audience des autorités légales. Quant aux paysans tenus par les « curés », ils sont hostiles.

Cependant, on avance vers le nord, toujours dans l'espoir d'atteindre Venise. Les troupes autrichiennes viennent rarement au contact, se contentant d'encercler cette bande qui se désagrège d'elle-même.

Arrivés dans la petite République de San Marino, qui a conservé sa neutralité, Garibaldi n'est plus entouré que par mille cinq cents hommes. Le capitaine-régent, maître de la République, lui annonce qu'il doit, s'il veut éviter à son petit État l'entrée des Autrichiens, désarmer les garibaldiens. Le commandant des troupes de Vienne fait d'ailleurs savoir qu'il laissera ses ennemis retourner chez eux librement. Il leur promet l'amnistie. Quant à Garibaldi, il pourra émigrer. La reddition est donc possible à des conditions honorables. Mais Garibaldi s'y refuse.

Il est assis sur la marche d'une église, à l'extérieur de la ville. C'est le 31 juillet 1849. Anita est près de lui. « Elle m'était une charge très chère et bien douloureuse, dit-il, car sa grossesse était avancée et elle était malade. Je la suppliai de rester sur cette terre d'asile. » Anita refuse, elle aussi s'obstinera jusqu'à

l'extrémité de ses forces. A chaque fois, elle contraint Garibaldi au silence en lui répétant : « Tu veux m'abandonner. »

Il renonce donc à se séparer d'elle, rédige son dernier ordre
du jour, le lit aux hommes rassemblés : « Soldats, je vous libère
de l'engagement de m'accompagner. Rentrez chez vous ; mais
rappelez-vous que l'Italie ne doit pas rester dans l'esclavage et
dans la honte. »

Deux cent cinquante hommes persistent. Ils tenteront, avec
Garibaldi, de franchir les lignes ennemies et de gagner Venise.

Il faut apprécier la résistance de Garibaldi avant qu'il n'affronte l'épisode le plus difficile de sa vie. Il marche depuis plus
d'un mois, de déception en déception. Il tient ses hommes ; il
les voit se disperser. La défaite est générale. Et il ne cède pas. Il
erre maintenant dans la campagne à la recherche de guides qui
pourraient conduire sa petite troupe jusqu'à la mer. De là, si on
trouve des bateaux, on pourra rejoindre Venise en forçant le
blocus autrichien. Rien ne semble impossible à cet homme
têtu, qui souvent se penche vers sa femme dont il répète qu'elle
a « le cœur viril et généreux ». Elle ne se plaint pas et dit seulement : « Va, va. »

Il ne faut pas oublier la dimension humaine de ces jours et
de ces nuits qui tout à coup replacent Garibaldi dans une quotidienneté tragique. Non plus un chef entouré, mais un homme
qui doit affronter seul la nature, les hommes, la maladie d'une
compagne. Et qui reste cependant fidèle à ses engagements.

A Cesenatico, le 1er août 1849, il surprend avec ses hommes
le poste de garde autrichien, le maîtrise. Puis on entre dans la
petite ville. Les quelques gendarmes sont arrêtés à leur tour.
Les autorités municipales réticentes, terrorisées, sont contraintes de céder des vivres, les pêcheurs hostiles doivent
embarquer sur leurs *bragozzi* — ces bateaux de pêche à deux
mâts très courts — les hommes de Garibaldi et sortir malgré la
bourrasque, longer la côte vers le nord, vers Venise.

Les treize *bragozzi* naviguent groupés. Le vent est maintenant favorable. Peut-être l'entreprise va-t-elle réussir ? Anita
est allongée. Le soleil lourd de l'Adriatique, voilé et cependant

brûlant, l'écrase. Elle a soif. Mais il faut poursuivre toute une journée, espérer la nuit.

Elle est claire, avec la lune qui cisèle chaque vague et chacun des bragozzi. « La lune nous fut fatale cette nuit-là », écrit Garibaldi. L'escadre autrichienne est à l'affût. Un brigantin, l'*Oreste,* repère les *bragozzi,* commence le tir, met des canots à la mer. Les pêcheurs, réquisitionnés par Garibaldi, ne sont guère disposés à risquer leur vie. Seul, Garibaldi eût pu s'enfuir, tenter de passer entre la côte et la flotte autrichienne. Mais il ne veut pas abandonner les siens. Quatre *bragozzi,* avec quelques hommes, parviennent à aborder — le 3 août à 7 heures du matin — au lieu-dit Pialazza, à six kilomètres du petit port de Magnavacca, sur la côte des États pontificaux qui contrôlent cette région à l'embouchure du Pô. Il faut se disperser. Garibaldi porte lui-même sa femme qui agonise. Il va rester sur place, caché dans les hautes herbes.

Il y a un an, il était reçu par Charles-Albert et ses ministres. Il était le héros qu'on élisait, qu'on acclamait à Gênes, que les journaux du monde entier célébraient. Le voici traqué, fidèle donc à l'image qu'on a donnée de lui, inchangé malgré les honneurs, les rapports qu'il a établis avec les hommes qui disposent du pouvoir. Si peu tenté par le pouvoir qu'il se retrouve là et qu'on lui donne la chasse.

Car cette scène — où la lune, comme dans un décor d'opéra une fois encore, a tenu sa partie — est réellement tragique. Anita agonise. Dans quelques heures, malgré l'aide qu'apportent à Garibaldi quelques hommes — un médecin (Nanni), deux frères (Ravaglia), l'un de ses anciens officiers (Bonnet), des paysans qui ouvrent leur porte — elle va mourir.

Point de théâtre ici, mais le sacrifice d'une vie, l'accablement d'un homme. « J'avais devant moi la mère de mes enfants, que j'aimais tant ! Un cadavre... » C'est le 4 août vers 15 h 45, dit-on.

Quel est, au XIXᵉ siècle — voire au XXᵉ siècle —, l'homme qui, leader d'un grand élan politique, a combattu les armes à la main, risquant lui-même sa vie et devant porter sa propre campagne, engagée à ses côtés, en terre ? Il en est, certes, héros de la résistance européenne, guérilleros du XXe siècle, mais nul n'a atteint ce poids dans l'histoire, n'a eu le rôle de Garibaldi, d'un « leader » resté le plus humble et le plus souffrant des combattants.

Il doit fuir rapidement le lieu où vient de mourir Anita. « Je recommandai aux braves gens qui m'entouraient d'ensevelir le cadavre. Et je m'éloignai à la demande des habitants de la maison que je compromettais en restant plus longtemps. »

Bien sûr, il pleure ; bien sûr, il hésite et chancelle sur le bord de la route, mais il marche, homme traqué qui ne renonce pas.

Ce corps qu'il laisse derrière lui, on le recouvrira légèrement de sable parce qu'il faut faire vite. Une enfant, en jouant, verra ainsi une main dépasser du sol. Et on n'abandonnera pas Anita si vite. On enquêtera sur cette femme morte qui porte un fœtus de six mois. Des journaux diront même qu'elle a été étranglée. Et pourquoi pas par Garibaldi ? Un brigand n'est-il pas capable de tout ? D'autres parleront de trésor. Et l'on viendra — d'authentiques brigands — persécuter ceux qui avaient aidé Garibaldi afin qu'ils parlent, révèlent la cachette.

Ces scènes, nous les connaissons : elles évoquent d'autres calomnies, d'autres combats, ceux qu'ont livrés dans un milieu hostile des guérilleros ou des partisans.

La correspondance s'impose une fois encore. Les compagnons de Garibaldi sont en effet pourchassés et pris. Ugo Bassi, un ancien aumônier militaire qui avait rejoint les rangs républicains, est capturé par les Autrichiens, torturé et fusillé. Neuf autres compagnons de Garibaldi, arrêtés non loin du lieu où ils ont débarqué, sont fusillés par les Autrichiens du général Karl Gorzkowski devant une foule de paysans. Ce sont ces paysans qui ont creusé les fosses « dans cette terre sablonneuse et légère ». Des paysans, dit Garibaldi, que les curés ont dressés contre les libéraux. Parmi les suppliciés, Ciceruacchio — le charretier de Rome — et deux de ses fils. D'autres proches de Garibaldi — ainsi Leggero et Levreo — qui avaient combattu avec lui à Montevideo, sont pris et fusillés par les Autrichiens.

On ne pardonne pas. La répression, par sa sévérité, comme

d'ailleurs déjà la violence du siège de Rome et de l'intervention française, sont des indices de la peur qu'ont pu ressentir, en cet hiver 48 et ce printemps 49, les États italiens et leur maître autrichien, ou l'homme d'ordre qu'était Louis-Napoléon Bonaparte. Et cette peur même est révélatrice de l'enjeu que représentait Garibaldi. Cette voie d'une Italie accédant à l'Unité par la lutte populaire — et dans des formes républicaines — devait être fermée. Il fallait donner une leçon à ces obstinés. Les contraindre, à coups de feu de salve, à se montrer raisonnables.

Garibaldi, lui, n'a pas été pris. Il est frappé, mais décidé à survivre. Durant trente-sept jours, de la côte adriatique à la côte méditerranéenne, il va marcher, échapper à ses poursuivants, à ces soldats croates ou autrichiens qu'il croise sur les routes, auprès desquels il est attablé dans une auberge quand les hasards de la fuite le font ainsi frôler ceux qui le cherchent. Il passe de mains amies en mains amies par ces filières inattendues que tous les clandestins, les proscrits découvrent au fil des jours. Une charrette ici, une voiture là. Un paysan qui sert de guide, un jeune homme dont la mine est avenante et dont on se fait reconnaître, qui se dévoue et rassemble des amis, et un autre maillon de la chaîne d'amitié se met en place.

Les risques sont réels. Les journaux annoncent à plusieurs reprises que Garibaldi est mort. Il suffirait qu'on le prenne et l'exécute pour que la fiction devienne réalité. Et en cette période de réaction, quand, de Moscou à Paris, de Palerme à Vienne, les peuples sont à genoux, qui protesterait?

Il faut donc avancer prudemment. Se cacher plusieurs jours dans la pinède de Ravenne, marcher dans l'Apennin, franchir de nuit la frontière de Romagne et entrer en Toscane. Partout des appuis. Un prêtre même, Giovanni Verità, accueille Garibaldi dans son village. On atteint enfin Prato, non loin de la frontière ligure, c'est-à-dire de celle de l'État de Piémont. De Prato on gagne, le 2 septembre 1849, le golfe de Sterlino. Et on embarque sur un bateau de pêche ligure qui, après avoir fait voile vers l'île d'Elbe et s'y être approvisionné, touche Livourne.

La tentation est grande, chez Garibaldi, et il le dit, de demander asile à bord d'un vaisseau anglais ancré dans la rade, tant il est sûr que l'accueil de la monarchie de Turin sera plein de réserves.

Mais il veut revoir ses enfants, sa mère qui les garde à Nice.

Il débarque donc. Retrouve la ville de Chiavari dont la population l'avait, en 1848 — un peu plus d'un an seulement ! —, élu député. Elle le fête encore. Et déjà les autorités s'inquiètent. Par un télégramme du 6 septembre 1849, le général La Marmora, commissaire du Roi à Gênes, demande des instructions.

« Garibaldi est arrivé à Gênes. Je vais le faire arrêter. Que dois-je en faire ? Le mieux serait de l'expédier en Amérique. »

Réponse du ministre de l'Intérieur :

« Qu'on l'envoie en Amérique s'il y consent. Qu'on lui verse un subside. S'il n'y consent pas, qu'on le maintienne en état d'arrestation. »

« Le fameux Garibaldi », comme l'écrit le capitaine chargé de s'assurer de sa personne, est finalement arrêté, enfermé dans un cachot du Palais ducal de Gênes et transféré ensuite, de nuit, à bord d'une frégate de guerre, le *San Michele*.

Certes, on le traite avec « déférence », mais les mesures prises disent la défiance à l'égard de lui-même et de ce qu'il représente. Pourtant, La Marmora accepte de le laisser se rendre à Nice. Mais des argousins sont à bord du vapeur *San Giorgio* pour le surveiller. Les carabiniers de Nice, en alerte, retardent de plusieurs heures son débarquement. Contrôles et vexations mesquines, significatives d'une monarchie qu'un homme seul, malheureux mais résolu, continue d'inquiéter. On veut éviter l'accueil chaleureux des Niçois. Pourtant, les heures d'attente n'y font rien : on a acclamé Garibaldi. On le conduit jusqu'aux siens. Il voit ses enfants, sa mère encore vieillie, qu'il craint de ne plus retrouver. « Je devais, dit-il, m'éloigner indéfiniment. Oui, indéfiniment, puisque l'on me proposait de choisir un lieu d'exil. »

Puis il regagne Gênes, apprend qu'au Parlement de Turin les

députés se sont indignés du sort qui lui est réservé. Les piètres arguments du gouvernement, prétendant que, général de la République romaine, Garibaldi a perdu la nationalité sarde, ne convainquent pas. « La Chambre, déclarant que l'arrestation du général Garibaldi et la menace qu'on lui a faite de l'expulsion du Piémont, sont une violation des droits consacrés par le Statut et les sentiments de la nationalité, passe à l'ordre du jour. »

Onze députés seulement ont voté contre ce texte. Parmi eux, un nom déjà célèbre : Cavour, bientôt l'homme du Roi et de l'unité.

Mais ce vote favorable, puis la levée des mesures d'arrestation, ne changent pas la situation de Garibaldi. Que faire ici ? Venise est tombée à son tour le 26 août. Daniel Manin, qui dirigea la République dans sa résistance aux Autrichiens, s'est exilé lui aussi.

« Nous avons semé, les germes grandiront et donneront une moisson de gloire — a-t-il dit avant de quitter Venise —, sinon pour nous, du moins pour nos enfants. »

Et Massimo d'Azeglio dit, lui aussi : « Je ne vois plus rien à faire pour le moment ; il faut rouler jusqu'au fond de l'abîme pour voir où l'on s'arrête et pour se reconnaître. Après, nous recommencerons. »

Garibaldi va partir. Il veut rester proche de cette terre où il laisse sa mère, ses enfants, les corps de sa femme et de tant de ses compagnons. Avant d'embarquer, il écrit à Cuneo, son ami, député au Parlement de Turin :

« Je pars demain pour Tunis avec le *Tripoli*. J'ai vu ce qu'ont fait et ce que feront pour moi les généreux collègues. Je te charge de leur présenter l'expression de toute ma reconnaissance. Je n'ai à me plaindre de personne. Je crois que nous sommes dans un temps de résignation, puisque nous sommes dans un temps d'adversité. Salue de ma part tous ces vaillants défenseurs de la cause italienne. Et aime toujours ton

Joseph Garibaldi,
Gênes, 15 septembre 1849. »

A Tunis, le Bey, sous la pression de Louis-Napoléon Bonaparte, lui refuse le droit de débarquer. Garibaldi se réfugie dans l'île de la Maddalena, chez un de ses anciens camarades d'Amérique. Mais Turin le menace d'arrestation. Après un mois de séjour, il quitte donc l'île pour Gibraltar où le gouverneur anglais de la place lui donne six jours pour partir.

On le condamne à l'avance. On le veut loin de l'Italie, de l'Europe même. Il gagne donc Tanger, passe six mois chez le consul sarde, amical, compréhensif. Temps de repos et de réflexion après les actions et les fatigues de plusieurs années de guerre et les déceptions des derniers mois. Un ami, Francesco Campaneto, lui propose de l'aider à acheter un navire dont Garibaldi serait le capitaine et le propriétaire. Tentation, à nouveau, puisque l'action politique est impossible, « d'acquérir une existence indépendante ».

Au mois de juin 1850, Garibaldi s'embarque pour Gibraltar, de là pour Liverpool puis de Liverpool pour New York.

A nouveau l'exil. A nouveau la mer.

Il a quarante-trois ans.

Vie privée
(1850-1858)

« Il fallait pourtant partir, même si je devais me jeter à la mer. »

Cet aveu de Garibaldi dans ses *Mémoires* est révélateur de son état d'esprit en 1850. L'exil n'est plus l'appel de l'aventure, comme ce fut le cas en 1835 quand, jeune proscrit, il s'embarquait pour la première fois à destination de l'Amérique.

L'homme qui traverse l'Atlantique à bord du *Waterloo* à destination de New York n'a plus l'enthousiasme du marin et du conspirateur de vingt-huit ans. Il est lourd de deuils et de déceptions. Il vogue vers ce continent d'où il a arraché une femme, morte dans cette Italie qui le rejette et où même les humbles, surtout les humbles, ont refusé de combattre. Ses camarades les plus proches et les plus valeureux ont été fusillés ou sont tombés dans la défense de Rome. D'une République si mal dirigée, selon Garibaldi, condamnée à l'échec parce que ceux qui la conduisaient, tels Mazzini, n'avaient aucune expérience de la guerre et refusaient d'écouter ceux — comme Garibaldi — qui savaient ce qu'était un siège, une bataille.

Comment, dans ces longues semaines de voyage (près de deux mois), Garibaldi ne ressasserait-il tous ces griefs, les épisodes de sa vie qui l'ont conduit, après tant de gloire et d'héroïsme, à ce départ, à ce nouvel exil, cependant que l'Italie et l'Europe s'ensevelissent dans la réaction ?

Il laisse à Nice ses enfants et sa mère, sans même savoir s'il les reverra. Et pour sa mère qui a dit : « On me l'enlève et je mourrai sans le revoir, j'ai quatre-vingts ans », comment lui, le fils qui lui est demeuré si attaché, ne pleurerait-il pas ? L'âge ne fait rien — au contraire, peut-être — à ce déchirement de la séparation d'avec la mère.

Il a certes tenté de protéger les siens en refusant pour lui-même la pension de trois cents francs par mois que, sur les instances de Massimo d'Azeglio, Turin lui accordait malgré tout. Mais il l'a accepté pour sa mère qui a la charge, avec des amis, de ses enfants. Et qu'on vende, a-t-il dit, cette épée d'honneur offerte jadis par les patriotes d'Italie pour ses combats de Montevideo.

Geste symbolique et qui ne peut que susciter l'amertume, l'impression que la boucle de sa vie se referme sur un échec, que quinze années de combats et d'espoir, d'amour, n'ont rien produit d'autre que cette solitude, cette absence de perspective. Et, pour un homme qui a tout misé sur l'action collective, la désillusion doit être grande. Le sentiment de culpabilité aussi, car dans cette aventure risquée qu'est toujours l'Histoire, il a laissé s'engager cette jeune passionnée morte alors que lui-même survit. Il a tranché à vif dans ses sentiments traditionnels, les liens familiaux si forts, si vivaces encore chez lui.

Il est donc abattu, résolu certes à poursuivre sa vie même en « se jetant à la mer », comme il le dit, mais c'est la maladie, cette revanche des sentiments et des émotions, qui le terrasse. Sans doute toutes les fatigues — et les excès d'une vie trop souvent exposée — provoquent-elles cette paralysie qui s'empare de lui. Attaque d'arthritisme, de rhumatisme aigu ? Ce diagnostic classique ne doit pas masquer qu'à la « paralysie » de l'histoire et de sa vie correspond aussi, chez Garibaldi, cette paralysie physique. Il l'écrit lui-même avec cette perception de la réalité qu'ont souvent les naïfs, cette capacité d'exprimer par des mots venus spontanément sous leur plume la signification d'un événement que des esprits plus affinés masqueraient sous des analyses savantes. Il dit en effet : « Je fus assailli de rhumatismes qui me tourmentèrent pendant une grande partie du voyage. Et je fus finalement débarqué comme une malle, car je ne pouvais pas bouger, à Staten Island, dans le port de New York. »

Tourmenté par ses pensées moroses, *débarqué,* contre sa volonté, par d'autres, non seulement les dockers du port de New York, mais d'abord les hommes politiques de Turin qui l'ont, *comme une malle,* contraint à ce voyage vers l'Amérique.

Ce ne sont là qu'interprétations, mais les faits demeurent.

Quand il est ainsi « débarqué » à Staten Island, certes, on ne l'ignore pas. Le *New York Times* du 30 juillet 1850 rapporte que « ce jour est arrivé, en provenance de Liverpool, *le Waterloo* avec à son bord Garibaldi, personnage de renommée mondiale, héros de Montevideo et défenseur de Rome. Tous ceux qui connaissent son caractère chevaleresque et les services qu'il a rendus à la cause de la liberté lui réserveront l'accueil qui lui est dû ».

Effectivement, New York compte dans l'importante colonie italienne un grand nombre d'exilés politiques, comme le général Avezzana, ministre de la Guerre de la République romaine, ou bien Felice Foresti, ancien carbonaro condamné à mort par les Autrichiens en 1818, gracié mais resté emprisonné dans la forteresse du Spielberg jusqu'en 1836. Ils tiennent une place de premier plan parmi les Italiens de New York. Felice Foresti est professeur de littérature italienne à l'université de Columbia, d'autres sont devenus des négociants fortunés. Certains, comme le Florentin Antonio Meucci, sont d'habiles industriels. Meucci a même, avant Graham Bell, inventé le téléphone mais, faute d'argent, il n'a pu exploiter sa découverte et s'est contenté de créer une fabrique de bougies. Tous ensemble, ils veulent fêter Garibaldi par une manifestation ou un grand banquet.

La manifestation fut interdite par les autorités, soucieuses de ne pas voir se regrouper autour de Garibaldi tous les exilés (Français ou Allemands rejoignant les Italiens). Quant au banquet, Garibaldi, malade, n'y parut pas.

Cependant, malgré cette solidarité et la sympathie dont on l'entoure, quand on rassemble des fonds pour l'achat d'un bateau à offrir au capitaine Garibaldi, on ne totalise que trente mille lires, somme bien insuffisante...

Durant son séjour à Tanger, Garibaldi a commencé à écrire ses *Mémoires* et déjà un écrivain américain, Theodore Dwight, s'intéresse à ce projet. Il propose de l'acheter, de le remanier, afin de le publier rapidement. En fait, Garibaldi avait déjà confié le manuscrit à son ami Carpaneto et à un cousin. Mais, surtout, il ne tenait pas à dévoiler si tôt ses ressentiments contre tel ou tel acteur du Risorgimento : Mazzini, par exemple. Ainsi les dollars offerts par Dwight ne rentrent pas.

Il faut donc trouver autre chose. Meucci lui offre alors une place d'ouvrier dans sa fabrique de bougies. Il logera Garibaldi, sera bien sûr tout à fait disposé à tolérer les libertés prises par cet ouvrier exceptionnel avec les horaires de travail. Car Meucci est un ami plus qu'un patron. Garibaldi pêche et chasse avec lui, s'absente souvent pour se rendre sur les quais ou bien dans un bar de Fulton Street où il rencontre des journalistes, des acteurs, un monde proche de la bohême et qui convient à cet exilé qui fut homme célèbre et qui, peu à peu, a le sentiment d'être rejeté.

Un jour qu'il sent le besoin d'échapper à l'atmosphère de la fabrique et qu'il se rend sur les docks de Staten Island pour se replonger dans l'atmosphère d'un port, retrouver les activités des marins qui lui rappellent sa jeunesse, il propose d'aider gratuitement au déchargement des caboteurs. On lui répond à peine, même quand il répète qu'il veut simplement travailler pour se réchauffer. « Toujours rien. J'en restai mortifié, écrit-il. Je repensais à l'époque où j'avais eu l'honneur de commander à l'escadre de Montevideo, d'en commander l'armée belliqueuse et immortelle ! A quoi servait tout cela ? On ne voulait pas de moi. »

Il est seul. Il neige. Sans doute ce « simple accès de mélancolie » s'effacera-t-il. Il retrouvera la maison de Meucci, la fabrique, mais il faut se souvenir de ce désarroi et de cette amertume d'un jour de solitude et de nostalgie pour apprécier ce que la rupture de 1850, cette plongée dans la vie privée après les pleins feux de l'histoire, provoque dans la psychologie de Garibaldi. Est-ce à la suite d'un de ces moments-là, difficiles à vivre, qu'il sollicite sa naturalisation ? « Je désire humblement devenir citoyen de cette grande république d'hommes libres, écrit-il, pour naviguer sous sa bannière... » C'est qu'il lui faut en effet être citoyen des États-Unis pour commander un navire américain et cela, comme il le répète, « lui permettra de gagner son pain ». Mots simples qui disent des vérités simples. Mais Garibaldi ne sera pas citoyen américain : il n'a pas accompli les formalités nécessaires.

Qui rencontrerait ce quadragénaire marchant parfois avec difficulté n'imaginerait pas qu'il se trouve face à un général dont toute la presse mondiale a parlé. Dans sa chambre, la chemise rouge rappelle les temps de gloire et de combats. Il ne la porte plus, vêtu comme un ouvrier ou l'un de ces émigrants italiens parmi lesquels il semble se confondre.

Le capitaine d'un bateau de commerce génois le rencontre alors et raconte qu'il le trouva « les manches de chemise retroussées, occupé dans un coin de la boutique à plonger et replonger dans une cuve de suif bouillant des mèches arrangées le long de courtes cannes. " Je suis heureux de te voir, me dit-il, et je voudrais bien te serrer la main ; mais gare au suif ! Tu arrives dans un bon moment, je viens de résoudre un problème de marine qui me trottait dans la tête depuis bien longtemps. " Et après avoir donné la formule de la solution de son problème : " Est-ce drôle, ajouta-t-il, de l'avoir trouvée juste au fond de ce puits de suif ! N'importe ! Je m'ennuie à ce métier ; je vais goûter encore de la mer, et nous nous reverrons... ". »

Ainsi Garibaldi, ce témoignage le confirme, conserve-t-il, quelle que soit la profondeur de ses accès de mélancolie, un allant, une volonté de rester soi-même qui sont l'un des traits essentiels de son caractère. Cet homme est de ceux qui tiennent trop à leur identité pour lui être infidèle. Amoureux d'euxmêmes ? Narcissiques ? Complaisants parfois ? Ce ne sont là que les petits revers, finalement anecdotiques, de ce qu'on nomme la constance, la détermination, la capacité, dans l'adversité, de ne pas désespérer.

L'orgueil, ici, est la condition de l'espoir.

Pour Garibaldi, l'espoir — puisque l'Italie morcelée demeure enchaînée à ses maîtres — c'est la mer. Ces années marquent donc pour lui les retrouvailles avec sa jeunesse d'avant l'engagement politique.

Il a quarante-quatre ans. Sa santé est souvent affectée par des accès de fièvre ou bien par des crises d'arthritisme qui paralysent et déforment ses membres. Mais l'homme est vigoureux. Il n'a rien perdu de sa compétence de marin. On va le voir commander des navires marchands qui traverseront le Pacifique, longeront les côtes de Chine et de la péninsule indochinoise, navigueront dans les eaux de l'Australie et de la Nouvelle-Zélande, franchiront le cap Horn avant de remonter vers Boston, de parcourir l'Atlantique vers l'Angleterre et, de là, vers l'Italie.

Ces périples (entre 1851 et 1854) montrent à quel point Garibaldi n'est pas un marin d'occasion. On l'oublie, car sa gloire militaire et politique ont relégué à l'arrière-plan ce métier qu'il accomplit comme un grand professionnel. Or, dans les vies multiples de Garibaldi, celle de capitaine au long cours est aussi une vie réussie. Tous les marins n'ont pas guidé un navire marchand lourdement chargé à travers le Pacifique et affronté les vagues du cap Horn. Garibaldi l'a fait. Il est aussi, sur l'Océan — comme à la tête de ses soldats, dans telle ou telle des batailles où il a été mêlé —, un homme qui va jusqu'au bout. Et ce métier, celui de sa jeunesse, détermine bien des traits de son comportement. Il est homme d'action; homme des responsabilités assumées seul sur la passerelle. Homme d'espace et d'horizon, et non citadin.

Homme de méditation et de rêve aussi, car les traversées sont longues : plusieurs mois pour franchir le Pacifique. Il peut perfectionner son art et sa connaissance de la navigation. Réfléchir sur ce métier mais en outre écrire, penser à cette longue partie de sa vie qui s'est écoulée dans le chaos des événements.

Il est contraint par ce métier à s'éloigner de celui qu'il fut à

Montevideo, sur les murailles de Rome ou dans la pinède de Ravenne. Il acquiert, dans cette pleine maturité, confronté à la mer, au ciel, isolé au cœur de la nature indifférente aux rumeurs de la politique et de la guerre — « que sont les hommes et les siècles pour la mer, le ressac vient qui les étreint et les emporte », dit un anonyme grec —, une sagesse, une distance par rapport à ses propres engagements, au sectarisme de tel ou tel de ses compagnons. Il est nécessairement conduit à redonner aux événements qu'il a vécus leur juste dimension. Il devient l'homme du « relatif ». Non qu'il cesse d'avoir des convictions résolues. Mais, à quarante-quatre ans, il fait, après une vie d'orages, retraite. Il confronte, sur les passerelles, l'ampleur renouvelée et insensible de la mer à cette vibration passionnelle qu'on appelle l'activité humaine.

Lui qui déjà a montré sa capacité à séparer l'essentiel de l'accessoire, la pratique de son métier le conduit à encore plus de compréhension. Ce qui compte, finalement, ce n'est pas d'avoir hissé telle ou telle voile, un jour sur l'océan, mais bien d'avoir atteint l'autre rivage avec tout l'équipage, le navire et la cargaison intacts.

En outre, reprendre pied sur le pont des navires, approfondir au temps de la maturité le métier si désiré, si aimé de l'adolescence et de la jeunesse, lui procure une intense satisfaction personnelle.

L'action politique et révolutionnaire se sont enfoncées dans ce creux de réaction que traversent la péninsule et l'Europe. Mais le métier, lui, s'élargit. Le mousse qui fit son premier voyage vers Odessa entre maintenant comme capitaine dans le port de Canton. Il aborde à des îles désertes au large de l'Australie. Il maîtrise les vents du Pacifique et de l'Atlantique. Il double le cap Horn, lieu du baptême des véritables marins.

Une part de la vie de Garibaldi, au moment où tant de déceptions l'accablent, s'accomplit pleinement. Il n'a pas tout perdu. Il a été contraint de carguer l'une de ses voiles pour un temps. Le vent de la politique ne souffle plus. Mais l'autre, celui des marins, se gonfle et le pousse.

Pour l'équilibre de sa personnalité, cette réussite est essentielle. Garibaldi, aux plus sombres jours de la défaite politique, puisera des forces dans cette part de lui-même qu'il a déployée.

Contrairement à tant d'hommes politiques dévorés par une passion unique et victimes d'elle, enfermés dans un seul univers et, de ce fait, incapables d'en connaître les limites, Garibaldi voyage aussi dans le monde concret d'un métier, c'est ailleurs qu'il regarde les événements auxquels il a été mêlé. Il a plus d'une voile dans son jeu.

Sous le nom d'emprunt de Giuseppe Pane, qu'il avait déjà utilisé à Marseille en 1834 après sa condamnation à mort, il embarque donc à New York sur le steamer *Prometheus* à destination de Nuevo Chagres, port de la côte de Panama. Qu'il ait utilisé ce nom de Pane montre à quel point il sent et veut sa vie comme unité.

Il accompagne son ami Francesco Carpaneto à Lima — sur la côte Pacifique — où ils recevront le *San Giorgio*, un navire qui appartient à Carpaneto, en provenance de Gênes.

Le canal de Panama n'était pas encore creusé et Garibaldi et Carpaneto traversent l'isthme de l'Amérique centrale. De Nuevo Chagres, ils ont gagné un port du Nicaragua — San Juan del Norte. De là, en pirogue, ils remontent le fleuve San Juan jusqu'au lac Nicaragua. A Granada, sur la rive du lac, Carpaneto commence ses transactions. Elles se poursuivent dans tout l'isthme que les deux hommes parcourent plusieurs fois, remontant le fleuve Cruz jusqu'à Panama.

La diversité de la vie qu'a menée Garibaldi étonne une fois de plus. Dans ce monde du XIXe siècle où les communications sont malaisées et lentes, le voici naviguant sur ces fleuves, passant ses journées dans des contrées inhospitalières, rencontrant des Italiens perdus au fond de ces paysages et qui l'aident quand il est à nouveau victime des fièvres. « Elles me frappèrent comme la foudre, écrit-il, et m'abattirent. »

Son expérience humaine s'élargit encore. Il va au fond de lui-même, explorant sa résistance physique et morale, jeté dans le délire fébrile, confronté à des lieux, à des civilisations, à des hommes et à des activités qu'il ne connaît pas.

Ainsi quand, rétabli, il atteint Paita, petite ville côtière du nord du Pérou, où il ne passe qu'une journée, on le conduit chez une « dame généreuse de la ville », Dona Manuelita de Saens. Paralysée des membres inférieurs, elle garde le lit depuis des années et reçoit Garibaldi au milieu de ses souvenirs. Car Dona Manuelita a été l'amie de Simon Bolivar et elle connaît, pour l'avoir partagée, la vie du libérateur de l'Amérique centrale. Garibaldi passe toute une journée avec elle, sensible à la signification symbolique de cette rencontre, apaisé par la conversation de Dona Manuelita, la « passionnante invalide ».

« Je la quittai très ému, dit-il, nous avions tous les deux les larmes aux yeux, pressentant que cet adieu était pour nous le dernier sur cette terre. »

Cela aussi est une expérience humaine, une ouverture sur d'autres destins, une obligation, pour le regard, d'apprendre à accommoder sur des systèmes de valeurs ou des paysages différents. Sans perdre pour autant le cap. Car à New York, à Guyaquil, à Panama ou à Lima — où maintenant, après avoir longé la côte du Pacifique, Garibaldi arrive — la colonie italienne est présente, accueillante.

A Lima, elle montre même son patriotisme et son unité, car Garibaldi a vertement répondu à un Français qui, après avoir vainement tenté de nouer avec lui des relations d'ancien combattant — le Français avait lutté dans les rangs des troupes du général Oudinot contre Garibaldi à Rome — insulte, dans le *Correo de Lima*, le « héros de pacotille », cette « caricature de héros » que « quelques écrivains d'Europe ont transformé en géant alors qu'il n'est qu'un pygmée ». Des coups sont échangés, les colonies française et italienne de Lima s'affrontent. Malgré la distance, la passion demeure. Garibaldi ne peut pas être qu'un simple capitaine marchand.

Un Niçois, Pietro de Negri, lui confie le commandement d'un navire de quatre cents tonneaux, la *Carmen*, qui doit transporter du guano à Canton. Long voyage de Lima à Callao, de Callao en Chine : Garibaldi, parti le 10 janvier 1852, touche Canton puis Amoy et Manille. Il traverse l'archipel d'Indonésie, passe le détroit du Bass entre l'Australie et l'île de Tasmanie. Là, parce qu'il a besoin d'eau, il fait escale dans une petite île des Hunter Islands.

L'île est déserte. La seule propriété a été abandonnée par un couple d'Anglais. La maison et le potager sont encore intacts. Garibaldi les visite, rêve cependant qu'on charge à bord des légumes, des fruits et de l'eau. Un ruisseau coule entre les arbres séculaires et de haute futaie. Des oiseaux s'approchent, indifférents à la présence des hommes. « Ile déserte des Hunter Islands, écrira Garibaldi, combien de fois tu as délicieusement éveillé mon imagination lorsque, fatigué de cette société civilisée si bien garnie de prêtres et de sbires, je me transportai vers ton rivage charmant. »

Encore une fois des mots naïfs pour une rêverie naïve où s'exprime le désir d'une solitude paisible, parce qu'à quarante-cinq ans, ayant accumulé les aventures et les rencontres, il sent qu'il a exploré la réalité collective. Et qu'il a besoin de repos et des actes simples d'une vie accordée au rythme de la nature. L'île des Hunter est une tentation : vive loin des hommes et des contraintes. Libre. Une île, comme un bateau pour toujours ancré au milieu de la mer.

Ce désir de retraite vient aussi au moment où, après la mort du père et celle d'Anita, la mort de la mère, le 19 mars 1852, laisse Garibaldi face à sa propre mort. La protection que représente toujours pour un fils le corps des parents disparaît. Ils ont succombé, le laissant seul, mortel.

A-t-il eu, comme il le prétendra, la vision, au cœur du Pacifique, lors du voyage de retour vers l'Amérique, le 19 mars précisément, alors qu'il est paralysé par une crise d'arthrite, d'un cortège funèbre traversant Nice, et ce rêve et l'image de sa mère qui y étaient associés le bouleversèrent-ils ? Pourquoi ne pas le croire ? La sensibilité de Garibaldi est de celles qui sont capables de recevoir et de donner sens à l'ébranlement fugitif de l'espace et du monde quand, à des dizaines de milliers de kilomètres, à Nice, Donna Rosa est morte. Mais même s'il s'est agi, comme le diront les sceptiques, d'une simple (?) coïncidence, ou, affirmeront les esprits encore plus forts (??), d'une confusion de dates, cette vision dit l'obsession du fils que hante la mort de sa mère.

Elle est morte, Donna Rosa, seule, sans pouvoir accrocher ses doigts à la main de son fils qui, vagabond tout au long de sa vie, l'aimait par-dessus tout, incapable cependant de demeurer près d'elle, poussé peut-être à cette errance et à l'accomplissement de tant d'exploits précisément parce qu'ils s'étaient, mère et fils, tant aimés, plus que de raison, comme disent les gens quelconques, incapables de comprendre que l'amour fou peu vivre de séparation.

Mais ce qui n'était que pressentiment devient réalité quand, à la fin de 1852, Garibaldi touche à nouveau le continent américain.

Dans les différents ports du Chili où il jette l'ancre — Coquimbo, Huasco, Herradura —, les nouvelles n'ont pas suivi. Mais il double le cap Horn, atteint Boston et New York. Là, il retrouve ses amis Avezzana, Foresti, les exilés politiques et les nouvelles d'Italie. La mort de sa mère d'abord, puis les informations concernant l'évolution de la situation dans la péninsule.

Tout se mêle à nouveau, le privé et le collectif. Il abandonne alors la *Carmen*, après un différend avec son propriétaire, et prend le commandement d'un navire, le *Commonwealth*, qui doit faire voile pour Londres et, de là, pour Gênes.

Ses enfants sont seuls à Nice maintenant, sans leur grand-mère avec certes des amis chers pour les élever, mais, parce que Garibaldi a très fort, malgré les apparences, le sens de la famille, il ressent, dès lors que les femmes du foyer — l'épouse, mère — ne sont plus, la nécessité de s'occuper d'eux. Et puis, malgré les satisfactions et l'apaisement que lui apporte sa carrière de marin, il subit durement l'échec de son action politique, sa solitude.

En septembre 1853, il décrit à l'un de ses amis (Vecchi) son état d'esprit : « Que vous dirai-je de ma vie errante ? J'ai cru que la distance diminuerait l'amertume de mon cœur ; mais c'était fatal, il n'en est rien et j'ai traîné une existence très mal-

heureuse, orageuse et rendue plus dure encore par les souvenirs ».

Ceux de l'enfance et de l'adolescence, les paysages de Nice,
le visage du père et de la mère, ceux du rio Grande, les espaces
parcourus avec Anita, dans l'insouciance belliqueuse de
l'impétueuse jeunesse, dans la libre et sauvage nature de
l'Entre-Rios... A cette nostalgie intime s'ajoute le regret du
révolutionnaire dont les forces sont encore vives et qui se croit
condamné — même si, par ailleurs, toute une part de lui aspire
à ce retrait — à ne plus agir.

« Oui, continue Garibaldi, je désire plus que jamais l'émancipation de notre pays. Et n'en doutez pas, ma pauvre vie, à
quelque misérable condition qu'elle soit réduite, aurait eu
grand honneur de se consacrer à une cause aussi sainte. Mais
les Italiens d'aujourd'hui pensent plus à leur ventre qu'à leur
âme et je frémis à la pensée de ne plus pouvoir manier une épée
ou un fusil en faveur de l'Italie. »

Garibaldi se montre, une fois de plus, sévère avec les Italiens, en homme qui s'est jeté à corps perdu dans une bataille et
qui n'a rencontré, dans l'immense majorité du peuple, que réticences ou dévouements calculés et vite repris.

L'amertume de son expérience colore son jugement. Mais ne
pourrait-on retourner cette rigueur contre lui ? Certes, il a fait
sa part dans le travail de l'histoire. Il n'a jamais fléchi, ni eu
peur pour sa vie. Entre les affections privées et l'engagement, il
n'a pas hésité. Sa femme était à ses côtés dans les pires circonstances. Elle en est morte.

Mais il n'a pas été, à aucun moment, l'homme de ce travail
de termite — ou de taupe ! — que doit être parfois, quand c'est
le temps du reflux, le révolutionnaire. Certes, ce n'est pas lui
qui a choisi l'exil. On l'a poussé de port en port le plus loin
possible de l'Italie. Mais d'autres Italiens, chassés eux aussi de
leur patrie, ont poursuivi, avec toutes les erreurs qui peuvent
s'attacher à ce volontarisme politique, leur lutte.

Mazzini dont Garibaldi, à plusieurs reprises, condamne les
erreurs ou le « révolutionnarisme » qui conduit tant d'hommes

au vain sacrifice, est de ceux-là. A Londres, et bien qu'il soit dans l'illusion, il continue de penser que la situation italienne est révolutionaire, et la majorité des démocrates italiens — pas Garibaldi — ont, en 1850, la même analyse erronée.

Voilà pourquoi Mazzini constitue à Londres un Comité central démocratique européen où se retrouvent des Allemands (Ruge), des Polonais (Darazs) et le Français Ledru-Rollin.

Des hommes comme Ferrari ou Piscane — ce dernier, Garibaldi l'a rencontré à Rome — réfléchissent aux conditions de la lutte en Italie. Les uns et les autres tissent en Italie la toile toujours défaite par la répression, mais toujours recommencée, des conspirations sans avenir, certes, mais qui constituent cependant cet humus où viendront s'enraciner, quand recommencera le flux, les initiatives spectaculaires d'un Garibaldi.

Une dialectique qui dépasse la conscience des hommes qui s'y trouvent impliqués se noue ainsi entre ces « gauchistes » mazziniens et un révolutionnaire « centriste » et « héroïque » à la Garibaldi, entre la folie et l'aveuglement des uns et le sens du compromis, le réalisme de l'autre.

Mais doit-on établir des hiérarchies même si les hommes entre eux, emportés par les passions du moment et les circonstances, s'excommunient ?

C'est Mazzini, lui qui se trompe, subit l'échec politique et s'illusionne, croyant qu'il est l'élu, qui formule le mieux la situation du révolutionnaire : « Le patriote sait, écrit-il, que le grain de sable qu'il ajoute à la grande pyramide que nous avons pour mission d'élever de la terre jusqu'au ciel, il sait que ce grain repose sur des millions de grains semblables et qu'il sera suivi de millions d'autres. »

Garibaldi n'a pas la même conscience mystique de sa « mission » ; il est plus modestement héroïque et ne se voit pas comme un « saint », même s'il n'en est pas moins, dans sa désinvolture à se retirer pour un temps de l'arène, attendant qu'on l'y réclame à nouveau, proche de l'attitude de l'homme providentiel, de l'individualiste très sûr de son poids sur les événements, n'entrant en scène qu'au moment où ceux-ci se déclenchent.

Ainsi, pendant qu'il navigue au loin, rêvant au bord du ruisseau de Hunter Island, d'autres patriotes complotent.

En 1852, à Mantoue, neuf d'entre eux sont découverts et exécutés au fort de Belfiore. Ces « martyrs de Belfiore » ne sont qu'un maillon de la chaîne, quelques « grains de sable ».

Le 6 février 1853 — l'année même où Garibaldi parle des Italiens qui pensent plus à leur ventre qu'à leur âme — Mazzini, irréaliste, se trompant une fois de plus, lance le signal de l'insurrection. Mais Milan ne suit pas et la répression s'abat sur les quelques hommes qui sont sortis manifester dans les rues. Cependant, ces vaincus passent le relais et maintiennent vivante la flamme.

Mazzini, après ces échecs, ne renonce toujours pas. Il met sur pied, avec Pisacane, un Parti d'action. Agir, agir encore, avec une minorité d'« apôtres » prêts au sacrifice, une élite révolutionnaire dont l'exemple galvanisera les masses. Garibaldi condamne avec sévérité ces tentatives. Le 4 août 1854, après qu'une d'entre elles eut à nouveau été réprimée, il déclare au *Corriere Mercantile* de Gênes : « Pour la deuxième fois, dit-il, je vois mon nom mêlé à des mouvements insurrectionnels que je n'approuve pas. Je crois devoir le manifester publiquement et prévenir notre jeunesse, toujours prête à affronter les périls pour la délivrance de la patrie, de ne pas se laisser si facilement égarer par les fallacieuses insinuations d'hommes trompés ou trompeurs qui, en la poussant à des tentatives intempestives, ruinent ou du moins discréditent notre cause. »

Réalisme et sagesse incontestables, conscience des lenteurs nécessaires. Garibaldi l'écrit explicitement à son ami Cuneo : « Si j'étais sûr d'être suivi, avec quelle joie fébrile je m'élancerais... Le paradis de mes croyances est de prendre les armes... Rien ne me retiendra quand il s'agira de la sainte cause... Si je ne me risque pas, c'est que je ne vois aucune possibilité de réussite. »

Mais un homme comme Carlo Pisacane est tout aussi lucide que Garibaldi, même s'il se lance dans des entreprises désespérées. Persuadé que le potentiel révolutionnaire se trouve dans l'Italie du Sud, dans ces masses paysannes exploitées qui ont soif de terres, alors qu'elles travaillent comme des bêtes de somme sur les latifundia, il débarque à Sapri, au sud de Cilento, le 28 juin 1857, dans l'espoir que les *cafoni* se soulèveront en une jacquerie qui embrasera tout le Sud de l'Italie et que le Nord suivra enfin. Pisacane ne s'illusionne pas sur les risques de sa tentative, sur ses faibles chances de succès, mais il la tente. Et quand il est persuadé de son échec, il se suicide plutôt que de tomber aux mains de la police napolitaine.

Garibaldi, qui semble être le plus « aventurier » des patriotes italiens, apparaît, confronté à des hommes tels que Mazzini et Pisacane, comme le plus mesuré, le plus raisonnable. Sachant le mieux, finalement, apprécier la situation politique, et, tout compte fait, sans jamais faire preuve de lâcheté ou de calcul, ni économiser ses forces, menant sa vie avec une habileté propre à s'y ménager des haltes et des plaisirs, et, dans les creux de la révolution, alors que s'agitent les révolutionaires qui n'ont pour seule certitude que d'être un anonyme « grain de sable », construisant son existence privée.

Face à un Mazzini brûlé par sa conviction et qui répète : « Je ne serai jamais heureux sur terre », qui proclame avec une sombre conviction : « Il est écrit que je ne pourrai jamais réaliser un seul de mes désirs », Garibaldi sait jouir avec entrain de ce que l'existence lui laisse. Un bon vent sur le Pacifique, des amis et des femmes, une tomate coupée en deux et du fromage... Homme sage ? Homme qui, dès l'enfance, par ses origines, ses fréquentations, son métier, a su rester au contact de la réalité sensible du monde.

A bord du *Commonwealth*, qu'il commande, Garibaldi est arrivé à Londres. Plus tard, il se rendra à Newcastle, embarquer une cargaison de charbon à destination de Gênes, car par de discrets contacts, Garibaldi a appris que le gouvernement de Turin n'est plus hostile à sa présence dans le royaume, à la condition qu'il se tienne éloigné des agitateurs mazziniens.

La chose est facile.

A Londres, Garibaldi a rencontré Mazzini au cours d'un dîner chez le consul des États-Unis, Saunders, en présence de l'ambassadeur Buchanan, futur président des États-Unis. Convives de choix : tout ce que Londres, seule capitale à être un lieu d'asile, compte de célèbres exilés politiques est rassemblé autour de la table. Kossuth, Herzen, Ledru-Rollin voisinent avec Mazzini et Garibaldi. « Mazzini ne connaît que l'Italie des intellectuels », aurait confié Garibaldi à Herzen, ajoutant qu'il « comprenait mieux les masses italiennes parce qu'il avait vécu parmi elles », ce que n'avait jamais fait Mazzini. Entre les deux Italiens, qui ne s'étaient plus revus depuis les temps de la République romaine, les échanges sont cordiaux, mais si Mazzini doit tenir compte de la popularité de Garibaldi dans ses plans, Garibaldi rejette, lui, les projets du fondateur de la *Giovine Italia*. Le Parti d'action, la dernière création mazzinienne, lui paraît voué à l'échec.

En fait, Garibaldi est convaincu que l'avenir de l'Italie passe par un rassemblement autour du Piémont, et d'autant plus que, depuis quelques années, Turin mène une politique nationale ambitieuse.

Elle tranche sur les hésitations et les timidités de celle de Charles-Albert.

C'est d'abord que le successeur du roi, son fils Victor-Emmanuel II, est un homme énergique, fruste même, au caractère très différent de celui du souverain vaincu de 1849.

Âgé de vingt-neuf ans, petit mais râblé, cet homme laid se veut soldat et conquérant. Dans son visage grossier, au nez camus, on ne voit d'abord que d'énormes moustaches noires, aux extrémités redressées, puis les yeux, grands et qui se voudraient furibonds. L'homme a — et affecte — une attitude vulgaire et brusque. Il voudrait faire la guerre. Il chasse. Il culbute les femmes avec entrain. Il les aime sans apprêt, domestiques ou paysannes plutôt que dames de la bonne société. Ce *ré galantuomo* qui s'exprime souvent en piémontais avec rudesse, fait naître autour de lui toute une légende, faite d'étonnement amusé et de sympathie.

Pourtant, il n'a pas hésité à réprimer, en avril 1849, peu après l'abdication de son père, une révolte démocratique à

Gênes, et le 20 novembre de la même année, à menacer les électeurs de suspendre la Constitution s'ils n'envoyaient pas à la Chambre une majorité de députés modérés. Ce qu'ils firent. Et dès lors, le *Statuto*, héritage du mouvement révolutionnaire et réformateur du printemps 1848, fut maintenu.

Turin fut ainsi, alors que soufflait partout la réaction, un îlot où, de toute l'Italie, vinrent se réfugier les patriotes. L'on pouvait vivre, penser, écrire et publier au royaume de Piémont-Sardaigne. Des Vénitiens, des Lombards, des Siciliens (La Farina, Crispi), des Toscans et même des Dalmates, font de Turin la capitale morale de l'Italie, et du royaume un lieu vivant de réflexion et d'initiatives. La monarchie longtemps hésitante, s'en tenant à une politique timorée, s'accrochant avec prudence aux deux versants alpins (elle possède encore la Savoie et Nice), s'oriente peu à peu vers l'est. Elle glisse vers la Lombardie, elle suit le cours du Pô.

Elle le doit non seulement au souverain, et naturellement aux circonstances générales, mais aussi aux hommes dont il a su s'entourer : Un Massimo d'Azeglio, patriote longtemps favorable à l'unité italienne sous l'autorité du pape, fut, comme chef de gouvernement, un réformateur qui n'hésita pas à diminuer l'influence de l'Église dans le Royaume. Mais, surtout, le Comte Camillo Benso di Cavour, qui succéda à d'Azeglio, fut l'animateur de cette politique qui visait à faire du Piémont une puissance moderne, à l'intérieur, et à la doter de solides alliances européennes de manière à lui permettre d'être, pour toute l'Italie divisée, l'aimant autour duquel s'unifier.

Cavour, qui appartient à la même génération que Garibaldi (il est né en 1810 de mère gènevoise), est, comme le Niçois, mais de manière différente, un homme ouvert aux réalités du monde. L'abbé Gioberti disait de lui : « Il n'est pas riche du don d'italianité ; au contraire, par les sens, les instincts, les connaissances, il est quasiment étranger à l'Italie : anglais quant aux idées et français par la langue. »

Si Garibaldi, jusqu'aux années 1848, ne connaissait pas le cœur urbain de l'Italie, s'il lui fallut ses marches et sa retraite dans l'Italie centrale, de l'Adriatique à la Méditerranée, de Florence à Rome, de Rome à Ravenne, pour découvrir ces villes qui symbolisaient l'histoire italienne, Cavour, artisan de cette même histoire, ne visitera jamais Rome, Venise ou Naples !

Ce petit homme aux lunettes cerclées de fer dissimulant des yeux pétillants de malice et d'intelligence est, pour les apparences, un « homme gris ». L'un de ces Italiens aux antipodes des éclats de ces personnages d'opéra qu'incarne un Garibaldi ou même un Mazzini, chacun avec leur partition. Noble, venu d'une famille savoyarde alliée à la famille dont était issu saint François de Sales, Cavour est − comme Garibaldi − un « marginal » de l'Italie profonde. Il appartient à sa périphérie. Il n'est pas de même que le Niçois Garibaldi − prisonnier du « campanilisme » florentin ou bolonais.

Officier du génie d'abord, mal noté pour ses idées libérales, retiré dès les années 30 sur son domaine agricole de Leri, près de Vercelli, il améliore les techniques de culture, se passionne pour l'économie, voyage et échappe ainsi − tel Garibaldi − aux frontières trop serrées d'un petit pays provincial.

Aristocrate par son goût du risque, son aptitude au commandement, sa capacité à dépenser sans compter et à aimer avec générosité, il est bourgeois aussi par son âpreté au gain, son sens du travail, son attention aux choses de l'économie et de la finance. Spéculateur et homme de gestion, il symbolise la fusion qui s'opère au Piémont entre une jeune bourgeoisie et une noblesse toutes deux ambitieuses, volontaires, décidées à « croquer » l'Italie par sentiment patriotique et volonté culturelle, mais aussi parce qu'ainsi les riches plaines du Pô, les villes industrieuses, les masses du Sud, entreront dans la mouvance économique du Piémont. Turin la grise, où Cavour a fondé en 1847 la Banque de Turin, drainera toute la richesse d'un pays.

Pour cela, il faut créer un État moderne qui suppose l'indépendance du gouvernement à l'égard de l'Église. Cavour, qui accède aux affaires en 1852, s'y emploie avec vigueur en supprimant les ordres religieux et en sécularisant leurs biens.

Il faut des établissements de crédit : Cavour les crée.

Il faut des voies de communication : en 1859, le réseau ferré

piémontais est le premier d'Italie. Le port de Gênes est moder-
nisé.

Il faut une industrie : elle surgit et le Piémont devient l'État
le plus industrialisé de la péninsule.

Il faut une armée. Le Piémont, qui avait montré en 1848-
1849 combien ses troupes étaient incapables de faire face à la
machine de guerre autrichienne, se dote d'unités bien
entraînées.

Mais tout cela ne suffit pas encore.

Pour Cavour, la leçon de l'échec de 1848 tient en une idée :
contre l'Autriche, le Piémont — et donc l'Italie — ne peut rien
seul. Il faut donc à Turin un système d'alliances qui permette
d'isoler Vienne, et, si faire se peut, il faut trouver une puissance
européenne dont les troupes viendront sur le sol italien battre
les généraux autrichiens.

Ce dispositif, Cavour ne l'a pas tissé en un jour. Pragmatique comme un homme d'affaires anglais, il va pas à pas. Il
signe des traités de commerce, puis, en 1854, quand la France
et l'Angleterre font en Crimée la guerre contre la Russie, il
s'allie à elles, envoie un contingent de quinze mille hommes à
Sébastopol.

Commandés par le général La Marmora — celui qui avait
fait arrêter Garibaldi en 1849, à Gênes — ce « bijou d'armée »
se conduit vaillamment, même si les pertes du fait de la guerre
sont faibles (trente-neuf tués, deux cent-vingt blessés — deux
mille morts par suite du choléra). Et Cavour pose ainsi au
Congrès de Paris (1856) la question italienne. Le Piémont est
sorti de son isolement diplomatique. Dans les journaux français, on constate que « l'on ne s'occupe en ce moment d'un
bout à l'autre de l'Europe que de l'Italie... L'Italie comme question actuelle a remplacé la question d'Orient ».

Mais Cavour se rend compte que la diplomatie ne suffira
pas à faire naître l'Italie. « Le canon seul peut nous tirer d'affaire », écrit-il à Massimo d'Azeglio.

Dans cette perspective, il a besoin non seulement d'un
grand allié européen, mais aussi de la participation de tous les

patriotes italiens, de l'appui de ceux qui, depuis des dizaines d'années, luttent pour l'unité italienne. A condition qu'ils renoncent à leur préalable républicain, qu'ils acceptent de se ranger sous la bannière de la monarchie savoyarde, d'entrer dans son armée et de servir sa politique.

Il ne peut, dans cette perpective, que rencontrer un homme comme Garibaldi.

Pour Cavour, en effet, Garibaldi est un acteur précieux puisqu'il incarne le sentiment patriotique. Pourtant, il ne l'estime pas particulièrement. Entre les deux hommes, trop de différences d'origine, de parcours et de sensibilité.

Garibaldi, même s'il se rallie à la politique de la monarchie, est un républicain de sensibilité populaire. Cavour est un homme d'État résolument monarchique. Garibaldi a le réalisme généreux ; l'autre, même s'il est émotif, demeure un calculateur retors. Pour l'un, la politique est un élan, même s'il ne doit pas être téméraire, qui meut les hommes par idéal. Pour l'autre, ce sont des pions qu'on déplace sur un échiquier.

Et Garibaldi est l'un de ces pions.

A Londres, en 1854, les informateurs de Cavour ont noté que Garibaldi s'écartait de Mazzini de plus en plus nettement, qu'il refusait de participer à ses conspirations, qu'il s'enfonçait aussi dans de complexes affaires de cœur qui semblaient manifester qu'il avait choisi la vie privée, qu'il n'était plus — s'il l'avait jamais été — un homme d'initiative, mais quelqu'un qu'on pourrait, dans le cadre d'une politique dont on garderait la maîtrise, utiliser réellement comme un pion. Et il tiendrait son rôle avec ce courage, cette conscience, cette pugnacité, ce panache et cette résolution qu'il avait montrés tout au long de ses engagements.

L'heure n'était pas encore venue. Mais il fallait surveiller l'homme. Sa réputation internationale pouvait servir les desseins de Turin.

De Londres, l'ambassadeur sarde, dans ses rapports, insistait sur la popularité de Garibaldi. La presse parlait de lui. Les ouvriers de Newcastle, où le navire qu'il commandait avait jeté l'ancre, lui faisaient fête. On lui offrait une nouvelle épée d'honneur.

Même les riches anglais s'intéressaient à ce héros solitaire, à cet exilé séduisant. Une lady, Emma Roberts, riche et titrée, le disputait à une jeune comtesse italienne, Maria Martini della Torre. Une journaliste de vingt-deux ans, Jessie White, intelligente, vive et enthousiaste, était devenue son amie. On invitait Garibaldi dans les châteaux et les hôtels particuliers, à l'ambassade des États-Unis. On annonça même ses fiançailles avec Emma Roberts.

Pour Garibaldi, que pouvait signifier cette cour de femmes plus ou moins jeunes, mais toutes d'un milieu différent du sien ou de celui des femmes qu'il avait connues jusqu'alors ?

Anita avait les spontanéités et les rudesses d'une fille du rio Grande mariée à un homme simple. Et Garibaldi avait surtout, avant — et après — elle, aimé rapidement de ces femmes que peuvent rencontrer marins et soldats.

Il découvrait, aux approches de la cinquantaine, un autre type féminin. Séducteur, il était flatté de cet entourage un peu maniéré, même s'il le fuyait quand il devait subir, comme chez Emma Roberts, l'étiquette pesante des dîners aristocratiques. Était-ce aussi pour lui un moyen de se « distraire », au sens fort, grâce à cet alcool que peuvent être les tentations féminines ? Curieux, il explorait un « nouveau monde » et, après ces longs mois solitaires et cette méditation sur lui-même à laquelle il avait été contraint, après cette période souvent amère, il était « enchanté » de cet accueil.

L'insistance des femmes titrées, mondaines, intelligentes, de ces fortes personnalités, le rassurait. Quand un homme d'action ne peut plus transformer le monde, agir sur les choses et les hommes, il lui reste, pour se convaincre qu'il dispose encore d'un pouvoir, la passion amoureuse, cette guerre du cœur où un homme, comme dans une bataille, doit faire appel à toutes ses ressources, physiques et morales, contraint, s'il veut vaincre, de se donner tout entier.

Parce qu'il était un homme d'action, mais brûlé par les jeux du monde, Garibaldi, davantage tourné sur lui-même par un effet de l'âge et des circonstances, devait nouer avec les femmes, dans cette période de sa vie, des relations multiples. Il y exprimait sa nature de séducteur, son goût pour la diversité, sa curiosité, son incapacité à renoncer, sa volonté de demeurer, quelles que fussent les atteintes du temps, vivant.

Et le monde souvent prend, pour l'homme du Sud qu'était Garibaldi, le visage d'une femme.

Il faut noter aussi que ces femmes différentes par leur comportement, attirées par sa notoriété, il les accueille maintenant que sa mère est morte. Comme si la disparition de Donna Rosa, après celle d'Anita, autorisait le fils à connaître ces femmes d'une autre allure, et surtout indépendantes.

Déjà le choix d'Anita était celui d'une compagne capable de rompre avec les règles. Mais une Emma Roberts, une Jessie White, d'autres bientôt, révèlent l'attirance qu'exercent sur Garibaldi des femmes qui prennent l'initiative, femmes libres de mœurs et sans préjugés, négation, par leur seul comportement, de tous les choix de la mère;

Mais cette compagne idéale qui aurait la même liberté que lui, Garibaldi est-il capable de la vouloir vraiment s'il la rencontre ?

Son passé pèse lourd.

Il le retrouve à Nice quand il rejoint, Cavour l'y ayant autorisé, sa ville natale après avoir débarqué à Gênes, le 10 mai 1854.

Il y est arrivé malade, souffrant de rhumatismes. Le physiologique à nouveau se mêle au psychologique. Car la confrontation entre la ville et l'homme de quarante-sept ans est sûrement angoissante. Ses parents sont morts, mais il habite dans ce qui fut leur et sa maison, quai Lunel. Il a, dit-il, « finalement le bonheur de serrer ses enfants dans ses bras après cinq ans d'exil ».

En fait, il vit avec eux pour la première fois.

Menotti a quatorze ans déjà, Teresita dix et Ricciotti sept.

Garibaldi, avec une attention minitieuse, s'adonne à ses tâches paternelles qu'il découvre.

Sur ce plan aussi s'amorce un tournant de sa vie qui le sépare de la plupart des révolutionnaires que l'obsession politique et les circonstances ont empêché de connaître les joies communes, mais essentielles, de la paternité.

Il semble qu'à Nice, Garibaldi, qui fut un actif, change de cadence de vie, presque de rythme de respiration, comme si les longues traversées pacifiques, les atteintes de la maladie, les difficultés à bouger qu'elles entraînent le faisaient ralentir. Mais le contact avec ses enfants et avec la ville de sa propre enfance sont aussi sûrement, après l'angoisse des retrouvailles, à l'origine de cette sorte d'apaisement que des témoins constatent. C'est l'écrivain Alphonse Karr qui note sa réserve et sa simplicité, qui le voit de temps à autre, dans le quartier du Lazaret, jouer aux boules le dimanche avec les marins.

Un homme de près de cinquante ans ne renoue pas sans conséquences avec sa ville natale.

Garibaldi avait toujours aimé Nice, sa « petite patrie », l'un des plus beaux paysages de l'Italie et du monde, disait-il.

La ville qu'il retrouve en 1854 a changé. Les « touristes » y sont nombreux, installés à l'*Hôtel des Étrangers*, rue du Pont-Neuf, à l'*Hôtel d'York*, place Saint-Dominique, à la pension anglaise, place du Jardin des Plantes, ou bien au *Grand et Nouvel Hôtel des Princes*, rue des Ponchettes.

La municipalité a, depuis le 23 avril 1854, inauguré l'éclairage au gaz. La ville est ainsi, dans certains de ses quartiers, plus animée.

Des personnalités y séjournent — comme le docteur Conneau, médecin personnel de Napoléon III — et Garibaldi peut d'autant moins l'ignorer qu'Emma Roberts, accompagnée de Jessie White, viennent l'y rejoindre, l'obligeant — mais Garibaldi se dérobera vite — à fréquenter le salon de l'hôtel où elle est descendue, à côtoyer ainsi cette Nice parallèle, celle des touristes et des résidents étrangers.

C'est l'autre Nice que Garibaldi connaît. Karr l'a rencontré à un banquet ouvrier où l'on célébrait un baptême, puis au jeu de boules. Garibaldi est là chez lui, parmi les siens. Il pêche, il chasse quelquefois le long du cours du Var, comme il le faisait enfant. Il se lève à l'aube, fait la sieste, mange simplement, à la niçoise, puis s'en va jouer aux dames, l'une de ses passions.

Vie simple, indifférente semble-t-il à l'atmosphère politique de la ville qui a changé en quelques années.

Car Nice se sent délaissée par Turin ; pire, brimée. Le port de Nice bénéficiait en effet de la situation de port franc. En 1851, il perd ses privilèges et est réduit à la situation commune. Les impôts sur les denrées importées augmentent, ainsi que les prix. Les Niçois protestent vigoureusement, invoquent l'histoire. Une pétition rassemble dix mille noms. Une manifestation — le 15 mai 1851 — réunit, malgré une pluie torrentielle, trois mille personnes sur la place Saint-Dominique. Elles défilent jusqu'à la place Saint-François.

Comme Gênes se développe, que le chemin de fer qui l'unit à Turin renforce son pouvoir d'attraction et en fait le poumon de l'Italie septentrionale, Nice se sent rejetée à la périphérie, définitivement.

Quand Turin transfère l'arsenal militaire de Gênes à La Spezia, c'est une nouvelle déception. Pourquoi ne pas avoir choisi Villefranche ? Pourquoi ne pas ouvrir des routes vers Nice ?

Au fur et à mesure que le Piémont se tourne, dans le cadre de la politique de Cavour, vers l'Italie, afin d'en être le principe unitaire, Nice a le sentiment que ses intérêts la conduisent inéluctablement vers la France qui, déjà, achète l'essentiel des productions du Comté.

N'est-ce pas par la route de Marseille et de Toulon qu'arrivent les étrangers ? Et voilà que Turin lui refuse l'autorisation d'ouvrir un casino ! Quand le roi Victor-Emmanuel rend visite à Nice (en 1857) et qu'il promet une ligne de chemin de fer Nice-Coni, les Niçois se gaussent de ce « joujou » et rêvent à un chemin de fer littoral qui reliera Nice à Marseille et fera de la ville, placée à mi-chemin entre la grande cité phocéenne et Gênes, au moment où l'on va percer l'isthme de Suez, « le point de soudure entre l'Occident et l'Orient ».

De cette évolution niçoise, si défavorable pour les intérêts piémontais et qui prépare le glissement de Nice vers la France, Garibaldi, si attaché à l'unité de l'Italie — et donc à Nice dans l'Italie —, si amoureux de sa ville, ne semble pas se rendre compte.

Est-il à ce point devenu indifférent à la politique, au sort de l'Italie et donc de Nice, qu'il se désintéresse même de ce qui se passe sous ses yeux, qu'il ne lit pas ce journal, *L'Avenir de Nice*, où l'on s'indigne : « Quant à Nice, écrit le chroniqueur, on lui enlève son port franc et on ajourne indéfiniment l'établissement de son chemin de fer... » Garibaldi ne voit-il pas les progrès de l'idée d'un rattachement à la France, ou le succès de la langue niçoise comme refus de l'italien ?

Sans doute, pour expliquer cette attitude et cet aveuglement de Garibaldi alors qu'il vit depuis plusieurs mois à Nice, dans une période importante de l'histoire de la ville, quand l'opinion change, faut-il faire intervenir deux séries de causes.

Garibaldi est d'abord niçois. Attaché à la ville, mais à celle de son enfance, surtout. Il en aime les paysages et les quartiers traditionnels : le port, la ville au pied du château. Mais il ne sent pas la ville comme un facteur d'histoire, comme projet. Il est semblable à la plupart de ceux qui, ayant quitté leur ville natale, ayant déroulé leur vie loin d'elle, sont à son propos, sans même qu'ils en aient conscience, conservateurs. Elle est la ville de l'enfance, immobile dans le souvenir. Le mouvement concerne et transforme d'autres lieux. Qu'elle reste à l'abri, semblable à ce qu'elle fut, comme un joyau inentamé de la mémoire.

Et, de fait, le rêve de Garibaldi se déploie ailleurs qu'à Nice.

Ce fut le cas pour toute sa vie passée. Il est sorti du port de Nice, de la baie des Anges, dès 1825. Il a laissé ses parents, sa mère sur le quai. Il a fait voile vers l'horizon. Son rêve à nouveau s'évade de l'amphithéâtre des collines niçoises.

Depuis des années, on le sait, il pense à une île. Il a vu celle des Hunsters, au large de l'Australie. Un paradis. A la fin de l'année 1855 — il a plus de quarante-huit ans — son frère Felice meurt et lui lègue trente-cinq mille lires. Un arriéré de solde, pour ses fonctions de capitaine, ajoute à cette somme, importante pour l'époque, vingt-cinq mille lires. Garibaldi, pour la première fois de sa vie et à un âge où, outre ses responsabilités paternelles, il ressent le besoin de s'établir en un lieu, mettre fin à son errance, dispose d'un capital.

« Je pense à m'installer en Sardaigne, écrit-il alors, voir comment se portent les bécasses. »

Nouvel indice de ses aspirations profondes, qui l'incitent à se retirer dans une vie champêtre et solitaire. Peut-être faut-il séparer ce qu'il y a de pose à l'égard de lui-même dans ce désir de vivre en solitaire sur une île. En somme, un héros de sa dimension ne peut, quittant les premières lignes d'une bataille et la notoriété, que vivre à l'autre extrême, dans la grandeur silencieuse et insulaire. Dans les deux cas, l'homme souligne son individualité superbe. Il règne.

Plutôt que la Sardaigne, les frères Susini, qui l'avaient accueilli en 1849 sur l'île de la Maddalena, alors que Garibaldi cherchait une terre pour le recevoir, lui conseillèrent l'île de Caprera, au large de la Maddalena, dans cet archipel qui constelle de terres arides et granitiques les bouches de Bonifacio, entre la Corse et la Sardaigne.

L'île était difficile d'accès. Elle n'avait pas de port, à peine une jetée battue par les vagues qui se brisaient sur les récifs. Les chèvres — *caprera* ! — rongeaient l'herbe courte que pliait cependant un vent fort et presque quotidien. Mais l'île n'était sous aucune autorité. « Ni sbires ni prêtres », dans le langage de Garibaldi. Seulement un couple d'Anglais — les Collins — jetés là, disait-on, par les tumultes de la passion scandaleuse qui les avaient unis, elle une aristocrate, lui son domestique. Un bandit corse aussi, Pietro Ferraciolo, caché dans une grotte avec sa famille et qui avait réussi à échapper aux gendarmes français.

De l'île, on apercevait par temps clair, et c'était fréquent, l'île d'Elbe et l'île de Monte-Cristo : Garibaldi vivrait entre Napoléon et un personnage de roman d'Alexandre Dumas, tous deux figures fabuleuses. Un bon voisinage.

Il acheta donc la moitié de l'île de Caprera par un contrat signé le 29 décembre 1855. Il avait enfin son royaume. Une île. L'un des lieux les plus propices à l'imagination. Et cela aussi est révélateur de sa personnalité : de sa capacité à réaliser ses rêves tout en continuant à vivre parmi eux, en eux.

Il ne s'installa à Caprera qu'au début de l'année 1857.

Il fallait en effet construire la maison. Ce fut une maison blanche, en pierre et en bois. Le toit était plat et formait une terrasse. Elle ne disposait que de quatre pièces basses et faisait penser à ces maisons de la côte du Rio Grande do Sul. Garibaldi y travailla lui-même avec quelques amis et son fils Menotti. Tant qu'elle ne fut pas achevée, il ne fit que de brefs séjours dans l'île, vivant alors sous la tente, passant ses journées, outre les travaux de maçonnerie, à planter là où il pouvait, entre les pierres, des arbres fruitiers et des légumes. Il voulait — comme un saint-simonien qui fonderait une colonie — développer l'économie de son domaine. Une machine à vapeur permettait de pomper l'eau et de résoudre ainsi un problème crucial. Il essaya de constituer un élevage de chèvres et de bœufs, avec difficultés. Il n'y avait pas de fourrage. De même, il se lança sans grand succès dans un élevage d'abeilles.

Mais Caprera, malgré l'aridité de l'île et l'amateurisme de Garibaldi en matière d'exploitation, ne fut pas une demeure de fantaisie, le « petit Trianon » d'un Robinson Crusoé de carte postale. Garibaldi y vécut vraiment.

En 1856, il avait fait un séjour en Angleterre où sa riche fiancée Emma Roberts l'accueillit. Il s'agissait pour Garibaldi d'acheter un *cutter*, un navire rapide avec lequel il envisageait, une fois de plus, de réussir dans les affaires commerciales.

Mais le voyage d'Angleterre avait aussi un autre but : tenter de mettre sur pied une expédition afin de libérer les prisonniers politiques que le Bourbon de Naples avait enfermés dans la forteresse de Santo Stefano. Entreprise risquée, qui montre bien que Garibaldi est disponible, même s'il a décidé de se construire une vie privée.

La tentative n'eut pas lieu et Garibaldi put prendre le commandement de son *cutter*, baptisé *Emma* en hommage à la riche donatrice. Il fit quelques voyages entre Gênes, la Sardaigne et Caprera.

Garibaldi avait un domaine et un bateau. Il était indépendant. Quand l'*Emma* fut détruit par un incendie, il renonça définitivement aux affaires et à la navigation, s'installant dans sa maison de Caprera d'où l'on apercevait tout alentour la mer. Il avait cinquante ans.

Mais Garibaldi, dans son île, n'est pas pour autant coupé du monde. Des centaines de lettres lui parviennent, une fois par mois. Missives de modestes immigrés qui voisinent avec les déclarations enthousiastes de femmes du monde, de duchesses anglaises rêvant d'un héros.

Il répond puis se plonge dans la vie pratique, la culture, l'élevage, la lecture — il n'aime pas beaucoup les romans, avouera-t-il, mais Walter Scott est l'un de ses auteurs préférés — et les amours ancillaires.

De Nice, pour le servir, on lui a destiné une jeune fille de dix-huit ans, Battistina Ravello, travailleuse et simple. Elle est l'autre face du monde féminin de Garibaldi. D'un côté, les riches aristocrates anglaises et les femmes indépendantes, impérieuses ; de l'autre, les rugueuses filles de marins.

Après quelques jours, Battistina est sa maîtresse, bientôt enceinte. Le domaine est donc organisé, la vie tranquille. De temps à autre, un visiteur.

Ainsi débarque à la Maddalena, au printemps de 1857, une jeune femme de trente-sept ans, épouse de banquier, femme de lettres, Maria Espérance von Schwartz, admiratrice, désireuse elle aussi de recueillir les souvenirs du héros. Garibaldi va recevoir cette fantasque romancière à Caprera. Mais celle qu'il appelle Speranza se dérobe à l'amour qu'il lui déclare, à la proposition de mariage. Il reste à Garibaldi à lui écrire des lettres d'adolescent. « Je vous aimais déjà avant de vous connaître », répète-t-il. Passion platonique — pure, dirait Garibaldi, séparant, selon les règles de sa culture, le corps de l'esprit, Battistina Ravello d'Espérance von Schwartz —, sentiment d'un

quinquagénaire resté capable des naïvetés et élans nécessaires
à l'amour.

L'histoire vient battre aussi les rochers de Caprera et, pas
plus que les femmes, elle ne laisse Garibaldi indifférent.

Il a suivi, sans s'y mêler, les choix et l'évolution du Piémont.
Au réalisme de Cavour, qui veut le faire entrer dans sa stratégie, répond le dévouement de Garibaldi à l'idée nationale.

Cavour dit : « Il n'y a qu'un moyen de ne pas nous laisser
déborder par Garibaldi, c'est de lutter de hardiesse avec lui et
de ne pas lui abandonner le monopole de l'idée unitaire qui
exerce maintenant sur les masses populaires une fascination
irrésistible. Certes, je ne me cache pas les dangers de cette
situation, mais les événements sont plus forts que les
hommes. »

Et Garibaldi répond : « Je peux le dire avec orgueil, j'ai été
et je suis républicain... mais comme la République n'est pas
possible pour le moment, soit en raison de la corruption de la
société en place, soit à cause de la solidarité qui unit les
monarchies modernes, et puisque l'occasion se présente
d'unifier la péninsule en rassemblant les forces de la dynastie
[piémontaise] et les forces nationales, j'ai entièrement adhéré à
ce projet. »

Cette rencontre entre deux hommes réalistes et lucides se
fait par étapes.

En 1854, au moment de l'intervention piémontaise aux côtés
de la France et de l'Angleterre en Crimée, Garibaldi approuve
cette politique que dénoncent Mazzini et Manin, l'ancien animateur de la République vénitienne de 1848. Puis Garibaldi
condamne les « insurrections ridicules », celles de Mazzini, inutiles et meurtrières. Jugement sévère, mais, dit-il, « de ma vie
aventureuse, j'ai tiré un enseignement : se méfier des entreprises désespérées ». Il ne voit pas, il ne veut pas voir qu'une
opinion patriotique se développe et s'entretient aussi à coups
d'entreprises désespérées. A condition qu'elles ne soient pas les
seules.

Et, dans le contexte italien et européen, l'autre route, celle qui conduit à l'unité, passe par Turin.

De nombreux exilés font ce chemin avant Garibaldi. Felice Foresti, qu'il a connu à New York, avec qui il a si souvent dialogué, rentre au Piémont, sert d'intermédiaire entre Cavour et Garibaldi.

Le 1er août 1857 — quelques semaines après l'échec de Pisacane dans le Sud et le suicide du révolutionnaire — est créée la *Société nationale*, qui se propose de rassembler tous les patriotes derrière le drapeau piémontais. Un républicain comme Manin écrit : « Le parti républicain, si amèrement calomnié, fait de nouveau acte d'abnégation et de sacrifice à la cause nationale. Convaincu qu'avant tout, il faut faire l'Italie, que c'est là la question principale, celle qui prime toutes les autres, il dit à la maison de Savoie : faites l'Italie et je suis avec vous. »

Le marquis de Pallavicino, ancien prisonnier du Spielberg, préside la Société nationale qu'anime le Sicilien La Farina, réfugié à Turin. Garibaldi lui donne son adhésion le 5 juillet 1858, écrivant qu'il est « avec eux, avec Manin et tous les bons Italiens » qui font partie de cette société. « Faites-moi l'honneur de m'admettre dans vos rangs, poursuit-il, et dites-moi quand nous devons agir. »

Mazzini, qui crie à la trahison, est isolé. Cavour a réussi. Garibaldi s'est rangé du côté des raisonnables et des réalistes. Son style, son mode de vie sont ceux d'un « marginal » et d'un « hérétique », mais à cinquante ans, il est avec ceux qui ont choisi pour devise : « L'Italie et Victor-Emmanuel. »

Cependant, la politique de Cavour, qui atteint ses objectifs sur le plan intérieur, piétine sur le plan international.

Cavour est aux aguets. Depuis le Congrès de Paris en 1856, il attend l'événement qui, déséquilibrant le système européen, permettra au Piémont d'agir. Des relations stables entre les grandes puissances ne permettraient pas une action de Turin contre Vienne. C'est l'action de ces « fous », de ces « désespérés », d'un de ces mazziniens qui va permettre au « raison-

nable » Cavour et à ceux qui le suivent — dont Garibaldi —
d'abattre les cartes.

En effet, le comte Felice Orsini, l'un des députés à la Constituante romaine en 1848, veut châtier Napoléon III de l'intervention des troupes françaises à Rome et de sa trahison du serment de « Carbonaro » — si Napoléon III l'a prêté — de tout
faire pour libérer l'Italie.

Il organise un attentat à Paris, le 14 janvier 1858. Trois
bombes sont jetées contre la voiture de l'Empereur qui sort
indemne des explosions, mais on relève huit morts et cent cinquante blessés. Orsini, arrêté, écrit à la veille de son exécution
une lettre émouvante à Napoléon III, l'adjurant d'aider l'Italie.
« Que Votre Majesté ne repousse pas le vœu suprême d'un
patriote sur les marches de l'échafaud, dit Orsini, qu'elle
délivre ma patrie et les bénédictions de vingt-cinq millions de
citoyens la suivront dans la postérité. »

Un homme parlait du seuil de la mort. Napoléon III cherchait à emprunter les bottes de Napoléon Ier en Italie. Il lui fallait de la grandeur, et il connaissait la péninsule. Était-il de
plus sous l'influence de sa jeune maîtresse italienne Virginia
Oldoini, duchesse de Castiglione, que Cavour avait envoyée à
Paris pour séduire l'empereur et l'inciter à intervenir en Italie
aux côtés du Piémont ? Napoléon III voulait-il aussi, avec
cette tentation qu'ont toujours les démagogues, se racheter aux
yeux de l'opinion républicaine, obtenir ainsi une sorte d'unanimité populaire ? Tout a joué. L'ambition de faire une grande
politique et les motivations de politique intérieure, comme
aussi les raisons privées.

Cavour, en constatant que la presse française publie avec
des commentaires favorables la lettre d'Orsini, comprend que
l'événement a eu lieu.

Le 21 juillet 1858, Napoléon III le convoque secrètement à
Plombières, et s'ébauche alors une alliance, un peu tortueuse,
entre la France et le Piémont. Paris interviendra pour soutenir
Turin dans une guerre contre Vienne. L'Italie sera regroupée en
quatre États et la France obtiendra, en compensation, Nice et la
Savoie. Un mariage entre le prince Jérôme Bonaparte, viveur

de quarante ans, et Marie-Clotilde, adolescente de quinze ans, fille de Victor-Emmanuel II, scellera l'alliance.

Il n'y a plus qu'à attendre l'occasion de la guerre.

Derniers mois de l'année 1858. Cavour est anxieux, impatient. Sa stratégie, parfaite, doit maintenant se déployer sur le terrain. Avec un homme comme Napoléon III, sait-on jamais si l'on ira jusqu'au bout ?

Mais Cavour, dépendant, agit là où il peut. Au Piémont, l'armée est renforcée. Et l'on s'en va chercher Garibaldi à Caprera, en août puis en décembre 1858. Garibaldi n'hésite pas et se rend à la convocation. Il a fait son choix. Sans illusions.

« Cavour, raconte Garibaldi, me trouva naturellement docile à son idée de faire la guerre à l'ennemie séculaire de l'Italie. Il est vrai que son allié, Napoléon III, ne m'inspirait aucune confiance, mais que faire ? Il fallait le subir. »

Naturellement, Cavour ne dévoile rien de ses plans, ni de l'abandon préparé de Nice et de la Savoie.

Mais, sans connaître les détails de « l'arrangement » entre Paris et Turin, Garibaldi est soupçonneux, méprisant même. « Il faut en rougir, mais aussi l'avouer, écrit-il, avec la France pour alliée on faisait allégrement la guerre ; sans elle, c'était hors de question ! Telle était l'opinion de la majorité de ces fils dégénérés du plus grand des peuples. »

Impitoyable Garibaldi, et injuste : les « insurrections ridicules » et sa propre expérience n'ont-elles pas assez montré que « *l'Italia fara da sè* » — « l'Italie agira seule » — est une politique sans issue ?

Cavour s'est pourtant montré conciliant et amical avec Garibaldi. « Cavour l'accueillit, rapporte Foresti, avec des manières courtoises et en même temps familières, il lui fit espérer beaucoup et l'autorisa à insinuer ses espérances dans l'esprit des autres. Il paraît qu'il pense sérieusement au grand fait de la rédemption politique de notre péninsule. En somme, Garibaldi prit congé du ministre comme d'un ami qui promet et encourage une entreprise que l'on désire. »

Foresti s'illusionne. Il n'y a pas d'amitié entre les deux hommes qui s'observent et s'allient. Le plus naïf est cependant Garibaldi. Peut-il imaginer que *sa* patrie, Nice, sera cédée comme prix de l'unité de *la* Patrie, dont elle fait pourtant partie ?

Il s'illusionne aussi parce qu'il croit que la lutte pour l'unité efface les conflits entre groupes sociaux. Il écrit ainsi de Gênes, à son ami Cuneo : « Sur la physionomie des citoyens, des militaires, on lit la confiance ; la fraternité des deux classes n'est plus dans l'ombre, mais à découvert. Elles se donnent la main pour ne pas faillir à l'œuvre, en silence, mais à la face du monde. Ici, dans cette partie de l'Italie, la confiance dans le succès est générale ; dans les autres, sans conjurations, sans conflits, tout est prêt et on craint seulement des soulèvements trop précoces. »

Cette armée est effectivement mieux entraînée, plus combative que celle de 1848. Mais qui sait si elle ne tirera pas aussi un jour sur les citoyens ? En tout cas, pour Garibaldi, c'en est fini, pour une nouvelle période, de la vie privée.

Vive l'Italie et adieu Nice

(1859-1860)

Au début de l'année 1859, la rumeur se répand : la guerre vient.

On en connaît les protagonistes. Les journaux européens, même les Français pourtant surveillés par la censure impériale, commencent à deviner que Napoléon III va soutenir le Piémont et engager le fer contre l'Autriche. On rapporte qu'alors que le baron Hubner, ambassadeur d'Autriche, venait comme à l'habitude le 1er janvier 1859, présenter ses vœux à l'Empereur, celui-ci, de sa voix sourde, lui a répondu : « Je regrette que nos relations avec votre gouvernement ne soient pas aussi bonnes que par le passé, mais je vous prie de dire à l'empereur d'Autriche que mes sentiments personnels pour lui ne sont pas changés. »

Cavour jubile. De Turin, il répand le bruit de cette « algarade », en avertit ses ambassadeurs, écrit même au prince Napoléon, futur époux de la fille de Victor-Emmanuel : « Les quelques mots adressés le 1er de l'An au baron Hubner par l'Empereur ont causé une immense excitation. Les plus modérés voyaient déjà les Français traversant le Pô et rasant les Autrichiens. »

C'est le temps où, rassemblés, quelques compagnons de Garibaldi composent les couplets des futures chansons patriotiques et entonnent le *Va fuori, o stranier* (« Dehors, toi l'étranger ») qui dit leur espoir d'en finir avec la présence autrichienne sur leur sol.

Le 10 janvier, au Parlement de Turin, Victor-Emmanuel, avec ses yeux furibonds, sa voix rocailleuse, son accent où traînent des intonations françaises et piémontaises, prononce un discours que toute l'opinion interprète comme l'annonce prochaine d'une initiative piémontaise : « Tout en respectant les traités, nous ne sommes pas insensibles au cri de douleur qui arrive vers nous de toutes les parties de l'Italie... »

Le 30 janvier, le mariage de Jérôme Bonaparte et de Marie-Clotilde de Savoie est célébré et l'alliance dynastique ainsi scellée selon la tradition.

Cavour, habilement, en même temps qu'il veille à ce jeu diplomatique décisif, puisque c'est l'armée française qui doit briser les reins des troupes autrichiennes, entretient dans la population la fièvre patriotique : une souscription est lancée pour armer de cent canons la forteresse d'Alessandria et l'on aperçoit, dans les rues de Turin, la silhouette un peu claudicante — il est atteint d'un rhumatisme au genou — de Garibaldi. La foule l'acclame. Si Garibaldi est présent dans la capitale, c'est que la guerre est imminente.

Dès le mois de février, Garibaldi a quitté Caprera. Cavour, dans une lettre autographe, lui offre, le 17 mars, le commandement d'un corps de volontaires. L'homme d'État met ainsi en œuvre son analyse : mieux vaut avoir Garibaldi et les patriotes avec soi, même s'ils sont intimement républicains, que contre soi.

On pourra juger de leur enthousiasme. Cavour est un lecteur de Chateaubriand. Il a fait sienne cette phrase célèbre de l'écrivain : « Dans les grandes révolutions, le talent qui heurte de front les révolutions est écrasé ; le talent qui les suit peut seul s'en emparer. »

Garibaldi n'a pas été difficile à ferrer et à tirer à soi.

Parce que patriote, il cède sur presque tous les points. Il renoncera même à son « déguisement » : ni poncho, ni chemise rouge, mais un strict uniforme à parements dorés de l'armée piémontaise, une barbe et des cheveux taillés. Quant à ses volontaires, ils poreteront un pantalon bleu et une casaque grise. Un seul rappel symbolique : le foulard rouge que Garibaldi nouera autour de son cou.

Détails secondaires, mais significatifs : ils montrent que Garibaldi rentre dans le rang. Il a vu le roi. Entre les deux hommes, le contact a été franc et chaleureux.

Victor-Emmanuel, avec sa brusquerie — un peu affectée —, ses manières paysannes et son allure d'officier de troupe, sa franchise, ce personnage de roi bougon qui dit, sans s'embarrasser de l'étiquette, ses quatre vérités et qui préfère le champ de bataille aux salons, a plu à Garibaldi.

Celui-ci accepte le grade de major-général de l'armée sarde, commandant les Chasseurs des Alpes, son unité de volontaires, composée de trois régiments. Il choisira ses officiers parmi ses fidèles — Medici, Nino Bixio, Cosenz. Et il adresse à Victor-Emmanuel II un message de soumission : « Le gouvernement du Roi, écrit-il, en me donnant une preuve de confiance aussi honorable, acquiert tous les droits à ma reconnaissance. Je serai heureux si ma conduite correspond à la bonne volonté que j'apporterai à bien servir le Roi et la Patrie. »

Ne va-t-il pas un peu loin ? Certains, à lire cette déclaration, pensent que Garibaldi s'est laissé berner.

Cavour et Victor-Emmanuel ont compris qu'il était un de ces hommes vulnérables à la flatterie, qu'on pouvait aisément le manœuvrer en utilisant à la fois sa naïveté, sa sincérité et son patriotisme.

On lui fait quitter Turin. Les volontaires ne doivent pas être remarqués, Napoléon III n'admet que l'action de troupes régulières. Les généraux sardes multiplient les actes de défiance à son égard. On ne lui laisse comme recrues que celles qui sont trop jeunes ou trop âgées pour les bataillons de l'armée traditionnelle. Qu'il se débrouille avec ce qui reste !

A-t-il été dupe ?

On l'a relégué à Rivoli, près de Suse, « après quelques jours passés à Turin où je devais servir d'appeau auprès des volontaires italiens », écrit-il. Et il rappelle l'étrange situation dans laquelle il se trouvait : « Je devais apparaître et ne pas me montrer. Les volontaires devaient savoir que je me trouvais à Turin pour les rassembler, mais en même temps, on me demandait de me cacher pour ne pas jeter une ombre sur la diplomatie. Quelle situation ! »

Mais le piège — inéluctable — tendu par Cavour s'est refermé.

« Que faire ? interroge Garibaldi. J'acceptai le moindre mal et ne pouvant faire tout le bien, j'acceptai le peu qui se pouvait obtenir pour notre malheureux pays. »

Il faut comprendre aussi la prudence de Cavour. La partie exige astuce et précaution. A Paris, dont tout dépend, le « parti de l'Ordre », puissant dans l'entourage impérial, est hostile à la guerre et à la politique italienne de Napoléon III qui n'enchante que les libéraux et les « rouges ».

Si les maréchaux, l'impératrice, les diplomates, les banquiers trouvaient dans la situation italienne un prétexte à dénoncer le péril révolutionnaire, leur pression sur l'Empereur s'en trouverait accrue.

Déjà, l'Angleterre propose une médiation et Napoléon III accepte, contraignant Cavour à se joindre à lui. C'est tout le plan de l'homme d'État piémontais qui est compromis. « Il ne me reste plus, s'écrie-t-il, qu'à me tirer un coup de pistolet, à me faire sauter la cervelle. » Mais, comme dit Napoléon III, « la politique change de couleur trois fois par jour ».

Et c'est l'Autriche qui tombe dans le traquenard. L'empereur François-Joseph, estimant que la guerre est de toute façon inévitable, veut devancer les préparatifs de Turin et de Paris. Le 25 avril, il envoie un ultimatum au Piémont exigeant le désarmement immédiat et le licenciement de ce corps de volontaires que commande Garibaldi. Cavour, avec une joie fébrile, rejette l'ultimatum et le 29 avril, les troupes autrichiennes, commandées par Giulay, franchissent le Tessin, le fleuve qui sépare la Lombardie du Piémont.

Le 3 mai 1859, Napoléon III, en vertu des traités d'alliance, déclare la guerre et annonce sa volonté de rendre « l'Italie libre jusqu'à l'Adriatique ». Les troupes françaises passent les cols des Alpes et débarquent, avec l'Empereur à leur tête, dans les ports de Gênes et de Savone.

La deuxième guerre d'indépendance est commencée dans les meilleures conditions diplomatiques.

Garibaldi vit ces jours du déclenchement de la guerre dans un grand état d'agitation. Sans doute la colère et la désillusion le saisissent-elles devant les réticences qu'il sent chez les officiers de l'armée sarde.

« Je vis soudain à qui j'avais affaire », s'écrie-t-il. « Appeler des volontaires et en grand nombre, pour en commander ensuite le moins possible : et, parmi ceux-là, les moins aptes au métier des armes... » Voilà à quoi l'on voudrait le réduire.

Mais l'enthousiasme l'emporte, une sorte de regain juvénile l'anime. Il a cinquante-deux ans. Depuis près d'une dizaine d'années, il connaît l'isolement. Il a été contraint à cette vie privée un peu méditative que donne, pour ceux qui ont connu les responsabilités et l'action publique, la simple conduite au jour le jour d'un métier et d'une famille. Les événements, cette décharge qu'ils font naître en soi, ne le secouaient plus. Il avait, avec sagesse et capacité de renouvellement, dans ce nouveau contexte, bâti une existence adaptée à ses goûts et à son sens de la mise en scène. Mais, dès que l'histoire s'est ébranlée, et sans qu'il eût besoin de se précipiter ici où là pour quémander un rôle, on l'a invité à être l'un de ses plus prestigieux acteurs.

« Dans le Piémont, au début de 1859, on me hissait comme un drapeau », dit-il lui-même. Cela ne lui a jamais déplu. Et quelle revanche sur les dernières années obscures, quel alcool pour le moi et la conscience que l'on a de soi, que ce rôle qu'on lui donne, cette rencontre avec le roi, le jour même de l'attaque, le 8 mai 1859, au quartier général de San Salvatore, et cette mission qu'on lui confie : défendre Turin mal protégée — car les Français ne sont pas encore arrivés et les troupes sardes sont très inférieures en nombre à celles de Giulay — puis, cette protection assurée, menacer le flanc droit de l'ennemi, marcher vers le lac Majeur. Là, sur le terrain même des combats de 1848, agir à nouveau, non plus avec quelques hommes dont le seul souci est de passer en Suisse pour échapper à l'ennemi, mais avec ces régiments de Chasseurs faisant officiellement partie de l'armée piémontaise...

Les souvenirs reviennent. Et, avec eux, l'exaltation d'avoir ainsi retourné le sort, plié l'avenir de façon que le passé ne soit plus cette défaite qui semblait clore sa vie, mais bien une étape vers ce but : la gloire plus grande, l'unité de l'Italie, la réalisation, enfin, des désirs et des espoirs de jeunesse.

Et le fils de Garibaldi, Menotti, âgé de dix-neuf ans, galope en avant du corps des Chasseurs des Alpes, comme guide. Le temps a donc passé, mais il n'a pas été qu'usure.

Sans doute, devant telle ou telle manœuvre, Garibaldi retrouve-t-il les plus mauvais moments de 1848. « J'écrivis à Cavour, indique-t-il ainsi, pour que me soient envoyés les Chasseurs des Apennins ; sous un prétexte ou un autre, il ne le voulut jamais, en dépit de l'ordre du roi ; je fus donc persuadé que l'on ne voulait pas que le nombre de mes soldats augmente : vieille querelle commencée à Milan en 1848 quand on décrétait que le corps que je commandais ne pouvait dépasser le nombre de cinq cents hommes, et entretenue par Cavour qui me limitait à trois mille hommes. »

Cependant, la foule est dans les rues et l'acclame. « La guerre, cette vraie vie de l'homme », avait-il dit avec ce sens de la formule qu'il avait parfois et grâce auquel il délivrait une pilosophie sommaire, sans nuances. La guerre juste : celle d'un peuple qui voulait son indépendance le reprenait, réveillant dans tout son corps une ardeur combative.

A la veille de quitter Turin, alors que le déclenchement des hostilités est proche, il a écrit à Speranza von Schwartz pour qu'elle le rejoigne, comme s'il avait besoin de se montrer à elle dans son uniforme de guerre.

La romancière est alors à Rome qu'elle réussit, malgré les difficultés, à quitter. Quand elle arrive à Turin, elle est accueillie au 31 de la via San Lazzaro, le domicile de Garibaldi, par un homme plein d'entrain, d'impatience et de fierté.

« Le roi m'a reçu », dit Garibaldi, avec la cordialité d'un vieux frère d'armes.

Le lendemain, ce n'est qu'en fin de soirée qu'il rend visite à la romancière à l'hôtel-pension suisse où Speranza est descendue. La foule s'est rassemblée dès qu'elle a reconnu Garibaldi. Elle veut le voir, le toucher, l'acclamer. Il ne passe que quelques instants avec Speranza, lui dicte quelques lignes, elle se souvient d'une phrase : « Donnez un million de lires à un républicain et il ne le sera plus le lendemain », puis il la quitte brusquement. Et, par un message quelques heures plus tard, il lui annonce son départ pour le front.

A la gare où elle se rend, Speranza l'aperçoit, entouré par ses volontaires, indifférent à sa présence, emporté par ce mouvement de l'Histoire auquel, une fois de plus, il est, et c'est sa chance, intimement mêlé.

Les femmes, les femmes sont spectatrices, ou secondes seulement.

Cette guerre si longuement méditée à Paris et à Turin n'a pas été préparée. Il y a les hommes, ces colonnes de fantassins français qui défilent au milieu des fleurs et des vivats à Gênes, à Savone, à Turin, les armements, mais on n'a pensé ni au plan de bataille, ni aux futurs blessés qu'il faudra soigner.

Vaguement, on voudrait imiter Napoléon Bonaparte et sa fulgurante campagne de 1796. Après tout, Napoléon III est son neveu. Mais il suffirait que l'Autrichien Giulay marche sur Turin avec décision pour qu'il bouscule les Piémontais. Victor-Emmanuel a même songé à abandonner, en cas de besoin, la capitale.

Cependant Giulay vit lui aussi dans les souvenirs de Napoléon Ier. Il craint quelque manœuvre d'enveloppement. Il n'avance que prudemment, laissant le temps aux troupes françaises débarquées de rejoindre les troupes sardes, de remporter une victoire à Montebello et surtout à Magenta, le 4 juin 1859. Le 8 juin, dans le délire d'une population enfin libre, Victor-Emmanuel II et Napoléon III entrent dans Milan.

Garibaldi, lui, a mené sa guerre loin du front principal, harcelant l'ennemi, ce général Urban qui, d'abord méprisant, se rend compte que ces volontaires savent charger à la baïonnette et se faire tuer sur place s'il le faut. Guerre où, comme en Amérique du Sud, c'est moins le nombre des hommes engagés et des pertes qui compte, que le mouvement, la résonance des opérations, le sens d'une présence sur le flanc de l'ennemi.

Certes, s'il n'y avait eu les masses françaises, les dizaines de milliers de victimes, ces morts sans sépulture sous le soleil de juin, ces blessés que la soif torture et que les mouches affolent, cette gangrène qui prend leurs membres déchirés, l'action de Garibaldi n'eût rien tranché. La décision se fait ailleurs. A Magenta, puis à Solferino, le 24 juin, quand les régiments français et autrichiens se trouvent tout à coup face à face et que, dans la chaleur étouffante, ils s'affrontent, les Français montant à l'assaut de pentes raides, arrachant au corps à corps les haies, les buttes, avant qu'un orage inondant le champ de bataille n'arrête le massacre.

Mais on parle autant de Garibaldi dans la presse internationale — à Paris, à Londres — que de la guerre que mènent les troupes régulières de Victor-Emmanuel II. Garibaldi est devenu, comme l'écrit la *Revue des Deux Mondes,* « le messager des colères italiennes... C'est le chef, étrange par l'indépendance de sa vie et de son caractère, façonné à toutes les formes de l'action sur terre et sur mer, un patriote au cœur fougueux, de tête faible et de mœurs simples, très brouillé avec la diplomatie et popularisé par un dévouement passionné à la cause italienne... »

On publie sa biographie illustrée dont quelque cinquante mille exemplaires sont vendus en France. C'est un journaliste républicain, Charles Paya, qui l'a rédigée et imprimée.

Ainsi, dans le rapport de forces Cavour-Garibaldi, si Cavour a plié le patriote à sa stratégie, celui-ci, par le surplus de gloire et d'audience qu'il tire de sa participation à la guerre, conserve — et même accroît — son autonomie. On avait cru le lier. Son enrôlement dans les troupes de Victor-Emmanuel II et son acceptation de l'autorité monarchique le rendaient encore plus indépendant. Et donc susceptible d'inventer sa propre stratégie, d'échapper, s'il le désirait, aux prudences et aux calculs cavouriens.

Cette liberté conservée et multipliée, Garibaldi la devait à la manière dont il avait conduit ses volontaires avec panache et réussite.

Dès le premier jour, il prononce des mots en fanfare, propres à frapper l'opinion : « Quiconque a prétendu, par esprit de jactance, qu'il voulait vaincre ou mourir, que celui-là ne vienne pas avec moi. Je n'ai ni épaulettes ni honneurs à offrir. J'offre des batailles et cent cartouches pour chaque soldat. Comme tente : le ciel. Comme lit : la terre. Comme témoin : Dieu. »

Et les marches dans la campagne lombarde, longues, dangereuses, car le général Urban dispose de troupes aguerries. Les volontaires de Garibaldi n'ont encore — à l'exception des officiers, vieux insurgés — que leur enthousiasme comme expérience. Garibaldi les fustige, lui qui chevauche parmi eux, menant lui-même les assauts, regrettant que ses soldats ouvrent le feu trop tôt, avertissant ainsi l'ennemi de leur présence. « Cette nuit, les Chasseurs des Alpes, leur dit-il, ont montré que ce sont des conscrits, ou qu'ils ont peur. Le vrai militaire patriote ne se sert pas de son fusil inutilement. J'exige la plus grande discipline à ce sujet. J'ose espérer que la conduite de nos soldats que j'ai l'honneur de commander sera digne de la cause que nous défendons. »

Peu à peu, pourtant, parce que de nouveaux volontaires rejoignent la troupe de Garibaldi qu'à la guerre, pour survivre, il faut apprendre vite le métier des armes, les Chasseurs deviennent de bons combattants.

Ce que Garibaldi n'admet pas — une fois de plus — c'est « le découragement et le mensonge semés dans la population ».

Quand une vingtaine de soldats autrichiens se conduisent comme des pillards et réussissent cependant à traverser sans encombre de nombreux villages, il s'indigne, dénonce ce « fait honteux pour nous, Italiens ».

Comment, dans l'un des pays les plus favorisés du monde, un tel événement a-t-il pu se produire « sans qu'il vienne à l'idée d'un seul Italien de jeter des pierres à cette bande d'ivrognes... Dix jeunes hommes des alentours qui auraient décidé d'attaquer ces triomphateurs les auraient désarmés ou tués ».

Mais il y a les prêtres, les timidités du gouvernement, cette guerre où l'on ne fait pas appel à l'insurrection de tous. Garibaldi, lui, n'hésite pas : « Lombards, vous êtes appelés à une nouvelle vie », lance-t-il. Et parce que les victoires électrisent l'opinion et la rassurent, la peur et le découragement s'effacent.

A Varèse — puis à Côme — les habitants sortent dans les rues, bravant les Autrichiens, c'est une vraie libération : « Peuples et soldats mêlés dans un délire de joie. » A Varese, il pleut à verse, mais peu importe. A Côme, il fait nuit noire, toutes les maisons sont d'abord fermées sur elles-mêmes, puis, quand retentissent les commandements en italien, « en un éclair la ville est illuminée, les fenêtres se remplissent de monde, les rues sont envahies. Toutes les cloches carillonnent ».

Pour l'ancien proscrit, pour Nino Bixio — ancien de la *Giovine Italia* —, pour Medici, lui aussi longtemps exilé en Amérique, c'est le couronnement d'une vie quand, brusquement, l'émotion bouscule toutes les pudeurs. Quand des femmes inconnues vous embrassent comme des sœurs, des épouses, des mères.

« Oui, les femmes de Varese remplaçaient les mères de nos blessés », se souvient Garibaldi. Et il compte les morts, s'arrête devant Ernesto Cairoli, le premier des quatre frères Cairoli à tomber dans une entreprise garibaldienne. Trois autres suivront.

Voilà qui ne trompe pas : Garibaldi incarne bien la veine la plus populaire dans cette guerre d'indépendance, conçue par Cavour comme le dernier coup d'une partie d'échecs diplomatique. Avec Garibaldi, grâce à lui, la guerre monarchique, celle des états-majors, des divisions qu'on lance à l'assaut sous l'œil des souverains, se double d'une campagne plus spontanée — marginale, sans doute — mais exprimant la sensibilité patrio-

tique d'un peuple qui déborde, par sa volonté d'exister, l'échiquier sur lequel les hommes d'État voudraient le maintenir.

Garibaldi est conscient du sens que prend sa participation.
Il soupçonne même les généraux de vouloir lui tendre des
pièges en envoyant ses hommes au massacre, comme à Treponti. « Vous êtes fait, si vous vous fiez à ces gens-là », lui dit le
général Cialdini auquel il se plaint. Garibaldi n'a reçu aucun
des renforts promis lors d'une action aventurée.

« C'était donc un piège dans lequel on voulait m'entortiller,
conclut-il, pour perdre une poignée de braves... le Quartier
général du roi avait voulu nous berner d'une manière un peu
tragique... »

Malgré tout, il poursuit son avance. Vers Bergame, Brescia
et la Valtellina, se renforçant des canons et des munitions qu'il
trouve dans les forteresses autrichiennes, prêt à aller plus loin
encore, vers le Tyrol du Sud. On le retient. Car, dit-il, mettant
l'accent sur les deux côtés de la guerre (celle du roi et celle qu'il
conduit), « les Chasseurs des Alpes qui, après avoir été réduits
à mille huit cents hommes à la suite de l'affaire de Treponti,
avaient augmenté comme par enchantement, en un peu plus
d'un mois, jusqu'à près de douze mille hommes et s'accrois-
saient de jour en jour, ne manquaient de gêner ceux qui
n'avaient pas la conscience tranquille et qui avaient peur de ces
volontaires dont ils avaient répété qu'ils ne servaient à rien.

« Ces gens-là, chargés de fautes, ont peur de nous, poursuit-
il. Et pour cause. Ils nous traitent de révolutionnaires et cela
nous honore. Car nous ne renoncerons pas à ce titre honorable
tant qu'il y aura sur la terre des canailles qui, pour se vautrer
dans les plaisirs, maintiennent la meilleure part des nations
dans l'esclavage et la misère. Cette manière stupide de procé-
der pouvait avoir son origine dans l'esprit tortueux du troisième Napoléon et se refléter dans l'âme du roi et de ses petits
courtisans. »

La peur de ces « révolutionnaires » est-elle l'une des origines
de l'armistice que Napoléon III conclut le 11 juillet à Villafranca avec l'Empereur d'Autriche François-Joseph ?

La nouvelle éclate comme un coup de tonnerre. Les deux empereurs se sont embrassés. Leurs officiers se sont serré la main. Oubliés, les quarante mille morts du champ de bataille de Solferino ? Ou, au contraire, pesant dans l'esprit de Napoléon III, horrifié par ce carnage et surtout par l'impasse politique personnelle dans laquelle il s'est engagé ?

Tous ces morts pour un royaume du Piémont parcouru de frissons révolutionnaires... Non seulement Garibaldi a conservé autour du cou son « foulard rouge », mais tous les petits États entre la Lombardie et Rome (Parme, Modène, la Toscane, Bologne) ont chassé leurs souverains.

A Paris, les milieux les plus conservateurs dénoncent cette politique qui condamne le pouvoir du Pape sur Rome. Qui va arrêter cette vague unitaire aux portes des États pontificaux ? Qui va empêcher la fièvre révolutionnaire de gagner l'Europe ? Et, sur le Rhin, les troupes prussiennes se massent, menaçant la France.

Alors, tant pis pour les promesses, celle de « l'Italie libre jusqu'à l'Adriatique » ! Signons l'armistice, décevons les Italiens (Cavour, hors de lui, démissionne), donnons satisfaction aux hommes d'affaires que la guerre mécontentait, aux banquiers, aux catholiques, au Pape, et acceptons de voir sur les murs de Turin des affiches reproduisant le portrait du comte Orsini. Avec cet armistice, Napoléon III a perdu en quelques semaines le bénéfice d'une popularité recherchée.

Les Italiens sont-ils des ingrats ? Oublieux des cadavres tombés dans le cadre d'une politique tortueuse, mais tombés pour l'unité italienne quand même ?

Curieusement, c'est Garibaldi le Républicain qui, s'adressant à ses troupes qu'il licencie le 23 juillet, sait taire son ressentiment, sensible qu'il est à tous ces fils — car il pense constamment à la douleur des mères — morts dans des batailles meurtrières qui scandalisent, en Europe, quelques hommes qui n'oublient pas le prix humain des grandes politiques : c'est de la guerre d'Italie que naîtra la Croix Rouge.

Garibaldi déclare donc à ses soldats : « Rentrez dans vos foyers. Lorsque les vôtres vous serreront dans leurs bras, n'oubliez pas la gratitude que nous devons à Napoléon et à l'héroïque nation française dont tant de vaillants fils gisent encore, pour la cause de l'Italie, blessés et mutilés sur un lit de douleur. »

Mais si Garibaldi disperse ses soldats, tout en sachant que l'Italie n'est pas faite, que Venise reste dans la poigne autrichienne, Rome sous la férule pontificale, que Florence et Bologne sont libres mais isolées et que Naples et Palerme sont enfermées dans la politique répressive des Bourbons, c'est qu'il comprend qu'après l'armistice, « les Chasseurs des Alpes deviendraient une plante exotique au milieu de l'armée permanente, sous l'administration éternelle et antipathique du ministère La Marmora ».

Pour aller, comme le voulait Mazzini, « au centre, au centre » (Parme, Bologne, Florence) « en regardant vers le Sud » (Rome, Naples, Palerme), il fallait d'autres voies. Garibaldi était bien décidé à les emprunter.

Mais comment agir, quand, avec qui ?

On sent Garibaldi hésitant. Tout le centre de l'Italie, ce cœur des villes-reines — Bologne, Modène, Parme, Florence — s'est soulevé. Les hommes s'arment, se rassemblent en une Légion, s'indignent.

Ils ont appris que, lors de l'armistice de Villafranca, il a été décidé que l'empereur François-Joseph remettrait à Napoléon III — son vrai vainqueur — la Lombardie, libre à lui de la céder au Piémont. Humiliation pour Turin qu'il faut pourtant accepter.

Mais comment admettre que les duchés de Modène, de Parme et de Toscane soient rendus à leurs maîtres, ces princes alliés de Vienne ? Si les patriotes sont, pour l'instant, contraints de laisser Venise aux mains de l'armée autrichienne toute-puissante encore, il n'y a pas de soldat autrichien dans les villes-reines. Elles se sont libérées et l'on voudrait qu'elles retournent sous la botte ?

Dans le climat d'enthousiasme de 1859, alors que Milan et la Lombardie sont italiennes — enfin —, cette décision des empereurs est impraticable. Napoléon III le sait. Et François-Joseph est sans illusion.

Mais il faut être prudent. Victor-Emmanuel II le répète à Garibaldi : « Soyez très prudent. » Il ne faut pas mécontenter Paris. Il faut faire accepter à l'Europe ce nouvel agrandissement du Piémont. Il faut que les empereurs de Vienne et de Paris n'imaginent pas qu'après ces villes et ces duchés, les Italiens glisseront, comme Mazzini le leur conseille, vers Rome et, de là, vers Naples et Palerme. Le Pape a de puissants amis à Paris et à Vienne. Et puis, attention à la révolution. Garibaldi, auquel Parme et Modène, la Romagne et la Toscane offrent le commandement de leur légion, sent bien que tout cela est une « politique de renards », celle qu'il déteste, faite d'habiletés et d'hypocrisie. De la « grande politique », en somme, dont le peuple est exclu.

Pour avoir les mains plus libres, il démissionne de sa charge de général de l'armée piémontaise. Et naturellement, avec empressement et soulagement, le général La Marmora — celui-là même qui l'avait fait arrêter à Gênes en 1849 — accepte.

Mais, à Florence, à Bologne, à Ravenne, il découvre le même jeu qu'à Turin. On a besoin de lui. On le pousse sur les places et sur les balcons. A Florence, la foule l'acclame à son entrée au Palazzo Vecchio — puis on lui lie les mains. « Si ces messieurs m'avaient appelé, comprend-il, c'était donc en raison de la popularité dont je jouissais mais dont ils voulaient profiter pour se rendre eux-mêmes plus populaires. »

Dès que la présence de Garibaldi leur a donné un brevet de patriotisme, commence le temps des « basses intrigues » pour le décourager. Son amertume est d'autant plus grande devant les manœuvres de « ces messieurs » que, dans cette région, il a combattu en 1848, au moment de sa longue retraite vers Venise.

Il se rend sur la tombe des fusillés, il fait exhumer Anita afin que son corps soit ramené à Nice. Il se souvient des sacrifices de ses plus proches compagnons, de sa femme et, dans cette atmosphère qui devait être celle de la victoire, de l'élan, il n'en ressent que plus durement les manœuvres.

« Alors que je préparais tout pour l'action, confie-t-il, on donnait des ordres derrière mon dos à mes subordonnés pour qu'ils ne m'obéissent pas. »

On veut, de toutes les façons possibles, le contraindre à se retirer. Ces « duchés » doivent bien revenir au Piémont, mais non au terme d'une action populaire ou militaire : par un marchandage auquel, à Turin et à Paris, commencent à se livrer les diplomates (Cavour, qui reviendra au pouvoir le 20 janvier 1860).

Le centre de l'Italie serait, après des plébiscites, rattaché à Turin et, en échange, Paris recevrait le prix de son intervention qui n'a pas encore été versé, puisque l'Italie n'est pas libre « jusqu'à l'Adriatique » : ce salaire de l'alliance, c'est Nice et la Savoie. Là aussi, des plébiscites ratifieraient le passage d'une souveraineté à une autre.

Qu'a-t-on à faire du peuple turbulent dans de telles négociations ? En acclamant Garibaldi, en chassant les princes, il a montré qu'il était patriote. Qu'il n'en fasse pas plus !

On maintient Garibaldi dans l'inaction. « Je traînais une existence pendant quelques mois lamentable, dit-il, a peu près sans rien faire dans un pays où l'on pouvait et où l'on devait faire tant de choses. Je me soumettais à tout et j'étais prêt à tout, mais rien n'arrivait. »

A deux reprises, il est reçu par le Roi — le 27 octobre et le 16 novembre 1859. Il en est flatté. Le Roi se montre compréhensif, lui laisse entendre qu'on va enfin agir, lui remet une médaille d'or. Il semble à Garibaldi qu'il est entendu. Le Roi est plein de « bonnes intentions », puis, à la deuxième rencontre, Victor-Emmanuel II parle des « exigences de la politique extérieure... Il croyait préférable que je me tienne à l'écart », rapporte Garibaldi.

Amical, toujours, Victor-Emmanuel II, pour neutraliser le général au foulard rouge.

Et il est vrai que la partie est serrée.

Paris, peu à peu, se rapproche de la position de Turin. Napoléon III admettra le rattachement des duchés si on lui cède

Nice et la Savoie : ce qui n'était qu'hypothèse se confirme.

Dans un curieux article publié par l'*Illustration*, Alphonse Karr, qui habite Nice, insiste, dès le 17 septembre 1859, sur l'accueil chaleureux qu'ont reçu dans la ville de Garibaldi les troupes françaises à leur retour de la Campagne d'Italie, et il conclut en affirmant le « caractère français de la cité méditerranéenne ». Les signes se multiplient que Napoléon III prépare l'opinion à une nouvelle étape de sa politique italienne. Garibaldi ne doit pas venir, par une initiative intempestive, déranger cette « nouvelle donnée ».

« Le sort du pays est dans les mains des faiseurs politiques, écrit-il. Tous veulent résoudre la situation par des traités diplomatiques... » Agir, ce serait entamer une révolution « en rompant nécessairement tout lien de discipline dans l'armée et dans le peuple... La cause sacrée de mon pays, que je pouvais compromettre, me retint ».

Une fois de plus, ce mélange de lucidité et de sens des responsabilités, cette timidité aussi dans l'action politique, ce refus de prendre l'initiative — de laisser d'autres inventer, quitte à les rejoindre — se manifestent chez Garibaldi. Associés à la naïveté, au plaisir d'être reconnu comme interlocuteur par le Roi.

Victor-Emmanuel II le reconduit donc en insistant sur la prudence nécessaire. Et Garibaldi se soumet.

Une autre politique eût-elle été possible, libérant les forces contenues par la soumission séculaire et la misère, les dirigeant non seulement vers le but unitaire — faire une patrie — mais aussi vers des objectifs sociaux : réforme agraire et république ?

Formuler ces propositions — l'axe de cette autre politique — suffit à montrer que les forces n'existent pas pour réaliser un tel programme.

Quels leaders ? Mazzini ? Il mêlait le cynisme au messianisme, l'absence de réalisme à l'incapacité d'analyser, précisément, les problèmes sociaux.

Quelles masses ? Celle du Sud ? Mais alors, comment les

associer aux revendications si différentes des Lombards ou des Toscans ?

Et comment conduire cette politique dans une Europe dominée par la France impériale et l'Autriche de François-Joseph ?

Les « faiseurs politiques » avaient donc la partie belle. Mais il leur fallait agir pas à pas, pour ne pas faire exploser toutes les contradictions de leur stratégie. Ils devaient se servir du peuple tout en le contenant. Conquérir le Centre, et demain le Sud, sans libérer ces forces de la revendication radicale. Ajouter une à une les pièces du puzzle italien en craignant qu'à chaque instant un mouvement incontrôlé, une suspicion ne viennent détruire ce qui avait été déjà rassemblé.

Et, pour cela, lier Garibaldi.

« Le roi désirait que j'accepte un grade dans l'armée. Je refusai mais l'en remerciai, confie Garibaldi. J'acceptai cependant un beau fusil de chasse qu'il voulut m'offrir et qu'il me fit apporter par le capitaine Trecchi, de son état-major, alors que j'étais déjà dans un wagon du train de Gênes. »

De Gênes, Garibaldi se rend à Nice. Il y passe trois jours, en cette fin de l'année 1859. Il ne sait pas encore qu'il va «devenir», comme il le dira quelques semaines plus tard, « étranger dans sa propre cité ».

Ce bref séjour à Nice est un indice du désarroi de Garibaldi. L'histoire l'a repris, poussé au premier rang et voici qu'elle se retire à nouveau, laissant d'autres jouer les premiers rôles dans cette « politique de renards ».

Que faire ? Rentrer à Caprera, écouter tel ou tel qui propose une action dans le Sud, du genre de celle qu'en 1857, Pisacane a tenté sans succès ? Mais, cette fois-ci, les conditions sont bonnes, le peuple sicilien attend. Il suffirait d'une « étincelle ».

La période est difficile à vivre dans le désœuvrement. Il ne s'agit point d'une de ces pauses de l'histoire, quand la réaction gèle toute initiative ou la condamne à mourir, mais, au contraire, d'un temps mouvant où chaque jour apporte une nouvelle. Cavour a repris le pouvoir à Turin. Les journaux fran-

çais écrivent que la « face des choses va subir une transformation », les provinces de l'Italie centrale vont s'unir au Piémont
et « il est probable que la France entrera en possession de la
Savoie et du Comté de Nice ».

Est-ce possible ?

Garibaldi commence à s'inquiéter, fait interroger, par des
voies détournées, Victor-Emmanuel II. La réponse du Roi
viendra, nette : « Dites au général qu'il ne s'agit pas seulement
de Nice, mais aussi de la Savoie. Dites-lui aussi que si moi,
j'abandonne le pays de mes ancêtres, il peut plus facilement
que moi abandonner le sien, où lui seul est né. »

Désarroi. Le sol bouge et comment s'agripper ?

Le choix même qu'a fait Garibaldi, d'une politique dictée
par la sagesse, sa volonté de soutenir le Roi, l'enferment. Mais
comment supporter cette inaction alors que se préparent de
grandes choses pour l'Italie, en dehors de lui ? Comment empêcher Nice de redevenir française ? Faut-il seulement chasser les
bécasses à Caprera avec ce beau fusil anglais que Victor-
Emmanuel II lui a offert ? Dérisoire ! Le bouillonnement intérieur de Garibaldi l'empêche de s'en tenir à cette situation marginale dans laquelle on l'a habilement cantonné.

Où se jeter pour se prouver qu'on demeure un homme d'action, capable de modifier la vie, si le terrain privilégié de l'histoire est interdit ? Dans la passion et l'amour qui ressemblent
tant à l'assaut et à la guerre ? Surtout lorsqu'ils se placent dans
l'atmosphère des batailles...

Dans la région de Côme, Garibaldi avait vu surgir, venant
de la ville encore occupée par les Autrichiens, une jeune femme
— toute jeune, dix-huit ans... Elle était descendue de sa calèche.
Vive, avec cette liberté d'allure des aristocrates — elle est marquise — que ne gênait, à cette époque où Verdi composait ses
opéras, aucun préjugé. Elle apportait courageusement un message de la ville invitant Garibaldi à intervenir avec ses troupes
pour déloger les Autrichiens.

L'homme de cinquante-deux ans avait regardé longue-
ment cette fière silhouette et, naturellement, il lui offrit sa vie.

Garibaldi, depuis quelques années, malgré Emma Roberts ou Speranza von Schwartz, malgré l'enfant que portait, à Caprera, Battistina Ravello, souffrait de ne pas unir son destin à une femme. Il semblait qu'avec la marquise Giuseppina Raimondi, il allait pouvoir « recommencer » une existence, comme si le renouveau de l'histoire italienne à laquelle il participait annonçait le regain de sa vie intime. 1859, c'était le triomphe longtemps attendu des idées de sa jeunesse ; 1859, ce pouvait être, avec une marquise de trente-quatre ans sa cadette, la jeunesse retrouvée.

En janvier 1860, dans l'inaction qui le tenaille, Giuseppina Raimondi est l'issue, la preuve que la vie continue, puissante.

Le marquis Raimondi est d'ailleurs un garibaldien, flatté de devenir le beau-père d'un héros. La jeune marquise se montre consentante. Garibaldi la rejoint dans la grande propriété familiale de Lombardie, non loin de Côme. Les brouillards étouffent les bruits, enveloppent les peupliers d'une ouate argentée. Les « fiancés » chevauchent dans le silence. Garibaldi porte à nouveau son poncho ; elle, la jeune marquise, cavalcade, légère. Garibaldi, malgré ses rhumatismes, s'oblige à l'agilité. Puis on bavarde dans les salons, devant les cheminées. Un jour, au cours d'une promenade, Garibaldi tombe, se blesse au genou, est contraint à demeurer alité plusieurs semaines. On le soigne. Il s'exalte. Et les amours ne restent pas platoniques.

Le 24 janvier 1860, le mariage est célébré dans la chapelle privée de la propriété, simplement, en présence de deux témoins, le gouverneur de Côme, Lorenzo Valerio, et le comte Lamberthengi. Garibaldi, rayonnant, serrant le bras de la jeune épousée.

Mais il faudrait ici un roulement de tambours, comme au milieu d'un acte pour annoncer la venue de l'orage. Au moment où il sort de l'église, un homme s'approche et lui tend une lettre.

Il faudrait maintenant le déchaînement des cuivres de l'orchestre pour accompagner ce récit, si l'on pense une fois encore à Verdi — et, bien sûr, à Lucchino Visconti — alors qu'il ne s'agit que d'une scène grandiloquente mais on ne peut plus vraie.

La lettre anonyme contient des preuves démontrant que la jeune marquise a deux amants. L'un d'eux est même un officier des troupes garibaldiennes, le jeune lieutenant Luigi Caroli ; l'autre est le marquis Rovelli, un cousin. Et la veille du jour des noces, précise-t-on à Garibaldi, la marquise s'est encore donnée à Rovelli. De plus, elle est enceinte.

Éclats de voix, scandale, rupture, violence.

Garibaldi renonce, quitte la jeune marquise qu'il ne reverra plus. Mais la répudiation privée ne brise pas les liens légaux. Garibaldi sera uni à Giuseppina Raimondi jusqu'en 1879.

A Turin, le Roi se gausse de cette mésaventure, en connaisseur. Tous ceux qui haïssent Garibaldi tournent en dérision le vieux barbon. La presse est discrète. L'opinion ignorera la mésaventure de son héros. Mais on imagine Garibaldi ulcéré. Non qu'il attachât de l'importance à la virginité des femmes qu'il épousait, mais ici il avait été berné, trahi, comme un vieil homme dont on se sert.

Il regagna son île. Il y chassa avec son fils Menotti, déçu, d'autant plus amer que l'histoire, en ce printemps 1860, ne pouvait qu'approfondir sa blessure.

Les événements, en effet, se sont accélérés. Multipliant les conversations diplomatiques, manœuvrant avec habileté, Cavour a placé Napoléon III devant le fait accompli.

Il a demandé aux gouvernements de l'Italie centrale, le 1er mars, de convoquer leurs électeurs pour le 11 du même mois, afin qu'ils votent l'annexion de leur territoire au royaume de Victor-Emmanuel II. Ce même 11 mars, alors que les populations de l'Émilie et de la Toscane se rendent aux urnes dans la joie, une convention secrète cède à la France Nice et la Savoie, sous réserve du vote des habitants. Le traité sera rendu public le 24 mars.

Le pire est donc arrivé pour Garibaldi.

Il va être nommé député pour le collège électoral de Nice aux élections des 25 et 27 mars, à quelques jours de ce plébis-

cite qui a été fixé au 15 avril. Situation curieuse, puisque le sort
de la ville est déjà scellé alors que la population est invitée à
envoyer des députés au parlement de Turin ! Le désarroi est si
grand qu'on dénombrera, parmi les électeurs niçois, près de
75 % d'abstentions. Mais Garibaldi est néanmoins élu.

Or, il est opposé au rattachement à la France. Il vit un véritable déchirement. Lui, l'un des artisans de l'unité italienne, est
contraint d'accepter la séparation de sa ville d'avec l'Italie. Il
comprend mal, on l'a dit, l'évolution de la ville, les raisons du
glissement de l'opinion vers la France. Il y voit la main des
prêtres, soucieux de conduire leurs ouailles vers le gouvernement autoritaire de Napoléon III. Il dénonce dans le vote un
véritable coup de force dans la suite logique du Coup d'État du
2 décembre 1851 qui étrangla la république. Et il écrira : « Le
vote que sept millions de Français donnèrent à Napoléon III
eut son épilogue à Nice, où les prêtres et quelques hommes
vendus ou égarés conduisaient les foules ahuries à l'urne pour
voter, comme en France, pour l'autocratie. L'annexion de Nice
est par conséquent un délit comme le 2 décembre. »

Analyse superficielle qui ne tient pas compte des anciennes
relations entre Nice et la France, des intérêts économiques de
la cité, négligés par un royaume sarde dont le centre de gravité
se déplaçait vers l'Italie centrale. Après tout, Victor-
Emmanuel II avait eu raison de dire à Garibaldi qu'il renonçait
lui, avec la Savoie, à la terre de ses aïeux !

Mais affectivement, le prix est lourd pour celui dont tous les
souvenirs sont liés à cette Baie des Anges, à ce bassin du port
Lympia, au quai Lunel. Là il a couru, là le visage des siens est
encore vivant. Il ne pourra plus, une fois le rattachement
accompli, que se réfugier dans les terres de la mémoire.

Et les résultats ne font aucun doute. D'abord à cause de ces
éléments de fond qui déterminent les électeurs, mais aussi
parce que chaque Niçois sent bien que le sort de la ville est,
quel que soit le choix personnel qu'il va faire, déjà tranché.
Autant alors, puisque c'est l'intérêt et le sentiment général,
entériner ce que les États ont décidé.

L'enthousiasme populaire est évident. Le 15 avril, vers sept heures du soir, un cortège parcourt les rues de la ville. On chante l'hymne à la France, on porte un panneau sur lequel sont inscrits deux chiffres — *oui* : 6 810 votants, *non* : 11.

Rue de France, sur le Cours, rue Centrale, place Victor — l'actuelle place Garibaldi — on défile : « Vive la France, vive l'Empereur ! », crie-ton dans les rues pavoisées.

A Nice même, 86 % des 7 912 électeurs inscrits se sont prononcés en faveur du rattachement, et, dans le Comté, 83,84 %.

Manifestation incontestable du sentiment populaire que Garibaldi a voulu empêcher.

Député à Turin, il a constitué un « Comité pour Nice ». Il pense même, avec l'aide de quelques fidèles à organiser une expédition qui partirait de Gênes. Il débarquerait à Nice, s'emparerait des urnes, brûlerait les bulletins, puis ferait campagne pour le maintien de Nice dans le Royaume d'Italie. Et normalement informés, fidèles à leur héros, les Niçois se prononceraient sans équivoque pour cette solution.

La tentative est vite abandonnée. Au Parlement de Turin, avant le plébiscite, le 12 avril, Garibaldi était intervenu sobrement d'abord, démontrant par des arguments juridiques — qui lui ont sans doute été préparés — que céder Nice était contraire au *Statuto* du royaume. Mais le plébiscite a eu lieu.

Il se sent désormais désavoué par les siens. Il est ulcéré. Le 23 avril, il démissionne de sa charge de député. Qui représenterait-il au Parlement de Turin ?

Le 25 avril 1860, dans une lettre, il exprime toute son amertume : « Tout m'écrase et m'atterre. Mon âme est en deuil, écrit-il. Que dois-je faire ? Abandonner cette atmosphère qui m'étouffe et me répugne jusqu'à la nausée ? Je le ferai rapidement, très vite, pour respirer plus librement, comme un prisonnier qui revoit enfin la lumière de Dieu... »

Il y a un an à peine, il était acclamé dans les rues de Milan. La guerre commençait. Victorieuse, elle ampute pourtant Garibaldi de sa petite patrie et le laisse désemparé.

Prenant le train, pour Gênes, il songe à se retirer à Caprera.

Amant et mari bafoué, patriote isolé, il peut croire qu'il est au creux de l'échec.

Mais l'histoire est pleine de surprises. Toujours. Elle ne s'arrête pas. En avril 1860, l'Italie bouge encore.

Onzième tableau

Mille quatre-vingt-neuf hommes

(1860)

Le Sud.

Ce qu'on appelle le royaume des Deux-Siciles, cet État sur lequel règne depuis quelques mois un jeune souverain, François II, fils de Ferdinand II — il *rè Bomba* —, ce Bourbon de Naples qui faisait bombarder ses villes pour y maintenir l'ordre.

Le Sud où le Christ semble s'être arrêté[1] avant d'entrer dans les villages, tant la misère y est grande. Ici, ce n'est pas encore le XIXe siècle que vivent les paysans, mais une situation immobile où des nobles — des « Guépards » — sont encore propriétaires de milliers d'hectares que guettent les régisseurs, les bourgeois, les petits notables.

Dans Palerme et Naples, les deux villes du Royaume, se côtoient une foule de pauvres, mal contrôlés, des fonctionnaires de l'État plus ou moins corrompus, et des rentiers.

Et les paysages du Sud : terres brûlées par la chaleur où l'herbe est rare, car les troupeaux d'ovins sont passés ; parfois, une étendue verte comme une oasis, dans un repli de falaises nues : ici les citronniers et les orangers.

Et les mœurs du Sud : superstition, corruption, violence, vengeance, brigandage, *mafia* ou *camorra*.

1. Il faut bien sûr relire *Le Christ s'est arrêté à Eboli*, de Carlo Levi, et voir le film tiré de ce récit par Francesco Rosi : deux chefs-d'œuvre.

Le Sud est un univers qui ne se confond pas avec l'Italie. Il vit sa propre histoire économique, sociale et politique. Si loin des brumes et des chuchotements de Turin ou de l'éclat de Bologne ou de Florence ! La Sicile à elle seule, avec ses mines de soufre, ses révoltes — en 1820-1821, en 1837, en 1848 — est un monde autonome, une partie surexploitée du royaume des Deux-Siciles où les souverains ont toujours envoyé des soldats napolitains — « des étrangers » — maintenir l'ordre ou le rétablir.

Ce Sud, les patriotes italiens y ont pensé avec scepticisme et espoir.

Les hommes d'État à la Cavour, patriotes certes, mais soucieux d'équilibre politique et de développement économique, sont conscients de cet « océan » de problèmes qu'est le Sud. Internationaux d'abord : l'Angleterre est présente par sa flotte dans cette région, elle a des intérêts importants en Sicile, elle suivra toute action entreprise dans cette région avec attention : la Méditerranée commande tant de routes que Londres ne pourra laisser la situation, à Palerme ou à Naples, se développer sans prendre parti. Et sa neutralité sera à elle seule un engagement.

Mais cela n'est rien encore. Que faire de ces centaines de milliers de paysans sans terre qui viendront alourdir toute l'Italie, empêcher ce développement industriel du Nord, mesuré et progressif, dont rêve Cavour, un essor à l'anglaise ?

Le Sud, c'est l'analphabétisme, l'absence de capitaux. Sans doute un terrain pour une exploitation dirigée du Nord, un espace « colonial » dont les Piémontais deviendront les maîtres. Mais en échange de quoi ? Ne vaudrait-il pas mieux gérer ce « Royaume des Deux-Siciles » en l'influençant, en le contrôlant, sans pour autant avoir à supporter toutes ses maladies ? Cavour est bien conscient de cet aspect de la « question méridionale », cette gangrène qui risque, à partir d'une extrémité, de paralyser toute la péninsule.

D'autres, patriotes radicaux, ont vu dans le Sud le chaudron des sorcières, une foule paysanne qu'il suffirait de réveiller pour que, sur toute l'Italie, se répande la menace de leur révolte sociale. Debout les miséreux du Sud, « *Allonzanfan* »[1] ! Mais les frères Bandiera ou Pisacane n'ont rencontré que l'indifférence paysanne, et bientôt l'hostilité. Ces révolutionnaires ont été souvent livrés par les paysans aux pelotons napolitains et fusillés.

Et pourtant, personne ne peut renoncer, car la secousse de 1859 a aussi fait trembler le Sud.

La Sicile d'abord, qui s'insurge. Une insurrection éclate à Palerme le 4 avril 1860. Une de plus ? Elle est réprimée, mais la révolte endémique continue dans les campagnes. On attend.

Des Siciliens comme Francesco Crispi — avocat et journaliste mazzinien —, des exilés, des patriotes unitaires sont décidés à saisir l'occasion.

Crispi a, dès l'armistice de Villafranca, durant l'été et l'automne 1859, fait sous un déguisement le tour des villes siciliennes et renoué les fils de la conspiration mazzinienne. Il ne s'agit là sans doute que d'une trame ténue, impliquant surtout des citadins, des hommes cultivés comme la Sicile en compte tant et qui, dans ce royaume d'ignorance et de misère, sont autant d'îlots de savoir, vestiges d'une histoire millénaire. Pour eux — et pour tous les patriotes du Sud au Nord — il faut compléter l'unité, même si, pour « descendre » de Florence à Naples, il faut traverser les Marches et l'Ombrie — qui relèvent de la souveraineté pontificale — et donc affronter le Pape. Qui sait si, d'une seule initiative, on ne pourra pas aussi faire tomber Rome dans l'unité italienne, même si les troupes françaises y étant toujours présentes — depuis 1849 — l'entreprise paraît risquée aux plus sages ?

Mazzini, dans plusieurs de ses lettres, répète que « pour révolutionner le Sud, il suffit de le vouloir ». Et il ajoute, avertissement au Piémont et à tous les « sages » : « Nous ne poussons pas au mécontentement populaire, mais nous devons l'utiliser pour les combats de la première heure contre les vieux

1. Film des frères Taviani qui relate l'échec d'une tentative révolutionnaire dans le Sud.

dominateurs... Si nous n'agissons pas, nous tomberons inévita-
blement, je le dis avec douleur et certitude, dans la guerre civile
et dans l'anarchie. »

Mais qui peut agir ?

Cavour a des sentiments mêlés à l'égard du Sud. Il veut
d'abord digérer la Lombardie et le Centre. Milan et Florence,
qui viennent d'être réunies à Turin, voilà de vraies villes italiennes où les Piémontais se sentent à l'aise. Mais parmi les
lazzaroni de Naples ou les *picciotti* de Sicile (jeunes gens
rebelles), ils ne sont que des étrangers.

De plus Turin, et Paris son soutien, ont épuisé leur élan : les
États ont besoin d'une pause.

Un équilibre européen, estiment Cavour et Napoléon III,
doit se reconstituer après les bouleversements consécutifs à la
guerre du printemps 1859. Mais, dès lors, si Turin ne peut — ni
ne veut — agir, n'est-ce pas pour les patriotes l'heure d'échapper à la tutelle royale, de reprendre la direction de la lutte qu'il
avait fallu confier à Victor-Emmanuel II et à Cavour ?

« Je ne demande pas que le Piémont entre d'abord dans la
lice, écrit encore Mazzini. Nous commencerons, nous. »

Nous ?

Un seul homme peut à lui seul remplacer par son autorité et
son prestige la monarchie piémontaise : Garibaldi.

Il est à Gênes. Il n'est plus député. Il ne peut même plus
rêver de retourner à Nice pour quelques jours afin de retrouver
la paix de l'enfance. Nice est française. Il a ce grief contre
Cavour, et il l'a violemment exprimé au Parlement de Turin. Il
a renoncé à tenter, contre le vote des Niçois, une action sans
espoir. Il est morose. La réussite historique de l'unité — à
laquelle il a contribué et dont il est le symbole — s'est muée en
échec intime. Il voudrait ne plus intervenir. Par sagesse et
amertume. Il s'est un temps retiré à Caprera.

Mais quand on se nomme Garibaldi, que le nom qu'on porte
est un drapeau, on ne peut ainsi échapper à l'Histoire.

Crispi, d'autres Siciliens comme Rosolino Pilo ou Corrao,

font son siège, lui parlent de l'insurrection qui là-bas, dans l'île, s'est déclenchée. Pilo l'exhorte à en prendre la direction : « L'insurrection de Sicile, tout bien considéré, entraîne celle de toute la péninsule, écrit-il. Elle est plus que nécessaire en ce moment, s'il est vrai que l'on veut faire l'Italie une. La différer serait favoriser les desseins de la diplomatie et donner à l'Autriche le temps de se fortifier et de trouver les alliances qui lui manquent aujourd'hui. »

Cette argumentation de Pilo est exacte. Mais Garibaldi est surtout sensible à l'idée que l'on pourrait arracher la Sicile à l'Italie. Pilo le sait. Il poursuit :

« D'autre part, un délai est ce que désire Napoléon, qui voudrait placer à Naples un membre de sa famille [le prince Murat]. En n'acceptant point de retards, nous nous trouverons en mesure d'empêcher le marché brutal de Nice et d'affranchir la pauvre Vénétie... Je n'ai rien d'autre à vous dire, général, qu'à vous saluer de cœur et à vous souhaiter de nouvelles gloires en Sicile, pour la délivrance de la patrie. »

Au moins, s'il n'intervient pas, qu'il donne aux insurgés les armes et les fonds qu'il a recueillis dans l'association du « Million de fusils » lancée en septembre 1859 à Ravenne. Garibaldi avait dit alors : « Ce sont les armes qui nous manquent, mes amis, et pour que cette privation ne se fasse pas ressentir plus longtemps parmi nous, je propose que l'Italie ouvre une souscription pour nous procurer un million de fusils. »

Comme si l'on pouvait demander à Garibaldi des armes et de l'argent sans qu'il ne se sente pas contraint par ses convictions de prendre lui-même un fusil !

Il résiste pourtant à ces hommes jeunes et déterminés. Il est, dit-il, « sous l'effet du scepticisme ». Il déconseille d'agir. « C'était jeter la glace de mon demi-siècle sur l'ardeur, la force d'une décision de vingt-cinq ans », confie-t-il.

Mais il comprend, malgré la rareté des nouvelles qui parviennent de Sicile, que le choix des plus jeunes des patriotes est fait. Il se laisse alors peu à peu entraîner.

Installé dans la Villa Spinola, à Quarto, non loin de Gênes, il est sollicité chaque jour de diriger l'expédition qui va se diriger vers la Sicile et y débarquer. La villa est vite un lieu de rendez-vous, non seulement des patriotes, mais des informateurs de Turin, de Paris.

Le consul de France à Livourne peut, dans une dépêche, annoncer au gouvernement de Napoléon III, dès le 26 avril, que Garibaldi recrute des volontaires pour la Sicile. Les journaux reproduisent d'ailleurs cette information et aucun gouvernement ne proteste avec vigueur, comme si l'on était décidé à tolérer le fait, persuadé que l'entreprise contre une armée régulière, sans le secours des troupes piémontaises, est vouée à l'échec.

Cavour, qui suit ces préparatifs, ne peut guère réagir. Son veto à une expédition conduite par Garibaldi le déconsidérerait. Garibaldi a fort bien jugé les causes du silence de Cavour et de ses ministres : « Les hommes de Cavour, écrit-il, ne pouvaient pas dire : « Nous ne voulons pas l'expédition de Sicile » ; l'opinion publique de nos peuples les aurait réprouvés et leur popularité fictive, obtenue avec les deniers de la nation en achetant les hommes et les journaux, aurait été probablement ébranlée. »

Alors Cavour tend « ses filets d'embûches et de misérables difficultés », note Garibaldi.

Pour les armes, on refuse, ou bien on en livre de mauvaises. « Libéralités intéressées de renards hauts placés. » Pour les bateaux, quand Garibaldi « s'emparera », avec le consentement de la compagnie de navigation Rubattino, de deux vieux vapeurs à aubes, le *Lombardo* et le *Piemonte*, sur lesquels embarqueront les mille cent soixante-dix hommes (qui resteront mille quatre-vingt-neuf au moment de l'arrivée en Sicile), Cavour donne ordre que, s'ils touchent la côte de Sardaigne, ils soient saisis par la marine royale. S'ils continuent sans toucher terre, alors... A Dieu vat ! Car Cavour sait aussi se résigner à l'inéluctable ; laissant jouer Garibaldi, il se prépare, si la partie s'avère gagnante, à empocher les gains.

Car si ceux qui s'enrôlent sont souvent des républicains, des patriotes radicaux — il y a là Nino Bixio, le fils de Daniel

Manin, des marginaux : un ancien soldat de Napoléon Ier, un enfant de onze ans et une femme (la maîtresse de Crispi) — Cavour peut estimer que, dans le rapport de forces qui le lie et l'oppose à Garibaldi, il conserve des atouts maîtres : la puissance du nouveau royaume de Piémont, son autorité sur la partie la plus riche de l'Italie, la capacité d'intervention de son armée aguerrie et l'appui que les grandes puissances, si besoin était, ne manqueraient pas de donner à la politique raisonnable d'un gouvernement plutôt qu'aux actions illégales d'un millier d'hommes. En somme, Cavour fait confiance à son intelligence et à celle des États. Il partage le point de vue que Napoléon III exprime dans une lettre à Victor-Emmanuel II et dans laquelle l'Empereur prêche la patience : une unité nationale ne survit que par un lent travail d'union des intérêts, des mœurs et des habitudes. Mais Cavour doit tenir compte .de l'existence de cette poussée patriotique qu'il a déjà utilisée, qui lui échappe en ce printemps 1860, mais qu'il peut espérer récupérer.

Il connaît d'ailleurs la « modération » — ou le réalisme — de Garibaldi. Dans la lettre qu'il écrit au Roi, quelques heures avant son départ avec les « Mille », Garibaldi se présente résolument comme un sujet qui désobéit pour mieux servir son souverain et sa patrie. « Sire, explique-t-il, le cri au secours qui vient de Sicile a touché mon cœur et celui de quelques centaines de mes anciens soldats. Je n'ai pas conseillé l'insurrection de mes frères de Sicile, mais depuis qu'ils se sont soulevés pour l'unité italienne, représentée dans la personne de Votre Majesté, contre la plus honteuse des tyrannies des temps modernes, je n'ai pas hésité à me mettre à la tête de l'expédition... Notre cri de guerre sera toujours : Vive l'unité italienne ! Vive Victor-Emmanuel, son premier et son plus valeureux soldat... Si nous sommes vainqueurs, j'aurai la gloire d'orner votre couronne d'un nouveau et peut-être de son plus splendide fleuron, à cette seule condition cependant que vous ne permettrez jamais à vos conseillers de le transmettre à des étrangers, comme ils l'ont fait de ma ville natale.

« Je n'ai pas fait part de mon projet à Votre Majesté, parce que je craignais que le grand dévouement que je vous porte ne m'eût entraîné à y renoncer... »

On ne peut être plus explicite. Garibaldi, par avance, apporte le fruit de sa conquête, si elle se produit, dans la corbeille de Victor-Emmanuel II. Quant à Cavour, il sait « tenir » Victor-Emmanuel ; les illusions qu'on sent percer dans la lettre, et qui voudraient opposer le Roi au ministre, ne l'inquiètent pas.

Dans la nuit du 5 au 6 mai 1860, puisque les deux vapeurs sont lentement sortis de la Baie de Gênes après l'embarquement des armes et des hommes à Quarto, il faut bien se résoudre à les laisser voguer vers le Sud.

Cavour est un pragmatique. Au gouvernement anglais qui l'interroge, il résumera lucidement sa position : « La monarchie constitutionnelle italienne doit conserver la puissance morale qu'elle a conquise par sa résolution de rendre la nation indépendante, écrit-il. Aujourd'hui, ce bienfaisant trésor serait perdu si le gouvernement du roi combattait l'entreprise de Garibaldi. Le gouvernement du roi déplore cette entreprise ; il ne peut l'arrêter, il ne l'aide pas ; il ne peut pas non plus la combattre. »

Ils sont jeunes pour la plupart, ces hommes qui tentent l'aventure. Ce sont des étudiants, des « intellectuels » — avocats, journalistes —, des patriotes qui ont déjà combattu dans les Chasseurs des Alpes. Garibaldi a revêtu son uniforme : chemise rouge et poncho blanc. Nombre de ses compagnons l'ont imité. Ils viennent de toutes les régions de l'Italie : de Sicile ou de Toscane, du Piémont ou de Ligurie. Tous reconnaissent Garibaldi comme le chef auquel il faut faire une absolue confiance.

Où va-t-on précisément ? Vers le Sud, mais certains imaginent qu'on débarquera dans les États pontificaux pour tenter un coup de main sur Rome ; d'autres dans la région de Naples, et, qui sait, plus au sud, en Sicile.

L'armement est disparate ; pire, au départ, dans la rade de Quarto, deux embarcations de contrebandiers chargées des munitions se sont perdues. On a cependant décidé de continuer, malgré cette « perte inestimable ». Pour la combler, les deux vapeurs (*Il Lombardo,* commandé par Bixio, *Il Piemonte,* par Castiglia) relâchent dans un port de Toscane, Talamone. Dans les dépôts voisins d'Orbetello, les Garibaldiens obtiennent du lieutenant-colonel commandant la place, des munitions, des canons et du charbon. Cet officier est-il dupe ? Croit-il, comme on le lui affirme, que l'expédition a lieu avec l'appui du Roi ? On peut en tout cas repartir, renforcés.

Pour faire une opération de diversion, Garibaldi débarque une soixantaine d'hommes dans les États pontificaux. Puis on met définitivement le cap au sud, en évitant la Sardaigne et la flotte sarde.

Garibaldi retrouve donc la mer, la guerre, la lutte pour la patrie. Il a cinquante-trois ans. Malgré sa maladie, ce quinquagénaire est vigoureux, au mieux d'une expérience politique et militaire unique en Italie, peut-être au monde, sûrement en Europe.

La presse internationale ne s'y trompe pas. Celle de France salue, à l'exception des journaux très catholiques qui craignent pour le Pape, « le héros des deux mondes ».

Alexandre Dumas, qui vogue en Méditerranée à bord de son yacht, dès qu'il apprend la nouvelle de l'expédition, se dirige vers la Sicile. Il commence à publier dans le *Siècle* les « Mémoires de Garibaldi » qui, « réécrites » par le romancier, vont obtenir le plus large succès. Même la *Revue des Deux Mondes* indique que « Garibaldi est le mieux placé pour se jeter en avant, ou, pour mieux dire, pour entreprendre cette expédition dans le midi de l'Italie, parce que seul il peut entraîner à sa suite un nombre suffisant de volontaires enflammés de son feu, animés de son esprit. Et le dirai-je, seul il peut jeter ce défi à la diplomatie embarrassée de l'Europe, tenter cette diversion sans attirer sur lui un orage de répression instantanée, parce que, dans l'extrémité même de son audace et de son indépendance, par son attachement aussi familier que sincère au roi Victor-Emmanuel, il représente l'unité italienne dans ce qu'elle a de moins incompatible avec l'ordre général, avec la monarchie ».

Ces articles, comme ceux qui dénoncent la royauté des Deux-Siciles et son gouvernement barbare, favorisent l'entreprise garibaldienne portée par l'opinion publique. Ainsi, Victor Hugo, à Jersey où il est toujours exilé, stigmatise, dans l'un de ses plus beaux textes politiques, le règne de François II. Et comment ne pas penser, écoutant ce discours de 1860, à des situations contemporaines, et ces corps que l'on trouve, mutilés, sur les plages de l'Uruguay ou sur les bords des rivières du Chili ?

« Faites attention, s'écrie Victor Hugo, ceci est de l'histoire vivante, on pourrait dire saignante.

« Le royaume de Naples — celui dont nous nous occupons en ce moment — n'a qu'une institution, la police. Chaque district a sa " commission de bastonnade ". Deux sbires, Ajossa et Maniscalco, règnent sous le roi ; Ajossa bâtonne Naples, Maniscalco bâtonne la Sicile. Mais le bâton n'est que le moyen turc ; ce gouvernement a de plus le procédé de l'inquisition, la torture. Oui, la torture. Écoutez. Un sbire, Pontillo, les assied sur le gril et allume du feu dessous ; cela s'appelle " le fauteuil ardent ".

« Un autre sbire, Luigi Maniscalco, parent du chef, a inventé un instrument ; on y introduit le bras ou la jambe du patient, on tourne un écrou, et le membre est broyé ; cela se nomme " la machine angélique ". Un autre suspend un homme à deux anneaux par les bras à un mur, par les pieds au mur de face ; cela fait, il saute sur l'homme et le disloque. Il y a des poucettes qui écrasent les doigts de la main ; il y a le tourniquet serre-tête, cercle de fer comprimé par une vis, qui fait sortir et presque jaillir les yeux. Quelquefois on échappe ; un homme, Casimiro Orsimano, s'est enfui ; sa femme, ses fils et ses filles ont été pris et assis à sa place sur le fauteuil ardent. Le cap Zafferano confine à une plage déserte ; sur cette plage, des sbires apportent des sacs, dans ces sacs il y a des hommes ; on plonge le sac sous l'eau et on l'y maintient jusqu'à ce qu'il ne remue plus ; alors on retire le sac et l'on dit à l'être qui est dedans :

GIUSEPPE GARIBALDI
Général Commandant le Corps des Chasseurs des Alpes

2

Garibaldi vers 1849
(cl. Bibliothèque nationale - Estampes)

Anita Garibaldi
Miniatura fatta eseguire da
mio Padre al Pittor Gallino
in Montevideo nel 1845
Questo posseduto dal D.r Curà(?)
è l'unico e vero ritratto di
mia Madre.
Ricciotti Garibaldi

Anita, l'épouse de Garibaldi, miniature exécutée à Montevideo en 1845, Milan, Muséo del Risorgimento.
(cl. Balestrini)

GUISEPPE GARIBALDI

Garibaldi vers 1855
(cl. Bibliothèque nationale - Estampes)

Cavour

VITTORIO EMANUELE II°
PRIMO RE D'ITALIA
NATO IL 14 MARZO 1820 — MORTO IL 9 GENNAIG 1878

Victor Emmanuel II

GUISEPPE MAZZINI.

THE DRAWING ROOM PORTRAIT GALLERY OF EMINENT PERSONAGES

Presented with the Illustrated News of the World.

126. FLEET STREET.

Ci-dessus : Francesca Armosino, compagne de Garibaldi à Caprera.
(cl. Jean-Loup Charmet)

ontre : Jessie White Mario
an-Loup Charmet)

Entrée des troupes françaises à Rome le 30 octobre 1867.
(cl. Jean-Loup Charmet)

ROME. — Entrée des troupes françaises à

Garibaldi vers 1860
(Archives Snark - Col. C.D.)

— D'après un croquis de M. Borgomainerio.

THE DUCHESS OF SUTHERLAND'S ASSEMBLY AT STAFFORD HOUSE IN HONOUR OF GARIBALDI.

Francesco Crispi

Stefano Cauro

Les compagnons

(trois clichés du Musée du Risorgimento de Milan « I Mille di Garibaldi », Ed. Rusconi Immagini - Milan, 1981)

Nino Bixio

Garibaldi à Caprera vers 1870.
(cl. Musée du Risorgimento de Milan « I Mille di Garibaldi », Ed. Rusconi Immagini, Milan 1981)

...baldi vers 1865,
...ntre
...arlingue-Viollet)

Garibaldi
à Montesuello
(cl. Col. Viollet)

Garibaldi à la fin de sa vie
(cl. Jean-Loup Charmet)

« Avoue. » S'il refuse, on le replonge. Giovanni Vienna, de Messine, a expiré de cette façon. A Monreale, un vieillard et sa fille, qui était une femme grosse, ont été mis nus et sont morts sous le fouet.

« Messieurs, il y a un jeune homme de vingt ans qui fait ces choses-là. Ce jeune homme s'appelle François II. Cela se passe au pays de Tibère.

« A la minute même où l'héritier de droit divin saisit le sceptre, il voit venir à lui ces deux vampires : Ajossa et Maniscalco, que l'histoire connaît, qui s'appellent ailleurs Narcisse et Pallas, ou Villeroy et Cachelieri ; ces spectres s'emparent du triste enfant couronné ; la torture lui affirme qu'elle est le gouvernement ; la bastonnade lui déclare qu'elle est l'autorité ; la police lui dit : je viens d'en haut ; on lui montre d'où il sort ; on lui rappelle son bisaïeul Ferdinand Ier, celui qui disait : le monde est régi par trois F : *Festa, Farina, Forca*[1], son aïeul François Ier, l'homme des guets-apens ; son père Ferdinand II, l'homme des mitraillades ; voudrait-il renier ses pères ?

« On lui prouve qu'il doit être féroce par piété filiale ; il obéit ; l'abrutissement du pouvoir absolu le stupéfie ; et c'est ainsi qu'il y a des enfants monstrueux ; et c'est ainsi que, fatalement, les jeunes rois continuent les vieilles tyrannies.

« Il fallait délivrer ce peuple ; je dirai presque, il fallait délivrer ce roi. Garibaldi s'en est chargé.

« Garibaldi, qu'est-ce que c'est que Garibaldi ? C'est un homme, rien de plus. Mais un homme dans toute l'acception sublime du mot. Un homme de la liberté ; un homme de l'humanité. *Vir,* dirait son compatriote Virgile.

« A-t-il une armée ? Non. Une poignée de volontaires. Des munitions de guerre ? Point. De la poudre ? Quelques barils à peine. Des canons ? Ceux de l'ennemi. Quelle est sa force ? Qu'est-ce qui le fait vaincre ? Qu'a-t-il avec lui ? L'âme des peuples. Il va, il court, sa marche est une traînée de flammes, sa poignée d'hommes méduse les régiments, ses faibles armes sont enchantées, les balles de ses carabines tiennent tête aux

---

1. Fête, farine, fourche (potence).

boulets de canon ; il a avec lui la Révolution ; et, de temps en temps, dans le chaos de la bataille, dans la fumée, dans l'éclair, comme si c'était un héros d'Homère, on voit derrière lui la déesse. »

Un tel discours donne la mesure de la popularité de Garibaldi. Les images, les symboles que l'homme suscite réaniment toute la sensibilité révolutionnaire. Et l'écho est grand dans la France des barricades, domptée par l'empereur Napoléon III mais non soumise.

Des journaux parisiens — avec prudence, car la censure peut intervenir — invitent les Français à s'enrôler dans l'expédition, ou bien à souscrire en sa faveur. On s'interroge sur les chances de l'entreprise, mais la sympathie l'emporte sur la critique.

L'empereur Napoléon III lui-même est, selon Mérimée, irrité de cette initiative qui l'empêche de retirer les troupes françaises de Rome, mais personnellement « il aime les romans et les aventures », et qu'est-ce que l'expédition des « Mille » sinon une aventure ?

Cependant, les hommes d'ordre ne se laissent pas longtemps séduire : Garibaldi reste un gêneur et, à quelque temps de là, Napoléon III s'écriera : « Je voudrais bien être débarrassé de Garibaldi ; s'il pouvait avoir quelque bonne attaque de choléra ! »

Hélas pour Napoléon III, Garibaldi résiste bien. Aucun accès de rhumatismes même, comme si l'action était le meilleur des remèdes. A bord du *Piemonte,* il prépare ses proclamations, médite et s'isole.

Rares incidents du voyage : l'un des « Mille » qui, régulièrement, se jette à la mer dans l'intention de se suicider et qui, une fois touchée l'eau, se met à nager et qu'on repêche, avec comme conséquence que les deux vapeurs garibaldiens — l'un poursuivant sa route — se perdent de vue et ne se retrouvent qu'avec difficulté, s'identifiant au dernier moment dans l'obscurité.

Mais le voyage est plutôt calme, puisque ce sont les seuls

incidents que cette expédition militaire ait à subir. En vue des côtes de Sicile, des barques de pêche s'approchent et confirment que le port de Marsala est sans garnison, que les deux navires napolitains viennent de le quitter pour leur patrouille matinale, et que deux bateaux anglais sont présents.

Une série de chances qu'il faut saisir.

Garibaldi est un homme de décision. Le débarquement a lieu à Marsala le 11 mai — sans combat. Les navires napolitains, retournés en vue du port, tardent à ouvrir le feu, gênés par la présence des permissionnaires britanniques mêlés aux « Mille », par le fait aussi que Marsala compte de nombreux résidents anglais. Quand le canon tonne, il est trop tard. Et le fait même que les Napolitains s'emparent d'*Il Lombardo* et d'*Il Piemonte* favorise l'entreprise garibaldienne. Il faudra réussir ou mourir : pas de rembarquement possible.

Le *Times* de Londres avait écrit, le 10 mai, à la veille de l'arrivée de l'expédition à Marsala : « Si Garibaldi parvient à débarquer en Sicile malgré les vaisseaux napolitains qui croisent en prévision de son arrivée, il est certain que son nom, qui inspire une véritable terreur aux troupes royales, sera un puissant auxiliaire à l'insurrection... Une semblable entreprise est tout à la fois à l'abri du blâme et de l'éloge. Il n'y aurait nulle utilité à juger cet acte d'après les règles que l'on applique aux transactions politiques. L'homme, la cause et les événements sont si extravagants qu'il faut les juger par eux-mêmes. La réussite donnera à Garibaldi le relief d'un général et d'un homme d'État de plus haut rang ; la défaite, la ruine et la mort le classeront comme un aventurier, un Don Quichotte de grand courage, mais de faible intelligence, qui aura perdu la vie dans une attaque désespérée de flibustiers. L'avenir nous dira si l'expédition doit être comparée au débarquement de Guillaume d'Orange en Angleterre ou à celui de Murat à Pizzo ; la seule chose qu'on ne puisse mettre en doute, c'est le courage héroïque de l'homme qui s'est mis à la tête de l'entreprise. »

On mesure, à cet article, l'état de l'opinion anglaise, car entre Guillaume d'Orange et Don Quichotte, le *Times*, habituellement si pondéré, laisse percer une admiration incontestable. Pour Garibaldi, comme l'écrit le journal anglais, c'est bien le tout pour le tout, la partie suprême : ou homme d'État, ou flibustier.

Dans le résultat de cette partie, les Anglais ont-ils joué plus qu'un rôle de spectateurs ? Leur opinion publique est favorable à l'entreprise. Les deux navires anglais ancrés dans le port, l'*Intrepide* et l'*Argus,* ont — involontairement ? — servi de boucliers aux garibaldiens. Les Britanniques étaient propriétaires de nombreux vignobles à Marsala et le pavillon de Sa Majesté flottait sur des habitations et des locaux.

Londres s'est défendue de l'accusation d'une protection accordée à Garibaldi. Mais le hasard a joué en faveur du général et les Anglais ont tout fait pour que la bonne fortune ne change pas de camp : il leur suffirait, pour cela, de laisser faire tout en étant présents.

Le 10 mai 1860, les deux navires de Garibaldi sont donc entrés dans le port de Marsala. Les « Mille » débarquent, échappant à la mitraille des obus tirés trop tard par les navires « bourboniens ».

La population est hésitante, stupéfaite par cette poignée d'hommes si mal armés. Les maisons blanches restent fermées, surtout celles des « magnats », les riches qui, dit Garibaldi, « firent la grimace ».

« Quand on est habitué à tout calculer en pourcentage, écrit-il, on n'est sûrement pas tranquille devant quelques fous qui veulent arracher le cancer du privilège et du mensonge à une société corrompue pour la rendre meilleure. »

Mais toute la population s'interroge, en fait : ces quelques hommes qui campent dans les rues ne ressemblent en rien à une armée. Combien de jours résisteront-ils aux régiments napolitains ? Les Siciliens ont une expérience séculaire de la révolte et de son écrasement. Ils sont prudents.

Garibaldi a beau lancer une proclamation guerrière : « Siciliens, je vous ai amené une poignée de braves accourus à l'ap-

pel héroïque de la Sicile... Nous aurons des fusils mais, pour
l'heure, une arme quelconque suffit, si elle est aux mains d'un
brave... Aux armes, tous ! » — Personne ne rejoint la colonne
qui se met en route le 12 mai à cinq heures du matin.

Les « Mille » doivent prouver aux Siciliens qu'ils peuvent
être vainqueurs.

Le premier affrontement, décisif pour la suite de l'expédition, a lieu à Calatafimi. C'est de cette petite bourgade, sur la
route de Marsala, que sortent les troupes napolitaines. Il fait
très doux, en ce 15 mai 1860. Le paysage des collines est
dominé à l'horizon par les montagnes du centre de la Sicile. On
peut apercevoir, des hauteurs, le temple de Ségeste, dernier ves-
tige d'une ville grecque. La route suit la vallée du Fiume Gag-
gera. On se battra là, en ce lieu où l'histoire est présente, entre
ces collines dont certaines portent d'étranges noms : les Pleurs
des Romains.

Les « Mille » et les Bourboniens se sont d'abord installés sur
les hauteurs, puis les uns et les autres, dans des charges successives, au sein d'une mêlée confuse où les chefs — Garibaldi,
Bixio — ne purent contrôler les phases du combat, s'affron-
tèrent.

Les Bourboniens, commandés par Sforza, un adjoint du
général Landi, ont la supériorité numérique et disposent d'un
bon armement, de fusils modernes et de canons. En face d'eux,
les « Mille », augmentés de quelques rares paysans, ressemblent
à une troupe désordonnée. Mais les clairons sonnent une
« diane américaine » et l'enthousiasme bouscule les rangs napolitains. « Ici, aurait dit Garibaldi au milieu des assauts, on fait
l'Italie ou on meurt. »

La bataille coûta trente-deux morts et cent quatre-vingts
blessés aux « Mille » : faibles pertes, mais victoire de très large
écho. L'armée ennemie, déjà incertaine quant à ses buts de
guerre et à la légitimité de son action, sort de Calatafimi démo-
ralisée. Elle recule jusqu'à Palerme. Landi est destitué, remplacé par Lanza. La presse internationale, attentive à l'expédition garibaldienne, est stupéfaite : une bande « de quelques

flibustiers sans galons ni épaulettes, dont on parlait avec un souverain mépris, avaient mis en déroute plusieurs milliers des meilleurs soldats du Bourbon, disposant d'une artillerie ».

Et Garibaldi, qui assume le titre de « Dictateur de Sicile » — « car j'ai toujours pensé, écrit-il, que c'est la planche de salut dans les cas d'urgence et dans les tempêtes où se trouvent généralement les peuples » — pose immédiatement par cette victoire, à tous les gouvernements européens et d'abord à Cavour et à Victor-Emmanuel II, le problème du Sud de l'Italie.

Faut-il le laisser faire ? Oui, puisqu'on ne peut l'arrêter et que, militairement, il semble capable de réaliser la conquête du Royaume des Deux-Siciles.

Mais quand et comment intervenir pour l'empêcher, lui et son entourage, de garder l'initiative politique, de détourner de la monarchie piémontaise l'élan national pour le mettre, peut-être, — Crispi, tant d'hommes qui lui servent de conseillers ne sont-ils pas des mazziniens ? — au service de la République ?

Mais la victoire de Calatafimi a surtout pour effet d'enflammer toute la Sicile.

En quelques heures, la nouvelle se répand de village en village, sur ces collines pierreuses où ils se tassent, que le bourbonien haï a été battu. Des feux s'élèvent sur les crêtes pour transmettre le message. Des bergers courent. Le récit s'amplifie, devient légende, parce qu'il s'enrichit de toutes les humiliations passées et des espoirs étranglés. Les petites garnisons napolitaines sont assaillies, les soldats massacrés. Partout des guets-apens. On fait de Garibaldi un libérateur non seulement de la tutelle napolitaine, mais aussi des grands propriétaires des *latifundi* et de leurs régisseurs. Et les *picciotti* qui rejoignent les « Mille » imaginent que commence la guerre sociale qui mettra fin à l'injustice et donnera les terres aux paysans.

Dès lors, de Calatafimi à Palerme, la marche est triomphale, car à l'enthousiasme des paysans, au soulèvement de la Sicile, répond la peur des soldats de l'armée bourbonienne. Ils réagissent à la manière des troupes isolées en pays rural et hostile. Ils massacrent, ils mettent à sac les villages et les brûlent, déclenchant de nouveaux sursauts de colère, amplifiant la vague haineuse qui va les recouvrir.

Dans les petites villes — à Alcamo, Partinico —, l'accueil fait aux « Mille » est enthousiaste. Dans ses ordres du jour, Garibaldi met toujours l'accent sur l'héroïsme de ses soldats, mais aussi sur le malheur qui consiste à combattre des « soldats italiens ». La population, elle, massacre les soldats bourboniens « autant qu'elle peut ».

« Quel horrible spectacle ! se souvient Garibaldi. Nous trouvions les cadavres des soldats bourboniens dans les rues, dévorés par les chiens ! C'étaient des cadavres d'Italiens, égorgés par des Italiens, qui, s'ils avaient vécu en citoyens libres, auraient servi efficacement la cause de leur pays opprimé ; au lieu de quoi, en raison de la haine provoquée par leurs maîtres corrompus, ils avaient fini massacrés, mis en pièces par leurs propres frères avec une rage à horrifier des hyènes ! »

Des cadavres mutilés, des soldats mis au four : la violence millénaire des paysans écrasés par la misère explose, précédant la colonne de Garibaldi dans son avancée vers Palerme.

Garibaldi, au demeurant, se montre dans cette action un fin stratège, scindant ses troupes en deux groupes, sachant utiliser les bandes qui l'ont rejoint, exploitant le terrain ou la pluie et l'épais brouillard qui lui permettent de masquer ses manœuvres. Il se sert d'un leurre — une petite colonne — pour éloigner l'ennemi de Palerme et atteint ainsi Misilmeri, puis Gibilrossa, non loin de la capitale sicilienne. L'ennemi, lui, s'est enfoncé vers Corleone, l'intérieur de la Sicile, à la poursuite des canons et des « bagages » garibaldiens. Le leurre a donc parfaitement joué son rôle.

Mais il faut décider : Palerme, la capitale de l'île, est fortement défendue. Le général Lanza y dispose d'au moins vingt mille hommes. Garibaldi, malgré l'apport des Siciliens, ne peut mener l'assaut qu'avec quelques milliers d'hommes. Or la chute de Palerme marquerait la fin, à court terme, de la domination bourbonienne sur toute la Sicile. C'est donc la ville qu'il faut attaquer.

Le 26 mai, après avoir reçu à son camp de nombreux étrangers — des Anglais et des Américains — qui manifestent leur sympathie, offrent des armes, Garibaldi, à la tête de trois mille hommes, descend par un étroit sentier de Gibilrossa vers la grand-route qui mène à la Porta Termini.

En quelques heures, et après des affrontements sévères, les « Mille » pénètrent dans Palerme, enlèvent les barricades dressées par les soldats du général Lanza.

Les fenêtres s'ouvrent, les Palermitains acclament les garibaldiens. Le centre de la capitale est atteint. Mais l'ennemi n'est pas vaincu. Lanza a rassemblé ses hommes dans le fort de Castellamare, il tient le Palazzo Reale. Ses canons prennent les rues en enfilade. Et depuis le port où ils sont ancrés, les bateaux napolitains bombardent la ville.

La bataille de Palerme est engagée.

Dans cette ville rectangulaire, avec sa large promenade du bord de mer, l'entrée de Garibaldi a déclenché une véritable insurrection.

Le tocsin sonne. Les femmes, les enfants, les prêtres, les franciscains et, bien sûr, toute cette population masculine où se mêlent jeunes bourgeois patriotes et *picciotti*, construisent des barricades. Des scènes que toutes les villes en révolte ont connues se reproduisent. Les femmes jettent par les fenêtres chaises et matelas afin d'édifier des barrages.

Face à cette population libérée de la peur, le général Lanza, le chef de la police palermitaine Maniscalco, n'ont pour toute ressource que d'essayer de terroriser la ville.

Les pièces d'artillerie du fort de Castellamare bombardent les différents quartiers, mais ces hommes qui tombent à intervalles réguliers achèvent en fait de mobiliser la population autour des garibaldiens. Dans la nuit du 27, alors que le bombardement continue, la ville est illuminée non seulement par les feux des incendies, mais aussi par les habitants qui célèbrent à leur manière provocatrice l'entrée de Garibaldi.

L'aveuglement des autorités est complet. Mesurent-elles la menace ? Elles proclament à plusieurs reprises qu'elles ont la

situation en main, que Garibaldi est battu. Et il est vrai
qu'après plusieurs heures de combats, les munitions manquent
aux garibaldiens malgré les fabriques où, jour et nuit, on travaille à faire des cartouches.

Peu à peu, cependant, le général Lanza, coupé de toutes
communications avec ses troupes encerclées en quelques
points de la ville, s'inquiète. Ses blessés meurent, ses morts se
putréfient. C'est alors qu'il propose un armistice de vingt-
quatre heures. Garibaldi le dit clairement : « Dieu sait si nous
en avions besoin, nous qui devions fabriquer de la poudre et
des cartouches qui étaient utilisées à peine terminées. »

Garibaldi n'a en effet reçu aucune aide en armes ou en
munitions des navires italiens — dont une frégate — ancrés
dans le port et dans la rade. Cavour observe, laisse les parties
en présence démontrer en quel sens va basculer définitivement
le rapport de forces.

Heures et journées décisives pour Garibaldi et les siens.
L'homme montre ici sa valeur, son calme, sa capacité à décider, à faire preuve d'intransigeance même si, au fond de lui,
l'inquiétude le ronge.

Les négociations ont lieu à bord du navire anglais *Hannibal,*
qui se trouve en rade de Palerme avec à son bord l'amiral
Mundy.

Retournement de situation qui symbolise la place qu'occupe
maintenant Garibaldi sur l'échiquier politique et militaire :
« Le chef des " Mille ", traité jusque-là de flibustier, était tout à
coup devenu Excellence — constate Garibaldi —, titre dont on
l'importune pendant toutes les transactions suivantes et qu'il
méprise toujours. Telle est la bassesse des puissants de la terre
quand ils sont frappés par l'infortune. »

Incontestablement, durant toute cette bataille, avec les hésitations qui tiennent à l'inégalité des forces, aux incertitudes
quant aux renforts que peut recevoir le général Lanza — et il en
reçoit — Garibaldi est confronté à des choix difficiles : continuer à défendre la ville ou bien reprendre la campagne. Dans
cette situation très mouvante, Garibaldi fait preuve d'autorité

et de compétence. Il est déterminé, par exemple, à ne pas abandonner la ville de Palerme aux « ravages d'une soldatesque
déchaînée ». Il lui faut donc vaincre.

Heureusement, Lanza, démoralisé, hésite. Fut-il, comme on
l'a dit, approché par la franc-maçonnerie dont il fait partie
comme Garibaldi ? Fut-il circonvenu par les officiers anglais
ou l'argent de Londres ?

Il est sûr que les officiers anglais et américains — il y a un
navire des États-Unis dans la rade — montrent leur sympathie
aux garibaldiens, offrant leurs revolvers et leurs fusils de
chasse aux officiers des « Mille ». Mais de là à conclure à une
négociation secrète entre Londres et Lanza, le pas est difficile à
franchir.

En fait, Lanza sent qu'il ne peut contrôler, dans ces circonstances historiques, une capitale dont l'insurrection témoigne de
la révolte de toute l'île. Il connaît la haine de tous les Siciliens
pour ses troupes. Il demande la prolongation de la trêve et
chaque heure passée sans combattre améliore les positions des
garibaldiens.

Les barricades se multiplient. Leurs effectifs s'accroissent.
« On ne brave pas impunément un peuple décidé à combattre à
outrance », écrit Garibaldi.

Il reste à Lanza à capituler avec le droit pour ses troupes de
rembarquer sur les navires napolitains. Ce sont les chemises
rouges qui doivent assurer la protection des soldats bourboniens, tant le ressentiment des Palermitains est fort contre
eux.

Il faut près de treize jours (le départ commence le 19 juin
1860) pour que les « vingt mille soldats du despotisme » aient
rembarqué. L'enthousiasme éclate alors dans toute l'île. Un
dernier combat très sévère à Milazzo, puis la capitulation de
Messine, et c'est toute l'île qui, à la fin du mois de juillet 1860,
est entre les mains de Garibaldi, dictateur de Sicile.

Un détroit de quelques kilomètres à traverser et il prendra
pied sur la péninsule, pourra marcher sur Naples, Rome, qui
sait ?

Une situation nouvelle vient d'être créée.

« Même si Joseph Garibaldi n'a pas été l' « inventeur » de l'expédition des « Mille », il l'a rendue possible. Là, en Sicile, il a été un « créateur » d'histoire.

Pour la première fois donc, Garibaldi était à la tête d'un véritable État : la Sicile. L'épreuve du pouvoir est, pour un homme, un révélateur. Elle met à nu ses faiblesses. Il peut ne pas résister à l'alcool des honneurs.

Dans les rues de Palerme en fête, on crie, en ces jours qui suivent le départ des troupes bourboniennes, « Garibaldi, Garibaldi ! ». Mais Garibaldi reste le même homme simple, n'occupant qu'un appartement de trois pièces au Palazzo Reale.

Du monde entier, on le salue comme le héros « d'une aventure fantastique » (Victor Hugo). Les étrangers accourent pour s'enrôler dans son armée. Les uns appartiennent à des peuples encore opprimés (Hongrois, Polonais), les autres sont des républicains (des Français comme Flotte, un officier, ou Bourdon, un médecin dont la mère est italienne et qui se fera appeler Bordone). Les curieux et les aventuriers sont nombreux. L'écrivain Maxime Du Camp y côtoie Alexandre Dumas dont le yacht blanc est ancré en rade de Palerme. A son bord, on coud des chemises rouges pour les volontaires et Dumas, accompagné d'une très jeune femme (seize ans), vit un « roman », rencontrant Garibaldi, se mettant à sa disposition, prenant des notes, préparant un récit qu'il publiera sous le titre *Les garibaldiens*, prétendant intervenir dans l'Histoire.

Le diplomate français Henry d'Ideville, en poste à Turin, avait pu apprécier, quelques semaines auparavant, l'enthousiasme et la résolution de Dumas. Il raconte :

« Parmi les nombreux étrangers que les événements d'Italie faisaient affluer à Turin à cette époque, écrit-il, se fit remarquer notre compatriote Alexandre Dumas. Le grand romancier, dont j'avais fait la connaissance jadis dans l'atelier d'Eugène Delacroix, vint passer quelques jours à Turin avant d'aller à Naples.

« Toute la ville apprit le matin même son arrivée ; le lendemain, me trouvant chez la marquise Alfieri, je fus très ques-

tionné au sujet de notre compatriote. La marquise me pria aussitôt d'aller voir Dumas et de lui demander, de sa part, s'il lui
serait agréable de passer la soirée chez elle, qu'il y rencontrerait le comte de Cavour, plusieurs hommes politiques et plusieurs savants.

« Le matin, je me rendis chez Dumas, qui me reçut à merveille, mais déclina nettement l'invitation de la nièce de M. de
Cavour.

« " Remerciez vivement, me dit-il, la marquise Alfieri, et
exprimez-lui tous mes regrets ; il m'est impossible d'accepter.
Voulez-vous savoir pourquoi ? — Sans doute, repris-je. — Eh
bien ! j'y rencontrerais son oncle, le comte de Cavour, et je ne
veux à aucun prix le voir ! Ceci vous étonne, n'est-ce pas, mon
cher ami ? — Certainement. — En voici la raison : je quitte
Turin dans vingt-quatre heures, je m'embarque à Gênes, dans
trois jours je serai chez Garibaldi. Je ne le connais pas, mais je
lui ai écrit. Il m'attend. Cet homme est un héros, un aventurier
sublime, un personnage de roman. Avec lui, d'après lui, je veux
faire quelque chose. C'est un fou, c'est un niais, comme vous
voudrez, mais un niais héroïque ; nous nous entendrons fort
bien. Que voulez-vous que je puisse faire de Cavour, moi ?
Cavour est un grand homme d'État, un politique consommé,
c'est un homme de génie. Il est plus fort que Garibaldi, ne le
sais-je pas ? Mais il ne porte pas de chemise rouge, lui ! Il a un
habit noir, une cravate blanche, comme un avoué ou comme
un diplomate. Je le verrais, je causerais avec lui, et comme tant
d'autres, je serais séduit par son esprit et son bon sens. Adieu,
mon beau voyage ! Mon Garibaldi serait gâté. Donc, je ne veux
voir à aucun prix votre président du Conseil ; il ne peut être
mon homme, pas plus que moi ne puis être le sien. Je suis un
artiste, et Garibaldi seul m'attire. " »

Cet engouement qu'on retrouve à Paris ou à Londres, et
bien sûr dans toute l'Italie, mais aussi aux États-Unis, n'enivre
pas Garibaldi. Palerme et la Sicile ne sont pour lui qu'une
étape. Il y a Naples, Rome et l'unification de toute l'Italie. Il
refuse, par exemple, de décréter l'annexion de la Sicile au
royaume de Victor-Emmanuel II :

« Je suis venu combattre pour l'Italie et non pour la Sicile uniquement, écrit-il. Or, si l'Italie n'est pas entièrement réunie et libre, la cause d'aucune de ses régions ne triomphera jamais. L'objet de mon entreprise est de lier en un seul faisceau toutes ses parties déchirées et assujetties. »

Cette attitude rigoureuse inquiète Cavour.

La pause que Garibaldi est contraint d'observer avant de se lancer dans la traversée du détroit de Messine est utilisée par tous les gouvernements européens pour tenter une négociation.

François II, depuis Naples, et pour sauver ce qui lui reste, en appelle à la médiation de Napoléon III et de Londres. Dans l'entourage de l'Empereur, l'impératrice Eugénie, les catholiques, leurs journaux insistent pour que Napoléon III se désolidarise de Garibaldi. C'est alors que l'Empereur aurait souhaité être débarrassé de Garibaldi par une « bonne attaque de choléra ».

Mais, en même temps, comment — puisque l'on a vanté le droit des peuples à disposer d'eux-mêmes — interdire aux sujets du royaume des Deux-Siciles de devenir des citoyens du royaume d'Italie ? Napoléon III, à la fin, dira : « Je désire que l'Italie se pacifie n'importe comment, mais sans intervention étrangère. » Et Londres, par la voix de John Russell, approuve : « Nous n'avons qu'à assister en spectateurs au drame qui se joue en ce moment. »

Reste Cavour, toujours inquiet des orientations de Garibaldi et de son entourage. Il tente de placer parmi les conseillers du général des hommes à lui (La Farina). Il lui envoie Medici avec quelques milliers d'hommes. Il se confie dans une lettre à une amie : « Si je me tire d'affaire cette fois-ci, écrit-il, je tâcherai de m'arranger pour qu'on ne m'y reprenne plus. Je suis comme le matelot qui, au milieu des vagues soulevées par la tempête, jure et fait vœu de ne plus jamais s'exposer aux périls de la mer. »

Mais il sent bien qu'il n'a guère les moyens d'empêcher Garibaldi d'aller plus avant, de traverser le détroit de Messine. D'autant plus que Victor-Emmanuel II joue sa propre partie,

conseillant à Garibaldi de ne pas se plier aux conseils que lui-
même lui prodigue « officiellement », et de désobéir. Si bien
qu'en réponse à une lettre du Roi lui demandant de « renoncer
à l'idée de passer sur le continent napolitain », Garibaldi
répond, le 27 juillet :

« Sire, il m'est pénible de ne pouvoir vous obéir comme je le
désirerais. La situation actuelle de l'Italie ne me permet pas
d'hésiter : les populations m'appellent. Je manquerais à mon
devoir, et je compromettrais la cause italienne si je n'écoutais
pas leur voix. Lorsque j'aurai délivré les populations du joug,
je déposerai mon épée à vos pieds, et vous obéirai alors pour le
reste de ma vie. »

Pour Garibaldi, une seule préoccupation donc : l'unité
nationale et la lutte patriotique. La forme du gouvernement
que les Italiens se donneront — République ou monarchie — et
le contenu plus ou moins social de la politique de ce régime, lui
apparaissent secondaires. La promesse de soumission au Roi,
sans contrepartie, est claire sur ce point.

Un homme politique de son influence, un « héros » national
de sa notoriété, aurait-il sinon engagé l'avenir de ses actions
par un texte aussi net ? On mesure bien, derrière les mots, que
Garibaldi établit un lien personnel — de héros à Roi, de chevalier à suzerain — entre Victor-Emmanuel II et lui. Expression
naïve d'une absence de finesse dans l'analyse politique, voire
indifférence de Garibaldi à l'égard de tous les autres problèmes
de l'Italie autres que ceux de son unité ?

Peut-être Garibaldi a-t-il une fois pour toutes jugé que
l'Italie n'était pas prête pour une République plus juste —
régime qu'il a à plusieurs reprises appelé de ses vœux — et qu'il
lui fallait, en conséquence, se contenter d'agir pour son unité.
Mais il pouvait tout au moins éviter de partager son prestige
avec Victor-Emmanuel II, de faire ainsi du Roi le plus « innocent » des monarques, un homme digne de respect mais mal
conseillé par Cavour et les généraux, tous ceux que Garibaldi
hait et qu'il appelle les « froids calculateurs du ministère de
Turin ».

Comme le moins averti des Italiens, Garibaldi ne peut s'empêcher d'imaginer un roi bon entouré de méchants ministres...

Cette limite politique de Garibaldi, reflet de sa sincérité et de sa naïveté, l'empêche d'utiliser le potentiel de révolte que, dans tout le sud de l'Italie, son expédition a exacerbé.

Les paysans siciliens ont imaginé, avec l'arrivée des chemises rouges garibaldiennes, que leur vie allait changer. Pour elles, Garibaldi est une sorte de Messie auquel on baise les mains. Les premiers actes du gouvernement provisoire, tels que l'abolition de la taxe sur la farine, le décret du 2 juin qui prévoit le partage des terres communales, confirment cette espérance. Ici et là, des bandes de paysans commencent à se faire justice, entreprennent de répartir les terres des riches propriétaires.

Dans l'abstrait tout au moins, une voie politique et sociale nouvelle s'ouvre, qui rejoindrait les intentions d'un Pisacane : s'appuyer sur ces masses paysannes, satisfaire leurs aspirations sociales et créer ainsi une nouvelle Italie. Utopie sans doute, compte tenu de la situation de la péninsule et de l'équilibre des forces en Europe. Mais en Sicile, comme hier en d'autres révolutions — la française —, le problème paysan se pose avec brutalité et Garibaldi le résout de la manière la plus dure et la plus conservatrice.

Dans son souci de prévenir la révolte des campagnes et afin de conserver l'appui des couches dirigeantes, il réprime les flambées de jacqueries. Ainsi, le 4 août, dans le duché de Bronte, au pied de l'Etna, une immense propriété gérée par un régisseur favorable aux garibaldiens : les paysans, avec à leur tête un avocat révolutionnaire — Nicola Lombardo —, s'emparent du domaine, massacrent le régisseur et son entourage. C'est une colonne garibaldienne, conduite par Nino Bixio, qui rétablit l'ordre. Lombardo et quatre de ses complices sont condamnés à mort et fusillés.

La leçon est claire pour tous les paysans : le drapeau seul va changer en Sicile.

Dès lors, les volontaires rejoignent en moins grand nombre

les colonnes garibaldiennes, et surtout des foyers de révolte
s'allument ici et là. En septembre, un soulèvement général des
paysans se produit en Hirpinie. Il faut qu'une nouvelle troupe
garibaldienne, commandée par le Hongrois Turr, rétablisse
l'ordre dans la région où plus de cent quarante libéraux ont été
massacrés.

Ces révoltes, ces déceptions paysannes annoncent la naissance d'un « brigandage méridional » qui, durant plusieurs
années, ensanglantera le Sud.

Cette guerre sociale larvée, que Garibaldi a tenté d'étouffer
par la répression, eût-il pu en prendre la tête ou, tout au moins,
en utiliser la force pour orienter l'Etat italien vers des solutions
réelles à la question paysanne ? Dans la foulée de la libération
de la Sicile, pouvait-on, en s'appuyant sur les paysans, imposer
le partage des terres ?

Rien, en tout cas, n'a été tenté dans ce sens. La déception
des masses paysannes est à la mesure de leurs illusions.
Mais, pour autant, Garibaldi n'a pas rassuré les classes possédantes. Ce général en chemise rouge a beau faire fusiller
des paysans, il reste suspect. Son entourage républicain inquiète.

Ainsi tous ceux qui, en Sicile, tremblent pour leurs biens et
rêvent d'un ordre social inchangé, se tournent vers Cavour et
Victor-Emmanuel II. Voilà les représentants d'un véritable
État. L'armée piémontaise et ses carabiniers sont les vrais
garants de l'ordre.

Ces notables du Sud voteront « oui » dès qu'on leur propo-
sera le rattachement au Piémont.

Quant à Garibaldi, mieux vaut pour lui qu'il soit décidé à
l'obéissance au Roi, car il s'est privé de tout moyen de pression
à l'égard de la monarchie. Cet homme qu'on présente comme
un « flibustier », un révolutionnaire, qui donne à ses initiatives
le panache de la rébellion, sait aussi être (réalisme ou timidité ?) un homme d'ordre.

On comprend qu'aux yeux de certains révolutionnaires il
apparaisse, dès ce temps-là, comme un héros « récupéré », d'autant plus facilement qu'il s'interdit de favoriser tout ce qui

pourrait ne pas être « récupérable » par la monarchie piémontaise et les couches possédantes.

Mais ce jugement est sévère.

Garibaldi appartient à son temps. Certes, un Pisacane — et, avant lui en Italie, un Buonarrotti — ou tant de révolutionnaires plus modestes, oubliés parce qu'enfoncés dans l'anonymat des luttes au sein du peuple, ont eu une vision plus pleine de la réalité sociale et un comportement à l'égard de la monarchie plus intransigeant, si bien que jamais des ministres du Roi n'ont pu célébrer leur éloge ou, plus tard, inaugurer leur statue.

Garibaldi n'a pas choisi cette ligne politique : il est devenu, il se veut patriote, héros de l'unité nationale et, sur ce plan, nul ne peut contester sa vigueur, son réalisme et son efficacité. De même qu'on ne peut lui reprocher d'avoir manqué de lucidité.

Pour l'objectif qu'il s'est fixé, il agit, même contre le vœu de la monarchie, avec une indépendance totale, et il sait apprécier les obstacles quand ils sont infranchissables. Pour la lutte nationale, il est prêt à toutes les désobéissances. Le reste — la lutte sociale des paysans du Sud — n'est pas son affaire. On peut le lui reprocher. Mesurer combien cette défaillance coûte à l'Italie. Mais ce choix, chez Garibaldi, est explicite.

Sur les autres points de son programme « national », il ne transige pas : ainsi, il décide de passer de Sicile sur le continent et de marcher sur Naples.

L'entreprise est risquée, à la merci d'une action des navires napolitains ou surtout français qui pourraient, si Napoléon III le veut, bloquer le détroit de Messine. Mais l'Empereur se borne à demander aux bâtiments de son escadre de protéger en rade de Naples les ressortissants français. Et comme Cavour ne peut s'opposer à l'action, Garibaldi a les mains libres. Dans l'état de décomposition où se trouve l'armée napolitaine, c'est lui donner la victoire.

La traversée du détroit a lieu dans la nuit du 19 au 20 août 1860. Garibaldi a habilement choisi un trajet situé très au sud de Taormina à Melito di Porto Salvo. Les seuls obstacles tiennent à la qualité des navires. Mais Garibaldi est un expert. Il sait colmater les voies d'eau avec du fumier et de la paille, conduire les bateaux de l'île au continent.

Alors commence la marche à travers la Calabre. Les forts se rendent avec leur garnison et leurs armes. L'avance est « un triomphe splendide ».

« Nous progressions, raconte Garibaldi, parmi les populations guerrières et très enthousiastes, dont une grande partie était en armes contre l'oppresseur bourbonien. »

Bien de ces insurgés espèrent, comme les paysans de Sicile, la fin de l'oppression sociale. Mais, pour l'heure, ils sont entraînés dans la lutte nationale. Quand la déception viendra — vite —, ils tourneront leurs fusils contre les nouveaux soldats de l'ordre : les Piémontais. Et ne seront plus que des brigands traqués. Mais l'illusion dure encore.

Les troupes garibaldiennes bénéficient donc, en cette fin août 1860, de leur soutien et Garibaldi, mesurant que Naples est prête à tomber, les devance.

Il fait une partie du trajet qui le sépare de la capitale du royaume des Deux-Siciles en voiture, entouré d'amis, de journalistes et d'étrangers. C'est déjà un vainqueur, et non un général qui va affronter une bataille, que saluent les villages traversés.

A Naples, l'État se désagrège.

Un dernier effort de François II pour obtenir des grandes puissances la neutralisation de la ville a échoué. C'est à qui, parmi ses ministres, changera de camp le plus vite. Le ministre de l'Intérieur lui-même, Liberio Romano, incite François II à quitter la ville, à se réfugier à Gaète.

Alexandre Dumas, arrivé sur son yacht dès le 23 août, prend contact avec le ministre et, dira-t-il, le convainc de préparer l'entrée de Garibaldi à Naples.

Cependant, celui-ci est parvenu à Salerne où le 5 septembre, il apprend que des affiches annonçant le départ de François II pour Gaète ont été collées sur les murs de Naples. Le maire, le commandant de la Garde nationale, le ministre de l'Intérieur, par télégramme, invitent Garibaldi à entrer au plus tôt dans la ville. Il est « le dictateur invincible », le « rédempteur de l'Italie ». Outre leur sort personnel, ces responsables s'inquiètent surtout du destin de cette ville où tant de *lazzaroni* sont à l'affût d'une défaillance des autorités. L'entrée de Garibaldi à Naples, dès lors que le Roi la quitte avec ses troupes, est une garantie.

Qu'il entre et vite, c'est le vœu unanime de tous ceux qui craignent le désordre.

C'est par le train, le 7 septembre 1860, que Garibaldi arrive à Naples. Les troupes bourboniennes lui présentent les armes. La foule l'acclame.

« Le nid de la monarchie, encore tout chaud, écrit-il, fut occupé par les libérateurs du peuple et les riches tapis des palais furent foulés par les souliers grossiers du prolétaire. »

Il est vrai que la scène est belle : le mousse devenu général, celui qui fut condamné à mort, proscrit et flibustier, traverse la ville en carrosse et s'installe au Palais Royal — dont il n'occupera que le plus modeste appartement. Habilement, l'un de ses premiers gestes est de rendre hommage — lui, le franc-maçon — à San Gennaro et à assister au miracle du « sang liquéfié » à la cathédrale, d'être présent à la célébration du *Te Deum*.

Garibaldi est devenu un homme d'État. Pour quelques semaines, il est en effet le « dictateur » qui gouverne, en lieu et place de François II, le royaume des Deux-Siciles.

Il prend des mesures réformatrices : instruction publique obligatoire, aides versées aux plus pauvres. Il nomme Alexandre Dumas directeur du Musée national et surintendant des beaux-arts et des fouilles de Pompéi.

Ces mesures inquiètent une partie de la population qui, après les soirées de fête, retrouve les difficultés habituelles de sa vie.

Qu'est-ce qui change ? On invite les Napolitains à s'enrôler dans les rangs de ces troupes garibaldiennes qui pénètrent, plusieurs jours après leur chef, dans la ville. Seuls quelques dizaines de jeunes gens rejoindront les « Mille », preuve du scepticisme d'une population étouffée par sa misère et une histoire dont elle a été le plus souvent exclue.

Garibaldi, outre cette réalité, doit faire face aux intrigues des hommes de Cavour.

Il les devine. Ils ont voulu le devancer, susciter une insurrection à Naples de manière à organiser sans lui un rattachement de la ville au Piémont. Ce parti cavourien est d'autant plus fort qu'il a l'appui des couches possédantes que, comme en Sicile, Garibaldi, quelle que soit sa modération, ne rassure pas.

Lui qui a joué le jeu de la fidélité à la monarchie, qui a livré — aurait-il pu faire autrement? — la flotte napolitaine à la marine sarde, se sent berné par toutes ces manœuvres qui n'ont ·pour but que de le paralyser. Il dénonce ce « parti fondé sur la corruption, ces serviteurs du ventre qui n'avaient pas le courage de faire une révolution... dont le but était de renverser une monarchie, celle de François II, sans vouloir ni pouvoir faire mieux pour ce pauvre peuple ».

Les envoyés de Cavour sont d'ailleurs eux-mêmes déçus par la situation napolitaine. Ils ne comprennent pas ce Sud si différent du Piémont. Le marquis de Villamarini écrit ainsi à Cavour, le 7 septembre 1860, jour de l'entrée de Garibaldi à Naples : « Dans la rue, quelques individus du peuple crient, mais la masse demeure d'une apathie indigne... Pas de caractère, de dignité, ni de courage... A côté des patriotes honnêtes et libéraux se rassemblent des hommes capables de tous les crimes, des hommes sans réputation, échappés à la justice ou aux galères, lesquels, pour faire oublier les méfaits commis ou pour acquérir crédit et richesse, ou même exercer des vengeances privées, apportent leur aide au bouleversement politique qui établit le nouvel ordre. »

Même si le tableau que brosse l'envoyé de Cavour est exagéré, il rejoint le sentiment de Garibaldi qui écrit : « Les quelques jours passés dans cette ville m'apportèrent plutôt du dégoût, précisément à cause des menées des prétendus défenseurs de la monarchie... »

Les cartes maîtresses ne sont plus du côté de Garibaldi et son amertume exprime la conscience qu'il a que ce pouvoir s'effrite entre ses mains.

Mazzini est arrivé à Naples. Il conseille de marcher vers le nord, vers Rome. Mais il reste François II, cantonné à Gaète avec une armée puissante encore d'une cinquantaine de milliers d'hommes, et Garibaldi veut aller jusqu'au bout de sa mission : détruire cette monarchie en brisant sa force militaire. Il fera donc avancer ses troupes vers le fleuve Volturno. Là, à Gaiazzo, en l'absence de Garibaldi, contraint de se rendre à Palerme, ses colonnes sont défaites par les soldats bourboniens : coup de semonce qui montre que le sort des armes peut changer.

Au même moment, des paysans, entraînés par l'évêque d'Isernia, s'insurgent avec l'appui des troupes de François II. Il faut réduire l'insurrection.

La guerre n'est donc pas terminée : elle va à nouveau opposer des Italiens « conduits par un jeune Roi, fils du crime », François II, dont le père avait été l'un des monarques les plus répressifs de toute l'Italie, à d'autres Italiens « défendant la cause sacrée de leur pays ».

Dernière bataille, mais affrontement sévère puisqu'on dénombrera plus de trois cents morts et mille trois cent vingt-huit blessés parmi les garibaldiens. Il ne s'agit pas d'une guerre fictive, mais bien d'un vrai conflit, opposant une structure politique du passé à un régime nouveau — qui ne sera pas un régime garibaldien.

Cela, Garibaldi, qui n'a pas les moyens de construire son propre État, qui ne l'a jamais voulu, le découvre au fur et à mesure qu'il met au jour les manœuvres de Cavour.

Car, à Turin, le gouvernement n'est pas resté inactif. Puisqu'il a été impossible d'empêcher les succès de Garibaldi et de le devancer à Naples, puisque tant de batailles ont été perdues dans cette sourde rivalité qui oppose Garibaldi à Cavour, il faut gagner la guerre.

Cavour connaît les projets de Garibaldi : celui-ci s'en est ouvert, dès son arrivée à Naples, à l'ambassadeur d'Angleterre. A Sir Henry Elliot qui l'interroge, il a répondu avec détermination : « Mes desseins sont justes et clairs ; j'entends aller jusqu'à Rome. Quand nous serons maîtres de cette ville, j'offrirai la couronne d'Italie unie à Victor-Emmanuel. Ce sera à lui de délivrer Venise... Rome est une ville italienne... Quels que soient les obstacles, quand même il y aurait danger de perdre tout ce que j'ai gagné, rien ne m'arrêtera. Je n'ai pas d'autre chemin que Rome : l'unité de l'Italie doit s'accomplir. »

Cela, Cavour ne peut l'accepter. Il y a, à Rome, une garnison française et Napoléon III, tout compréhensif qu'il soit, défendra le pape. Et Turin ne veut à aucun prix d'un conflit avec l'Empereur.

Il faut donc négocier avec lui, et c'est une belle partie qu'on peut jouer. On laissera Rome au pape, on la protégera de Garibaldi, ce jusqu'auboutiste de l'unité. Mais on fera payer ce service rendu à Napoléon III, car c'en est un : que dirait-on, à Paris, de la politique italienne de l'Empereur, s'il était contraint soit de céder Rome à Garibaldi après avoir toléré que la guerre se renforce, soit d'être contraint de le combattre après l'avoir laissé faire si longtemps ?

Et le prix demandé à Napoléon III, ce sont les États pontificaux qui tomberont dans l'escarcelle piémontaise. Des troupes vont se diriger vers Naples à travers les Marches et l'Ombrie. Elles bousculeront les soldats pontificaux que commande le général français Lamoricière, mais elles ne toucheront pas à Rome et mettront fin au règne, sur Naples et la Sicile, de ce flibustier de Garibaldi.

Le marché est simple. Napoléon III, sauf à paraître se renier, et donc à avoir conduit une politique italienne stupide — ce qui, du point de vue des catholiques français, est le cas — doit accepter.

L'Empereur est enfermé dans une impasse. Pour en sortir, il faut qu'il reçoive, le 28 août 1860 à Chambéry, les envoyés de Cavour. La discussion est brève. Napoléon III a-t-il dit à La Farina, ministre de l'Intérieur de Cavour, et au général Cialdini, qui doit commander les troupes qui marcheront vers le Sud : « Faites, mais faites vite » *(Fate, ma fate presto)* ?

La littéralité des propos importe peu, Cavour peut en tout cas écrire dès le lendemain à Nigra, son ambassadeur à Paris :

« L'Empereur a été parfait. L'Empereur a tout approuvé. Il paraît même que l'idée de voir Lamoricière aller se... lui a souri beaucoup. Il a dit que la diplomatie jetterait les hauts cris mais qu'elle nous laisserait faire ; que lui-même se trouverait dans une position difficile, mais qu'il mettrait en avant l'idée d'un congrès... »

Quant à Napoléon III, il télégraphie lui-même à son ministre des Affaires étrangères : « M. Farin m'a parlé avec une grande franchise. Voici son but et celui de M. Cavour : s'emparer du mouvement, conserver au pape le patrimoine de Saint-Pierre, empêcher toute attaque contre la Vénétie (toujours aux mains de l'Autriche)... »

Et quand les troupes italiennes se seront mises en marche vers Naples, l'Empereur dira encore plus nettement : « Je veux menacer, mais pas agir. »

Le 18 septembre, les troupes pontificales de Lamoricière sont battues à Castelfidardo, les troupes sardes s'emparent d'Ancône et de Pérouse. Elles entrent dans le royaume de Naples. Toute l'Italie centrale, à l'exception de Rome, est tombée sous la domination de Victor-Emmanuel-II.

Cavour a gagné. Il a su, au dernier moment, s'emparer des fruits que Garibaldi avait cueillis.

Amer, Garibaldi. Mais lié par ses propres promesses, sa ligne politique de fidélité à Victor-Emmanuel II, sa naïveté.

Il a écrit le 11 septembre au Roi pour lui demander de renvoyer Cavour, mais celui-ci, dès le 8, a obtenu de Victor-Emmanuel II un soutien complet à sa politique.

Pour Garibaldi qui s'adresse dans une proclamation martiale à ses hommes — « Aux armes, hommes virils de la péninsule, aux armes... » —, les invitant à se préparer à agir pour s'emparer de Rome, c'est l'échec. L'Italie ne sera pas complètement unifiée. Non seulement Venise reste aux mains des Autrichiens, mais Rome dans celles du pape. Ce sont ces compromis diplomatiques qui déterminent le rythme de l'unité italienne, et l'expédition des « Mille » est la seule initiative à avoir échappé à Cavour, c'est-à-dire à l'État.

Mais le déséquilibre est si grand entre Cavour et Garibaldi, entre les forces dont chacun dispose, entre l'intelligence politique de l'un et de l'autre, que Cavour peut désormais bénéficier totalement de l'expédition garibaldienne.

Les troupes sardes, ayant à leur tête le roi Victor-Emmanuel II, entrent à Capoue les premières. « Elles trouvent en nous des frères », dira Garibaldi.

Les heurts ont été évités, mais au prix de la capitulation de Garibaldi et du renoncement à ses objectifs. Ses compagnons, dont il demande l'insertion dans l'armée régulière, sont en fait rejetés. Le 15 octobre 1860, il signe un décret par lequel il remet la dictature « dans les mains du Roi à son arrivée ». Le 26 octobre, sur la route qui mène à Teano, le souverain et Garibaldi se rencontrent.

Quelques mots sont échangés entre le Roi et le général en poncho qui a enveloppé sa tête, à cause du froid, d'un foulard de soie noué sous le menton. Les deux hommes sont à cheval, si différents dans leur tenue qu'ils symbolisent bien deux mondes qui, pour un instant, se côtoient sans s'opposer. Mais la prépondérance de l'un sur l'autre est manifeste. Les « choses » rentrent dans l'ordre et le Roi refuse aux hommes de Garibaldi le droit d'affronter en première ligne l'ennemi dans la bataille qui se prépare. La gloire doit revenir aux troupes royales !

« Ils nous ont mis à la queue », dit Garibaldi.

Il n'est plus rien qu'un citoyen. Il peut rentrer aux côtés du Roi à Naples sous une pluie d'averse, la foule peut dans ses cris mêler son nom à celui du Roi, il sent bien que tout pouvoir d'initiative lui échappe.

« On fait avec les hommes — confie-t-il à l'amiral Persano, commandant la flotte sarde — comme avec les oranges. Quand on en a pressé le jus jusqu'à la dernière goutte, on jette l'écorce dans un coin. »

Des plébiscites confirment, le 21 octobre, que Naples, la Sicile, l'Ombrie et les Marches sont désormais réunies au royaume de Victor-Emmanuel, ce Roi qu'à Teano, Garibaldi a salué du nom de « Roi d'Italie ».

Garibaldi est le plus célèbre de ceux qui, contre la monarchie sarde un temps — quand elle les condamnait à mort —, malgré elle souvent, avec elle enfin, ont fait ce royaume. Mais il perturbe, désormais. Comme il inquiétait en 1834, quand il conspirait à Gênes.

L'homme et les circonstances ont changé, mais la politique demeure une « affaire d'État », et Garibaldi est hors des rouages de l'État.

Il refuse le grade de général qu'on lui offre ainsi que d'autres présents dont la monarchie veut l'accabler.

Le 9 novembre, en homme seul — et il y a naturellement de la pause dans cette volonté d'être spectaculairement solitaire —, il s'embarque sur le *Washington* pour regagner Caprera.

La presse a refusé d'annoncer l'heure de son départ. Il larguera lui-même les amarres du navire. Seuls quelques amis sont présents sur le quai.

Il a gravi la passerelle en compagnie de son fils Menotti. Il n'emporte que quelques petits sacs de café et de sucre, un sac de légumes, un sac de graines, une caisse de macaroni, un paquet de morue séchée et quelques lires. Il lance à ses compagnons un dernier salut : « Au revoir, à Rome », crie-t-il.

Dernière image, bien dans la geste garibaldienne, avec ce décor napolitain que domine le Vésuve.

A Montevideo, le drapeau de la Légion italienne portait ce volcan en son centre. Il symbolisait le deuil et la colère.

Ces deux sentiments, comment ne pas penser que Garibaldi, malgré le succès des « Mille », les éprouve encore ?

Quatrième acte

Le soldat soumis

(1861-1866)

Les vautours royaux d'Aspromonte

(1861-1862)

Cinquante-quatre ans. Le héros a retrouvé l'île de Caprera. Il arpente à nouveau le terrain aride, regarde la mer, plante, pêche, chasse, habite la chambre au plafond bas où le feu brûle en permanence. Il interprète son rôle de solitaire avec cette sincérité et cette application qui ne laissent pas place au doute : Garibaldi *est* toujours dans ce qu'il dit et réalise. Acteur, peut-être, mais qui devient, au bout de quelques secondes, le personnage que, par fascination, il a choisi de jouer.

A Caprera, le voici Cincinnatus, entre l'îlot de Monte-Cristo et l'île d'Elbe; Solitaire ? Seuls quelques proches compagnons l'ont suivi. Basso, son secrétaire, l'officier Canzio qui bientôt épousera Teresita, la fille de Garibaldi ; deux ou trois autres fidèles qui composent cette petite cohorte amicale qu'ont toujours, même en exil, les grands, et qui est comme la famille que l'Histoire leur a donnée.

Mais, insulaire, Garibaldi n'est pas vraiment isolé.

Sa gloire est internationale. Chaque semaine, le petit vapeur qui vient de Sardaigne débarque sur l'île voisine de la Maddalena les visiteurs qui, de là, se rendent à Caprera. Garibaldi est un personnage entré vivant dans ce musée-parc d'exposition : Caprera. On le regarde vivre. On sollicite une pensée, une signature. Les révolutionnaires d'Europe centrale ou de Russie, toujours sous le joug, demandent un conseil. Les aristocrates anglais se persuadent qu'ils ont devant les yeux un « antique », l'un de ces « Romains » ou une sorte de « saint », héros à la

Walter Scott avec qui l'on peut échanger quelques propos anodins mais chargés de sagesse et d'humanité. Des délégations d'Italiens, membres des « Comités préparatoires pour la libération de Rome et de Venise », se rendent aussi auprès de lui, l'invitant à se placer à leur tête. N'avait-il pas lancé aux volontaires des « Mille », avant de les quitter : « Au printemps prochain » ?

Puis arrive le courrier, ces milliers de lettres postées des quatre coins du monde par des immigrés italiens ou des admirateurs, ou simplement des femmes exaltées que la notoriété bouleverse toujours.

Parmi ces admirateurs, Alexandre Dumas. Il est demeuré l'un des plus fervents partisans de Garibaldi malgré les difficultés qu'il avait rencontrées lors de son séjour à Naples, où la population avait manifesté contre lui. Passant par Turin et convié à dîner par des diplomates français, Dumas est bavard comme à son habitude.

« Garibaldi fit naturellement le sujet de la conversation, et Dumas fut étincelant de verve et d'esprit, raconte le diplomate Henry d'Ideville. Cependant, le culte et l'admiration de l'auteur des *Trois Mousquetaires* pour le héros du jour dépassait toutes les bornes.

« Vers la fin du repas, pour terminer la série des anecdotes relatives au dictateur : " Voici, nous dit Dumas avec une solennité singulière et dépliant avec mystère un chiffon de papier, voici des lignes tracées par lui qui ne me quitteront jamais ! Il faut vous dire, mes amis, qu'ayant eu la fantaisie de voir Victor-Emmanuel, que je ne connais pas, je demandai à Garibaldi un mot d'introduction pour me présenter au roi. — Tiens, me répondit Garibaldi en me remettant ces mots écrits à la hâte, ceci te servira de passeport. " Et, en même temps, le charmant conteur nous faisait passer le chiffon de papier froissé qui contenait cette phrase unique : Sire, recevez Dumas, c'est mon ami et le vôtre — G. Garibaldi.

« " Vous pensez bien, ajouta Dumas en replaçant avec respect la lettre sur sa poitrine, qu'afin de conserver cet autographe que le roi eût sans aucun doute voulu garder, je me privai, sans regrets, de faire la connaissance du roi Victor. Et, aujourd'hui que le souverain se montre ingrat envers son obligé Garibaldi, vous devez juger s'il attendra longtemps ma visite. " »

Anecdotique, tout cela ? Sans aucun doute, mais lourd de sens aussi.

Une telle gloire, une popularité aussi étendue donnent la mesure de la sympathie qui entoure la cause italienne et celui qui la représente. Et de l'opposition que les gouvernements eussent rencontrée dans leurs opinions publiques s'ils avaient voulu s'opposer de front à des initiatives italiennes.

Mais, de ce fait, les prudences de Cavour ne sont-elles pas excessives ? Une jonction des efforts du Premier ministre et de Garibaldi pour libérer Rome, dans l'élan qui avait conduit à Naples, n'eût-elle pas réussi ? Un instant décisif n'a-t-il pas été manqué, à la fois par la timidité garibaldienne — son armée comptait, à la fin de l'expédition des « Mille», près de cinquante mille hommes représentatifs de toutes les régions d'Italie — et les craintes cavouriennes ?

Mais ce qui était en jeu entre eux, n'était-ce pas, plutôt que les précautions à prendre avec Paris ou Londres, le contenu de l'État italien à construire ?

Pour les uns — les monarchistes — un royaume conservateur, éclairé mais tenant fermement le peuple entre ses étriers. Pour Garibaldi ? Quoi ? On a du mal à répondre, et là réside la faiblesse du héros.

En 1861, il n'a pour seul objectif que la « répétition-continuation » de ce qu'il a commencé. Expédition pour libérer Rome, Venise, lutte unitaire et nationale. Mais quelle belle partie il eût pu conduire en constituant une force d'opposition à laquelle son prestige eût immédiatement donné une large audience nationale et internationale, Garibaldi devenant en somme — si l'on peut rêver — le porte-parole des humbles et des républicains, échappant à la simple logique militaire de l'unité pour s'insérer dans les rapports des forces sociales, bref, opérant une mutation, échangeant sa gloire contre une action politique plus modeste, mais décisive.

Cela, Garibaldi ne le conçoit pas, ne le veut pas et ne l'imagine pas. En ce sens, il est dès 1861 — et bien que l'Italie ne soit pas encore achevée — un leader du passé, comme Mazzini, incapable d'inventer une action adaptée aux problèmes de l'Italie nouvelle.

Or celle-ci manque précisément d'un mouvement d'opposition, d'hommes politiques qui eussent pu faire la jonction entre les revendications des masses paysannes et le monde de l'administration et de la politique. Garibaldi ne le saisit pas. Il reste prisonnier, même élu député au Parlement de Turin par les électeurs de Naples, d'un antiparlementarisme qui lui fait condamner les assemblées de « politiciens ». *Politica sporca e volpina* : la politique est sale et fourbe, répète-t-il. Et certes, le système censitaire italien, excluant les analphabètes, ne prenant en compte que moins de cinq cent mille électeurs pour toute la péninsule (vingt-deux millions d'habitants) est loin d'être un modèle de démocratie. Mais que les analyses de Garibaldi sont courtes ! A une délégation d'ouvriers, il déclarera : « Je vous le répète, on trompe le roi. La plupart des individus qui composent le Parlement ne représentent pas dignement la nation et ne répondent pas à son attente. »

En fait, Victor-Emmanuel II, proclamé le 14 mars 1861 « roi d'Italie par la grâce de Dieu et la volonté de la nation », incarne parfaitement ce nouveau royaume qui, face à la véritable révolte qui secoue le Sud, ne sait qu'employer la force.

Car, cependant que Garibaldi est à Caprera, qu'une unanimité internationale se réalise autour de son personnage, qu'il ressemble quant à lui à un « gamin en vacances », on se bat en Calabre et en Sicile. Et ce « brigandage » des paysans du Sud durera plusieurs années. C'est d'une véritable guérilla qu'il s'agit, avec tout son cortège de cruautés et d'exécutions sommaires. Le « bandit méridional » y exprime d'abord sa déception et son désespoir.

Bien sûr, depuis Rome, les Bourbons et les Princes de l'Eglise s'emploient à maintenir des foyers de révolte. Des mercenaires espagnols ou français, soudoyés par les « émigrés » du Royaume des Deux-Siciles, prennent la tête des bandes paysannes. Rome, selon le gouvernement italien, est devenue le centre où se rassemblent « la racaille, les échappés de toutes les galères, les apôtres et les soldats de la réaction européenne, réunis tous au même endroit parce qu'ils savent qu'on y joue leur dernière carte ».

Mais, derrière ces Borjès, Capdeville, De Langlois ou Le Gandet, il y a les paysans enragés par des siècles de misère, ces « chouans » du Sud pour qui les Piémontais sont devenus des ennemis.

L'espoir, quand il se dissipe, laisse place à la haine.

Dans le Sud, on avait cru en Garibaldi. Il a laissé une traînée, rouge comme la révolte. Mais les limites de propriétés sont restées ce qu'elles étaient. Et les paysans se sont insurgés.

« Contre de tels ennemis », explique à ses troupes le général piémontais Pinelli, « la pitié est un crime ». Ses principes sont appliqués.

On fusille en quelques années mille trente-huit « brigands » et on en tue au cours des combats deux mille quatre cent treize. Telles sont les données officielles, mais des chroniqueurs avancent des chiffres bien plus lourds, allant jusqu'à dénombrer dix-huit mille fusillés ou massacrés.

Ce qui est sûr, c'est que les Piémontais durent engager un contingent de plus de cent mille hommes et que le « brigandage » ou la guérilla leur infligea des pertes beaucoup plus importantes que celles de toutes les guerres du Risorgimento !

Voilà qui, dans l'ombre de Garibaldi, fait tout à coup surgir la réalité des problèmes de l'Italie que « le héros de la nation » a ignorés.

Lui en faire reproche serait demander à un homme d'être autre qu'il fut.

Mais signaler les faits, montrer sur les collines de Calabre ou de Sicile ces feux de la rébellion, écouter les salves des pelotons d'exécution qui abattent des « bandits » condamnés sans jugement, car ils ne sont que des paysans, c'est marquer les limites de l'œuvre garibaldienne.

Elles furent perçues, dès cette époque, par des révolutionnaires.

L'un d'eux, Auguste Blanqui, né dans le comté de Nice, à Puget-Théniers en 1805, appartient à la même génération que lui (il meurt un an avant lui, en 1881). C'est l'un des opposants les plus rigoureux au Second Empire. Mais il eût pu considérer que le rattachement par Napoléon III du comté de Nice à la France était un élément positif dans la politique de l'Empire. Or, à aucun moment les questions « nationales » ne le font dévier de sa ligne révolutionnaire. En 1859, dans la guerre d'Italie, il discerne une stratégie de Napoléon III pour devenir populaire. Et alors que certains de ses camarades — tel Paul de Flotte, qui y sera tué — rejoindront l'expédition des « Mille », il condamnera toujours le ralliement presque inconditionnel de Garibaldi à la monarchie.

Aveuglement de Blanqui qui ne sait pas apprécier le rôle « révolutionnaire », préalable à toute autre lutte, du combat pour l'unité italienne ? Ou, au contraire, perception des faiblesses garibaldiennes et de leurs lourdes conséquences : le royaume que le Niçois aide à constituer restera malade du fait des conditions ambiguës de sa naissance ; et Garibaldi, en sacrifiant ses idées républicaines, en renonçant à prendre la tête d'une opposition à la monarchie, n'a fait que différer l'affrontement et entretenir des illusions...

Il s'en défend avec une vigueur inaccoutumée, comme s'il savait que là est son point faible.

Quand, dans l'île de Caprera, on l'interroge sur l'expédition des « Mille », ou bien dans ses *Mémoires* que, précisément, il rédige à ce moment-là, il dénonce ceux qui, en 1860, l'incitaient à aller plus avant : « Vous devez proclamer la République ! » criaient les partisans de Mazzini — écrit-il — et ils continuent aujourd'hui encore, comme si ces docteurs habitués à régir le monde du fond de leurs bureaux, devaient connaître la situation morale et matérielle des peuples mieux que nous qui avons eu le bonheur de les diriger et de les conduire à la victoire.

Garibaldi se défend donc au nom du réalisme :

« Que les monarchies comme les curés prouvent chaque jour davantage qu'il n'y a rien de bon à espérer d'elles, c'est une évidence. Mais qu'il faille proclamer la République de Palerme à Naples, en 1860, c'est faux ! Et ceux qui veulent nous persuader du contraire le font par haine de parti, celle qu'ils ont exprimé de 1848 à aujourd'hui en toute occasion, et non parce qu'ils sont convaincus de ce qu'ils affirment. »

En fait, Garibaldi se sent, se veut « au-dessus des partis », incarnation et interprète de la nation, capable de comprendre quels sont les intérêts « supérieurs » de la patrie et donc appelé à dialoguer et à négocier avec le Roi — qui, compte tenu des circonstances historiques, symbolise cette nation.

Garibaldi se perçoit le « deuxième pouvoir » en Italie, une sorte de « Roi » national, face au souverain héréditaire et constitutionnel.

Psychologiquement, cette situation est loin d'être désagréable.

Elle pose Garibaldi en arbitre. D'un côté, les fanatiques républicains, ces « docteurs » qui régentent le peuple ; de l'autre, les monarchistes qui répètent, dès que Garibaldi veut intervenir dans le débat politique : « Laissez faire ceux que ça regarde » et qui, « le museau dans le râtelier du trésor public, sont décidés à ne rien faire ou à mal faire. »

Puisqu'il est à l'écart de ces courants extrêmes, Garibaldi peut recevoir à Caprera des envoyés de tous les horizons. Il les accueille comme un patriarche apaisé, amical aussi bien avec les émissaires de Mazzini qu'avec les représentants du gouvernement de Turin.

Installé en bout de table, offrant avec urbanité sa nourriture simple, il écoute plus qu'il ne parle, proposant des cigares, se retirant tôt dans sa chambre, ou bien faisant visiter avec fierté son domaine et jouant à désigner ses ânes du nom de ses ennemis (Napoléon III, Oudinot, Pie IX, François-Joseph) ou baptisant ses chevaux du nom de ses victoires (Calatafimi et Marsala).

Enfantin ? L'homme peut apparaître ainsi, ou bien plutôt satisfait de lui-même que de ses choix après ce sacre que, malgré l'inachèvement de son programme (Rome), l'expédition des « Mille » a constitué.

Il demeure fidèle à ses compagnons d'alors, à ceux qui, après les batailles, n'ont pas trouvé dans l'armée régulière la place qu'ils méritaient. Il est sensible à l'idée qu'en répétant « une entreprise du même modèle, on pourra cette fois aller plus loin ». Et c'est pour défendre ces deux causes que, finalement, après avoir déclaré avec hauteur : « Mon poste n'est pas sur les sièges du Parlement. J'attends l'appel de nouveaux dangers », il décide de se rendre à Turin et d'intervenir à la tribune.

Ce projet inquiète certains des parlementaires qui sont pourtant ses amis. Garibaldi n'est pas un orateur d'assemblée. Le rituel d'un Parlement ne lui convient guère.

Quand, en poncho gris et chemise rouge, un sombrero à la main, il fait son entrée dans la salle des débats, il déclenche par sa seule apparence des sentiments contradictoires.

La gauche applaudit. La droite ricane.

Ce que Victor-Emmanuel II avait craint, et avait tenté d'éviter en recevant Garibaldi avant la séance, se produit : l'opposition entre les deux courants qui ont voulu l'unité italienne.

L'unanimité qui avait, à une voix près, consacré Victor Emmanuel II roi d'Italie, ne peut que se briser.

Le Roi a flatté Garibaldi en lui rappelant que, dès le 18 février 1861, devant le Parlement, il a rendu hommage à son rôle d'entraîneur de la « vaillante jeunesse italienne » — en vain : le général ne s'est pas laissé convaincre.

Le 18 avril, il est donc entré dans la salle des séances, vêtu comme sur le champ de bataille. Il est l'homme rouge parmi les hommes gris.

Quand on lui donne la parole, il défend ses volontaires des « Mille », puis, désignant Cavour, il l'interpelle, prenant à témoin l'ensemble des députés :

« Je demande aux représentants de la nation s'ils pensent que je pourrai un jour, en tant qu'homme, accepter de serrer la main de celui qui m'a rendu étranger en Italie. »

Avec toute la partialité d'un homme d'ordre, le comte Henri d'Ideville a noté — à sa manière — les différentes péripéties de la séance et son témoignage — peu connu — vaut d'être rapporté. Il est précieux pour saisir un climat et les réactions d'une partie de l'opinion :

Turin, 18 avril 1861.

Je reviens du palais Carignan. Les péripéties de cette séance mémorable auront pour l'avenir de l'Italie un intérêt tel que je hâte d'écrire mes impressions.

La présence de Garibaldi à Turin, après les injures adressées par lui au Parlement dans sa trop fameuse lettre, avait agité d'une façon inusitée notre tranquille capitale. Depuis cinq jours qu'il est arrivé de Gènes, l'ex-dictateur, retenu par ses rhumatismes, n'avait pas encore paru à la Chambre. C'est la première fois que le demi-dieu daigne s'asseoir au milieu de ses collègues simples mortels. Aussi chacun d'eux attendait-il avec impatience son entrée au parlement, la considérant avec raison comme le signal qui devait faire éclater au grand jour la lutte sourde et violente qui existe entre le parti d'action et le ministère.

Les tribunes avaient été, dès le matin, envahies par les garibaldiens et par le peuple. Une grande foule stationnait devant le palais Carignan, guettant l'arrivée du général. Quant à la tribune diplomatique, elle était remplie par les élégantes de Turin et les femmes des ministres. Sir James Hudson, le ministre d'Angleterre, peu assidu d'ordinaire aux séances du Parlement, avait pris sa place de bonne heure ; il paraissait inquiet : « Bien que Cavour m'ait semblé fort calme ce matin, j'ai peur, dit-il.

Pourvu qu'il se contienne ! » Les postes militaires avaient été doublés partout, non point qu'on voulût faire à la bonne ville de Turin l'injure de douter de sa sagesse et de son bon sens, mais on craignait un mouvement de la part des nombreux volontaires et gens douteux attirés par la présence de Garibaldi, et dont le sort allait être décidé dans cette séance.

Cette appréhension s'expliquait d'autant mieux que les chefs du comité de Gênes s'étaient tous donné rendez-vous auprès du général.

La séance fut ouverte à une heure et demie comme d'habitude. Tous les ministres siégeaient à leur banc. Vers deux heures, le bruit des acclamations de la foule, répandue sur la place, pénétra jusque dans la salle et avertit de l'approche de Garibaldi.

En effet, c'était lui !

Tout à coup, un tonnerre d'applaudissements et de cris partis des tribunes publiques annonça la présence du grand homme. Une petite porte, cachée dans le mur et placée derrière les gradins les plus élevés de la gauche, s'ouvrit pour laisser passage à Garibaldi. Il apparut, revêtu du costume traditionnel : l'immortelle chemise rouge, recouverte d'une sorte de manteau gris, en forme de chasuble ou poncho mexicain, lui donnait la physionomie d'un prophète ou, si l'on préfère, d'un vieux comédien. Tous les députés, sauf une quinzaine de membres de la gauche, restèrent assis et attendirent patiemment pendant environ quatre ou cinq minutes la fin des hourras.

La froideur silencieuse de la Chambre formait un singulier contraste avec les acclamations des tribunes, lesquelles, à vrai dire, ne contenaient aucun Turinois. Enfin, Garibaldi s'étant assis au dernier rang de l'extrême gauche, auprès des deux députés qui l'avaient accompagné, la séance fut reprise. La formule du serment lue par le président fut répétée par le nouveau député. Lorsque le baron Ricasoli eut terminé les interpellations annoncées au sujet des volontaires, le ministre de la Guerre, général Fanti, répondit par un long discours écrit, mais très ferme et très énergique à l'endroit des garibaldiens.

Alors seulement, au milieu d'un profond silence, Garibaldi se leva pour prendre la parole. L'émotion de tous était visible. Chacun sentait combien le moment était solennel, et de quelle importance seraient, dans l'état d'exaspération des partis, les paroles prononcées par le dictateur. La haine bien connue de Garibaldi pour le cabinet présidé par M. de Cavour, l'antagonisme déclaré entre l'armée méridionale et l'armée régulière contribuaient à augmenter l'intérêt de cette séance.

Il ne faut pas oublier quelle était, en Italie, la situation de Garibaldi au moment où il entrait à la Chambre. Conquérant du royaume des Deux-Siciles, acclamé par cinq millions d'Italiens comme libérateur, généralissime d'une armée créée par lui, entouré du prestige de la victoire et d'une popularité immense, il avait pris dans le royaume une position redoutable que les flatteurs de son entourage avaient tout intérêt à grandir encore. Son orgueil, excité au plus haut degré par les ovations des Napolitains, ce peuple d'ilotes, n'avait plus de bornes. Arrogant avec le gouvernement, insolent avec le Parlement, il n'épargnait pas les insultes à la représentation nationale, et il avait été jusqu'à traiter le roi avec une familarité d'égal à égal. A Turin, où le sentiment monarchique est invétéré, on appréciait tout autrement Garibaldi ; il y était fort impopulaire et regardé comme un homme dangereux pour l'Italie. On rendait justice à son courage, à son honnêteté, mais personne n'ignorait combien son caractère était faible et son esprit borné.

Garibaldi a environ cinquante ans ; il est grand,
et l'on ne peut nier que sa physionomie n'ait une
expression étrange et assez belle. Il a dans la face je
ne sais quoi du lion. Ses yeux sont expressifs,
quoique petits ; sa voix est sonore, pleine, vibrante,
et son costume, d'un autre siècle ou d'un autre pays,
ajoutait encore à la scène une sorte d'intérêt théâtral. Mais hélas, l'acteur savait peu son rôle. A peine
eut-il prononcé quelques mots que la mémoire lui fit
défaut : ses phrases étaient incohérentes et sans
suite ; il cherchait en vain, les yeux armés d'un vaste
binocle, sur les feuillets qu'il tenait à la main, le fil
de ses idées. Les deux acolytes placés auprès de lui,
M... et S..., lui soufflaient les phrases et cherchaient
en vain à indiquer sur le feuillet le passage oublié ;
mais tout effort était inutile.

Le début du discours traîna avec peine. La
gauche de l'assemblée, c'est-à-dire les députés garibaldiens, souffraient du déplorable effet produit par
leur chef lorsque, tout à coup, abandonnant ces
formes parlementaires qui le gênaient visiblement,
Garibaldi repoussa avec humeur et brusquerie les
feuillets qui jonchaient la table et se livra à l'improvisation.

La scène changea d'aspect : de ridicule et pénible
qu'elle avait été, elle devint tragique. C'est alors que,
s'adressant d'une voix et d'un geste menaçants au
banc des ministres, il déclara « qu'il lui serait à
jamais impossible de serrer la main de l'homme qui
avait vendu sa patrie à l'étranger, et de s'allier à un
gouvernement dont la main froide et malfaisante
essayait de fomenter une guerre fratricide » !

A ces mots, la Chambre entière se leva, tandis
que les tribunes éclataient en hourras.

Le comte de Cavour qui, jusqu'à cet instant, avait
écouté de sang-froid, accoudé, et les yeux fixés sur
l'orateur, les accusations portées contre lui, se

redressa, pâle et frémissant, pour protester contre
ces odieuses imputations. Les cris : « A l'ordre ! à
l'ordre ! c'est indigne ! » furent généraux.

Le tumulte était à son comble, augmenté encore
par les applaudissements et le vacarme des tribunes.
Les députés se précipitèrent dans l'hémicycle, quittant tous leurs sièges pour entourer le banc des
ministres. Un député de la gauche s'élança en bon-
dissant de sa place et vint menacer du poing le président du Conseil. Celui-ci répliquait avec véhémence.
Plusieurs députés saisirent l'énergumène par le bras
et l'éloignèrent de force afin qu'il pût calmer plus
loin son exaspération. Des groupes se formaient de
tous côtés ; on y discutait avec violence, avec
colère ; on échangeait des injures et des interpellations de toute nature, que le bruit et le désordre
empêchaient, la plupart du temps, d'arriver à leur
adresse.

Des cris et des menaces partaient même de la tribune diplomatique ; les dames effrayées voulaient
s'enfuir. Enfin, cette scène dramatique et tumultueuse rappelait les tristes jours de la Convention.

Quant à l'attitude du président Rattazzi, elle
avait été très singulière. Au moment où les cris una-
nimes de l'assemblée le sommaient de rappeler à
l'ordre l'illustre général, Rattazzi, sans chercher à
faire entendre sa voix pour obéir à la Chambre, se
couvrit et s'esquiva de son fauteuil. Il était évidemment troublé. Le mot « trahison » lui était, en ce
moment même et fort injustement, jeté à la face par
plusieurs députés. Sa conduite, cependant, resta
incompréhensible. La séance fut interrompue plus
de vingt minutes sans que l'agitation, qui de l'assemblée s'était répandue dans les tribunes, pût parvenir à se calmer.

Enfin, contre toute attente, la discussion fut
reprise. Le président rendit la parole à l'orateur, en

le priant simplement de s'abstenir, dans la suite de
son discours, des expressions dont il s'était servi. A
ces mots, la majorité se leva en criant : « A l'ordre !
Rappelez-le à l'ordre ! Il doit tout rétracter ! A
l'ordre ! » Vaines réclamations. Rattazzi, sans
prendre garde aux interruptions, continuait, d'une
voix calme, à engager l'orateur à plus de modération. Ce fut tout. Aussi, lorsque Garibaldi se leva de
nouveau, les tribunes publiques firent-elles retentir
la salle de salves prolongées d'applaudissements. Le
scandale ne pouvait être plus évident. « Faites évacuer les tribunes ! » répétait-on sur tous les bancs de
la Chambre.

Pour toute satisfaction, le président, agitant sa
sonnette, s'adressait au public en le menaçant, pour
la troisième fois, de céder aux injonctions de l'assemblée en faisant évacuer les tribunes.

La parole ayant été de nouveau accordée à Garibaldi, celui-ci absous, sinon approuvé par le président, reprit son discours là où l'avaient interrompu
les clameurs de la Chambre indignée. Le calme qu'il
avait conservé pendant l'orage soulevé par lui
démontrait évidemment que le pauvre homme
n'avait pas eu conscience de la gravité des paroles
injurieuses qui lui étaient échappées.

Il termina sa harangue en sommant le ministère
de lui donner des gages non équivoques de patriotisme. Lorsqu'il se fut assis, le général Bixio crut
devoir prendre la parole, afin d'excuser en quelque
sorte son illustre chef, assurant qu'il ne fallait pas
prendre à la lettre les paroles prononcées par Garibaldi, plus guerrier qu'orateur ; quant à lui, il faisait
personnellement appel à la concorde et à la conciliation. Ces quelques phrases, d'ailleurs pleines de bon
sens et de droiture, furent applaudies par la majorité ; mais peu goûtées de la gauche, qui voyait avec
peine un brevet d'imbécillité accordé au héros,

devant lui-même, en pleine assemblée, et par un de
ses meilleurs amis.

Le comte de Cavour, encore sous le coup d'une
émotion visible, se leva au milieu d'un profond
silence pour accepter cet appel fait au nom de la
concorde et de l'oubli. Il resta maître de lui et s'abs-
tint de faire aucune allusion aux outrages et à l'ingratitude de Garibaldi.

Lorsqu'on vit, après ces mots, Garibaldi rede-
mander la parole, chacun pensa que le héros, touché
de cette générosité, accepterait la main si noblement
tendue. Mais loin de là, le dictateur, renouvelant ses
plaintes et ses récriminations, affirma que, pour lui,
il n'accepterait comme gage de réconciliation que
deux mesures : d'abord la réorganisation immédiate
de l'armée méridionale sous son commandement en
chef, ensuite l'armement de toute la nation.

A ces mots, interruptions violentes et dénéga-
tions : « Mais quoi ! reprit-il. L'Angleterre, en ce
moment, n'a-t-elle pas une armée de volontaires ? et
nous donc, ne sommes-nous pas entourés de plus
d'ennemis ? L'Autriche n'est-elle pas sur la défen-
sive, et les Français de Rome ne sont-ils pas nos
ennemis ? »

C'est ainsi que se termina la séance. Les députés
haussaient les épaules en se regardant, désespérant
de faire entendre raison à cet impolitique guerrier.

Que pouvait-on attendre d'un entêtement aussi
violent, de prétentions aussi exagérées ? Selon Garibaldi, les héros de Sicile et de Naples, ses compagnons d'armes, avaient seuls mérité de la patrie, et
seuls pouvaient, en ce moment, la sauver.

« Le gouvernement (avait-il dit dans un récent
discours adressé à Gênes à une députation d'ouvriers et reproduit dans tous les journaux) est composé de gens lâches et pusillanimes. La Chambre est
une assemblée de laquais, et le roi même sur lequel il

avait cru pouvoir compter, lui, Garibaldi, marche à sa perte en écoutant d'indignes conseillers ! »

Voilà dans quelles dispositions d'esprit et dans quels sentiments Garibaldi était entré ce jour-là au parlement ; on voit qu'à la suite de la discussion, il avait peu changé d'avis. Tel était l'homme qui avait osé accuser Cavour de ne pas aimer sa patrie ! Certes, dans cette séance, Cavour a fait à son pays le plus grand des sacrifices : violent et emporté comme nous le connaissons, il a su se maîtriser et faire taire son indignation.

S'il eût prononcé un seul mot, la Chambre entière, qui avait les yeux fixés sur lui, se fût levée pour faire justice et se prononcer contre l'insolent dictateur. Mais Cavour resta calme et eut même le courage de parler de conciliation. Pourquoi ? C'est qu'il savait que, sans ce calme, le soir même, la guerre civile aurait éclaté en Italie, et que l'Italie n'était pas encore assez compacte pour supporter cette terrible épreuve. Lui-même n'était pas assez fort pour pouvoir, en ce moment, se débarrasser sans danger de l'élément dont, hélas ! il s'était trop servi.

Que conclure de cette séance ? Le moment de la lutte est retardé, voilà tout, mais tôt ou tard il faudra se mesurer.

Le lion Garibaldi, plus de doute aujourd'hui pour personne, représente et personnifie le parti révolutionnaire ; il n'est, à vrai dire, qu'un instrument entre les mains de Mazzini. C'est bien aux cris de « Vive Victor-Emmanuel ! » que le dictateur est entré à Palerme et à Naples. Mais ce nom, qui lui a servi de talisman et qui a fait sa force, sera rejeté avec mépris le jour où, assez puissant ou assez audacieux, Mazzini, levant son masque, s'écriera : « Vive la République ! »

Je crois vraiment qu'à l'heure présente, Garibaldi,

comme toujours, est de bonne foi, et qu'il est, à sa
manière, dévoué à son pays. Mais c'est en cela
même qu'il est plus dangereux, et ses audaces et les
entreprises dont il menace le gouvernement sont
d'autant plus à redouter que c'est au nom de l'indépendance et du patriotisme qu'il parle. Masaniello
est encore dans sa toute-puissance.

Voilà ce qui embarrasse Cavour et l'empêche de
se séparer violemment d'un parti qui compte beaucoup d'honnêtes gens. Nombre d'Italiens sensés,
aimant passionnément leur patrie, ne peuvent encore
se résoudre à croire que leur idole, leur héros, n'est,
après tout, qu'un pauvre niais intrépide, désintéressé, il est vrai, mais dont l'orgueil sans limites a
détruit la raison et le sens.

A la sortie du parlement, Garibaldi a été tumul-
tueusement accompagné jusque chez lui par ces
mêmes partisans qui avaient encombré les tribunes.
Quant à la population, elle restait calme, insensible
à tous ces cris qui n'étaient que des provocations.

Le ressentiment de l'homme qu'on a privé de sa patrie
niçoise resurgit donc. Avec inconséquence. Car Garibaldi a
accepté là une stratégie monarchique que Cavour représente. Il
s'y est inséré. Et pourtant, il tient ici un discours « mazzinien ».
Emporté par sa colère, il accuse Cavour d'avoir voulu l'affrontement entre les troupes piémontaises et les Chemises rouges.
Cette sagesse que Garibaldi prône si souvent, elle est en
miettes. Rigueur ou goût du spectacle ?

En fait, Garibaldi est un homme qui croit à la valeur et à la
justesse de ses impulsions. Et il y a trop de souvenirs amers
entre Cavour et lui pour qu'il se maîtrise, élaborant ce qui eût
pu être le programme d'une opposition radicale et nationale.
Son discours est fait de ressentiments et de souvenirs. Il est
protestation et non projet. Il est volonté d'agir suivant la même
ligne, et non invention d'une tactique nouvelle.

On ne peut parler de paix, déclare Garibaldi, tant que les

Autrichiens sont à Venise et les Français à Rome. « Je suis pleinement insatisfait », martelle-t-il.

Cavour, qui a tenté de garder son sang-froid, se laisse emporter à son tour, intervient pour se justifier : « Il y a entre le général et moi un fait qui nous sépare, dit-il. J'ai cru accomplir mon devoir en conseillant au Roi la cession de Nice à la France... »

Sur cette opposition politique des deux hommes qui symbolisent les deux faces du « Risorgimento » se greffent des affrontements secondaires.

Celui qui, par exemple, oppose par voie de presse le général Cialdini à Garibaldi. « Vous n'êtes pas l'homme que je croyais, écrit Cialdini, l'homme que j'aimais. » Derrière ces polémiques, il y a bien la réalité d'une divergence entre deux visions du comportement social. « Vous osez, continue Cialdini, vous mettre au niveau du Roi, vous parlez de lui avec la familiarité affectée d'un camarade. Vous entendez vous placer au-dessus des usages, vous présentant à la Chambre dans un très étrange costume... »

Garibaldi a beau répondre qu'il se vêt comme il l'entend et ce, jusqu'à ce qu'on lui dise qu'il n'est plus le citoyen d'un pays libre. la polémique avec Cavour, et plus encore la lettre de Cialdini, marquent bien un tournant dans ses rapports avec les institutions italiennes. On ose dire ouvertement à Garibaldi ce que l'on pense de lui. Et il est contraint d'affronter le ministère même s'il n'ose pas — c'est le point faible de son attaque — ou ne veut pas s'en prendre au Roi.

L'opposition entre les deux formes d'action, souterraine depuis les années 1855, surgit au grand jour.

Même si le Roi oblige Garibaldi et Cialdini à se réconcilier, évitant ainsi un duel entre les deux généraux, même si la polémique s'éteint, même si Garibaldi regagne Caprera après cet éclat, il est clair qu'il faudra vider la querelle. Que l'affrontement évité sur les rives du Volturno, à Naples en 1860, devra avoir lieu.

Garibaldi n'est plus « l'intouchable ».

Mais ce qui est en question, à travers la personne de Garibaldi, c'est l'état du rapport de forces entre la monarchie et ce que le chef de l'expédition des « Mille » peut incarner.

Dans les faits, Cavour et Victor-Emmanuel II l'ont déjà emporté. Garibaldi, en 1860, est rentré seul à Caprera et c'est le Roi qui est resté à Naples. Cependant, l'opinion publique nationale et internationale ne semble pas avoir saisi le sens de la rencontre de Teano. Elle n'y lit que l'entente entre les deux hommes : Victor-Emmanuel et Garibaldi chevauchant côte à côte, placés ainsi sur un pied d'égalité. Comme bien des journalistes et des chroniqueurs s'emploient à faire de cette rencontre une description idyllique, la confusion se maintient. Entre la monarchie et Garibaldi, ce serait le partage équilibré des tâches.

Ainsi, l'état du rapport de forces, clair dans la réalité, est masqué. Les illusions l'emportent et elles entraînent même Garibaldi, qui s'imagine toujours capable de recommencer une expédition des « Mille ».

Mais, dans un processus historique, les enjeux sont tels qu'à moyen terme il faut qu'il y ait, aux yeux de tous, un vainqueur et un vaincu. Que chacun sache où se trouve le pouvoir, capable de faire plier le rival associé.

Au début de 1861, cet événement — ce verdict des faits — ne s'est pas encore produit. Garibaldi semble toujours posséder toutes les cartes de la popularité et avoir en main la possibilité de recommencer, à propos de Rome et de Venise, ce qu'il a réussi pour Naples. On le croit en Italie. Et lui-même le croit.

Quelques mois suffiront pour infliger aux rêveurs l'impitoyable leçon des faits.

Garibaldi est donc rentré à Caprera. Il a repris ses activités champêtres. Il reçoit à nouveau des patriotes. Il est d'autant plus vénéré que l'affrontement parlementaire l'a auréolé d'une nouvelle autorité. Il a préconisé, dans le débat, la création d'un armement national et d'une levée en masse de volontaires. Tout semble possible. Une guerre avec la France ? Pourquoi pas ?

Une guerre avec l'Autriche ? Qui peut la craindre ? Il suffirait
de soulever les peuples sous le joug. Et, autour de Garibaldi,
on évoque des marches sur la Dalmatie, la Croatie, la Hongrie
ou la Pologne. Le modèle de l'expédition des « Mille » serait
applicable à toutes les situations. On pourrait débarquer en
Albanie et, de là, marcher sur Varsovie !

Tous ces projets ne sont le plus souvent que des propos de
table. Mais ils montrent comment le succès « miraculeux » de
la libération de l'Italie du Sud a fait perdre à bien des admirateurs de Garibaldi le sens des réalités. Il n'y aurait qu'à vouloir
pour pouvoir. A entreprendre pour réussir.

Quand, le 6 juin 1861, Cavour meurt à l'âge de cinquante et
un ans, épuisé par les tensions d'une vie de luttes, Garibaldi
n'a plus pour s'opposer à lui que des adversaires qui n'ont
ni le prestige historique, ni l'habileté de l'homme d'État piémontais.

Dans certains milieux, on essaiera bien de tirer parti du
décès de Cavour contre Garibaldi. On l'accusera d'en être responsable. Un témoin (le comte d'Ideville) écrit ainsi :

« La séance du 18 avril, cette séance où Garibaldi l'avait si
odieusement attaqué, fut fatale à Cavour.

« Forcé, ce jour-là, de lutter avec sa nature expansive et
même violente, de faire taire ses ressentiments et de rester muet
devant l'ingratitude et la haine du parti avancé, il revint chez
lui brisé et abreuvé d'amertume. " Si l'émotion avait pu tuer un
homme, dit-il le lendemain à un de ses amis, le comte Oldo-
fredi, je serais mort en revenant de cette séance. " »

Mais la manœuvre échoue, même si Garibaldi ne prononce
aucun mot d'éloge ou de regret à la mort de son adversaire.

Cavour, lui, avait toujours su flatter et utiliser Garibaldi et
les forces qu'il représentait, évitant l'affrontement violent.
Agressé à la Chambre, au mois d'avril, il s'était, on l'a vu, maî-
trisé, et, à la veille de sa mort, il avait, devant quelques
témoins, fait encore l'éloge de Garibaldi : « C'est un homme
plein de noblesse, avait-il dit. Je ne lui veux aucun mal. Il
désire libérer Rome et Venise ? Moi aussi. Personne n'est plus
pressé que nous. Quant à l'Istrie et au Tyrol, c'est autre chose.

Ce sera pour une autre génération. Nous avons bien assez fait, nous autres. Nous avons fait l'Italie. »

Cavour disparu, Garibaldi apparaît ainsi encore plus nettement comme le personnage historique dont le prestige occupe toute la scène nationale et dont la notoriété est telle qu'en août 1861, le président Lincoln lui offre de prendre le commandement d'une armée du Nord contre les troupes du Sud.

On apprécie, à cette démarche, la réputation de Garibaldi. La proposition de Lincoln le flatte et le confirme dans l'idée que son rôle historique et militaire n'est pas achevé. A cinquante-quatre ans, et malgré ses pauses à la Cincinnatus, il ne demande qu'à reprendre du service. Il transmet donc la proposition de Lincoln à Victor-Emmanuel II afin, soucieux de discipline, dit-il, d'obtenir l'autorisation de son souverain.

Espère-t-il un refus ? L'attribution d'une charge ou d'une mission au service de l'Italie ? Quoi qu'il en soit, le roi d'Italie accorde son autorisation. Que ce gêneur s'exile à nouveau et se couvre de gloire au loin !

Mais alors, Garibaldi hésite. De toute l'Italie, les appels parviennent à Caprera. Dès que la nouvelle de la proposition de Lincoln a été connue, les patriotes ont conjuré Garibaldi de rester en Italie, d'agir là, pour achever l'unité encore incomplète.

Garibaldi hésite, demande finalement à Lincoln le commandement de toute l'armée nordiste. Exigence qu'il sait sans doute inacceptable, et manière de se dérober à un nouvel exil. Il est maintenant un héros italien dont la mission n'est pas achevée.

Mais comment intervenir ? Les successeurs de Cavour, Ricasoli, Rattazzi, Farini, sont des hommes de valeur, piémontais (Rattazzi, Lanza, Salla) ou italiens « piémontaisants ». Aristocrates dévoués à l'Etat, probes, ils n'ont pas la finesse de leur maître Cavour. Ils hésitent. Le Roi, qui a son jeu personnel, qui désirerait audacieusement mener une grande politique susceptible de le conduire à entrer dans Rome et Venise, a plus d'autorité sur eux qu'il n'en avait sur Cavour. Aussi la situation devient-elle encore un peu plus confuse.

Dans ce climat d'attente, Garibaldi, toujours à Caprera, ronge son frein. Il écrit ses *Mémoires*. Il reçoit quelques admiratrices et Lassalle, le socialiste allemand, qui lui propose d'organiser une marche sur Venise coïncidant avec des révolutions dans toute l'Europe centrale, de Berlin à Belgrade, de Vienne à Varsovie. Garibaldi écoute, approuve et ne donne pas suite.

Mais toutes ces suggestions, ces lettres, ces propositions maintiennent en lui le désir d'action et créent autour de sa personne une agitation qui inquiète les milieux diplomatiques européens.

Pour le ministre des Affaires étrangères de Napoléon III, « Garibaldi est un cauchemar ». A Turin, Rattazzi, le nouveau président du conseil, un Piémontais qui se veut aussi habile que Cavour mais qui n'a ni l'expérience ni l'autorité de son prédécesseur, voudrait lui aussi contenir Garibaldi et pourtant se servir de lui. L'empêcher de se lier à ces « *Comités d'initiative pour Rome et Venise* » qui se sont constitués dans toute l'Italie et qui deviennent une *Société Émancipatrice*. Il convoque Garibaldi à Turin et, naturellement, celui-ci se rend à cette audience.

Acceptation significative : Garibaldi n'est pas un « opposant ». Il ne demande qu'à « collaborer » avec le pouvoir, à condition que celui-ci lui confie une tâche précise, un commandement et des directives.

Et, pour un premier ministre comme Rattazzi, quelle tentation de faire rejaillir sur son gouvernement la gloire d'un Garibaldi, et peut-être de récupérer, grâce à lui, Rome et Venise, de devenir ainsi l'égal de Cavour ! Quelle tentation aussi pour Victor-Emmanuel II !

Garibaldi rencontre donc Rattazzi. Accord secret. Il voit le Roi. De ces contacts, de ce qui se trame, il se déclare enchanté. On lui offre, semble-t-il, de recruter deux bataillons de carabiniers qui seront placés sous le commandement de son fils Menotti et qui combattront le brigandage dans les Pouilles et les Abruzzes. Mais, de là, on peut marcher sur Rome.

Ces conversations, ces demi-promesses, ces sous-entendus ont exalté Garibaldi. L'histoire à nouveau se met à tourner. Il s'installe à Turin dans la belle demeure du sénateur Plezza. Des volontaires en chemises rouges montent la garde à la porte. Les émissaires de la *Société Émancipatrice,* les envoyés de toutes les régions d'Italie, des membres de la famille royale, des mazziniens se succèdent dans les salons.

Rattazzi organise alors pour le général une tournée dans les principales villes de la vallée du Pô. Partout c'est l'enthousiasme, le délire même, qui dépasse ce que le premier ministre avait imaginé. Apothéose à Milan où il faut une heure à Garibaldi pour se rendre de la gare à l'hôtel. Dans chaque ville ou village, les autorités municipales, mais aussi militaires, rendent les honneurs à Garibaldi.

L'ambiguïté du personnage éclate ainsi en même temps que la duplicité gouvernementale. Quelle est la fonction de ce général, héros de la nation qui, du haut des balcons, entouré de notables, répète à Milan, Crémone, Brescia, Piacenza ou Parme : « Il existe un lien de solidarité entre les Italiens de toutes les provinces et nous ne pourrons jouir honorablement de notre liberté tant que notre Venise et notre Rome seront esclaves, la première de la tyrannie étrangère, la seconde d'une double tyrannie, étrangère et radicale ».

La foule répond d'un seul cri : « Rome et Venise ! ».

On enrôle des volontaires. A Crémone, l'évêque lui-même reçoit Garibaldi avec déférence et des délégations de prêtres, dans les villes traversées, s'empressent auprès de lui. Garibaldi ne discourt pas. Il prêche, vantant la « religion de la Sainte Carabine ». Il répète après la foule : « Rome et Venise ! ».

Comment, dans ces conditions, objet d'un tel culte, ne s'illusionnerait-il pas à la fois sur sa propre force, sur le désir des Italiens de libérer les villes encore soumises, et sur la volonté gouvernementale de soutenir toute initiative ?

Manipulé, Garibaldi ?

Rattazzi et Victor-Emmanuel II n'avaient pas apprécié l'ampleur de son prestige populaire. En lui offrant des tribunes, ils

l'incitaient à l'action. Ils ont été des apprentis-sorciers. Ils ne
peuvent que le laisser s'installer dans une villa de Trescorre,
non loin de la frontière du Tyrol. Il soigne ses rhumatismes,
prétend-il. Mais toute l'Europe sait qu'il complote. Que cette
villa, comme la villa Spinola à Quarto en 1860, est le centre
d'une conspiration à ciel ouvert. Des volontaires affluent, s'apprêtent à marcher sous la direction de deux officiers — le colonel Nullo et le capitaine Ambiveri — vers Venise. Et l'Autriche
proteste avec énergie.

Que faire ? Le jeu s'est transformé en piège. Le gouvernement fait arrêter les garibaldiens à Sarnico. On les enferme
dans la forteresse de Brescia et celle de Bergame. Garibaldi
s'indigne. A Brescia, la foule se rassemble le 14 mai 1862. La
troupe tire. Trois morts et un blessé grave resteront sur le terrain.

Du fait de cette confusion, de la trop grande habileté et des
incertitudes gouvernementales, des naïvetés garibaldiennes, a
donc pour la première fois coulé le sang.

Toute l'Italie proteste, mais ce premier heurt, comme le sou-
lignent certains commentateurs, pose clairement le dilemme :
« Garibaldi ou la loi ? » Personne pourtant — ni Garibaldi ni le
ministère, ni le Roi — ne tient encore à déchiffrer ces événements pourtant explicites.

Rattazzi prétend, dans une circulaire aux préfets, que Garibaldi n'est en rien mêlé à l'initiative des volontaires. Il a reçu
Garibaldi, qui a obtenu par ailleurs une audience du Roi. On le
calme. On lui suggère une expédition en Grèce. De son côté,
Garibaldi affirme que les volontaires ne songeaient en rien à
intervenir au Tyrol, mais qu'ils se rassemblaient pour s'entraîner au tir...

Et si, dans un premier temps, Garibaldi a dénoncé avec violence l'attitude de l'armée qui a ouvert le feu, il se reprend. On
a mal interprété ses propos, écrit-il le 21 mai dans une lettre au
directeur de la *Gazette de Milan :* « Soldat italien, je ne pouvais
avoir l'intention d'offenser l'armée italienne, gloire et espérance de la nation. J'ai voulu seulement déclarer que le devoir

des soldats italiens est de combattre les ennemis de la patrie et du Roi, non de tuer ou de blesser des citoyens sans défense. A la frontière et sur les champs de bataille, les troupes ! leur poste est là et non ailleurs ! »

Ambiguïté toujours : Garibaldi dénonce et absout. Il est à nouveau reçu par le Roi. Et Rattazzi le couvre, obtient la confiance du Parlement pour sa politique. Qui est dupe ?

De telles pratiques ne peuvent que désorienter l'opinion qui pressent, sans connaître toutes les négociations secrètes, que, dans les coulisses, des compromis sont élaborés. Les emprisonnés de Brescia et de Bergame sont libérés quelques jours plus tard. Rien n'a donc eu lieu ! Il ne reste que trois victimes, vite oubliées.

Cette première irruption des faits, de la réalité dans l'illusion, n'a pas dissipé la confusion. Au contraire, elle incite à croire qu'à la fin « tout » s'arrange. Que le gouvernement, s'il est maladroit, est consentant et passif.

Après de nouveaux contacts, Garibaldi regagne Caprera avec quelques fidèles. Il a eu un entretien demeuré secret avec Victor-Emmanuel II.

Mais tout à coup, à la fin juin, sans expliquer ses intentions, même à ses plus fidèles compagnons, il s'embarque pour Palerme où il arrive le 8 juillet 1862.

Il n'a pu échapper à ce qui guette les hommes vieillissants : la répétition.

La Sicile, Palerme : ce sont les lieux de sa gloire.

Deux ans se sont écoulés, mais Garibaldi retrouve l'enthousiasme des foules siciliennes. Le Préfet de Palerme n'est autre que le marquis Giorgio Pallavicino qui fut, lors de l'expédition des « Mille », un compagnon de Garibaldi. Il reçoit le général comme un souverain rentrant dans son royaume, et les deux fils de Victor-Emmanuel II, le prince Humbert et le prince Amédée, témoins de cet accueil de la foule et des autorités, interrompent la tournée officielle qu'ils font en Sicile et regagnent le Piémont.

A Palerme, Garibaldi loge au Palazzo Reale, comme en

1860. Et, avec une assurance tranquille, il reçoit les hommages comme s'il était naturel qu'il eût à nouveau, sans être chargé d'aucune mission officielle, le pouvoir du dictateur qu'il fut dans cette ville durant quelques semaines.

Il passe en revue la Garde nationale qui est commandée par Medici, celui-là même qu'il connut en Amérique du Sud. L'histoire de l'Unité italienne s'est déroulée de telle sorte qu'à chaque pas, on découvre la trace de Garibaldi, d'autant plus profonde que le mythe s'est emparé de ses actions et les a magnifiées. Contre cela, le gouvernement ne peut rien. Il doit laisser faire et utiliser Garibaldi, ou bien briser d'un coup cette image. L'ambiguïté ne peut plus être tolérée. Voilà plus de deux ans qu'elle dure. Il va falloir trancher.

Garibaldi, lui, après quelques jours passés à Palerme, est pris par l'ambiance enthousiaste qui l'entoure. Savait-il avec précision ce qu'il allait accomplir en Sicile ? C'est peu probable. Il avait débarqué dans l'île pour « voir », apprécier les chances d'une répétition de l'expédition des « Mille ». Comment ne semblerait-elle pas possible quand les troupes lui rendent les honneurs, qu'il se trouve au Forum italique placé entre le maire de Palerme et le préfet, que les acclamations montent vers lui, qu'on attend ses paroles ?

Parler, pour Garibaldi, est le début de l'action. Et même la seule préparation de l'action qu'il conçoive. Ce dimanche 15 juillet 1862, au Forum, alors que personne ne s'attend à un discours, il se lève brusquement et, en tribun, commence une harangue :

« Peuple de Palerme, s'écrie-t-il, le maître de la France, le traître du 2 décembre, celui qui versa le sang de nos frères de Paris sous prétexte de protéger la personne du Pape, de protéger la religion, le catholicisme, occupe Rome. Mensonge ! Mensonge ! Il n'est poussé que par l'envie, la rapine, la soif infâme de domination. C'est lui qui, tout le premier, entretient le brigandage. Il s'est fait chef de brigands, d'assassins ».

Au milieu des cris, des insultes qui fusent contre Napoléon III, Garibaldi conclut : « Peuple des Vêpres, peuple de

1860, il faut que Napoléon évacue Rome. Si c'est nécessaire, qu'on fasse de nouvelles vêpres. »

A cet appel à la lutte qui ravive le souvenir du massacre des Français lors des « Vêpres siciliennes », en 1282, la foule répond par un cri : « Rome ou la mort ! ».

Garibaldi vient d'agir. Il sait désormais ce qu'il a entrepris en débarquant une nouvelle fois en Sicile. Car son discours a été sans aucun doute improvisé. Il ne tient compte ni des possibilités réelles d'une action sur Rome, ni des circonstances diplomatiques, qui sont défavorables.

Comment Paris peut-il en effet accepter cette menace ? Mais Garibaldi est si sûr de lui, si confiant dans sa « bonne étoile », si aveuglé par ses succès antérieurs qu'il ne peut que continuer. Recommencer, en fait.

Il réitère ses menaces à Marsala, dans toutes les villes siciliennes où il se rend. Il lance des appels pour qu'on le rejoigne et, bientôt, près de trois mille volontaires se rassemblent dans les bois de la Ficuzza.

Le marquis de Pallavicino, pris entre sa fidélité et son obéissance au roi Victor-Emmanuel, démissionne. Mais son remplaçant au poste de préfet, De Ferrari, est impuissant à empêcher le mouvement. Il fait placarder une proclamation où il affirme que le gouvernement condamne le projet de Garibaldi. Pourtant, la police n'intervient jamais quand on manifeste ou déchire les affiches. A aucun moment, par ailleurs, les autorités ne cherchent à disperser le rassemblement des volontaires garibaldiens, puis leur marche en avant qui commence le 1er août au matin.

L'idée donc d'une complicité entre Garibaldi et le Roi, d'une entente secrète, s'enracine, riche de toutes les illusions entretenues depuis 1860. On pense qu'en sous-main, le gouvernement soutient l'expédition, même si, aux yeux de l'opinion internationale, il est contraint de la condamner.

L'assurance de Garibaldi, comment s'expliquerait-elle autrement ? Aurait-il été irresponsable au point de se lancer dans une aventure qui, si elle ne bénéficie pas de la neutralité bienveillante de la monarchie, n'a aucune chance de réussir ?

Sans doute croit-il aussi, comme ceux qui le suivent, qu'il va contraindre Victor-Emmanuel II à tolérer d'abord l'initiative, puis à la soutenir. Il suffit pour cela de réussir, donc d'avancer.

Les colonnes s'ébranlent, composées de volontaires qui n'ont pas l'expérience militaire ni la résolution de ceux de 1860. D'ailleurs, en tous points, cette traversée de la Sicile vers le détroit de Messine est comme la caricature de l'action des « Mille ».

A Mezzojuso, une petite cité, Garibaldi est rejoint par le duc della Verdura qui lui apporte le texte d'une proclamation du Roi condamnant durement l'entreprise :

« La responsabilité et la rigueur des lois tomberont sur ceux qui n'écouteront pas mes paroles, écrit Victor-Emmanuel II... Roi acclamé par la Nation, je connais mes devoirs. Je saurai conserver intacte la dignité de la couronne et du Parlement pour avoir le droit de demander à l'Europe pleine et entière justice pour l'Italie... Il est douloureux à mon cœur que des jeunes inexpérimentés et aveuglés fassent du nom de Rome un signe de guerre, oubliant leur devoir et la gratitude due à nos meilleurs alliés... »

Mais Garibaldi hausse les épaules. N'a-t-il pas, en 1860, reçu aussi un message de Victor-Emmanuel lui demandant de ne pas traverser le détroit de Messine ? Il laisse donc l'envoyé du Roi et s'en va écouter un *Te Deum* dans l'église de Mezzojuso, chanté en l'honneur de la chute du pouvoir temporel du Pape.

Puis l'on repart.

Garibaldi s'emploie à éviter toute rencontre avec les troupes régulières. Mais quand elle se produit, il ne s'affole pas, demandant comme à Paterno, alors que les Garibaldiens sont encerclés par un régiment « piémontais », à parler au chef de l'unité. Quelques mots suffisent pour que les troupes s'écartent et que la marche continue.

A Catane, on l'accueille en triomphateur. Le préfet a quitté la ville, s'est réfugié à bord du croiseur *Duca-di-Genova*. Car la flotte royale est présente dans la baie, mais laisse les garibaldiens s'emparer de deux navires : un italien et un français, ce qui ne peut que multiplier les difficultés internationales.

Complicité de fait des officiers avec Garibaldi ? Double jeu de la monarchie qui veut attendre, ou même souhaite voir Garibaldi s'enfoncer dans la désobéissance pour mieux l'abattre ? Pour tout ordre, le commandant du *Duca-di-Genova* a reçu le message suivant, on ne peut plus imprécis : « Opérer selon les circonstances mais en se rappelant que le bien du Roi et celui de l'Italie sont inséparables. »

Garibaldi traverse donc le détroit de Messine avec, comme seuls obstacles, le vent et la surcharge des navires — il y a deux mille volontaires. Il touche terre non loin du lieu de son premier débarquement en 1860.

La répétition continue.

La marche à travers la Sicile avait duré trois semaines. La traversée du détroit de Messine ne pouvait se réaliser qu'avec la tolérance — ou l'impuissance — des navires royaux. Comment, dans ces conditions, Garibaldi ne s'illusionnerait-il pas ?

Un politique plus subtil qu'il n'est, mieux informé ou simplement plus lucide, aurait compris que, cette fois-ci, la monarchie ne pouvait tolérer un acte de désobéissance qui mettait non seulement en difficulté l'Italie sur le plan international, mais affaiblissait la force du pouvoir. Que fût-il resté de l'autorité d'un État dont les troupes eussent été incapables de briser un rassemblement de rebelles ? Garibaldi félicite les officiers qui lui laissent la route libre : « Je crois connaître l'honneur militaire, explique-t-il, je dirai en toute conscience que dans des cas semblables, un homme d'honneur doit mettre son sabre en pièces. »

Que ferait la monarchie d'une armée qui déciderait elle-même des circonstances dans lesquelles elle doit obéir ou désobéir ?

La deuxième expédition de Garibaldi est donc un banc

d'épreuve pour la Monarchie, en même temps qu'un moyen pour elle de trancher, à vif, dans cette ambiguïté qui la lie à Garibaldi.

« A quel point serions-nous réduits, écrit un journal turinois, si l'audace d'un général suffisait à dicter les ordres du gouvernement, à la nation ? Aujourd'hui, Garibaldi veut nous inciter à marcher sur Rome, même contre les baïonnettes françaises ; demain, un autre nous contraindra à affronter sans préparation toute la Confédération germanique ».

Et il est vrai qu'il ne saurait y avoir de doute sur l'attitude française. Napoléon III ne peut se déjuger. Le 26 août, le *Moniteur officiel* écrit : « Les journaux se demandent depuis quelques jours quelle sera l'attitude du gouvernement français en présence des agitations de l'Italie. La question est tellement claire que le doute semble impossible. Devant d'insolentes menaces, devant les conséquences possibles d'une insurrection démagogique, le devoir du gouvernement français et son honneur militaire le forcent plus que jamais à défendre le Saint-Père. Le monde doit bien savoir que la France n'abandonne pas dans le danger ceux sur lesquels s'étend sa protection. »

Dans ces conditions, même si Victor-Emmanuel II et son premier ministre Rattazzi avaient hésité sur l'attitude à tenir, leur choix leur était dicté.

Dès que les volontaires de Garibaldi eurent mis le pied sur le sol de Calabre, un navire de guerre « piémontais » les bombarda, les obligeant à gagner l'intérieur pour échapper aux *bersagliere* qui avaient, eux aussi, ouvert le feu.

La réalité allait s'imposer aux « rêveurs ».

On touche ici aux limites de Garibaldi. Il s'est engagé dans une impasse. Lui qui a tant de fois condamné les entreprises des mazziniens, le voici isolé sous la pluie, dans ces massifs arides de Calabre, suivi par une maigre troupe qui s'émiette vite dès qu'il apparaît que la promenade cesse et qu'on va vers les difficultés.

A Catane, il a suffi de l'apparition des régiments piémontais pour que les garibaldiens demeurés dans la ville se rendent. Il y a huit cents prisonniers.

On n'a en effet décelé aucune combativité chez les garibaldiens de 1862 : et comment y en aurait-il ? Leur adversaire n'est pas le roi d'Italie, dont Garibaldi a toujours fait l'éloge, s'interdisant par crainte de la guerre civile toute critique, même légère, d'un monarque pourtant retors.

Sur qui pourraient-ils compter ? Les populations calabraises sont hostiles. Elles n'ont plus d'illusions. Elles ont subi la répression. Et Garibaldi paie de ne pas avoir soutenu les paysans révoltés. Son entreprise — comme celle de 1860, d'ailleurs — ne pouvait réussir qu'avec l'appui ou la tolérance de l'État.

En 1860, l'expédition des « Mille » n'avait été insurrection que par les « formes » qu'elle avait prises, mais au fond, elle allait dans le sens de la politique étatique et la servait.

En 1862, il ne reste que quelques centaines de volontaires affamés que les guides ont à dessein épuisés sur les pentes de l'Aspromonte. En face d'eux, près de deux mille bersaglieri, ceux du lieutenant-colonel Pallavicini — bien armés et disciplinés. Les volontaires, sur l'ordre de Garibaldi, s'adossent à une forêt de pins.

« Nous étions des excommuniés et des hors-la-loi », écrit Garibaldi avec amertume. Il a décidé de ne pas répondre au feu des troupes italiennes. Il espère éviter l'affrontement en s'avançant. « Mais, en 1862, commente-t-il, l'armée italienne, parce qu'elle était la plus forte et que nous étions beaucoup plus faibles, nous voua à l'extermination et se rua sur nous comme sur des brigands, et peut-être encore plus volontiers. Il n'y eut aucune sommation. Nos adversaires arrivèrent et chargèrent avec une désinvolture surprenante. Tels étaient certainement les ordres : il s'agissait d'extermination et comme, entre fils de la même mère, on pouvait craindre de l'hésitation, les ordres étaient sans aucun doute de ne même pas laisser le temps de la réflexion. »

Garibaldi, lui, est indécis.

« Ce moment fut terrible pour moi, confie-t-il, pris dans l'alternative de déposer les armes comme des moutons ou de se souiller du sang de ses frères. »

Il réitère pourtant l'ordre de ne pas tirer, mais quelques-uns parmi les plus jeunes des volontaires ouvrent le feu. Dans la fusillade générale, cependant que bon nombre de garibaldiens s'enfuient dans la forêt, Garibaldi, qui est resté debout, exposé, faisant preuve de ce courage physique qui ne lui a jamais manqué, est blessé par deux balles : l'une le heurte par ricochet à la cuisse gauche, l'autre pénètre le pied droit. Il s'effondre. Le feu cesse.

On dénombrera douze morts (donc cinq garibaldiens) et trente-quatre blessés (vingt garibaldiens).

Le lieutenant-colonel Pallavicini viendra recueillir la reddition de Garibaldi qu'on descendra lentement sur une civière de branchage jusqu'au *Duca-di-Genova,* ancré au large de Scylla, sur le détroit de Messine. On a refusé à Garibaldi le droit d'être transporté sur un navire anglais. Il est prisonnier.

On l'a hissé à bord du navire de guerre sur un palan, « comme on charge les bœufs », a-t-il dit. Sa blessure est très douloureuse. Elle est de celles qui se cicatrisent mal et la balle est restée dans la plaie. Cependant qu'on l'embarque, Garibaldi peut apercevoir, à la poupe d'un navire voisin, le général Cialdini qui a commandé l'expédition et s'en fait gloire.

Ce 29 août 1862, les illusions sont en miettes ; la monarchie piémontaise est seule à diriger les destinées de l'Italie. Garibaldi n'est qu'un prisonnier blessé qu'on enferme au fort du Varignano, à La Spezia.

On ne peut proclamer de manière plus éclatante que le « héros de la nation » doit obéir comme n'importe quel sujet. Si un homme tel que lui subit un tel sort, chaque Italien peut imaginer ce qui, éventuellement, peut le guetter.

« A cette occasion, écrit Garibaldi, mes contemporains témoignèrent d'une bassesse à donner la nausée même à des habitués des cloaques : il y en eut qui se frottèrent les mains à l'annonce de mes nouvelles que l'on croyait mortelles ; il y en eut qui renièrent mon amitié et il y en eut pour dire qu'ils s'étaient trompés en me reconnaissant quelques mérites. »

Pendant cinquante-quatre jours, Garibaldi resta emprisonné par les « vautours royaux ».

Sa blessure, qui ne met pas ses jours en danger, est sévère. Les meilleurs chirurgiens européens — le français Nélaton et l'anglais Partridge — se succèdent à son chevet. Après avoir envisagé l'amputation du pied, on pourra extraire la balle.

Cette attention pour l'illustre prisonnier reflète l'embarras du gouvernement italien et l'écho international de l'affrontement.

Juger Garibaldi ? Certains hommes politiques de Turin l'envisagent. Mais devant quelle juridiction ? Un conseil de guerre ou bien le Sénat transformé en Haute Cour ? C'était courir le risque, maintenant que la leçon avait été donnée, de susciter un mouvement de révolte.

Car l'opinion italienne a pris fait et cause pour le martyr d'Aspromonte. Le fort de Varignano devient un lieu de pèlerinage. On s'indigne de savoir Garibaldi traité comme un bagnard, oubliant que ses conditions de détention sont en fait les meilleures possibles. Mais l'homme est blessé, et à quoi peut servir de le maintenir dans une forteresse alors qu'il est encore sous la menace d'une amputation (la balle ne sera extraite que le 23 novembre, par le professeur Zanetti de Pise) ?

Dans le monde entier, l'indignation est profonde. En Angleterre surtout, où la popularité de Garibaldi était immense. Un meeting réunit à Hyde Park près de cent mille personnes. Palmerston offre même à Garibaldi un lit spécial destiné à sa convalescence.

Dans les milieux révolutionnaires, l'échec de Garibaldi est durement ressenti. Mazzini en tire la conclusion politique qu'il faut enfin rompre avec la monarchie : « La balle du mousquet qui a blessé Joseph Garibaldi a déchiré la dernière ligne du pacte signé, il y a deux ans, entre les républicains et la monarchie, écrit-il. Nous nous séparons aujourd'hui pour toujours d'une monarchie qui a combattu à Sarnico pour l'Autriche et à Aspromonte pour le Pape. »

A Paris, Blanqui, l'insurgé de toujours, se laisse aller à l'émotion, au pessimisme, à l'annonce de l'échec et de l'arrestation de Garibaldi.

« La politique, à mon sens, va de mal en pis, écrit-il à son ami Lacambre, le 7 octobre 1862. L'aplatissement ne fait que croître et embellir. On se croyait au fond du fossé, on s'aperçoit qu'on peut tomber plus bas encore. Le despotisme triomphe et, avec lui, toutes les influences perverses. La Bourse est en rut ; elle monte comme une marée d'équinoxe, saluant de ses cris de joie l'écrasement de la Révolution. Tout le monde de la matière célèbre sa victoire et la défaite du monde de la pensée. Les ténèbres chantent l'extinction de la lumière... La liberté et l'idée sont vaincues. Gloria in excelsis. »

C'est dire que l'événement d'Aspromonte, compte tenu de la notoriété de Garibaldi, est ressenti dans toute l'Europe comme la preuve de la consolidation des régimes en place, du triomphe de l'entente des États contre le soulèvement des peuples.

Garibaldi ressent avec amertume cette défaite qu'inscrit dans son corps la douleur physique.

Certes, l'affection et l'admiration dont il est entouré sont de puissants remèdes. Et, après tout, il s'est trompé, il a payé, montré sa détermination et son courage. N'est-ce pas essentiel pour lui ?

Il est amnistié par un décret royal en octobre 1862. Victor-Emmanuel II, qui marie sa fille Maria-Pia au roi du Portugal, a trouvé ce moyen habile pour résoudre le cas du « prisonnier Garibaldi ».

Garibaldi a protesté : « On n'amnistie que les coupables », a-t-il lancé, mais il accepte qu'on lui rende son épée, puis la liberté.

Quand la balle aura été extraite de sa blessure, il regagnera Caprera, se remettant difficilement, marqué par ses souffrances. Il a cinquante-cinq ans. Sa plaie se cicatrise lentement et difficilement, l'empêchant longtemps de marcher.

Mais, en même temps, il n'a pas renoncé, acceptant la présidence du Comité national romain auquel, le 17 décembre, il écrit : « Là où ne brûle pas le soleil de la liberté, là où le prêtre maintient les ténèbres par l'ignorance et la superstition, où l'arrogance de l'étranger veut donner de la vie à l'idole en lui prêtant l'épée déjà teinte du sang d'un peuple pour en frapper à mort un autre, là il est nécessaire de réunir les forces au profit de la liberté, de l'indépendance, de la civilisation et du progrès. »

Ainsi, il n'a en rien modifié son programme. Il n'a pas changé. C'est, au seuil de la vieillesse, sa faiblesse : la confirmation de son incapacité à explorer d'autres voies pour son action.

Mais cette obstination et cette permanence n'en sont pas moins les signes de sa dignité et de sa grandeur.

« *Une vie oisive et inutile* » ?

(1862-1866)

Cinquante-cinq, cinquante-six, cinquante-sept, cinquante-huit, cinquante-neuf ans : pour Garibaldi, la vie s'effrite vite, de la fin de l'année 1862 au mois d'avril 1866.

Il a alors conscience qu'il séjourne désormais presque constamment à Caprera, que les événements se déclenchent et se déroulent sans lui, qu'il ne peut le plus souvent intervenir que par des manifestes, des messages de solidarité qu'il adresse à ceux qui s'insurgent ici et là.

En 1863, il soutient de ses écrits les Polonais en lutte contre l'occupant russe. Il pense toujours à Rome et à Venise, veut reconstituer une *Société Emancipatrice* pour contrôler et susciter l'action gouvernementale, et il écrit à Victor Hugo pour solliciter son aide :

« Cher ami, explique-t-il au poète (dont *Les Misérables* viennent de paraître et dont la notoriété, la réputation de révolutionnaire sont à leur apogée), j'ai besoin d'un autre million de fusils... Je suis certain que vous m'aiderez pour recueillir les fonds nécessaires ».

Et Victor Hugo, pour qui Garibaldi est « l'homme de la liberté et l'homme de l'égalité », s'engage, promet : « Je saisirai la première occasion d'élever la voix. Il vous faut le million de bras, le million de cœurs, le million d'âmes. Il vous faut la grande levée des peuples. Elle viendra ».

Elle ne s'annonce guère, pourtant. Garibaldi, de son île, ne pouvait qu'exalter les combats des Mexicains de Benito Juarez contre le corps expéditionnaire français de Napoléon III, ou bien exprimer à nouveau sa solidarité aux armées des Nordistes qui poursuivent leur guerre contre les esclavagistes du Sud. C'est beaucoup... c'est peu.

En fait, avec le temps qui s'écoule, il a le sentiment que ses moyens d'intervention s'amenuisent.

Il ne se laisse pas pour autant aller à l'amertume ou à la morosité.

L'île est un domaine agricole. Il en surveille l'exploitation. Il y reçoit des visiteurs toujours nombreux. Ce paysage rocheux et marin, ce ciel que ne traversent que les brefs et violents orages des hivers méditerranéens, l'apaisent. Le monde autour de lui est à la fois illimité et familier, sous son emprise. L'île donne toujours au rêveur le sentiment de l'évasion et de la possession. Grâce à cette atmosphère, il peut supporter la longue convalescence que sa blessure d'Aspromonte nécessite.

Pendant plusieurs semaines, il doit garder le lit, puis, au début du mois de janvier 1863, il ne peut se déplacer qu'en fauteuil roulant. Ce n'est qu'en juin qu'il marche avec l'aide de béquilles, et à la fin de l'année seulement qu'il n'aura plus besoin que d'une canne. Plus de treize mois auront donc été nécessaires à sa guérison et, pour un homme actif comme Garibaldi, l'épreuve est difficile.

Mais il la traverse avec sérénité. Il notera cependant dans ses *Mémoires,* et l'appréciation révèle son sentiment profond sur cette période de son existence : « Je n'aime pas raconter mes malheurs, mais mes souffrances furent nombreuses... Finalement, au bout de treize mois, ma blessure au pied droit fut cicatrisée et je menai jusqu'en 1866 une vie oisive et inutile. »

Cette vie-là, même s'il y fait face, Garibaldi ne l'aime pas. Il se souvient avec nostalgie de l'exaltation que procure l'événement que l'on a suscité. S'il a pris tant de risques sur les champs de bataille, c'est que dans cette manière orgueilleuse de s'exposer, il trouvait du plaisir. Il ressent comme une frustration le fait d'être à l'écart. Il a tant de fois dialogué, du haut d'un balcon, avec les foules rassemblées sur les places des villes et des villages de Sicile, que le silence qui l'entoure lui pèse.

Il marche, appuyé à ses béquilles. On lui apprend que certains des officiers qui l'avaient rejoint ont été arrêtés après Aspromonte, condamnés et, pour certains, exécutés. Il se révolte contre cette hypocrisie gouvernementale mêlée de violence. On a laissé faire ou bien on n'a pas su interdire, puis on se venge sur ceux qui se sont laissé entraîner. Mais, habilement, on amnistie le responsable : Garibaldi, désolé de cette inégalité de traitement.

Mais comment peut-il réagir ?

Il démissionne de sa charge de député, tente d'en expliquer les raisons à l'opinion. Mais les journaux qui publient ses lettres sont saisis. Alors il recommence, rédige des proclamations, des manifestes. Comment pourrait-il, argumente-t-il, siéger dans un Parlement qui a livré Nice à un pays étranger ?

Mais, cette fois encore, les textes sont interceptés par la police. Le gouvernement est donc sur ses gardes, se méfiant à la fois de l'opinion publique et de l'homme qui pourrait l'orienter.

Démissionnaire, Garibaldi se représente peu après à Palerme, cherchant à nouveau à être député. Est-ce de l'inconséquence ? Est-il pris par le tourbillon de ses partisans désireux d'exploiter sa popularité ? Sait-il qu'après sa blessure à Aspromonte et son emprisonnement, on a vendu dans toute l'Italie des « reliques » — pansements, étoffes teintées du sang du héros ?

Il faut donc se faire réélire, à Palerme cette fois. Mais l'élection est difficile, et n'interviendra qu'après un scrutin de ballottage. Les pressions et la propagande gouvernementale, la déception des Siciliens se sont conjuguées pour donner à Garibaldi cet avertissement.

En fait, le temps de l'action n'est pas revenu. Le coup d'arrêt d'Aspromonte a montré de manière éclatante la détermination gouvernementale — il a su faire tirer sur le héros national — et la faiblesse de ce héros.

La popularité de Garibaldi, profonde, ne change rien à ce rapport de forces. Aussi, durant toute cette année 1863, en même temps qu'il retrouve l'usage de sa jambe, Garibaldi demeure-t-il sur son île, allongeant peu à peu ses promenades, surveillant les travaux des champs. Paisible ?

Les amis ne sont pas nombreux. Les femmes sont absentes. Battistina Ravello, sa jeune maîtresse niçoise, est rentrée chez elle avec Anita, son enfant, qui mourra bientôt. Une brève visite de Speranza von Schwartz, toujours fantasque, ne suffit pas à créer une atmosphère chaleureuse, susceptible de retenir Garibaldi à Caprera.

Il se repose, écrit, médite, guérit. Et quand se multiplient les invitations à faire un séjour en Angleterre, quand un couple d'Anglais, les Chambers, représentant le Comité Garibaldi, débarque à Caprera afin de convaincre le général de répondre favorablement aux demandes, celui-ci accepte. Le premier ministre Palmerston formule même une invitation officielle.

A la fin du mois de mars 1864, Garibaldi, accompagné de ses fils Menotti et Ricciotti, de son médecin, d'un de ses secrétaires (Guerzoni), quitte Caprera à bord de *La Vallette,* un navire anglais qui fera escale à Malte. Là, Garibaldi monte à bord du *Ripon,* un steamer qui fait route vers Southampton où il arrive le dimanche 3 avril.

L'Angleterre a une passion pour Garibaldi. Elle aime, toutes classes confondues, ce héros du Sud, ce « berger mythologique », cette sorte d'Ulysse qui a parcouru toutes les mers du monde. Elle aime cet homme qui lui semble être, seul, au-dessus des groupes qui s'affrontent. Elle est fascinée par ce républicain qui sert la monarchie et lui fait honneur.

Avec Garibaldi, l'histoire et le folklore de la Méditerranée débarquent à Southampton sous une pluie battante.

En fait, certains enthousiasmes sont moins « littéraires ». Garibaldi incarne les valeurs de liberté dont l'Angleterre, terre d'asile, se fait, face à l'Europe continentale, la championne.

Mais il est aussi l'homme qui a dénoncé Napoléon III, cette France impériale qui gêne toujours l'Angleterre.

Pour d'autres — les ouvriers, les républicains — il est le héros populaire. Et, pour certaines femmes de l'aristocratie, il est un personnage fabuleux qui donne le frisson, vêtu de si étrange manière, laissant tomber la cendre de ses cigares courts et noirs dans le boudoir des dames... Un délicieux sauvage.

Séjour extraordinaire que celui de Garibaldi : la foule est partout immense pour accueillir cet étranger. A Southampton, la ville est pavoisée aux couleurs italiennes et anglaises. Lord Sutherland et le député Tony Seely montent à bord du *Ripon* avec une délégation d'Italiens. Cortèges, banquet, départ pour l'île de Wight où Seely reçoit, à Brookhouse, Garibaldi.

C'est alors, dans l'île, un défilé de personnalités, du Chancelier de l'Échiquier Gladstone à Alexandre Herzen ou à l'Allemand Karl Blind. Le poète Tennyson déclare, après l'avoir vu, que l'Italien est « aussi modeste d'allure qu'une jeune fille » et qu'il a « *the divine stupidity of a hero* ».

Aucune malignité dans ce jugement. La preuve plutôt que les Anglais sont « enchantés » par la personnalité de Garibaldi.

A plusieurs reprises, devant Montevideo, à Marsala en 1860, Garibaldi a eu à se louer de l'attitude des autorités britanniques, et particulièrement de celle des officiers de la Royal Navy. Aujourd'hui, invité du gouvernement, il se rend à Portsmouth où, après avoir visité les arsenaux, l'École navale, recueilli les témoignages d'admiration des ouvriers, il assiste, comme un chef d'État, à des manœuvres de l'escadre, puis à des exercices de tirs avec des canons de gros calibres. Belle revanche pour un « corsaire » !

Le 11 avril 1864, il arrive enfin à Londres. Le train spécial a quitté Southampton alors que les cloches de la ville sonnaient et que le canon tonnait. Quand il entre à la gare de Nine Elms, les délégations de garibaldiens anglais, les Italiens, les représentants de toutes les sociétés — antialcooliques, antiesclavagistes, républicaines, etc. — entourées par des dizaines de milliers d'anonymes, crient leur enthousiasme.

La voiture du duc de Sutherland où Garibaldi prend place est suivie par des fanfares, des calèches, des porteurs d'oriflammes et de bannières. A la vue de Garibaldi, si semblable à sa légende, avec ses cheveux longs, son poncho, sa chemise rouge, la foule, après un instant de silence, explose en hourras. Elle accompagne le cortège tout au long du parcours, de Wordsworth Road à Stafford House. Pas une statue qui ne soit recouverte d'une grappe de spectateurs qui saluent en criant, pas une rue où l'on ne tente de toucher Garibaldi.

Près de Westminster, la voiture est séparée du reste du cortège, enveloppée par cette vague humaine et on parvient difficilement à la dégager.

Il fallut près de six heures à Garibaldi pour parvenir à Stafford House, la demeure du duc de Sutherland. Près de cinq cent mille personnes l'avaient acclamé.

Ce triomphe est l'un des sommets de la vie de Garibaldi. Il incarne l'Italie, sa liberté et son combat pour l'unité nationale. Quel camouflet pour ceux qui ont ordonné de faire feu sur lui devant la forêt d'Aspromonte ! Quel contraste avec la situation de proscrit, ou même avec celle du solitaire de Caprera !

Quand on le regarde à Londres, dans la rue ou dans les salons du duc de Sutherland, il a les gestes lents, presque hiératiques, de l'homme qui assume sa popularité et sa gloire sans surprise, comme un dû naturel. Mais sans pour autant se laisser griser par ces démonstrations excessives.

Comment, à Turin, le roi Victor-Emmanuel II, ses ministres et ses hauts dignitaires (il suffit de penser au général Cialdini) n'auraient-ils pas appris avec aigreur l'éclat de l'accueil londonien ? C'est un désaveu pour ces ministres et ces généraux qui n'ont vu en Garibaldi qu'un flibustier.

En fait, à Londres, se réalise autour de lui l'une de ces unions rares — et toujours précaires — entre le sentiment populaire, la fascination des élites et les objectifs des hommes au pouvoir. Garibaldi, par sa personnalité qui ne se laisse pas réduire à un aspect, par ses ambiguïtés, a été capable de susciter cette convergence. Les ouvriers des arsenaux, les républi-

cains, mais aussi le Prince de Galles — le futur Édouard VII —
lui rendent hommage. « Nous avons vu, dira avec indignation
le marquis de Boissy, exprimant aussi son anglophobie — l'héritier d'une couronne serrer la main d'un flibustier. »
Entre le Prince de Galles et Garibaldi existaient d'ailleurs
des liens occultes. Le futur roi d'Angleterre était franc-maçon
et, depuis 1863, Garibaldi avait été élu grand-maître de l'ordre
italien, avec le grade le plus élevé de la maçonnerie — le trente-
troisième.

A Londres, Garibaldi doit se plier aux usages : dans les
grands salons de Stafford House, le duc et la duchesse de
Sutherland reçoivent. Longues soirées mondaines auxquelles se
succèdent les dîners et les réceptions de délégations qui apportent le salut des habitants de tel ou tel quartier. Il faut se rendre
à l'arsenal de Woolwich. Rencontrer lord John Russel, lord
Granville, Mr et Mrs Gladstone. Le Premier ministre lord Palmerston a avec Garibaldi un entretien d'une heure et demie en
tête à tête.
Tout cela sans signification ou sans intention politique ? On
murmure que Garibaldi sollicite une aide financière et diplomatique pour la libération de Rome et de Venise. On estime
que Palmerston se sert de lui pour inquiéter, par ce jeu indirect,
Napoléon III. Garibaldi une fois de plus manœuvré, utilisé ?
Il n'en conduit pas moins librement son voyage. S'il assiste
— comme un monarque — à une représentation de la *Norma* à
Covent Garden, à un concert au Crystal Palace, il est, comme
révolutionnaire, reçu par Alexandre Herzen qui a convié Mazzini à sa table. Mazzini porte des toasts, à Garibaldi bien sûr,
aux Polonais, aux Russes, « à la religion du devoir qui nous
fera lutter jusqu'à la mort pour que toutes ces luttes aboutis-
sent, que tous ces espoirs s'accomplissent ».
Pour répondre, Garibaldi se lève, sa voix s'enfle peu à peu :
« Quand j'étais jeune, raconte-t-il, et que je n'avais que des
aspirations, j'ai cherché un homme qui pût me conseiller et guider mes jeunes années. Je l'ai cherché comme l'homme qui a
soif cherche l'eau. Cet homme, je l'ai trouvé. Lui seul a con-

servé le feu sacré, lui seul veillait quand tout le monde dormait. Il est toujours resté mon ami, plein d'amour pour son pays, plein de dévouement pour la cause de la liberté. Cet homme, c'est mon ami Joseph Mazzini. A mon Maître ! »

Et Garibaldi embrasse Mazzini au milieu des applaudissements.

Cet hommage de l'ancien marin conspirateur à celui qui avait fondé la *Giovine Italia* masque bien des divergences. Mais cette rencontre, qui était guettée par tous les informateurs, suscite bien des inquiétudes en Italie et dans les milieux gouvernementaux.

Au-delà de l'Italie, c'est d'ailleurs toute l'Europe conservatrice qui s'interroge. Garibaldi ne rencontre-t-il pas Louis Blanc et Ledru-Rollin, les deux républicains français en exil ? Ne lève-t-il pas un toast « à la Pologne, la patrie des martyrs », à la « jeune Russie, au nouveau peuple qui, une fois libre et maître de la Russie du tsar, est appelé à jouer un grand rôle dans les destinées de l'Europe » ?

Et c'est cet homme-là que Palmerston reçoit, que le lord-maire, Scott, fait citoyen d'honneur de la ville de Londres, le comparant à Cincinnatus et à Leonidas !

Certains informateurs italiens confirment l'hypothèse. D'autres suggèrent à Turin de donner à Garibaldi un titre nobiliaire. Fasciné comme il l'est par les grands, estiment-ils, il acceptera et sera ainsi entravé.

Des agents de Victor-Emmanuel II s'emploient, eux, à convaincre Garibaldi d'organiser une révolte en Galicie.

Quant à Mazzini, il écrit à ses correspondants que Garibaldi est l'un des arbitres de la situation européenne. En Angleterre, poursuit-il, sa stature s'est encore accrue et l'homme est nécessaire à tout dessein révolutionnaire.

Ces commentaires, ces rumeurs commencent, au bout de quelques jours, à inquiéter les autorités anglaises.

La reine Victoria, solidaire des souverains européens, se dit « presque honteuse de gouverner une nation capable de telles folies ». Elle signifie alors que le voyage doit cesser et, malgré

un plaidoyer de lord Granville qui souligne que l'accueil de
Garibaldi, ayant associé le peuple et l'aristocratie, a donné aux
manifestations une « dimension d'absurdité ce qui est très utile
à notre pays, car ainsi se trouve du même coup levée l'hypo-
thèque démocratique », la Reine maintient son point de vue que
Garibaldi doit quitter l'Angleterre au plus vite.

Il fallut alors convaincre Garibaldi que son voyage, ses amitiés républicaines inquiétaient, et qu'il était temps pour lui de
reprendre la mer.

Il comprit vite. Déjà, il avait noté l'hostilité de certains journaux. Le *Times* avait décrit du bout des mots « ces manifestations vulgaires et plébéiennes », et Disraeli, le leader des
conservateurs, avait refusé de le rencontrer.

A l'autre extrême, deux exilés — Karl Marx et Frederich
Engels — s'irritaient de ce « lamentable spectacle d'imbécilli-
tés ». L'unanimité qui paraissait s'établir autour de Garibaldi,
l'absence de rigueur de bien des discours du général, étaient
évidemment aux antipodes de l'attitude des deux révolutionnaires intransigeants. Leur sectarisme les empêchait d'apprécier la valeur symbolique d'une personnalité aux idées certes
parfois confuses et pleines d'hésitations, mais qui n'en était pas
moins un facteur de l'histoire.

A Paris, Napoléon III a davantage le sens de ces réalités.
Garibaldi le gêne. Ses discours sont une menace contre l'ordre
européen. L'Empereur fait pression pour que le gouvernement
de Londres renvoie le général dans son île. Chantage : si
Londres ne cède pas, Napoléon III ne participera pas à une
conférence internationale prévue. C'est dire quel est encore le
poids de Garibaldi.

Bien sûr, la presse française officielle dément l'information.
Comment un Empereur, à la tête d'une nation si puissante,
pourrait-il se soucier d'un « flibustier » ? Le *Moniteur* du
20 avril écrit : « Le *Morning Star* et le *Daily News* prétendent
que lord Clarendon aurait promis à titre de concession à l'Empereur, au nom du gouvernement britannique, que Garibaldi
abrégerait son séjour en Angleterre. Cette nouvelle, répétée par

quelques journaux français, est complètement inexacte. Le gouvernement français n'a fait aucune observation à lord Clarendon au sujet de Garibaldi. »

Ce genre de démenti vaut confirmation.

On pousse donc Garibaldi au départ. Le gouvernement anglais s'inquiète tout à coup de sa santé. Il n'est pas dupe. Il s'éloigne d'abord de Londres pour se rendre en Cornouailles chez un de ses anciens compagnons d'armes, le colonel Peard. A chaque arrêt du train, tout au long du trajet, les foules se rassemblent et l'acclament. Et l'ampleur de l'enthousiasme confirme le gouvernement anglais dans ses intentions. Ce voyage a dépassé les limites prévues. Gladstone, à la Chambre, indique qu'il a dit « à Garibaldi qu'il était de son devoir d'examiner quel effet produirait sur sa santé l'accomplissement des engagements qu'il avait pris ».

Garibaldi, comme à chaque fois qu'il se heurte à ces manœuvres retorses des gouvernants, s'incline. Il partira dès le lendemain 22 avril, se contentant d'écrire à ceux qui l'ont invité dans la province anglaise : « Pour le moment, je suis obligé de quitter l'Angleterre. »

La politesse « exquise » de ses hôtes, l'affection dont les duchesses l'entourent, le sens qu'il a de ses devoirs lui interdisent de faire un éclat. En acceptant d'ailleurs d'être un hôte officiel, ne s'est-il pas, dès le premier jour, condamné à subir ?

En voulant rencontrer Herzen, Mazzini et Ledru-Rollin et, en même temps, le Prince de Galles et la duchesse de Sutherland, en étant l'ami des Grands et de leurs adversaires, ne s'est-il pas en fait réduit à l'impuissance ?

Il refuse, avant de partir, les sommes provenant d'une souscription ouverte en sa faveur et où se mêlent les oboles des plus humbles et les cent livres sterling de Palmerston. Il accepte cependant que le duc de Sutherland le raccompagne sur son yacht — l'*Ondine* — jusqu'à Malte. Là, « on » l'incitera à poursuivre son voyage vers l'Orient. Moyen de l'écarter de la péninsule. Il se dérobe, rentre à Caprera où le duc de Sutherland laisse à sa disposition le navire.

Garibaldi retrouve sa chambre austère, les champs et les
pierres de l'île, le bruit de la mer.

Qu'a-t-il gagné à ce voyage, sinon l'assurance qu'il est
connu et aimé par des foules immenses, respecté par un gouvernement étranger plus qu'il ne l'est par le gouvernement italien ? Se mêlent en lui des sentiments contradictoires : la satisfaction de l'homme qu'un peuple entier a acclamé et celle
d'être, au dernier moment, rejeté par les responsables.

Il est dans la situation de l'homme droit et simple toujours
confronté à des « malins et des méchants », des « habiles », des
« politiciens ». *Politica sporca e volpina,* disait-il. Il n'appartient pas au monde des fourbes.

Lord Granville, dans sa lettre de la reine Victoria, traçait de
lui avec condescendance un portrait qui, pour négatif qu'il soit,
contient une part de vérité : « Il est d'origine modeste, écrivait
Granville. Il a manifesté à plusieurs reprises un grand courage
physique et une grande résistance morale. C'est un guerrier audacieux. Il est de manières et de mœurs simples... C'est un sot,
mais sa naïveté peut aussi, dans son cas, être considérée
comme une absence de duplicité diplomatique. »

En fait, Garibaldi n'a pas été usé et laminé par la vie sociale,
ses règles et ses conventions. Il est resté une individualité forte
qui réagit avec spontanéité — et naïveté —, bouscule les usages
et élabore seul, instinctivement, ses modes d'intervention et de
comportement.

Bien que placé au sommet de la notoriété, il est une sorte de
marginal inclassable, de « poète » de la politique et de l'action,
et cela explique qu'il rassemble sur son nom tant d'affection et
d'enthousiasme. En un sens, il symbolise pour chaque homme
la liberté d'être, le courage de paraître différent. Sa tenue vesti-
mentaire, bizarre aux yeux de beaucoup, manifeste avec ostentation ce désir d'indépendance et de non-conformisme, ce refus
des obligations et des contraintes dont chaque homme, du haut
en bas de la société, dans les salons des ducs ou les ateliers des
fabriques, ressent le besoin intérieur. Intuitivement, chacun
devine que Garibaldi n'est au service que des causes qu'il juge

librement pouvoir servir. Aucun calcul sordide en lui. Ses erreurs mêmes en sont la preuve. C'est cela qui attire et séduit.

Garibaldi ou le rêve réalisé d'une vie libre au service de la justice, tel est le fondement essentiel de la popularité du héros.

Et de son prestige, qui ne voudrait s'en servir ? Et comment un gouvernement toujours engagé dans les calculs d'une politique tortueuse, « fourbe », ne le craindrait-il pas ?

Autour de Garibaldi, dès son retour de Londres, se pressent les conseillers qui sont aussi des agents de renseignement du roi (Porcelli), de Mazzini et du Parti d'Action (le secrétaire Guerzoni), ou du ministère (le propre beau-fils de Garibaldi, Stefano Canzio). Chacun tente d'influencer Garibaldi, de prévenir et d'informer ses « employeurs ».

Garibaldi, le 1er juin, quitte à nouveau Caprera pour Ischia, à bord du yacht du duc de Sutherland. Mais n'est-ce pas une feinte ? Que prépare ce diable d'homme ? En fait, il est toujours victime de ses accès de rhumatismes et se rend à Ischia pour se soigner. Prétexte ? Garibaldi est-il lui-même sûr des raisons qu'il donne et qui sont vraies au moment où il les formule ? On sait que s'il demeure inflexible sur la ligne générale de sa politique, il peut très bien, suivant les circonstances, les influences, changer brusquement d'objectif. Rome ou Venise ? A Turin on s'interroge. On dit que Garibaldi fait explorer des souterrains qui, à partir d'Ostie, conduiraient jusqu'au Vatican. C'est donc Rome qui est visée, avec tous les risques internationaux que cela suppose.

Mais Garibaldi a déjà modifié ses plans, prenant pour cible les Autrichiens, envisageant à nouveau une révolte de la Galicie, de tous les Balkans, même, qui permettrait ainsi d'affaiblir l'Autriche et d'engager contre elle la dernière des guerres de libération, de rendre Venise à l'Italie. Projets sérieux ou simples conversations dans une chambre avec quelques révolutionnaires ou activistes sans moyens réels, mais qui rêvent ?

Les conseillers se suspectent entre eux. Garibaldi est un homme à conquérir, à ne pas laisser circonvenir par le camp opposé. Les mazziniens se méfient naturellement de l'influence du Roi, et Victor-Emmanuel II craint les intrigues des mazziniens. Ceux-ci, à leur tour, dénoncent dans les projets d'action à l'étranger la volonté de détourner de l'Italie les meilleurs des patriotes. Le 10 juillet, le journal du Parti d'Action, *Il Diritto,* met en garde les Italiens contre « les entreprises hasardeuses ourdies par des princes et qui doivent nécessairement servir davantage à leurs intérêts qu'à ceux des peuples ». Victor-Emmanuel II se sent trahi et Garibaldi renvoie les quelques amis qu'il avait réunis autour de lui à Ischia.

A la fin, toutes ces intrigues et ces bavardages, ces influences contraires qui tentent de le circonvenir, lassent Garibaldi. Il a le sentiment d'être réellement une sorte de drapeau qui doit, comme il le disait déjà en 1848, se contenter de flotter et que d'autres porteront là où ils voudront.

Or, en juin 1864, il est un homme de cinquante-sept ans que la douleur tenaille, qui se déplace avec peine et qui n'est même pas capable d'embarquer seul à bord du navire qui, le 18 juillet, le reconduit à Caprera. Il faut le porter. Comment cet homme qui fut l'agile marin niçois ne souffrirait-il pas de ces humiliations que sont toujours, quoiqu'on s'en défende, la maladie et la vieillesse ?

Son obstination à ne pas cesser d'être mêlé aux événements ne provient-elle pas, précisément, de cette volonté d'être toujours présent qui habite les hommes d'action ? Cette agitation un peu fébrile qu'on devine chez lui, depuis les triomphes de l'expédition des « Mille » ces imprudences, ce voyage en Angleterre sans but précis, ne sont-ils pas les signes d'une angoisse qui monte en lui parce que l'âge — et ses paralysies — étendent leur ombre ? Et qu'il faut se prouver qu'on peut encore agir, soulever l'enthousiasme des foules, conduire une expédition ?... Recommencer. Répéter...

Aspromonte a été le prix payé par Garibaldi pour fuir son angoisse. Il est prêt à s'abandonner à nouveau à ses peurs existentielles qui provoquent en retour son audace, son courage, sa témérité, ses imprudences.

Tout plutôt que la grisaille désespérante d'une « vie oisive et inutile ».

C'est pourtant elle qu'il doit subir.

Garibaldi gère son domaine sur lequel travaillent une trentaine d'ouvriers. Autour de lui, à table, se rassemblent chaque jour la dizaine d'amis qui séjournent presque continuellement sur l'île.

Sa solitude est ainsi loin d'être totale. En fait, il est à la tête d'une petite « armée » pacifique d'une cinquantaine de personnes et il a constitué, dans cette Caprera méditerranéenne, une sorte d'*estancia,* réalisant l'un de ses rêves de jeunesse quand la vie libre et orgueilleuse des gauchos du rio Grande do Sul le séduisait.

Certes, l'espace est limité mais la mer, autour de l'île, prolonge les terres à l'infini. Garibaldi a près de cinq cents têtes de bétail — vaches, chèvres, brebis — et dès que sa santé le permet, il circule parmi elles à cheval, lentement.

Vie patriarcale : les fils — Menotti, Ricciotti — sont à côté de lui. Sa fille Teresita — et ses nombreux enfants — s'est installée dans le domaine avec son mari, Canzio.

Qui s'imaginerait, en entendant les coups de feu des ouvriers agricoles s'entraînant au tir à la cible, que Caprera est une île rattachée à un État européen dont les lois sont strictes ? Quel rapport entre ce mode de vie, ces paysages et les exploitations modernes de la Lombardie ?

Garibaldi, à Caprera, a constitué son Amérique du Sud, un petit royaume qui le maintient en dehors des réalités urbaines et rurales de l'Italie en train de se construire.

Cette situation si particulière, née de sa personnalité singulière, de son histoire unique, si différente de celle des dirigeants italiens, renforce chez lui le sentiment d'être, comme le dira un journaliste français qui lui est pourtant hostile, un « Jupiter qui d'un geste entraîne les masses et en fronçant les sourcils assemble les nuages ».

En fait, quand il n'y a pas d'orage, Garibaldi ne peut créer les nuages.

Et l'initiative lui a échappé. Le gouvernement italien n'abandonne plus aucune de ses prérogatives. Aspromonte a marqué qui détenait la force. Et Victor-Emmanuel II impose ses choix.

Si ses intermédiaires, maladroitement, essaient de mettre sur pied avec Garibaldi des entreprises lointaines, destinées autant à l'éloigner d'Italie qu'à affaiblir les adversaires de l'Italie, ses diplomages avancent pas à pas, en Piémontais prudents.

Deux villes symbolisent l'inachèvement de l'unité italienne : Rome et Venise.

Pour Rome, des négociations commencent avec Napoléon III au mois de juin 1864. L'Empereur est désireux de se dégager du guêpier italien. Il sent bien que Rome sera un jour la capitale naturelle de l'Italie et qu'à y laisser des troupes, il risque un conflit. Mais il lui faut tenir compte de l'opinion catholique et de son entourage qui n'accepteraient pas un abandon du Pape.

Quant aux envoyés de Victor-Emmanuel II, ils cherchent à se débarrasser de cette présence militaire étrangère qui est la marque des États faibles.

Le 15 septembre 1864, une convention est signée entre Paris et Turin. Elle comporte trois articles simples et un protocole :

« *Article premier :* L'Italie s'engage à ne pas attaquer le territoire actuel du Saint-Père, et à empêcher, même par la force, toute attaque extérieure contre ledit territoire.

« *Article II :* La France retirera ses troupes des États pontificaux, graduellement et à mesure que l'armée du Saint-Père sera organisée. L'évacuation devra néanmoins être accomplie dans le délai de deux ans.

« *Article III :* Le gouvernement italien s'interdit toute réclamation contre l'organisation d'une armée papale, composée même de volontaires catholiques étrangers, suffisante pour maintenir l'autorité du Saint-Siège, et la tranquillité tant à l'intérieur que sur les frontières de ses États, pourvu que cette force ne puisse dégénérer en moyen d'attaque contre le gouvernement italien.

« La convention ne sera exécutoire que lorsque Sa Majesté le roi d'Italie aura décrété la translation de la capitale du royaume dans l'endroit qui sera ultérieurement déterminé par Sa dite Majesté. Cette translation devra être opérée dans le terme de six mois à dater de ladite convention ».

La convention est mise en application rapidement. En 1865, la capitale de l'Italie est transférée de Turin à Florence. Et les troupes françaises commencent à évacuer la Ville Sainte.

Mais ce compromis n'est évidemment qu'une étape. La « question romaine » n'est pas résolue, mais renvoyée. Pie IX s'arcboute sur la tradition : il ne transigera pas avec l'État italien ou la civilisation moderne. Un Syllabus de décembre 1864 le confirme.

Alors, conquérir Rome ?

Garibaldi s'est indigné de cette Convention, humiliante, dit-il, pour les Italiens. Il dénonce l'hypocrisie « du » Bonaparte, ce parjure. Il proclame une nouvelle fois qu'il est prêt à agir.

A Turin, la population condamne cet accord qui dépossède la ville de son rôle de capitale. Des émeutes éclatent dès le 22 septembre. Mais l'État montre une nouvelle fois sa détermination : on relèvera une trentaine de morts et une centaine de blessés dans les rues.

Que faire ?

Napoléon III a averti le gouvernement italien : « Toute complaisance pour des aspirations impatientes compromettrait l'œuvre entreprise. » Il ne tolérera donc aucune action contre Rome. Si Garibaldi se met en route, il y aura un nouvel affrontement.

Garibaldi le sent bien. Il fulmine mais ne tente rien, s'engageant simplement plus avant dans un anticléricalisme vigoureux que partagent la plupart de ses amis, révoltés qu'ils sont par l'attitude pontificale. Mais, en dehors de ces éclats contre la « superstition », Garibaldi ne peut rien entreprendre.

Les États ont l'initiative et la gardent.

Pour Venise, il en va de même.

Une fois de plus, Napoléon III joue les apprentis-sorciers. Il reçoit à Biarritz, en 1865, comme il avait jadis reçu Cavour à Plombières, le chancelier de Prusse Bismarck. Objet de la rencontre : la guerre que Bismarck veut mener contre l'Autriche pour la chasser d'Allemagne.

Napoléon III donne son accord sans se rendre compte que le jeune État prussien qu'il favorise sera un adversaire bien plus périlleux que le vieil empire viennois. Pour l'Italie, cette entente franco-prussienne a une conséquence. Si la guerre se déclenche entre Vienne et Berlin avec la neutralité bienveillante de Paris, l'Italie pourra donner à Vienne un dernier coup. Et Venise rentrera dans la patrie.

Des négociations s'ébauchent donc entre le gouvernement de Victor-Emmanuel II et Bismarck. Traité de commerce d'abord (en février 1866), puis, le 8 avril, une alliance est conclue pour une durée de trois mois : elle prévoit l'entrée en guerre de l'Italie aux côtés de la Prusse, contre l'Autriche. Le prix en est l'annexion de la Vénétie, en cas de victoire de la Prusse sur l'Autriche.

Mais si la défaite survient ?

Napoléon III a négocié, en échange de sa neutralité, un accord avec Vienne. Si l'Autriche l'emporte sur la Prusse en Allemagne, elle léguera la Vénétie à Napoléon III qui la cédera à l'Italie.

Ainsi l'Italie est-elle assurée, dans toutes les situations, de reprendre Venise. Les initiatives de Napolon III sont décidément heureuses pour le royaume d'Italie.

Cependant, pour arriver à l'exécution de ces accords, il faut d'abord faire la guerre. Et quand les Italiens se battent, comment ignorer leur général le plus glorieux : Garibaldi ?

« Depuis quelque temps, raconte Garibaldi, on entendait parler d'une alliance avec la Prusse contre l'Autriche, et le 10 juin 1866, mon ami le général Fabrizi arriva à Caprera pour m'inviter, de la part du gouvernement et des nôtres, à prendre le commandement des volontaires qui se rassemblaient nombreux partout en Italie. »

L'histoire recommence.

Un bateau est ancré au large de Caprera. Sa silhouette est familière. Il s'agit du *Piemonte*, qui avait transporté une partie des volontaires de l'expédition des « Mille » de Quarto à Marsala.

Garibaldi y embarque.

« J'oublie vite les injures, dit-il. Et c'est ce que pensèrent aussi les opportunistes pour qui l'utilité des moyens sert de boussole davantage que leur moralité. »

« J'obéis »

(1866)

La guerre revient une nouvelle fois. Et Garibaldi retrouve en 1866 ces paysages des bords du lac de Garde, ces hommes — des vétérans maintenant, à son image — qu'il a connus en 1848, puis en 1859.

Il a cinquante-neuf ans. Il ne s'est pas réellement remis de la blessure d'Aspromonte. La plaie certes est cicatrisée, mais tout son organisme a accusé le choc, la douleur, la longue convalescence. Et les presque quatre ans passés à attendre un retour dans l'Histoire, à aller de Londres à Ischia, à tourner en rond dans le domaine de Caprera sans autre distraction que ces amis dont beaucoup viennent en voyeurs, ont accentué son vieillissement. Le visage s'est amaigri, les cheveux sont devenus rares, la barbe est blanche, la démarche plus lente. Le regard est toujours limpide et naïf, mais comme voilé par une tristesse qui n'est sans doute que la conscience de l'âge qui s'appesantit.

Est-ce pour prouver qu'il est encore en pleine vigueur que Garibaldi s'intéresse à une jeune Piémontaise, Francesca Armosino, plutôt laide, la bouche trop grande, le corps trapu, et dont on raconte que, fille-mère, femme de salle dans une pension, elle n'a pas été très stricte quant à sa vertu ? Elle est arrivée à Caprera comme nourrice du dernier enfant de la fille de Garibaldi, Teresita. Au début, Garibaldi n'a guère prêté attention à elle, puis l'ennui, la passivité de cette paysanne, l'attrait de ses formes lourdes mais juvéniles, ont fait naître une liaison.

Garibaldi, sexagénaire, revient ainsi à ses amours ancillaires, à ces femmes-servantes qui l'apaisent et l'entourent de soins. La séduction de l'intelligence et de l'élégance des intellectuelles et des duchesses, il n'est pas capable de la transformer en affection vraie et stable. Elle supposerait une égalité entre ces femmes et lui, une attention constante de sa part. Ces compagnes seraient trop exigeantes. Garibaldi refuse instinctivement cette condition, en homme qui n'accorde aux femmes, en fin de compte, malgré leur présence constante auprès de lui, qu'un rôle secondaire. Elles doivent le suivre. Ainsi fit Anita. Elles doivent le servir et l'attendre, épouses-mères, vouées à la maternité. Anita tint aussi ce rôle. Ou bien admiratives, elles ne sont que des spectatrices pour qui Garibaldi joue un rôle. Telle fut la part des Esperanza von Schwartz ou des duchesses anglaises. Mais Garibaldi les maintient à distance et ne partage pas sa vie privée avec elles. Avec la « petite marquise » Raimondi, l'épouse répudiée, il espéra sans doute entrer dans un autre monde : sa gloire paraissait lui en donner la clé. La déception fut à la mesure de l'illusion.

Garibaldi, choisissant Francesca Armosino, ne prend aucun risque. Cette maîtresse-là, il peut la laisser dans l'île. Elle l'attendra cependant qu'il part combattre.

Où ? Il y eut d'abord de grands projets que le Roi tentait personnellement de mettre en œuvre. On enverrait Garibaldi et ses volontaires sur la côte dalmate, peut-être dans la région de Trieste. La flotte moderne de l'amiral Persano, qui comptait de nombreux cuirassés, appuierait cette opération de débarquement. A l'arrivée des *Camicie rosse,* les populations se soulèveraient.

L'entreprise, aventureuse, reprend tous les projets que, depuis 1862, on avance dans l'entourage du Roi et qu'on soumet à Garibaldi. Il s'enthousiasme, rêve déjà à une marche sur Trieste et de là, pourquoi pas ? sur Venise insurgée. Il fait part au Roi de son approbation : « La décision de nous lancer vers l'Adriatique, écrit-il, me plut tellement que je communiquai à

Victor-Emmanuel mes compliments pour cette idée utile et grandiose. »

L'amiral Persano se déclara-t-il incapable d'assurer le transport et la protection des volontaires ? Ou bien « cette idée était-elle vraiment trop belle pour pouvoir entrer dans certaines cervelles du conseil de la cour d'Italie », comme le pense Garibaldi ? L'expédition, quoi qu'il en soit, est abandonnée.

Garibaldi est dirigé vers le lac de Garde, vers Côme et Salò, avec mission d'attaquer le Tyrol du Sud, de pénétrer ces hautes vallées.

Il y a guerroyé déjà avec les Chasseurs des Alpes, en 1859. Seul, l'armistice de Villafranca l'a arrêté. Il a lancé alors aux populations de cette région un manifeste, saluant en elles une authentique communauté d'Italiens. « Personne ne s'occupe de vous, a-t-il dit, alors que vous êtes écrasés par l'occupation de deux cent mille baïonnettes étrangères... Puisse mon faible hommage réparer cet oubli injuste mais involontaire et appeler l'attention de l'histoire sur une des plus nobles et des plus généreuses branches de la grande famille... »

Ce champ de bataille est certes important. Il commande le nord-est de la Lombardie. Il permet de protéger Brescia. Mais les généraux italiens peuvent aussi être sûrs que dans ces vallées, sur ces pentes raides, les garibaldiens ne pourront remporter de grandes victoires. Dans cette région alpine, pas de risque d'une percée tumultueuse qui conduirait Garibaldi à Venise avant le Roi, comme ce fut le cas à Naples. Les généraux savent aussi que Garibaldi trouvera en face de lui des unités admirablement enchaînées, les *Kaiserjager,* troupes de montagne que le général Kühn a recrutées pour une part dans le pays même.

Car — et c'est le dernier piège de ce théâtre d'opérations qu'on offre à Garibaldi — ici, au nationalisme italien s'oppose l'allemand. Le patriotisme, au Tyrol, ne peut être unanime. Les villages de certaines vallées sont « italiens ». Mais d'autres, à quelques kilomètres seulement, parlent et se sentent allemands. Les volontaires ne trouveront là ni ravitaillement, ni aide. Les paysans du Sud-Tyrol ne tiennent pas à changer de patrie.

Garibaldi ne risque pas de les soulever et de les entraîner dans un mouvement enthousiaste qui déferlerait sur la Vénétie.

Tout cela est-il délibéré de la part des autorités militaires italiennes ? Garibaldi, s'il ne dénonce pas ce choix du terrain qu'on lui impose, s'indigne des mesquineries qui rappellent celles qu'il avait eues à subir en 1848 et en 1849. « Pas de canons, raconte-t-il : les volontaires pourraient les gâcher ; comme armes, de vieux clous, comme d'habitude, et non de bonnes carabines comme en avait déjà l'armée ; parcimonie lamentable de l'habillement, etc. ; c'est ainsi que beaucoup de volontaires allèrent au combat en civil. Enfin les misères courantes auxquelles les cariatides de la monarchie ont habitué les volontaires. »

Malgré cela, ils se rassemblent par dizaine de milliers. Ils sont si nombreux qu'on doit multiplier les dépôts à Côme, à Varèse, à Gallarate, à Bergame. L'État-Major comptait former vingt bataillons ; il faut en constituer quarante. Mais les hommes ne sont pas aguerris. Les meilleurs officiers garibaldiens (Medici, Cosenz, Turr) servent maintenant dans l'armée régulière. Garibaldi demande à ce qu'on lui adjoigne ses fils : Menotti, qui a fait ses preuves, et Ricciotti qui est seulement âgé de dix-huit ans et se bat pour la première fois.

Il exige qu'on autorise les hommes à revêtir la chemise rouge. On le lui accorde, mais on continue à se méfier des volontaires. L'État-Major, outre qu'il ne livre pas le matériel nécessaire, retient dans le Sud de l'Italie cinq régiments.

Une fois de plus, les volontaires de Garibaldi servent à la fois à canaliser l'élan populaire et à l'emprisonner. Du point de vue de l'État-Major, Garibaldi est toujours un suspect. « Pour surveiller vingt mille garibaldiens, il faut quarante mille soldats de l'armée régulière », dit-on parmi les généraux.

Cette déclaration est du général La Marmora. Il avait arrêté Garibaldi. Il était président du Conseil. Maintenant, avec le général Cialdini — autre adversaire de Garibaldi — il commande l'armée italienne qui, sur le papier, est supérieure aux troupes autrichiennes. Elle compte près de deux cent vingt mille hommes, contre cent quinze mille Autrichiens. Mais, « conduite par le jésuitisme en tenue guerrière, elle sera entraînée dans un cloaque d'humiliations ».

Quand Garibaldi formule ce jugement sévère, il sait que l'armée italienne a été défaite, le 25 juin 1866, à Custozza après un bref affrontement. Ses pertes ont été pourtant inférieures à celles des Autrichiens (sept cent dix-sept morts et deux mille cinq cent soixante-quatre blessés, contre mille cent soixante-dix morts et trois mille neuf cent quatre-vingt-trois blessés). Elle dispose encore d'une imposante réserve (quatre vingt mille hommes) intacte et bien armée.

Et pourtant, c'est la retraite sur plus de trente-cinq kilomètres, les régiments qui se défont, les canons et les fourgons qu'on abandonne. Et ce sont les volontaires de Garibaldi qui recueillent les fuyards et les enrôlent ! Ce ne sont point les vertus guerrières de l'Italien qui sont en cause, mais les faiblesses et les divisions du commandement.

La Marmora se défie de Cialdini. A côté d'eux se trouvent des généraux napolitains et d'anciens officiers garibaldiens. Les ennemis d'hier se côtoient, puisque l'unité italienne est faite. Mais, dans la réalité, l'amalgame n'est pas achevé.

Il en va de même pour les troupes.

Par ailleurs, les généraux sont trop vieux : La Marmora a déjà soixante-deux ans, Cialdini cinquante-cinq, et le garibaldien Medici quarante-neuf. Certes les troupes sont jeunes, mais inexpérimentées et commandées par des officiers que l'âge et les rivalités rendent pusillanimes.

La défaite de Custozza est durement ressentie puisque, dans l'esprit du Roi et de son gouvernement, l'entrée en guerre ne se justifiait que par la volonté de *faire la guerre*.

L'Autriche, au mois de mai, ayant pris conscience de la menace prussienne et du danger que faisait peser sur elle une guerre sur deux fronts, contre l'Italie et la Prusse, s'était montrée disposée à céder la Vénétie à Napoléon III pour qu'il la transfère à l'Italie. Le prix à payer était l'abandon de l'alliance autrichienne par l'Italie.

Obtenir la Vénétie sans combattre était donc possible. Mais

l'Italie — de Victor-Emmanuel II à Garibaldi — ne voulait plus de pourboire. Elle désirait montrer sur-le-champ de bataille qu'elle pouvait être une grande nation guerrière, délivrant les armes à la main la Vénétie.

Et au moment même où les volontaires de Garibaldi commencent leur campagne, remportent leurs premiers succès dans leur marche vers le Tyrol, survient cette « bataille fatale du 24 juin ».

Ils reçoivent l'ordre de se replier pour défendre Brescia. Garibaldi pourrait manifester une joie amère devant la défaite de ceux qui l'ont si souvent condamné. Il s'y refuse, exécute les ordres. Mais il ne cache pas sa déception.

« Il me déplaît de frapper ceux qui sont tombés, écrit-il, et je ne voudrais pas que l'on considère ce que je dis de la direction de l'armée comme une vengeance pour tous les torts que m'a fait celui qui la dirigeait à l'époque, La Marmora. Mais il faut bien reconnaître qu'après avoir *tous attendu des résultats brillants d'une grande armée, double de l'armée ennemie, disposant de moyens immenses, avec la première artillerie du monde*, beaucoup d'enthousiasme et de bravoure dans la troupe, se trouver en un instant déçus, avec cette belle armée en désordre qui se retire sans être poursuivie par l'ennemi au-delà d'un fleuve (l'Oglio et le Pô) à trente milles, en laissant à découvert presque toute la Lombardie, il faut bien reconnaître, je le répète, que ce fut un coup terrible pour tous ».

Une humiliation pour tous les patriotes italiens.

Ils espéraient qu'une victoire effacerait le tortueux cheminement diplomatique qui avait permis l'unité. Ils souhaitaient qu'un grand succès militaire démontrât avec éclat que les Italiens avaient retrouvé les vertus d'un peuple uni.

Or, c'était la défaite, qui confirmait les conditions ambiguës dans lesquelles s'était réalisé le Risorgimento. Ce mouvement de résurrection n'avait finalement entraîné qu'un petit nombre d'hommes. Et Garibaldi note encore, commentant les opérations de 1866, qu'à « côté de l'incompétence de certains commandements, il y avait le peu d'attachement de l'élément paysan à la cause nationale ».

Une fois de plus, il n'en analyse que sommairement les causes. Il dit seulement que « la nation, bien qu'épuisée par un gouvernement pillard, se montrait riche d'enthousiasme et de sens du sacrifice ».

En fait, ces attitudes généreuses ne sont partagées que par quelques-uns : patriotes issus des couches moyennes urbaines, fonctionnaires de l'État — venus des mêmes zones sociales — et convertis à l'idée nationale.

Le peuple, s'il communie dans le sentiment national, ne s'y trompe pas. On ne l'implique que de manière autoritaire : il doit servir dans l'armée et payer les taxes. Qui le consulte sinon par de brefs plébiscites ? A part cela, parce qu'il est pour une bonne part analphabète, il ne possède même pas le droit de vote ! Alors il subit plus qu'il ne participe. Il acclame le héros Garibaldi, mais il se dérobe quand il faut s'engager. Il y a les travaux des champs. Qui les fera si on part se battre ? Avec quoi paiera-t-on les nouveaux impôts levés par le gouvernement italien si l'on ne vend pas le grain ? Et le propriétaire n'attend pas, pour exiger soit son loyer soit sa part de récolte.

Pourtant, malgré la défaite de Custozza, le gouvernement s'obstine dans sa ligne politique. Et Garibaldi la suit.

Quand, le 3 juillet 1866, les Prussiens écrasent l'armée autrichienne à Sadowa et que la paix est probable, qu'après ce « coup de tonnerre », une fois de plus, Vienne propose par l'intermédiaire de Napoléon III de concéder la Vénétie à l'Italie, le gouvernement italien refuse.

Il veut la guerre pour obtenir enfin une victoire militaire, la guerre pour cimenter l'Italie et prouver qu'elle est un grand État ! Et ce sont les volontaires de Garibaldi qui vont se battre.

Ils avaient avancé en direction du Trentin. A l'annonce de la défaite de Custozza, ils avaient reculé, constituant un front qui protégeait Brescia, attendant l'assaut des troupes autrichiennes. Ils constituaient alors, ironie du sort, la seule ligne de résistance devant l'ennemi.

Ces volontaires méprisés, mal armés, étaient le dernier recours au moment où les régiments de La Marmora et de

Cialdini se défaisaient. Mais après quatre jours d'attente, l'ennemi ne s'était pas montré, Garibaldi décide alors de reprendre sa marche vers les montagnes.

Il faut imaginer ce paysage de vallées et de pentées cailloueuses où les *Kaiserjager* du général Kühn tiennent les crêtes, passent d'une vallée à l'autre.

Le 3 juillet, jour même de la défaite autrichienne devant la Prusse à Sadowa, Garibaldi lance ses hommes à l'assaut du Monte Suello. Naturellement, il est parmi eux, restant sous le feu des tireurs autrichiens. Il encourage de la voix ces jeunes volontaires, il donne l'exemple, se portant en avant, conduisant toujours ce même type d'opération où l'on s'expose pour entraîner, bousculer l'ennemi sous la poussée d'un élan. Mais cette stratégie est rendue difficile par la géographie. Les meilleurs officiers tombent sous les balles des tireurs d'élite ennemis. Les volontaires refluent et Garibaldi lui-même est blessé à la cuisse.

Sa blessure est sans gravité, mais elle est, pour la pratique du commandement telle qu'il la conçoit, un handicap sévère. Car Garibaldi n'a confiance qu'en lui-même pour diriger la bataille depuis la première ligne. Quand il dit à ses hommes qu'il faut « vaincre ou mourir », quand il traduit devant une cour martiale un officier qui n'a pas engagé son régiment parce qu'il n'en avait pas reçu l'ordre alors qu'un gradé doit savoir désobéir pour engager le combat, on ne le conteste pas, parce que lui-même risque à chaque fois sa vie comme un simple soldat.

Désormais, il sera contraint de se faire porter jusqu'à la première ligne. Il se déplacera en voiture.

Dans une lettre à sa fille Teresita, il la rassure : « Ne t'inquiète donc pas, quoi que tu entendes dire de ma blessure. Un baiser aux bambins, un souvenir à tous ceux qui sont aimés de ton Giuseppe Garibaldi. »

Face au danger et à la douleur, Garibaldi manifeste toujours avec superbe son indifférence.

Les garibaldiens n'ont pas réussi à prendre le Monte Suello

quand leur général était indemne. Il leur était difficile de « faire
l'aigle », selon le mot d'ordre. Comment conquérir ces sommets que tiennent les Autrichiens parfois retranchés dans des
positions fortifiées ?

Garibaldi, blessé, est contraint de ralentir sa progression.
Les nouveaux affrontements, le 16 juillet, sont difficiles pour
les volontaires. Les chemises rouges reculent et Garibaldi,
pour empêcher que la retraite ne se transforme en débâcle, doit
faire avancer sa voiture jusqu'en première ligne, reprendre les
troupes en main.

Dans les jours qui suivent, ce sont des escarmouches où le
sort des armes est plutôt favorable aux garibaldiens, qui avancent donc, conquièrent quelques crêtes et le fort du Val
Ampola.

Devant cette progression, lente, partielle mais réelle, le général Kühn réagit, décide d'attaquer frontalement Garibaldi.
L'une de ses colonnes s'empare à l'improviste du village de
Bezzecca et s'y fortifie, bombardant la vallée, tenant les garibaldiens sous son feu.

Nous sommes le 21 juillet 1866.

Garibaldi a fait arrêter sa voiture au milieu de la route et,
insouciant du tir ennemi qui le vise, il dirige les opérations,
ordonne la conquête d'une hauteur : « Faites le plus vite possible, dit-il à l'officier qui va commander l'opération, vous me
trouverez ici, mort ou vivant. »

La manœuvre réussit et Garibaldi la termine en ordonnant
une charge à la baïonnette, que ses fils Menotti et Ricciotti,
ainsi que son gendre Canzio, conduisent. La guerre, pour Garibaldi, est une affaire personnelle et familiale.

Au cours de cette action difficile qui a coûté aux volontaires
plus d'un millier d'hommes, le général a montré qu'il a gardé
tout son esprit de décision. Dès lors qu'il est maître de ses
troupes, Garibaldi sait conduire le combat. Et, après Bezzeca,
il peut reprendre sa marche en avant.

Seulement, le sort de la guerre ne se joue pas dans le Tyrol.
A mettre l'accent sur l'action de Garibaldi, la seule qui ne soit

pas un échec — sans être réellement un grand succès — dans cette campagne de 1866, on oublie que le glas des espoirs italiens sonne ailleurs.

Il a retentit une première fois à Custoza, le 24 juin. Il résonne le 20 juillet dans l'Adriatique. La flotte du général Persano, forte de douze cuirassés, est battue à Lissa par la flotte autrichienne de l'amiral Teguethoff, pourtant moins puissante.

Cette fois-ci, il n'y a plus d'issue militaire pour l'Italie. La guerre, prolongée dans l'espoir d'une victoire, s'avère désastreuse. Pire, le 22 juillet, les Prussiens signent un armistice avec l'Autriche, rapidement transformé en préliminaires de paix. Que peut faire l'Italie battue face à l'Autriche, désormais libérée de son adversaire prussien, sinon se retirer du combat elle aussi ?

Les morts garibaldiens sont tombés en vain.

Le 25 juillet au matin, alors que les troupes garibaldiennes approchent de Trente, Garibaldi reçoit un télégramme de l'état-major. Il est signé La Marmora. La veille, un armistice de huit jours a été conclu entre l'Italie et l'Autriche.

Le texte, pour ces garibaldiens qui ont vu mourir deux mille trois cent quatre-vingt-deux Italiens au cours des combats, est difficile à accepter. « Des considérations politiques exigent impérieusement, écrit La Marmora, la conclusion de l'armistice en vue duquel, sur l'ordre du Roi, on demande que toutes nos forces se retirent du Tyrol. Vous prendrez donc vos dispositions pour qu'après-demain à quatre heures du matin, les troupes placées sous votre commandement aient repassé la frontière du Tyrol. Le général Medici a commencé de son côté à effectuer le mouvement. »

La surprise, pour Garibaldi, n'est pas totale. Depuis plusieurs jours, depuis la défaite navale de Lissa, il pressent la décision. Il en était informé. Mais le télégramme frappe de plein fouet officiers et volontaires. « J'ai vu, écrit avec quelque excès Jessie White, briser les épées et les baïonnettes, des hommes se jeter à terre, se rouler dans ces sillons encore humides du sang de leurs frères. »

Pourtant, Garibaldi n'hésite pas. Il répond brièvement à La Marmora : « J'ai reçu votre dépêche n° 1073. J'obéis. »

On a fait de ce « j'obéis » *(obbedisco)* un mot célèbre marquant la grandeur des servitudes du métier des armes. Et d'autres ont reproché à Garibaldi de s'être soumis.

« Ce mot servit ensuite les lamentations habituelles des partisans de Mazzini, écrit Garibaldi, qui voulaient toujours que je proclame la république en marchant sur Vienne ou sur Florence. » Or, formuler ce programme, c'était en montrer l'impossibilité.

Les Autrichiens sont les plus forts. Mais l'armée italienne, battue par eux, saurait pourtant encore disperser une colonne de manifestants dans les rues de Florence. En fait, Garibaldi n'est pas homme à prendre les risques d'une guerre civile. Il l'a, dès que l'éventualité en a été évoquée, répété.

Ce « j'obéis » est aussi dans sa nature. Improvisateur, meneur d'hommes au courage exemplaire, il n'est pas un créateur de mouvement ou d'institutions. Il sait s'opposer au pouvoir : ses heurts avec Cavour l'ont montré, mais le Roi Victor-Emmanuel II représente pour lui un symbole qu'il ménage. Il est le *roi d'Italie*. Aucun irrespect, aucune attaque contre lui. Est-ce seulement de la part de Garibaldi une attitude politique, ou bien un comportement plus profondément enraciné.

A plusieurs reprises, Garibaldi s'est proclamé républicain. Mais il y a, dans sa manière d'être, quelque chose d'un souverain, patriarcal sans doute, mais souverain quand même. Sans doute est-ce là, au fond de sa propre personnalité, que s'inscrit le respect du Roi et de ses ordres. Une obéissance qui est aussi faite de réalisme.

Car Garibaldi est logique avec lui-même ; il a toujours crié : « L'Italie et Victor-Emmanuel. » Il n'a pas conçu d'autres stratégies. Ou il les a cru suicidaires.

Certes, même à l'intérieur de son programme, on eût pu jouer une grande partie : soulever les peuples opprimés de l'Empire austro-hongrois, l'Italie devenant le champion des nationalités et Garibaldi un détonateur pour les Balkans. Cette

voie, comme celle de l'insurrection en Italie, était révolutionnaire. Elle supposait un embrasement de toute l'Europe et non
plus ces compromis entre grandes puissances permettant à
l'Italie de réaliser son unité par une série de « pourboires ».

C'est pourtant ce qui advient à nouveau en 1866 : la Vénétie
est cédée à la France et, le 3 octobre, la paix sera rétablie à
Vienne entre l'Italie et l'Autriche.

Un général français — Lebœuf — est nommé commissaire de
Napoléon III à Venise. Il reçoit symboliquement la ville des
Autrichiens et la remet aux Italiens. Le plébiscite des 21 et
22 octobre donne six cent quarante-sept mille deux cent
quarante-six voix pour l'Italie, contre soixante-neuf ! Majorité
écrasante qui dit le sentiment populaire mais n'efface pas l'humiliation des défaites et de la présence de ce général français,
intermédiaire entre vainqueurs (les Autrichiens) battus par
d'autres (les Prussiens), et vaincus (les Italiens) bénéficiaires
grâce à ces autres...

Mais, en même temps, ce gain marque que les États européens ont compris que le nouveau royaume, malgré l'appel à
Garibaldi, ne sera pas un « trouble-fête » qui s'adresse au
peuple plutôt qu'aux monarques. Il jouera le jeu diplomatique
et n'ira pas au-delà.

Garibaldi et ses chemises rouges n'auront été que le piment
nécessaire à une unité obtenue par des voies en fin de compte
conservatrices. Mais alliance nécessaire à la stratégie royale,
car il fallait entraîner les patriotes et, en même temps, désa-
morcer les plus radicaux d'entre eux.

Et Garibaldi dans cette partie ? Manipulé ? Utilisé ?
« Attrape-patriotes » pour la cause monarchique ?

Rien n'est aussi simple. Garibaldi se détermine librement,
essayant d'être lucide, de choisir ce qui apportera le plus à la
patrie. Mais dès lors qu'il a jugé que Victor-Emmanuel II doit
être suivi par les patriotes, il est condamné à « obéir ». Et on le
punit (à Aspromonte) quand il ne le fait pas.

La Marmora devait confier à un diplomate français que les
moyens employés pour réaliser l'unité italienne étaient « embar-

rassants pour ceux qui gouvernent et qui veulent et doivent être conservateurs après s'être servis de la Révolution pour en arriver où nous sommes ; mais ce qui est fait est fait : le temps, la sagesse, la prudence, les ménagements, la force, au besoin, contre ceux qui voudraient continuer à être révolutionnaires... consolideront petit à petit notre état politique et social ».

Le général italien fait preuve de lucidité et de cynisme. Sous ce jour, Garibaldi fait penser à ce joueur de flûte de la fable qui enchante et entraîne derrière lui, vers la rivière, les enfants de tout un village. Mais que pouvait-on faire d'autre dans ce pays encore morcelé, si contradictoire, où les situations des populations sont si différentes — du Sud au Nord, par exemple — qu'on ne peut l'unifier que dans l'ambiguïté, ou bien le révolutionner ? Cependant, qui, en Italie, pourrait diriger et faire la révolution contre une Europe conservatrice ?

A ceux qui pensent que l'unité ne peut être obtenue que par la révolution, Garibaldi a opposé l'idée que le mouvement unitaire primait tout. Dût-on le conduire aux côtés du Roi.

Après, l'on verrait.

Le 24 septembre, alors qu'il rentre chez lui à Caprera, Garibaldi s'arrête à Florence. On l'acclame. Et il dit déjà que la vraie capitale de l'Italie, c'est Rome, et qu'il ne faut penser qu'à la libérer.

Quelques semaines plus tard — le 7 novembre — les résultats des plébiscites en Vénétie ayant été proclamés, c'est Victor-Emmanuel II qui est accueilli triomphalement à Venise. De la foule montent aussi les cris de « *Roma, Roma* ». Et Victor-Emmanuel reprend : « Désormais l'Italie est faite, sinon complète ! »

Comment demander aux Italiens de ne pas chercher à « compléter » leur unité ? Comment leur demander de s'arrêter sur le chemin de leur capitale naturelle ?

Comment interdire à Garibaldi de tenter, une nouvelle fois, de les conduire jusque-là ?

Cinquième acte

Le vieux guerrier

(1867-1882)

Quinzième tableau

« *Le cadavre est à terre et l'idée est debout* »

(1867)

Automne de l'année 1866. Le vent du sud-est pousse les pluies. Tout à coup elles s'abattent sur l'île de Caprera, rendant pour quelques jours la terre meuble, faisant monter l'eau dans le puits, changeant le paysage. L'horizon est fermé par les nuages bas qui glissent au ras des vagues, sautent les récifs, se déchirent dans ce goulet que forment, au nord de Caprera, les bouches de Bonifacio.

Enveloppé dans son poncho, marchant lentement, passant d'un bâtiment à l'autre, puis se séchant comme un vieux berger transi près de la cheminée, avant de prendre son bain brûlant quotidien que suivra une douche froide, Garibaldi semble n'être qu'un de ces résidents bizarres que comptent la plupart des îles de la Méditerranée.

Il a soixante ans. Et malgré le regard, la voix peu changée, il porte lourdement son âge. A certains gestes, — une façon de se redresser, haussant le menton, la tête en arrière —, à des refus proclamés avec irritation — il rejette, malgré ses crises de rhumatismes, toute idée de consulter un médecin —, on devine la volonté de nier cette usure. Il se cabre. Et quand Francesca Armosino met au monde un enfant de lui, le 16 février 1867 — une petite fille prénommée Clelia —, la joie de Garibaldi explose. Il s'enthousiasme. Il écrit la bonne nouvelle. Jamais, précédemment, il n'a manifesté un sentiment paternel aussi fort. Clelia, à laquelle il s'attache, est la preuve de sa virilité. S'il peut encore donner la vie, faire l'amour, c'est que l'âge n'est qu'une plante grimpante, gênante mais impuissante à étouffer la vigueur du chêne.

Il plante un arbre pour célébrer la naissance de Clelia, si rassurante. Francesca Armosino, la jeune mère, dévouée à celui qu'elle n'appelle avec fierté et humilité que « général », Francesca, la servante-maîtresse, règne dès lors sur la vie privée de Garibaldi avec une autorité qu'aucune femme n'eut jamais. Il accepte. Elle est attentive à ses moindres désirs. Elle le lave et le peigne. Sans doute chasse-t-elle peu à peu de l'île la plupart des amis anciens, installant ses proches — parents, frères — sur le domaine. Elle n'est ni belle ni fine. Garibaldi ne peut avec elle évoquer le sort de l'Italie ou de l'Humanité. Mais elle est apaisante et maternelle, vigoureuse et saine. Et Garibaldi éprouve pour elle un désir renouvelé, dont il a besoin pour s'affirmer toujours vivant face à l'insidieuse menace de l'âge. La naissance de Clelia donne à Francesca Armosino tous les pouvoirs.

Cette compagne-là, celle du déclin, Garibaldi ne s'en séparera plus.

Mais, en cette année 1867, il la quittera souvent comme si le sol de Caprera lui brûlait les pieds : c'est que Rome est à conquérir.

La naissance de Clelia n'a-t-elle pas prouvé à Garibaldi que l'âge si lourd ne l'écrase pas ? Qu'il doit donc conduire les jeunes Italiens au combat pour la libération de leur capitale ? Et que cet acte, nécessaire et juste, sera aussi, pour lui, preuve de sa vitalité, renaissance ?

L'entreprise semble, à la différence de 1862, l'année d'Aspromonte, facile.

Le 11 décembre 1866, conformément à la Convention de septembre 1864, les troupes françaises ont évacué Rome qui paraît ainsi à portée de mains. Dans la ville même, les patriotes conspirent, prennent contact avec Garibaldi. Il suffirait d'une révolte de la population, d'un appel lancé à l'Italie pour que les nations européennes — et la France d'abord — soient démunies. Rattazzi, le président du Conseil, le proclame d'ailleurs à la tribune de la Chambre — qui siège à Florence, capitale provisoire de l'Italie : « La question romaine, déclare-t-il, ne pourra être dénouée ni par les invasions du territoire pontifical, ni par les mouvements insurrectionnels (ici Garibaldi est visé). Qu'on se le dise à Rome. N'attendez pas que le gouvernement italien vienne vous libérer. Il est lié par une convention. Mais libérez-vous et vous verrez que tout Italien sait faire son devoir. »

L'attitude du gouvernement de Victor-Emmanuel II est donc à la fois prudente — il s'agit de ne pas susciter la colère de la France — et prête à cueillir les fruits d'une initiative qui n'émanerait pas de lui, mais des habitants de Rome ! Politique ambiguë et « tortueuse », bien dans la tradition d'un pouvoir qui a laissé faire Garibaldi tout en le condamnant.

Il n'y a guère d'autre politique possible, au demeurant. Engager les troupes royales dans la conquête de Rome provoquerait un conflit avec la France, dont Victor-Emmanuel II ne peut assumer les risques. S'entendre avec Pie IX afin de parvenir à un accord qui eût préservé les droits du Pape et laissé l'Italie s'installer à Rome ? Ce serait la solution. Le Roi d'Italie envoie dans ce but un conseiller d'État — Tonello — à Rome. Le Roi proclame même solennellement qu'il est « plein de déférence pour la religion de ses ancêtres, qui est celle de la majorité des Italiens ». Il vante « la sagesse du souverain pontife ».

En vain.

Pie IX s'est enfermé dans une attitude d'hostilité, et les cercles pontificaux entendent défendre les biens ecclésiastiques que le gouvernement italien, accablé par le déficit budgétaire, veut vendre à son profit. L'entente est donc impossible. Le pape renforce même ses troupes que commande le général Kanzler, d'une unité de volontaires, la « Légion d'Antibes ». Rassemblés en effet à Antibes, ces « enfants de chœur en pantalon rouge » viennent des régions les plus catholiques d'Europe. Leur recrutement puis leur regroupement s'est fait avec l'appui du gouvernement de Napoléon III. Le ministre de la Guerre de l'Empereur a même remis au colonel d'Argy, qui commande la légion, une épée : l'officier va « défendre, au nom de la France, la personne et le pouvoir du Saint-Père ».

A Rome, quand la légion a pris ses quartiers, un général français, Dumont, vint la diriger, montrant que Napoléon III, s'il a retiré ses troupes de la Ville Sainte, veille sur elle.

Lors des revues, quand parfois jaillissent de la foule les cris de « Rome italienne » ou de « Vive le Roi d'Italie », les volontaires répondent par des « Vive le Pape-Roi » qui insultent le patriotisme de toute l'Italie.

Garibaldi ne peut supporter une telle situation. Psychologiquement d'abord, parce qu'il veut se prouver qu'il est toujours l'homme d'action capable de modifier le cours des choses, il se doit d'intervenir.

« Vivant dans une oisiveté que j'ai toujours jugée coupable quand il reste encore tant à faire pour notre pays, écrit-il, je m'imaginais avec raison que le temps était venu de faire crouler la baraque pontificale et de gagner à l'Italie son illustre capitale. »

Il devient violent. Son anticléricalisme, déjà vif, s'exacerbe, se transforme en haine contre le pape et les institutions ecclésiastiques. Cette « baraque pontificale », comme il dit avec un mépris teinté de dérision, est d'ailleurs mal défendue à son avis. « Les soldats de Bonaparte n'étaient plus à Rome, et seulement quelques milliers de mercenaires, déchets de tous les cloaques européens, devaient tenir en respect une grande nation et l'empêcher d'user de ses droits les plus sacrés. »

Il sera facile de les bousculer rapidement avec l'aide des citoyens de Rome. Garibaldi quitte donc Caprera. « J'entrepris une croisade », dit-il.

Il va de ville en ville. Son voyage — commencé en février — coïncide avec la campagne électorale pour le renouvellement de la Chambre. Il est l'un des candidats des « gauches ». En fait, il proclame d'une même voix sa haine du pape et la nécessité de libérer Rome. Partout des foules l'acclament : à Florence, à Bologne, à Ferrare.

Il a pris le train pour Venise et, à chaque étape, il dénonce
« la papauté, cette négation de Dieu », le « Pontificat, ce nid de
vipères ». Il accuse le pape d'être un « usurpateur ». Lui, Garibaldi, est au contraire « général de la République romaine,
investi par son gouvernement, le plus légitime qui ait jamais
existé en Italie ».

Il a donc le droit d'accepter le poste de « commandant
suprême des troupes romaines », de se mettre à la tête d'un
centre d'insurrection, de crier aux Vénitiens rassemblés par
milliers pour l'acclamer : « Vous appartenez à un grand pays,
mais il nous reste encore un morceau de terre italienne à unir à
la nôtre, Rome. Rome est notre capitale. Nous y entrerons
comme en notre demeure. »

Plusieurs semaines durant, il parle ainsi, épuisé par ces tra-
jets en chemin de fer, ces réceptions, ces discours. Mais, en
même temps, heureux comme jamais, porté par la houle des
acclamations, rajeuni par l'enthousiasme et la vénération qu'on
lui porte.

Il s'exalte, se comporte de plus en plus comme un apôtre qui
prêche, mêlant, dans un style apocalyptique, les préoccupations philosophiques et humanitaires aux buts patriotiques. Ce
franc-maçon pénétré d'une philosophie du progrès annonce un
évangile nouveau, fait de sincérité et d'amour. Les femmes
l'approchent comme on s'avance vers un saint. Elles lui présentent des enfants à bénir et il le fait, administrant une sorte de
baptême laïque « au nom de Dieu et du législateur Jésus ». Il
parle du Vrai et du Juste. Ces discours deviennent des sermons
et des imprécations contre les prêtres.

Du haut des balcons, serré dans son poncho, son ample chemise rouge visible de loin, avec sa barbe grise et ses yeux brillants, il semble avoir perdu toute conscience du rôle qu'il joue,
pris par sa propre prédication, enfiévré par l'accueil qu'elle rencontre. Durant tout le printemps et une partie de l'été, il prêche
ainsi à Trévise, à Udine, à Feltre, à Vicenza, à Vérone. Il grise
les foules de mots, mais il s'enivre lui-même à leur contact,
oubliant peu à peu la réalité, ayant de plus en plus besoin de

ces approbations pour se sentir vivre, déjà vieil homme inquiet
de son pouvoir et qui veut aller au-delà, parce que l'angoisse
l'habite. Il double donc la mise pour s'assurer qu'il peut
gagner.

Ces mois de 1867 sont parmi les plus excessifs de sa vie, le
moment où la politique se mue en *credo*, où le singulier d'un
homme et de son comportement frôle l'extravagance et le ridicule.

Mais cette parole démesurée porte. Nul n'y décèle les signes
de la vieillesse de Garibaldi, de son impuissance, du rêve d'action qu'il poursuit, prenant les mots de ses discours pour des
actes.

Quand il crée *le Denier de la liberté* — opposé au Denier de
Saint-Pierre — pour recueillir des fonds destinés à l'achat
d'armes, on souscrit. Et le gouvernement laisse faire, toujours
ambigu, décidé à entrer dans Rome si d'autres lui en ouvrent
les portes.

Lorsque Garibaldi se rend au mois d'août à Orvieto, située à
moins de huit kilomètres de la frontière de l'État pontifical, un
pas de plus est franchi. On apprend qu'il a ordonné qu'on récupère des fusils laissés en dépôt à Terni depuis l'expédition
d'Aspromonte. Des jeunes volontaires se rassembleraient alors
et entreraient dans le territoire du Pape.

Au dernier moment, le gouvernement du Roi s'inquiète. Il ne
peut ignorer les remontrances de l'ambassadeur de France qui
menace, accusant Rattazzi de complicité. Et n'existe-t-elle
pas ? Garibaldi — naïf, dupé, ou au contraire incité à cette illusion ? — a cru que le président du Conseil, favorable à l'idée de
« Rome, capitale de l'Italie », était prêt à fournir discrètement
une aide aux volontaires, ou tout au moins à les laisser entrer
dans l'État du pape, puis, quand la révolution se déclencherait,
à les appuyer d'une intervention militaire qui prendrait de
vitesse l'éventuelle expédition française.

Mais Rattazzi, au contraire, recule, arrête et désarme les
émissaires de Garibaldi. Et celui-ci comprend qu'il est trop tôt.
Mais il ne renonce pas. Installé dans la demeure du comte

Masetti, un noble patriote, il multiplie les rencontres, parcourt la Toscane, s'en prend à la « mazzinerie qui se prétend abusivement un parti d'action et qui ne tolère aucune initiative d'émancipation de qui que ce soit ».

Il retient ses amis. Ce n'est pas encore le moment, dit-il.

A Sienne, dans un décor d'une grandeur austère, au terme d'un banquet, il annonce qu'à la « fraîcheur », à l'automne donc, il donnera le signal de l'action.

Sera-ce dès septembre ? On s'y attend. Florence, Paris, guettent pour utiliser ou combattre le mouvement qui va se déclencher. Et, brusquement, on apprend que Garibaldi est parti pour Genève, afin de participer au Congrès International de la Paix...

L'homme Garibaldi est tout entier dans cette improvisation, dans cette spontanéité qui déconcerte. Qu'est-ce qui l'attire à Genève ? Les idéaux pacifistes ? Garibaldi, quoique homme de guerre, a toujours affirmé sa foi en un avenir de paix, dénoncé les ambitions territoriales : « Lorsque les cloches et les canons seront transformés en instruments de production, a-t-il écrit, le despotisme désarmé retournera dans la nuit. » Quant aux conquêtes, « elles ne sont qu'une aberration du siècle, une émanation de cervelles malsaines ».

A Genève, il a donc sa place. Il sait qu'il va y retrouver les grands noms de ce temps. De Quinet à Arago, de Bakounine à Pierre Leroux, de Herzen à Dostoïevski.

Il est sensible, depuis sa création en 1864, aux idées de l'Internationale et il a répondu favorablement à Marx qui lui demandait d'adhérer à cette Association de Travailleurs. Garibaldi a appelé lui-même de manière vague mais répétée à la Révolution universelle, à la fraternité entre les peuples. On ne l'imagine donc pas refusant de se rendre à un Congrès International pour la Paix. Cela correspond, de plus, très précisément à ce nouveau rôle d'apôtre qu'il s'est donné en cette année 1867.

Le Congrès se situe d'ailleurs dans une période de tensions internationales. Les pacifistes craignent qu'après la guerre austro-prussienne n'éclate un nouveau conflit, celui-là entre la France et la Prusse.

Tout au long du trajet qu'il emprunte pour se rendre à Genève, Garibaldi est salué par de grandes foules qui arrêtent le train. A Genève, il est d'abord l'objet d'ovations. On l'accompagne de la gare au siège du Congrès. Il est le plus connu des congressistes et il déclenche à la fois la curiosité et l'admiration. Mais, très vite, il choque par la violence de ses propos anticatholiques. Il dénonce la papauté comme la « honte et la plaie », « l'institution pestilentielle », « la plus nocive de toutes les sectes ».

A la tribune, il expose un programme en onze points, décrétant que toutes les nations sont sœurs et que la guerre est entre elles impossible. Mais il annonce aussi que la papauté doit être déchue et que devrait être reconnue par le congrès la « religion de Dieu qui est celle de la raison ». L'esclave seul, dit-il aussi, a le droit de faire la guerre.

Ces propos vagues, mêlant l'anticléricalisme au déisme, ne soulèvent pas l'enthousiasme. Certains milieux genevois, même protestants, s'indignent et manifestent. Garibaldi, peut-être sensible à ce climat d'hostilité, regagne alors rapidement l'Italie, sans attendre que son programme ait été discuté.

Déception ? Il a fait un éclat et sans doute est-il satisfait de l'écho que ses déclarations ont rencontré. En France, elles ont scandalisé la presse catholique qui fait de Garibaldi une sorte d'« antéchrist », d'« individu impie », comme dit Mgr Dupanloup, évêque d'Orléans.

A l'autre extrémité de l'éventail politique, un Auguste Blanqui se moque de la naïveté de Garibaldi et dénonce même le « pacifisme » de la réunion :

« Quant au Congrès de la Paix, [c'est un] fiasco complet et bruyant, écrit Blanqui le 20 septembre 1867 à son ami Lacambre. Déconfiture ridicule. Garibaldi a fait là un pas de clerc. C'est un grand enfant. Quelle idée d'aller souffleter la papauté dans une ville comme Genève, quand la moitié de la population est catholique fanatique ! Bref, les pauvres orateurs sont repartis plus vite qu'ils n'étaient venus et Garibaldi a donné le signal de la déroute. Le Congrès de la Paix était une idée saugrenue. Hurler la paix sur les toits, quand la Révolution n'a de ressource que dans la bataille, féminiser un peuple qui n'a de salut à espérer que d'un excès de courage, c'est bien étrange. Ces braves gens ont reçu sur les doigts. »

« Le grand enfant » : pour Blanqui — et pour Marx —, Garibaldi n'est bien qu'un naïf en politique, généreux sans doute, mais maladroit et incapable d'une analyse rigoureuse de la situation. En fait, derrière ce jugement sévère, s'exprime l'opposition entre des tempéraments rigoureux et des doctrines. Garibaldi n'est ni un théoricien ni un révolutionnaire. Il se fie à son instinct, à tort ou à raison. Spontané, il cède aux mouvements de la foule en même temps qu'il y adhère. Cela lui a réussi quand, presque miraculeusement, les circonstances mettaient en place, autour de ses entreprises risquées, des éléments qui les soutenaient. Depuis 1862 et Aspromonte, il joue encore, mais sans filet. Et, à chaque fois, il tombe. Son temps semble passé, cependant qu'il s'obstine à répéter les mêmes pas.

Cela mérite-t-il qu'on le condamne ? Blanqui, qui élabore une pensée politique doublée d'une stratégie, ne réussira jamais à influencer réellement les événements. Garibaldi, tâtonnant et spontané, a au contraire orienté, en 1860, l'histoire de l'Italie.

Par-delà la valeur des hommes, il y a le moment où ils agissent et aucun d'eux, fût-il le plus grand, n'est capable de contrôler tout l'échiquier.

Le 11 septembre 1867, Garibaldi a quitté Genève où ses discours ont soulevé les protestations officielles des autorités religieuses.

A Florence, dans les milieux gouvernementaux, on espère qu'il va regagner Caprera.

Mais il rejoint ses partisans, dans les villes proches de l'État pontifical, et recommence sa campagne de discours, répétant que le temps est maintenant venu de « marcher sur Rome ».

« A Rome ! A Rome ! lance-t-il. Je suis vieux et peut-être

arriverez-vous avant moi. Mais nous nous y rencontrerons, même en prenant des routes différentes. »

L'obstination n'est pas seulement d'ordre politique. Tous ceux qui approchent Garibaldi notent chez lui la force de cette obsession : il veut aller à Rome et il bouscule, tant est fort son désir, tous les arguments que ses amis — Crispi, par exemple — lui opposent. Car entrer dans Rome serait l'apothéose d'une vie, la victoire qui scellerait enfin la gloire garibaldienne.

Cette dernière marche, dans son histoire et dans l'Histoire, il veut tant la gravir qu'il évacue d'une phrase les difficultés. Il suffira, dit-il, de quelques coups de fusils tirés en l'air pour que les troupes pontificales se dispersent. Et d'ailleurs les Romains se seront insurgés, ouvrant les portes de leur ville aux volontaires.

Garibaldi espère ainsi rééditer à Rome ce qu'il a vécu à Naples.

Si on lui parle de l'hostilité du gouvernement italien, il hausse à nouveau les épaules, laissant entendre qu'il existe une complicité tacite entre tous les Italiens.

Et il est vrai que les garibaldiens se rassemblent impunément sous l'œil des carabiniers. Leurs armes proviennent souvent des troupes royales. Cela ne signifie-t-il pas que Victor-Emmanuel II et Rattazzi, le président du Conseil, laissent faire ? Garibaldi utilise même — c'est dire à quel point il se sent assuré — le télégraphe officiel pour communiquer ses ordres à son fils Menotti qui regroupe des volontaires à Terni. Mieux, c'est dans les journaux qu'il publie, le 18 septembre, deux adresses, l'une aux Romains, l'autre aux patriotes italiens. Aux premiers il lance un appel à l'insurrection, aux seconds, il demande que les volontaires le rejoignent.

Ce scénario va en quelques jours se défaire. Paris proteste auprès du gouvernement italien et, pour faire connaître sa résolution, une division d'infanterie est mise sur pied de guerre à Lyon. Garibaldi n'en a cure, mais Victor-Emmanuel II et Rattazzi sentent qu'il est temps de se dégager de toute accusation de complicité.

Le 21 septembre, la *Gazette officielle* publie un texte court, mais clair : « Si quelqu'un, précise cette déclaration gouvernementale, essayait de manquer à la loyauté des stipulations de la Convention de septembre 1864 et de violer la frontière de l'État pontifical, nous ne l'accepterions pas. »

Garibaldi est bien entendu visé.

Mais ce n'est pas la première fois qu'il rejette un conseil, un avertissement ou un ultimatum royal. De plus, une fois encore, il imagine qu' « ils » n'oseront pas.

Dans la nuit du 23 au 24 septembre, il est l'hôte d'un ami à Sinalunga, sur la route de Sienne à Orvieto. Il n'a évidemment pris aucune précaution pour sa sécurité. Il s'est rendu ouvertement dans cette demeure, il s'y couche tôt. Et, au matin, il est surpris d'être réveillé par un lieutenant de carabinier qui lui annonce sa mise en arrestation. Un train spécial attend en gare du Lucignano. De là, on le conduit à Alessandria où on l'enferme pour quarante-huit heures dans la forteresse. Garibaldi salue les soldats de la garnison qui manifestent en sa faveur et crient *« Roma, Roma ! »*

Il gêne une fois de plus le gouvernement. Que faire de cet homme qu'il faut enfermer si souvent, puis libérer sous la pression de l'opinion ?

Finalement, on l'embarque à bord d'un navire : destination Caprera. On met l'île en quarantaine. Des frégates, des cuirassés, des petits vapeurs l'entourent.

« Me voilà prisonnier dans ma propre demeure, gardé à vue, écrit simplement Garibaldi. Je n'avais pas tenu compte des impondérables. »

Dans toute l'Italie, la nouvelle de son arrestation suscite des manifestations.

On sait que le ministre des Affaires étrangères français s'est montré fort satisfait de l'action conduite par le gouvernement italien : « Félicitez le président du Conseil, a-t-il écrit, de la résolution qu'il vient de prendre. » Au Parlement italien, les députés de gauche ont protesté dès qu'ils ont appris que Gari-

baldi était détenu : un député est protégé par l'immunité parlementaire, or celle-ci n'a pas été levée. De quel droit
le maintient-on en résidence surveillée, même dans son île ?
Le gouvernement répond petitement, et cela ne trompe personne, que le blocus de l'île est dû à une épidémie de choléra.

Dans les villes — à Florence, à Naples —, l'agitation ne cesse
pas. Elle concerne certes des couches sociales limitées, mais
elle est suffisamment forte pour inquiéter le gouvernement. Et
les volontaires n'ont pas renoncé.

Menotti Garibaldi dirige leur action. Des groupes, après de
brefs combats, pénètrent dans l'État pontifical. Toutes les autorités semblent une nouvelle fois complices : des carabiniers aux
cheminots, on laisse passer ceux des garibaldiens qui empruntent le chemin de fer. A Rome même, des patriotes s'apprêtent
à agir et l'espoir est grand que la ville se révoltera. Le gouvernement lui-même attend ce mouvement qui pourrait le déchar-
ger de ses responsabilités aux yeux de la France, tout en lui
permettant de rattacher Rome à l'Italie.

Paris n'est pas dupe. Des troupes sont acheminées vers Toulon, des navires prêts à les embarquer. En même temps, le gouvernement de Napoléon III invite Pie IX à résister, à se
« défendre énergiquement car l'assistance de la France ne lui
fera point défaut ». Et pour cause : l'Empire vient d'éprouver
un humiliant échec au Mexique : « son » Empereur, Maximi-
lien, a été fusillé en juin 1867. Pourquoi ne pas redorer la politique étrangère impériale par des poses de matamore à Rome,
qui satisferont l'opinion catholique et coûteront peu ? Les
bandes garibaldiennes — ou même l'armée italienne — seront
facilement dispersées, si besoin est.

Aussi le ministère des Affaires étrangères français multi-
plie-t-il les mises en demeure accusant le gouvernement italien
d' « inefficacité » : « Puisque les troupes italiennes ne suffisent
pas, à elles seules, à empêcher l'invasion, Sa Majesté croit le
moment venu pour la France de prendre des mesures, et loyale-
ment nous en donnons avis au gouvernement du Roi. »

Le 19 octobre, Paris exige que Victor-Emmanuel fasse une

« proclamation qui déclare que tous les volontaires seront arrêtés, désarmés, internés ».

Mais le gouvernement italien ne peut même plus répondre
qu'il a sous son contrôle Garibaldi. Celui-ci, le 14 octobre, a
réussi à s'enfuir de Caprera.

Il manquait à la vie de Garibaldi une évasion. A plus de
soixante ans, il la réalise, parachevant jusqu'au détail — bien
entendu, involontairement — cette biographie déjà si romanesque.

Il supporte mal de demeurer prisonnier de Caprera alors
que, selon lui, le temps est venu de « renverser le monstrueux
pouvoir de la papauté qui pèse comme un cancer au cœur de
notre malheureux pays ».

L'inaction lui est intolérable. Il écrit, lance des proclamations aux volontaires. « Entre Rome et moi, dit-il, il existe
depuis longtemps un pacte solennel, et à n'importe quel prix je
serai fidèle à ma promesse et je serai parmi vous. »

Il a d'abord pensé que le blocus de l'île n'était que symbolique, malgré le nombre de navires qui, proue contre poupe,
l'assurent. Il tente, dès le 8 octobre, de s'embarquer à bord du
bateau qui fait la liaison avec l'île de la Maddalena, mais le
navire est arraisonné et Garibaldi reconduit à Caprera.

Garibaldi s'indigne, fait appel à son beau-fils Canzio, envoie
des messagers à différents amis pour qu'on organise son évasion.

« Comment imaginer en effet, dit-il, que je pouvais rester
inactif pendant que mes amis, sur mon instigation, luttaient
pour la libération de Rome, le grand idéal de toute ma vie ?...
Ceux qui avaient pour mission de me surveiller étaient très
vigilants et ils disposaient de nombreux navires et de moyens
importants ; mais mon désir d'accomplir mon devoir en rejoignant les braves qui combattaient pour la liberté italienne était
plus fort. »

L'évasion est belle comme dans un roman d'Alexandre
Dumas. Un lentisque cache sur une plage une petite embarcation — un *beccaccino* — acheté sur l'Arno par Menotti. Le

navire n'a qu'une voile, mais Garibaldi ne pourra même pas la hisser car les bateaux du blocus patrouillent le long des côtes de l'île. Un jeune Sarde aide Garibaldi à mettre l'embarcation à la mer, puis part en chaloupe afin de détourner l'attention des gardiens.

Toute l'expérience de marin de Garibaldi va lui être utile dans cette évasion. Il attend le momer: où la lune n'est pas encore haute au-dessus de l'île. Il part alors, se laisse pousser par un vent de Sud-Est dont les courtes vagues cachent l'embarcation. Il n'a qu'une seule rame dont il se sert comme d'une pagaie, car il se souvient de sa navigation sur les fleuves d'Amérique à bord de canoës indiens.

Cet homme de soixante ans, rhumatisant et même prématurément vieilli par les fatigues d'une vie violente, a gardé la détermination d'un jeune homme. Il est aussi, comme il arrive dans ce genre d'entreprise, servi par le hasard, des circonstances imprévues sans lesquelles une évasion ne réussit que rarement. Son ordonnance, Maurizio, qui rentre de la Maddalena, essuie le feu des bateaux de garde au moment même où Garibaldi fait la traversée dans l'autre sens. La diversion sert Garibaldi.

Il aborde enfin dans une autre petite île de cet archipel, après avoir évité les nombreux récifs. Il lui faut tirer la barque à terre, la cacher dans les taillis, franchir un chenal à gué, pour atteindre enfin la demeure de Mme Collins, cette « excentrique » anglaise dont le compagnon — son ancien domestique — est mort depuis deux ans. Garibaldi marche difficilement. « Affaibli par les ans et la maladie, écrit-il, je n'étais guère agile pour traverser les buissons et grimper parmi les rochers de l'île de la Maddalena. »

Quand il y parvient, il est épuisé.

Il faut encore, après une nuit de repos, traverser le chenal qui sépare la Maddalena de la Sardaigne, puis, de là, atteindre, en franchissant à pied et à cheval les montagnes de La Gallura, l'autre côte sarde. Ses amis (Basso, Maurizio) et son beau-fils Canzio l'ont rejoint. Ils embarqueront tous à destination de la côté italienne. Et le 19 octobre, vers sept heures du soir, ils atteignent une plage pleine d'algues au Sud de Vada. De là, ils se rendent à Livourne. L'évasion a réussi.

Qui oserait, maintenant qu'il a pris pied sur le sol de la péninsule, arrêter Garibaldi, le triomphant ?

On devine, au ton des discours qu'il prononce à Florence même — siège du gouvernement italien ! —, qu'il se sent rajeuni et invincible. Les manifestations d'enthousiasme de la population sont les meilleurs élixirs de jeunesse. Et quand Garibaldi note : « Le peuple généreux de Florence jubilait », ce sont aussi ses propres sentiments qu'il évoque. Il parle sur la place Santa Maria Novella : « Ne vous comptez pas. Même si vous n'êtes que dix, tirez ! L'inertie est notre perte ! Nous aurons Rome. Une flotte étrangère est annoncée. Ne la craignez pas. Elle s'évanouira au souffle du peuple ! »

Il ne peut plus raisonner, apprécier le rapport de forces. Il se fie à l'élan, aux assauts impétueux, à la révolte des Romains.

Un petit groupe de garibaldiens a en effet tenté de soulever Rome. Les uns ont essayé de prendre d'assaut le Capitole : repoussés. Les autres, qui veulent pénétrer dans la ville avec un chargement d'armes, sont faits prisonniers. Une caserne saute dans la ville, mais elle est vide.

Seuls les frères Cairoli, descendant le Tibre, ont atteint les Monts Pariolo. Au terme d'un court combat, ils sont arrêtés et l'un des frères est tué. Ils étaient cinq au début des combats pour l'indépendance italienne : un seul survivra.

Garibaldi, tout en étant porté par l'enthousiasme, n'en est pas moins inquiet de l'échec de la révolution à Rome. Il avait annoncé la victoire des insurgés autant parce qu'il la croyait possible que parce qu'il estimait que c'était le moyen d'empêcher une intervention française.

A cette dernière, il ne croit guère. Si elle a lieu, elle ne sera que symbolique, estime-t-il : comment les Français, qui ont versé leur sang pour l'Italie à Magenta et à Solférino, tireraient-ils sur des patriotes italiens ?

Ces illusions de Garibaldi sont les conséquences de ses analyses politiques où l'intuition l'emporte sur la réflexion, où le désir de réussir est si fort qu'il dissimule, un temps, la réalité.

Garibaldi marche donc à nouveau vers Rome. Il n'a que sept mille hommes répartis en trois colonnes. Encore sont-elles composées de soldats d'occasion. Certains chômeurs se sont engagés afin d'échapper à la misère, espérant, plutôt que la bataille, la gloire ou la délivrance de Rome, une solde et une gamelle. D'autres sont des bagnards libérés sous condition. Rares sont les authentiques patriotes animés d'un idéal et respectueux de la discipline. L'un d'eux, le Savoyard Combatz, écrit : « La police avait reconnu qu'elle ne pouvait pas désorganiser matériellement l'insurrection, mais elle n'avait pas renoncé à la désorganiser moralement. »

Le 26 octobre, alors que commencent les pluies d'automne et qu'éclatent souvent des averses brutales, les troupes italiennes de garde à la frontière laissent passer les colonnes et tous ceux qui crient « *Garibaldi e l'Italia* ». Nouvel indice de la complicité passive du gouvernement qui condamne l'entreprise le 28 octobre mais espère toujours, si elle est couronnée de succès, en tirer parti.

Garibaldi chevauche à la tête de ses troupes. Il est perclus de rhumatismes, hésitant. Il décide de prendre d'assaut Monterotondo, une petite ville située sur un point haut. Mais ses hommes n'ont plus la fougue des « Mille ». Toute une journée se passe à encercler la cité. Les pluies diluviennes ont détrempé les chemins. « Nos pauvres volontaires, écrit Garibaldi, affamés, et leurs rares vêtements trempés, s'étaient étendus sur le bord des routes à même la boue. »

Garibaldi, ce vieil homme déjà, si sensible à l'humidité, s'assied parmi eux toute une nuit sous la pluie.

« Je désespérais presque, assure-t-il, de pouvoir faire se relever, à l'heure de l'assaut, ces hommes qui souffraient, et je voulus partager leur sort misérable. »

Garibaldi ne change pas. Commander signifie toujours, pour lui : payer de sa personne, subir le même sort que le soldat.

Il conduit l'assaut au matin, s'emparant de la ville seulement

en fin de journée, découvrant alors que ses troupes sont indisciplinées et que les volontaires ne ressemblent en rien à ceux de
1860. « Je dois reconnaître, écrit Garibaldi, qu'il y eut beaucoup de désordre. Ces désordres empêchèrent même que nous
puissions organiser convenablement nos troupes. Nous ne
pûmes donc pas faire grand-chose dans ce sens au cours des
quelques jours que nous passâmes dans cette ville de Monterotondo. »

Difficilement, en utilisant tout son prestige, Garibaldi et ses
officiers font sortir les volontaires de la ville, afin de les
reprendre en main. Ils s'installent, toujours sous le temps ora-
geux de la fin d'octobre, au sommet des collines de Santa
Colomba au sol détrempé. On allume des feux, on forme les
faisceaux, on attend, dans ses vêtements détrempés, que Rome
s'insurge en apprenant que les garibaldiens sont à portée de
fusil et que ces flammes hautes qui oscillent sur les sommets
des collines signalent leur présence.

Garibaldi, à ceux qui l'interrogent sur les raisons de cet
arrêt à quelques kilomètres de Rome, répond : « Nous attendons un signal de là-bas... Dès que le signal sera donné, nous
comprendrons que l'insurrection a éclaté dans la ville ; nous
passerons l'Aniene et nous ferons le reste au pas de course... »

Il s'obstine ainsi, au moins devant ses soldats, à affirmer son
espoir, à persévérer dans l'illusion qu'un assaut suffira.

Or, la population de l'État pontifical est en vérité passive. A
Monterotondo, cependant que les garibaldiens attaquaient le
château qui domine la ville, les habitants ne leur ont apporté
aucune aide. Garibaldi est amer. Une fois encore, ceux pour
lesquels il combat le déçoivent. Il parle de leur « mutisme et de
l'indifférence, de l'aversion presque » que la population lui a
témoignés.

A Rome, il en serait de même. On espère peu des « Piémontais », sinon des impôts et la chasse aux places. Pourquoi s'insurger alors ? Les Romains, avec ce fond de scepticisme des
habitants des villes que l'histoire a depuis des millénaires
déçus, restent spectateurs. D'autant qu'une division française

forte de neuf mille hommes vient de débarquer à Civitavecchia.

Les soldats de Napoléon III, que commande le général de Failly, marchent vers Rome. Ce sont des troupes aguerries, des professionnels du combat, armés des nouveaux fusils à tir rapide et à longue portée — les chassepots — dont l'état-major espère bien éprouver l'efficacité dans les conditions réelles du combat. Et Napoléon III, son entourage, ses officiers, ont à effacer l'humiliation subie au Mexique. Des « bandes » de patriotes ont, là-bas, été victorieuses. Cela ne peut pas se reproduire en Europe. Il y va de l'autorité internationale de l'Empire et de sa stabilité intérieure. C'est pourquoi d'autres navires ont appareillé de Toulon, transportant une deuxième division.

Garibaldi, qui avait longtemps cru que les menaces de Napoléon III n'étaient que des intimidations sans conséquences, est maintenant contraint d'ordonner à ses troupes de se retirer, ne laissant sur les collines que des feux allumés pour tromper l'ennemi.

Ses soldats le découvrent alors vieilli, hésitant, amer, mentant à ses hommes quand, dans la campagne, ils aperçoivent de longues colonnes qui s'éloignent à travers les champs à demi inondés. Paysans qui rentrent, dit-il. En fait, ce sont ses volontaires qui s'enfuient. Les mazziniens, « la bande de Mazzini », comme dira Garibaldi, sont partis les premiers. « Si on ne va pas à Rome, disent-ils, mieux vaut rentrer chez soi... » « Et il est vrai, murmurera Garibaldi, que chez soi on mange bien, on boit mieux, on dort au chaud et puis aussi... on risque moins sa peau. »

Mais ce signe de décomposition de ses troupes, de ses soldats qui, avant même le combat, cèdent le terrain, le vieillit et le désespère. Certains se donnent de glorieux prétextes : « "Rentrons chez nous proclamer la République et faire des barricades..." Ces " pauvres garçons " choisissaient en fait la voie la plus facile », estime Garibaldi. Près de trois mille — plus de la moitié de l'effectif — quittent les lignes.

« J'éprouvais de la rancœur devant cet acte immoral et j'essayais de la dissimuler ou de la modérer face à ceux qui m'entouraient, explique Garibaldi : comportement habituel dans les cas d'urgence. » Et, une nouvelle fois, il dénonce les menées mazziniennes et naturellement Pie IX, le « pontife du mensonge », et Napoléon III, le « génie du mal ».

Mais à aucun moment Garibaldi ne s'accuse d'imprévoyance ou ne regrette d'avoir conduit ses volontaires dans une impasse face à ces troupes françaises bien armées et à ces soldats ponificaux que la présence de leurs alliés rend désormais offensifs. Pas d'autocritique, chez Garibaldi. Les adversaires sont des monstres maléfiques. Soit. Mais un chef doit-il être surpris de l'hostilité de ses ennemis ? Les mazziniens sont des compagnons peu sûrs ? L'explication est courte. Garibaldi reconnaît d'ailleurs que Mazzini lui a écrit, commentant cet assaut contre Rome : « Vous savez que je ne croyais pas au succès... Mais une fois l'entreprise engagée, je l'ai servie autant que j'ai pu. »

Ce que Garibaldi, avec son entêtement et sa conviction, refuse d'admettre, c'est son erreur. La légèreté avec laquelle il s'est engagé dans cette aventure, sans en apprécier les risques, se fiant une fois de plus à sa « bonne étoile », à son intuition, ne se rendant pas compte que les circonstances sont défavorables et que Napoléon III ne peut laisser faire.

Alors, le 3 novembre 1867, dans un terrain difficile, coupé de vallons, quand commence l'affrontement entre les garibaldiens et les troupes pontificales de Kanzler, Garibaldi n'est pas — ne peut plus être — le chef de guerre qui force le destin.

Il se bat bien, se retranche dans Monterotondo. Mais il n'a que deux canons pris à l'ennemi, et la route de Mentana à Monterotondo, où ses troupes évoluent, est encaissée et basse. Le terrain est parsemé de haies et de vignes. En quelques heures, l'ennemi conquiert mille mètres, avançant pas à pas. Pourtant, la résistance des groupes les plus décidés de garibaldiens est efficace, le sort du combat encore incertain au milieu de l'après-midi. Seulement, il faudrait tenir, disposer de renforts. Et, dit Garibaldi avec amertume encore : « Le gouvernement italien, les curés et les mazziniens avaient réussi à semer le découragement dans nos rangs! »

Manière d'avouer que les volontaires sont démoralisés, que les désertions au feu se multiplient, qu'on abandonne des positions sans opposer de résistance, qu'on recule sans raison.

Quand apparaissent, derrière les troupes pontificales de Kanzler, les Français du général de Failly, c'est la débandade, une foule fuyarde qui court sur la route et à travers champs.

« Nous perdîmes la voix à crier, à réprimander », dit Garibaldi.

Il ne raconte pas comment, alors que les chassepots commencent « à faire merveille », il s'avance seul, avec le désir manifeste de mourir là, dans cette bataille perdue et symbolique pour Rome. Car cela aussi scellerait définitivement sa gloire.

Des officiers l'entraînent, il crie encore : « Venez mourir avec moi! Vous avez peur de venir mourir avec moi! »

Mais il laisse ses derniers partisans le conduire hors du champ de bataille, vers la frontière de l'État pontifical.

L'engagement avait été sévère. Les troupes de Kanzler et du général de Failly disposaient de la supériorité numérique et en armement. Le chassepot, même s'il n'était pas aussi efficace qu'on le croyait et qu'on l'a dit, tirait vite et loin. « Les balles sifflaient au milieu de nous, écrit un combattant, comme des forêts de reptiles emportés par un vent fort. Les hommes étaient foudroyés, les talus hachés, les branches des arbres portées au loin. »

Garibaldi paraît désorienté, écrasé par cette défaite. « Le chef avait l'air métamorphosé, raconte l'un de ses officiers. Sombre, la voix éraillée, pâle, le regard fixe et brillant, on ne l'avait jamais vu aussi vieux. » La déroute multiplie sa fatigue, l'échec rend l'âge plus pesant encore.

Les vainqueurs ne le poursuivent pas. Ils laissent Garibaldi chevaucher en tête de ses troupes battues et atteindre, le 4 novembre, les limites de l'État pontifical. On franchit le pont de Corese. C'est l'Italie. Les volontaires jettent leurs armes.

Garibaldi se présente au colonel Carava qui commande les troupes italiennes. Il dit encore : « Colonel, nous avons été battus, mais vous pouvez assurer nos frères de l'armée que l'honneur des armes italiennes est sauf. »

Il joue son rôle de héros valeureux dans le malheur, masquant une fois de plus ses erreurs, les habiletés et timidités de la politique royale. Il abandonne derrière lui cent cinquante morts, deux cents blessés et un millier de prisonniers. Les troupes pontificales n'avaient eu que vingt tués, les Français deux seulement. Comme le télégraphie de Failly à Napoléon III : « Les chassepots ont fait merveille. »

La formule est restée dans l'histoire comme l'exemple même de l'indifférence méprisante avec laquelle des officiers peuvent transcrire la réalité d'un combat. Elle annonce la cruauté dont feront preuve, lirs de la répression de la Commune de Paris, en 1871, ces mêmes hommes. Elle explique pourquoi l'opinion italienne se retourne avec brutalité contre la France. Car *Le Moniteur officiel* publie le texte du télégramme de De Failly à Napoléon III. Il faut faire peur aux ennemis de la France et à ces républicains ou à ces ouvriers qui commencent à relever la tête. N'ont-ils pas, sur les boulevards, à Paris, dans le quartier de Bonne-Nouvelle, manifesté pour affirmer leur solidarité à Garibaldi, dénonçant la politique de Napoléon III ?

Au Corps législatif, les députés de l'Empire se moquent, eux, de ce Garibaldi enfin battu. Quand le ministre d'État Rouher s'écrie : « Eh bien, nous le déclarons au nom du gouvernement français, l'Italien ne s'emparera pas de Rome, jamais », ils reprennent en chœur ce *jamais*, et un témoin de la séance note : « Ils ont eu un beau, un complet triomphe, il fallait entendre les cris et les trépignements de cette ménagerie quand Rouher a dit que Garibaldi était un lâche. »

S'il est un mot qui ne lui convient pas, c'est celui-là. Il s'est battu, bien, malgré la maladie. Il est perclus de rhumatismes et de fatiue. Il a pris le train pour Florence. Crispi, qui l'accompagne, l'a assuré qu'il n'y a pas de risque d'arrestation. Gari-

baldi, tout au long du voyage, se tait, sombre, rageur. Il remâche sa défaite, murmure contre ce peuple qu'on a tenu
courbé, contre cette « société italienne tellement corrompue par
les curés et leurs amis ». Puis il somnole. A la gare de Figline
Val d'Arno, un officier de carabinier se présente à lui dans la
salle d'attente et, une fois de plus, le décrète en état d'arrestation. Garibaldi proteste, fait état de sa qualité de député. Il n'a
pas été pris en flagrant délit. Il refuse de suivre l'officier mais,
en même temps, interdit à ses camarades de prendre sa défense.
Les carabiniers devront le saisir, le porter à bras le corps dans
un wagon.

Le train fortement gardé se dirige alors vers le fort de Varignano, à La Spezia, que Garibaldi connaît bien pour y avoir
été déjà enfermé.

C'est la répétition. Les mêmes protestations des députés de
gauche, de l'opinion qui manifeste, la même hésitation du pouvoir royal. Et la même libération, le 25 novembre 1867, après
trois semaines de détention. Garibaldi a promis qu'il ne quitte-
rait plus Caprera.

Ceux qui le voient partir, s'embarquer, mesurent son vieillissement. Il marche difficilement, comme si la blessure d'Aspromonte s'était rouverte. Il est allé jusqu'au bout de sa tentative.
Il sait maintenant qu'il ne rentrera pas dans Rome en général
victorieux. Que l'échec était au terme de l'aventure. Il sent que
la courbe de sa vie s'est décidément incurvée.

D'Italie, bien sûr, viennent des signes d'affection. Mais aussi
de sinistres nouvelles. A Rome, deux des patriotes qui s'étaient
insurgés sont exécutés. Il sait qu'en France, les Républicains
ont ciré « Vive l'Italie » et « Vive Garibaldi » et qu'ils ont
payé de l'arrestation cette manifestation de solidarité. Il
connaît l'obstination de Hugo qui répète que « le cadavre est
à terre et l'idée est debout ». Et le touchent ces vers affectueux
du poète :

> *« Viens, assieds-toi chez ceux qui n'ont plus de foyer.*
> *Viens, toi qu'on n'a pu vaincre et qu'on n'a pu ployer !*
> *Nous chercherons quel est le nom de l'espérance ;*
> *Nous dirons : « Italie ! et tu répondras : France !*

Et nous regarderons, car le soir fait rêver,
En attendant les droits, les astres se lever... »

Mais, malgré ces témoignages qui consolent, la déception
est là, jour après jour, et l'isolement malgré la présence de
Francesca Armosino et de la petite Clelia, peut-être la seule
lueur en ces semaines de l'hiver 1867.

Garibaldi sait bien qu'en Italie, malgré la solidarité des
patriotes, la vie continue, emportant la plupart dans un mouvement d'indifférence. On a manifesté contre les Français :
« Mentana a tué Magenta », a-t-on lancé. Et Victor-Emmanuel.
Il a confié que « les chassepots ont percé mon cœur de père et
de Roi. Il me semble que les balles me déchirent la poitrine.
C'est une des plus grandes douleurs que j'aie éprouvée dans ma
vie ».

Mais, après cela, on cherche à négocier avec Pie IX. Et,
dans les villes, la bourgeoisie, satisfaite de l'ordre des choses,
se distrait. Un volontaire de Garibaldi, arrivant, quelques
heures à peine après Mentana, dans une ville italienne, est
entraîné par deux amis à l'Opéra :

« Je finissais, dit-il, mon odyssée avec un brin de bonne
musique. La vie est pleine de tels contrastes, et moi je voyais
tant de gens joyeux aux balcons, avec leurs gants gris perle et
leur poitrine de porcelaine. Rien de neuf, rien de sérieux ne
s'était passé en Italie. »

A Caprera, s'embourbant dans le marécage de la vie quotidienne, vieillissant, Garibaldi entend cette musique joyeuse qui
rend presque dérisoire sa tentative.

Il se cabre comme un homme âgé dont l'expérience est celle
de la guerre et de l'exceptionnel, de l'aventure et du risque, et
qui sent venir d'autres générations, cependant que le temps le
pousse hors de la vie, sur les marges, dans le souvenir. Amer,
violent, il ne peut s'empêcher de protester. « Je crie à la
méchanceté humaine », lance-t-il.

Plus qu'une dénonciation, c'est, en cette fin d'année 1867, un
aveu.

« *Je viens donner à la France ce qui reste de moi* »

(1868-1871)

Plus de soixante ans. La vieillesse. La vie qui rétrécit, se réduit à quelques pas autour de la maison, appuyé à une canne ou même, quand la crise de rhumatisme est trop forte, à des béquilles. Parfois, le jour qui commence est comme une oasis, léger, la paralysie et la douleur se sont estompées. Soixante ans ? Allons donc ! Clelia, la petite fille, s'approche avec sa mère Francesca qui, bientôt — en 1869 — donnera naissance à une seconde fille, Rosa.

Garibaldi, ces jours-là, ces jours d'illusion, remonte à cheval, parcourt son domaine, parle aux uns et aux autres avec vivacité, chantonne. La vieillesse s'oublie si vite. Puis le mirage de la santé et de la vigueur recouvrées se dissipe à l'aube suivante. A peine si l'on peut bouger, chaque geste coûte, le corps pèse comme s'il était étranger à soi, hostile. Garibaldi reste au lit, écrit sur une petite table ; c'est difficile de tracer les mots quand les doigts sont gourds, déformés eux aussi par les rhumatismes.

Francesca vient, soutient *il generale*, l'aide à marcher jusqu'à ce baquet de bois rempli d'eau qui repose sur un fourneau. Garibaldi y entre malaisément. Francesca Armosino pose un couvercle, alimente le foyer. Le visage de Garibaldi se détend alors. L'eau très chaude l'apaise. Puis il se fera asperger d'eau glacée. Il croit à ce traitement brutal. Il s'habille avec l'aide de Francesca, sort sur le seuil de la maison, regarde, au-delà des arbres, la mer. Il peut rester ainsi quelques minutes, adossé à la façade blanche que le soleil a chauffée, puis, enveloppé dans son poncho, il traverse l'aire, revient s'asseoir à table pour le repas, toujours frugal, que l'avarice de cette paysanne de Francesca, jointe à celle, récente, de Garibaldi, a réduit à quelques plats composés avec les légumes du potager. Francesca a même, dit-on, supprimé les serviettes et la nappe. A quoi bon? Des pages de journaux suffiront. D'ailleurs, les grandes tablées amicales ne sont plus qu'un souvenir. Seule la famille de Francesca, installée dans l'île, assiste au repas. Les autres, les amis des époques glorieuses, se sont éloignés, chassés par la tenace piémontaise qui veille sur son général.

Dans cette atmosphère, Garibaldi ne peut que remâcher ses obsessions et ses rancœurs. Pas un de ses écrits, de ses propos où il ne fustige les prêtres, cette « écume de l'enfer », où il ne condamne le Pape, ce despote insensible dont le gouvernement vient de décréter l'exécution de deux patriotes. Et Garibaldi a voulu faire publier un appel menaçant dans les journaux, annonçant que si la sentence était exécutée, deux prêtres seraient tués dans chaque ville italienne. Mais, prudemment, le gouvernement italien fait saisir le message. La menace reste donc lettre morte, bien que les deux hommes paient de leur vie leur participation à la tentative de révolution à Rome.

Garibaldi s'en prend aussi à ses anciens camarades dont il dénonce l'ingratitude, à Mazzini bien sûr, le théoricien « irresponsable ». Car Garibaldi se sent méconnu, calomnié par ceux-là mêmes qui eussent dû le soutenir. Certains articles de journaux ne commencent-ils pas à mettre en cause ses choix de 1860, l'accusant de ne pas avoir osé prendre le risque de « marcher sur Rome ou de proclamer la révolution » ? Garibaldi qui, dans cette période de vide, entame la version définitive de ses *Mémoires*, s'étonne : « Ce que je n'arrive pas à m'expliquer exactement, note-t-il, c'est l'accueil hostile que m'ont fait ces hommes qui peuvent à juste titre se dire les phares de la période moderne du Risorgimento national et qui ont bien mérité de la patrie : comme Mazzini, Manin, Guerrazzi et certains de leurs amis. »

En fait, Garibaldi souffre de son isolement, de la douloureuse sensation que provoque toujours la mise à l'écart de l'actualité quand on a été créateur d'événements, placé au centre
des rumeurs. Il ne comprend pas non plus qu'on le critique ou
le conteste. Il a une totale bonne conscience. N'a-t-il pas, à
chaque fois que l'occasion lui en était donnée, tout jeté dans la
bataille nationale, sa vie, celle de ses proches, n'a-t-il pas tout
risqué, faisant corps avec le destin de la patrie, engageant sa
femme dans la lutte, entraînant ses enfants à ses côtés sur la
ligne du front ? Et on ose le remettre en cause ? Il se sait limpide. Il devrait être intouchable.

Cette image positive qu'il a de lui — et c'est vrai qu'il a toujours été réellement désintéressé, généreux — se dévoile presque
malgré lui dans les romans qu'il commence à écrire. Car,
durant ces mois ternes, alors que s'éloigne la vie active et que
monte le brouillard de l'ennui et de la répétition quotidienne
des actes sans gloire, il a décidé d'écrire. Est-ce l'exemple
d'Alexandre Dumas ? Il est persuadé que les romans qu'il
publiera lui rapporteront de l'argent. Et il écrit dans ce but,
espérant le succès financier, car ses ressources se tarissent et il
ne veut ni vivre des dons de ses admirateurs, ni solliciter une
« pension » du gouvernement.

Mais ce choix du roman comme moyen de faire fortune est
aussi significatif du désir de gloire qui a animé Garibaldi toute
sa vie durant et qui continue de brûler en lui. Se raconter, au
travers d'une fiction qui ne sera qu'un moyen d'exprimer ce que
l'on a vécu, ce que l'on pense, se montrer et, grâce à cela, obtenir de l'argent, se donner les moyens de vivre, quelle preuve
plus claire, encore, du narcissisme de Garibaldi ?

Écrire est une nouvelle manière, pour lui, de se faire « élire »,
« aimer ». Et, naturellement, de combattre. Son premier roman
ne s'appelle-t-il pas *Clelia ou le gouvernement des prêtres* ?

Clelia, rocambolesque, mélodramatique, anticlérical, est à
la fois l'expression des passions de Garibaldi et de ses rêves
comme des modes littéraires du temps.

Une jeune femme, Clelia, fille d'un sculpteur, est victime de la passion d'un cardinal libidineux, Procopolo, qui règne sur un véritable harem. Quand elle réussit à échapper à ce prélat criminel, elle se réfugie dans une île où règne un homme sage, bon et courageux, « le solitaire ». Il a organisé le culte simple et vrai de Dieu, il exerce le gouvernement à la manière d'un dictateur éclairé, pour le bien de tous.

Qui ne reconnaîtrait Garibaldi dans ce portrait idéalisé d'un souverain temporaire, guidé par le souci du bien ? D'un juge qui a combattu en faveur des peuples opprimés avant de se retirer sur cette île ?

Plus tard, il écrira un second roman, *Cantoni le Volontaire*, qui lui permettra de narrer la défense de la république romaine en 1849.

Ces romans maladroits, écrits pour le succès, n'en obtinrent guère, malgré la notoriété de Garibaldi. Les situations évoquées étaient excessives, les personnages souvent caricaturaux et innombrables, le style avait la sincérité naïve du romancier amateur qui croit atteindre à la vérité parce qu'il souligne ses sentiments et ponctue ses jugements et ses portraits de points d'exclamation, ou bien insiste pour marquer son indignation.

Ces textes étaient-ils plus mauvais que certains romans populaires du temps ? Ils durent surtout surprendre le public qui n'imaginait pas Garibaldi écrivain. La foule n'aime pas que ses héros changent de genre. Garibaldi était un général, non un faiseur de livres. On ne les acheta pas, et Garibaldi eut d'ailleurs de la peine à trouver un éditeur.

Il avait confié ses manuscrits à Esperanza von Schwartz, qui s'était empressée de se rendre à Caprera pour obtenir ces feuillets dont elle imaginait qu'ils exprimeraient toute la singularité du personnage. Elle fut amèrement déçue, osa dire au général que ses livres étaient médiocres. Il répondit qu'il ne s'agissait que d'œuvres mercenaires destinées à lui assurer des revenus. Sous de tels prétextes, souvent se dissimule l'orgueil d'un écrivain que l'appréciation d'un lecteur a déçu.

Garibaldi était trop fier pour avouer qu'il était vexé de son insuccès, mais comment ne pas sentir sa déception quand il déclare : « Si l'on apprécie mes œuvres littéraires de cette manière, je les conserverai avec mes autres écrits ; je les léguerai à mes enfants et l'on découvrira leur valeur après ma mort. »

La tentative d'évasion que représentait l'écriture romanesque, le désir qu'elle manifestait de séduire et de convaincre, s'étaient donc soldés par un échec. Il fallait rester dans l'île et compter les années : soixante ans, soixante et un, soixante-deux, soixante-trois, soixante-quatre déjà en 1870.

Tous ces jours, Garibaldi les a entassés dans l'île, enfermés dans ses maladies, ses habitudes, cette nouvelle famille que lui donnait Francesca Armosino. Plus d'échanges intellectuels, de fascination pour de jeunes femmes élégantes et vives, mais la présence utile d'une paysanne dévouée, mère déjà de deux enfants de son « général ».

Esperanza von Schwartz a fait une courte visite, le visage entouré de ses voiles de femme à la mode, la silhouette enveloppée du souvenir des passions passées. Elle a insisté pour obtenir la charge d'Anita, la fille de la Niçoise Battistina Ravello, démontrant à Garibaldi qu'il ne peut abandonner son enfant à cette femme inculte et grossière. Il fallait, à une Garibaldi, une autre éducation.

Garibaldi cède, ainsi que Battistina, et l'on embarque de force cette petite fille qui se débat afin de la conduire en Suisse, chez l'une de ces institutrices pour jeunes filles du meilleur monde. Elle en reviendra plus tard transformée, et Garibaldi ne reconnaîtra plus, dans cette enfant maniérée, la fillette sauvage qui avait appris à marcher pieds nus à Caprera.

Déception à nouveau, comme si, à partir d'un certain seuil de la vie, chaque événement ne provoquait plus que des conséquences négatives, quel qu'il fût, quelles que fussent les intentions qui l'avaient fait naître.

Ainsi était la vieillesse insulaire de Garibaldi autour de la soixantaine, alors qu'aux dires de tous les témoins, l'âge creusait en lui à coups redoublés.

A d'autres moments de sa vie, alors qu'il était plus jeune, il

est vrai, mais qu'il connaissait le même isolement, l'Histoire lui
avait brusquement offert une issue, le poussant à nouveau dans
la mêlée, ouvrant sa vie à l'action, aux autres, lui redonnant
sens. Mais il semblait bien, de 1867 à 1870, qu'il n'y avait plus
aucune place sur l'échiquier politique pour ce « fou », ou plutôt
ce « cavalier » que pouvait être dans une partie Garibaldi, sau-
tant d'un lieu à l'autre, bousculant les règles.

La politique, en Italie, était aux mains du Roi. Elle s'em-
bourbait dans les problèmes de l'équilibre budgétaire : le déficit
atteignait plus de 60 %. On fraudait sur l'impôt. Les plus
humbles étaient les plus écrasés, n'échappant que difficilement
aux saisies et aux arrestations. On créa, pour augmenter les
recettes, un impôt sur la moûture du grain *(il macinato)*,
impopulaire, aggravant encore le sort des paysans, mais les
protestations furent étouffées. Au même moment, des scan-
dales se multipliaient, révélant la corruption de certains secteurs de l'Etat, comme si, en s'étendant à l'ensemble de l'Italie,
l'administration piémontaise avait perdu la rigueur qui avait
été sa marque, se laissant peu à peu contaminer par les mœurs
des petites cours d'Italie ou du royaume des Deux-Siciles.

Etait-ce donc pour le cours forcé des billets, pour la levée
d'un impôt ou pour la cession de la Régie des Tabacs que
Garibaldi s'était battu ? Le nouvel Etat italien, répétait-il, était
peuplé de « pillards », de « rapaces » qui se nourrissaient du
« sang du peuple ». Mais que faire ? Garibaldi n'était pas
homme, on l'a dit, à animer réellement une opposition politique adaptée aux circonstances.

Son territoire reste celui de la lutte nationale, pour l'unité.
Mais que peut-il ? Pie IX, fort de la protection française, règne
à Rome avec une autorité accrue. Le 8 décembre 1869 s'ouvre
au Vatican un Concile œcuménique dont le but — outre la
condamnation renouvelée du libéralisme et l'affirmation de la
nécessité du pouvoir temporel du pontife — est la proclamation
de l'infaillibilité pontificale. Garibaldi a beau dénoncer, depuis
Caprera, cette folie de pouvoir absolu qui sert le Pape, sa voix
se perd.

Pourtant, ce raidissement pontifical crée avec les catholiques français — et donc avec le gouvernement impérial — un climat de tension. Paris ne peut plus guère maintenir ses troupes à Rome chez un Pape dont l'infaillibilité provoque des protestations en France. Mais cela prendra sans doute du temps, et la conquête de Rome par l'Italie empruntera ces voies « tortueuses » de la diplomatie auxquelles Garibaldi a toujours été étranger.

Le dogme de l'infaillibilité pontificale est voté le 18 juillet 1870. Qui pouvait prévoir que, le lendemain même, ce 19 juillet, la France déclarerait la guerre à la Prusse, tombant dans le piège tendu par Bismarck à Napoléon III ?

De son île, Garibaldi suit avec passion le conflit.

Il admire les Prussiens, il aime les Français, mais déteste Napoléon III, traître à son serment. Les événements se produisent à un tel rythme, ils bouleversent tant de prévisions qu'un homme comme Garibaldi ne peut guère intervenir. Il est isolé. Le Roi et le gouvernement mènent leur politique tambour battant.

Dès que le corps expéditionnaire français est rappelé de Rome pour se battre sur le Rhin, surtout quand, après la défaite de Sedan, la République est proclamée à Paris le 4 septembre, plus rien ne s'oppose en effet à l'entrée des Italiens dans Rome. Napoléon III n'est plus qu'un souverain déchu et prisonnier.

Le pape refuse à Victor-Emmanuel II toute solution de compromis. Il s'opposera, affirme-t-il, à l'entrée des troupes du général Cadorna. Un bref combat a lieu le 20 septembre 1870. Une brèche est faite par l'artillerie italienne dans le mur de Porta Pia. Le drapeau blanc est hissé sur la coupole de Saint-Pierre. Rome tombe enfin dans le royaume italien.

Le 2 octobre, un plébiscite confirmera par cent trente-trois mille six cent quatre-vingt-une voix (mille cinq cent sept non sur cent soixante-sept mille cinq cent quarante-huit inscrits) que les Romains veulent être rattachés à l'Italie.

Tout cela sans la participation de Garibaldi.

Lui qui a combattu sous les murs de Rome, lui dont l'épouse Anita est morte de ces combats, n'est nullement associé à cette victoire, peu glorieuse il est vrai. Il y eut quand même quarante-neuf morts du côté italien, et dix-neuf du côté pontifical, pour que le sang versé donne à cette parodie de combat une réalité nécessaire : au Pontife pour marquer qu'il est désormais prisonnier dans Rome, au Roi pour affirmer qu'il a conquis sa capitale.

Cette dérisoire mise en scène, Garibaldi ne peut que la condamner avec amertume. Ni lui, ni Mazzini n'entrèrent dans cette Rome italienne que, peut-être maladroitement, ils avaient voulu arracher au pouvoir pontifical.

Mazzini est même arrêté quelques jours et assigné à résidence à Florence. Quant à Garibaldi, la flotte italienne fait le blocus de Caprera. Surveillance bien inutile : il ne désire rien tenter pour gagner Rome.

Dans quel but aurait-il rejoint la nouvelle capitale ? Il n'avait pas réussi, comme il l'avait espéré, à en forcer les murs. A supposer qu'on eût admis sa présence, qu'eût-il été faire dans les fourgons de Victor-Emmanuel II ?

Mais la manière dont Rome tombe, dont Garibaldi est écarté de cette ultime étape de l'unité italienne, prouvent qu'il n'est plus en Italie un facteur d'histoire. La monarchie n'a même plus besoin de l'associer à son action.

Qu'il reste dans son île comme un personnage de musée.

Mais il n'est pas pour tous cet homme fini, relégué aux tâches domestiques, à la nostalgie et à la rancœur.

Sa notoriété demeure vive au cœur de l'opinion européenne, d'abord républicaine. Il est un symbole et sa légende est si puissante qu'on lui attribue des pouvoirs qu'il n'a pas, ou plus. On l'imagine comme un chef de guerre capable d'inverser les situations les plus difficiles. Le « peuple », quand il cherche à opposer aux hommes en place — aux hommes d'hier — en qui il n'a plus confiance, un « chef » vertueux et compétent, ne peut

penser qu'à lui. Il est, dans l'esprit populaire, l'antithèse des
Rois, des Empereurs et de leurs généraux. Une sorte d' « anti-
Napoléon », avec tout ce que ce rôle qu'on lui prête et qu'il
joue suppose de similitudes dans les sentiments du peuple,
d'illusions sur la fonction, le poids d'une personnalité exceptionnelle.

Aussi, quand en France, après la chute de l'Empire, les
Républicains, créant ici et là des Comités de Salut Public, décident d'animer la « Défense Nationale » contre les Prussiens, de
prendre en charge le « salut de la Patrie », que la guerre change
ainsi de caractère, ils se tournent tout naturellement vers le
héros, le sauveur : Garibaldi.

N'a-t-on pas manifesté pour lui sur les grands boulevards,
en 1867, au moment de Mentana ? N'est-il pas le seul « républicain » européen couronné par la gloire militaire ? Le seul
« général » en qui on puisse avoir confiance ? Et n'est-il pas un
peu français, ce Niçois ?

D'anciens compagnons de son expédition des « Mille » —
ainsi Bordone, officier qui fut à ses côtés en Sicile —, des
membres du Comité de Salut Public de Lyon, lui lancent un
appel dès le 15 septembre : que Garibaldi devienne le commandant en chef de toutes les unités qui se constituent et se rassemblent dans la vallée de la Saône et du Rhône, pour barrer la
route du Sud aux troupes prussiennes !

Garibaldi, en fait, a déjà fait des offres de service au gouvernement de la Défense nationale.

Est-ce le désir d'être utile à une République, et par là même
de servir l'Humanité ? C'est la raison qu'il donne et pourquoi
douter de sa bonne foi ? Pourtant, il n'est pas dupe des hésitations de ce « gouvernement provisoire qui a toujours eu honte
de se proclamer républicain ». Mais il y a, derrière les hommes
politiques, le peuple français et une cause républicaine à
défendre.

La chute de Napoléon III est apparue à Garibaldi comme
un signe : son adversaire est tombé. Il faut aider le peuple qu'il
avait trahi.

Il y a du défi dans cette attitude : les Français, soldats de Napoléon III il est vrai, mais Français tout de même, l'ont combattu devant Rome et pourchassé. Il est leur victime. Ils ont abusé de leur force. Moi, Garibaldi, semble dire le général, j'oublie cela, je mets mon épée au service de votre pays qui nous aida à Magenta et à Solferino, avant de se renier. Je rends avec superbe ce qu'on nous a donné.

Hypothèse ? Garibaldi a trop le sens du geste et le goût du panache pour qu'on puisse le rejeter. Là est sûrement l'un des ressorts de sa décision.

L'autre est évident : cet homme vieilli a besoin de croire qu'il peut agir encore, qu'il peut échapper à la morose succession des jours et qu'aux soucis domestiques vont à nouveau se substituer les responsabilités du stratège et les dangers du soldat. Pourquoi les craindrait-il ? Il les recherche, au contraire.

Quel meilleur remède contre le temps qui use, que cette guerre où on l'appelle ? Guerre juste pour un peuple et une république.

Tout pousse donc Garibaldi à s'engager une nouvelle fois. L'Histoire avec lui est bonne fille. « Ce n'est qu'au début d'octobre, écrira-t-il dans ses *Mémoires,* que j'appris que je serais reçu en France, et le général Bordone, auquel je dois d'avoir été accepté, vint me chercher à Caprera avec le vapeur *Ville de Paris,* capitaine Coudray ; et j'arrivai sur le même navire à Marseille, le 7 octobre. »

Plus tard, les adversaires de Garibaldi présenteront l'initiative de Bordone comme l'acte d'un isolé, soucieux de ses propres intérêts, manigançant cette entreprise afin, se servant de Garibaldi, d'en tirer des avantages.

Que « ce général Bordone », combattant de 1859 et de 1860, joue sa propre carte, pourquoi pas ? Il sera le chef d'état-major de Garibaldi. Il est, comme le fut Crispi en 1860, l'un de ces hommes qui tendent la main à Garibaldi pour franchir la passerelle vers l'action.

Intermédiaires, porte-parole, à chaque fois que Garibaldi eut à choisir, ils furent autour de lui à l'influencer, peut-être à le déterminer. Mais ils n'en eussent rien obtenu s'il n'y avait eu, chez lui, la volonté d'agir.

Agir pour vivre. Agir pour la beauté et la grandeur du geste. Agir pour la fidélité aux convictions.

En débarquant à Marseille, difficilement, comme un homme vieux que paralysent les rhumatismes, il dira avec emphase au républicain Esquiros, préfet des Bouches-du-Rhône : « Je viens donner à la France ce qui reste de moi. » Et il ajoute : « La France est une patrie que j'aime, j'étais trop malheureux quand je pensais que les républicains luttaient sans moi... A la fin de ma vie, je suis fier de servir la sainte cause de la République. »

Trouver une issue spectaculaire à la vie qui s'effrite, en finir dans la gloire avec cette vieillesse rongeuse, voilà aussi pourquoi Garibaldi débarque à Marseille en ce mois d'octobre 1870.

Et il prend des risques, car il ne suscite par l'unanimité.

Certes, les républicains socialisants sont enthousiastes. « Garibaldi n'appartient pas à l'Italie, il appartient au monde entier, commente ainsi le proudhonien Morel. Sans rancune contre la France, et malgré sa blessure glorieuse poursuivant toujours son idéal et courant constamment au secours des peuples opprimés, il offre ses services au gouvernement de la Défense nationale. »

Et Michelet dira mieux encore, rassemblant tous les mythes qui portent Garibaldi et en font, pour le peuple, un personnage symbolique : « Je vois un héros en Europe, écrit l'historien, un seul, je n'en connais pas deux ; toute sa vie est une légende. Bien qu'il eût les meilleures raisons d'en vouloir à la France, bien qu'on lui eût pris Nice, bien qu'on eût tiré sur lui à Aspromonte et à Mentana, vous devinez que cet homme a voulu se sacrifier pour la France. Et quelle modestie ! Il a si peu cherché à se mettre en évidence qu'il choisit le poste le plus obscur et le moins digne de lui. »

Cela, le peuple le comprend. L'accueil de Marseille est enthousiaste, les rues sont pavoisées et des milliers de personnes attendent Garibaldi sur les quais du vieux port et le long de La Canebière.

Garibaldi, au contact de cette foule, semble revivre. Esquiros, qui, outre ses fonctions de préfet, est l'auteur, célèbre dans les milieux républicains, d'une *Histoire des Montagnards,* lui donne l'accolade. Des Italiens en délégation annoncent leur intention de s'enrôler. C'est comme si recommençait, sur le sol français, une « expédition des Mille ». L'Histoire, pour Garibaldi, a de nouveau hissé ses drapeaux.

En fait, sous l'apparence, la réalité est plus complexe. La Provence est d'abord la région de France où Garibaldi, niçois, est le plus populaire. Puis l'enthousiasme ne touche qu'une fraction, en fin de compte peu importante, des habitants.

Un témoin hostile notera avec excès que les « rouges seuls crièrent hourra... Cette partie de la population marseillaise qui fournissait un contingent à la garde civique, laissa seule éclater son enthousiasme insensé. Elle força les habitants de la Canebière à pavoiser leurs maisons, de sorte que la ville ressemblait à une jeune vierge qu'un pouvoir tyrannique forcerai à sourire alors qu'elle a la mort dans l'âme ».

Sans accepter totalement ce témoignage, il est sûr que Garibaldi déplaît à toute l'opinion modérée et catholique, celle qui, dans quelques mois, se dressera contre la Commune de Paris. Garibaldi, l'ennemi du Pape, représente pour elle l'antéchrist. Mgr Guilbert, archevêque de Tours, la ville où siège le Gouvernement Provisoire, précise par exemple, le 15 octobre : « En apprenant la prochaine arrivée de Garibaldi à Tours, j'ai dit à Monsieur Crémieux, ministre de l'Intérieur, en présence de ses secrétaires : Je croyais que la divine providence avait comblé la mesure qu'elle imposait à notre pays, je m'étais trompé. »

Cet état d'esprit est celui de la presque totalité des officiers supérieurs — et même, plus généralement, de tous les cadres de l'armée — dont toute la carrière s'est déroulée sous l'Empire et que le jeune et frêle Gouvernement Provisoire n'a pas remplacés. Comment ces hommes — les officiers de Mentana ! —

pourraient-ils accepter d'être placés sous les ordres de cet
« étranger » ?

Apprenant que des Polonais, des Italiens, d'autres exilés
politiques se rassemblent avec l'intention de combattre pour la
République sous les ordres de Garibaldi, le « général rouge », le
même témoin écrit : « Tout ce que le monde renfermait d'aventuriers ne tarda pas à affluer en France qui devint pour eux
comme une nouvelle Californie. Les Français, abattus par l'adversité, redoutant tout conflit politique, toute discussion intes-
tine dans un moment aussi suprême, commirent la faute
inexcusable de laisser se fortifier dans le pays un parti qui,
ayant un homme taré à sa tête, devait se grossir d'éléments
semblables. »

Ce réflexe chauvin joue à plein contre Garibaldi, le « cosmopolite ».

Mais les haines ou les inquiétudes qu'il suscite ne suffisent
pas à dissiper les réticences des patriotes italiens que sa
démarche a surpris. La France, pour eux, est toujours celle de
Mentana, des chassepots. Quel est le sens de cette solidarité
qu'il faudrait lui manifester ?

Bien des commentateurs, en Italie, estiment que l'engagement de Garibaldi aux côtés des Français n'est que la décision
d'un vieillard qui s'ennuie dans son île et qui cherche désespé-
rément un supplément de gloire. Les journaux n'hésitent pas à
présenter cette interprétation, à manifester leur sympathie aux
Prussiens — qui furent des alliés en 1866 et qui donnent une
leçon à cette armée française qui, si longtemps, empêcha
l'Italie d'entrer à Rome.

Les mazziniens sont les plus réservés. Depuis longtemps, ils
portent sur Garibaldi un jugement sévère qu'ils n'ont pas toujours pu exprimer ouvertement. Il leur semble qu'avec cette
dernière initiative, Garibaldi s'est découvert. Ils s'opposent à
l'entreprise et la dénoncent.

En fait, aucun mouvement profond ne secoue l'Italie et le
nombre des volontaires qui rejoindront Garibaldi se réduira à
quelques centaines. Quant à Mazzini, hostile comme ses parti-

sans à l'action de Garibaldi, il écrit aux volontaires une lettre pleine de réserves : « Puisque vous êtes partis, leur dit-il, montrez-vous dignes du nom Italien. Je ne vous donne point de conseils, ne me demandez aucune instruction. La guerre finie, nous discuterons. Si la guerre dure assez pour vous mériter la reconnaissance de la France, je suis certain que Garibaldi se souviendra de Nice et ajoutera une nouvelle page à l'histoire. »

Mazzini pense ainsi à un « pourboire » niçois. Sait-on jamais ? Il raisonne en patriote italien, limitant ses préoccupations aux frontières de son pays. Garibaldi, au contraire, n'évoque jamais la question de Nice.

Il est venu combattre pour la République et le peuple français. Point besoin que l'on payât ses services. Il donne sans calcul, avec sa générosité naïve, si éloignée des stratégies de la politique et de la diplomatie.

Mais il n'est pas dupe des politiciens, même s'il accepte, avec peut-être un trop grand esprit de discipline, leur décision.

Après avoir séjourné quelques heures à Marseille, il arrive à Tours et il sent, sinon l'hostilité, du moins la gêne des milieux officiels. Le gouvernement avait d'ailleurs — en la personne de Jules Favre — insisté auprès des représentants de la France en Italie pour qu'ils « fassent en sorte que Garibaldi et ses garibaldiens demeurent en Italie. Nous vous en prions instamment », avaient-ils insisté.

Maintenant il est trop tard : Garibaldi est à Tours. Personne ne l'a accueilli à la gare. On le loge rue Traversière, à l'écart, dans une maison sans confort où le rhumatisant qu'il est souffre de l'humidité et du froid. Les officiers, même les mieux disposés, murmurent. Aucun n'accepte d'être sous ses ordres. Quant à collaborer avec lui ! « Il aurait mieux valu pour la France que le héros italien fût resté sur son rocher de Caprera », murmure-t-on.

Garibaldi est intuitif et les signes de la mauvaise volonté qu'on lui oppose sont manifestes. « Le gouvernement de Défense nationale, dit-il, m'accueillit parce que les événements l'y contraignaient, mais avec froid, avec le but explicite, tel que je l'avais connu en Italie, de se servir de mon pauvre nom et rien de plus, en me privant des moyens nécessaires pour que ma collaboration soit utile. »

On le laisse « à l'abandon », précise-t-il, et l'arrivée de Gambetta qui, en ballon, a franchi les lignes prussiennes, si elle secoue la machine gouvernementale, ne la transforme pas. Les mêmes hommes — ceux de l'Empire — sont aux commandes de l'armée. « Je fus sur le point de rentrer chez moi », conclut Garibaldi qui a le sentiment de perdre un temps précieux.

Il rencontre Gambetta. Les deux hommes devraient sympathiser, mais l'homme d'État français, sous ses dehors volontaires, est un hésitant. A la fin, cependant, parce que Bordone intervient avec insistance, que l'opinion publique attend une décision, on charge Garibaldi d'organiser les quelques centaines de volontaires italiens qui se trouvent à Chambéry et à Marseille. Leur rassemblement, ainsi que celui de tous les étrangers qui veulent combattre pour la France, doit avoir lieu à Dôle.

C'est là que Garibaldi se rend. Il doit réunir toutes ces nationalités et former avec elles le noyau de la future armée des Vosges.

Octobre-novembre 1870 : il pleut, il fait froid dans ces paysages du Doubs et de la Haute-Marne, entre Dôle et Besançon, puis, plus à l'ouest, vers Autun, Châtillon-sur-Seine et Dijon, ce polygone de hauts plateaux et de vallées où Garibaldi, « commandant des compagnies franches et d'une brigade de la garde mobile », fera la guerre.

On l'a affecté « dans les Vosges », mais la poussée prussienne est telle qu'il se battra sur la Saône et en Bourgogne.

Les hommes dont il dispose sont mal armés, peu équipés. Ils n'ont pas d'artillerie, alors qu'ils sont opposés à des troupes aguerries que la victoire galvanise. Ils sont au maximum cinq mille véritables combattants, commandés par le Polonais Basok, le Français Delpech et les propres fils de Garibaldi, Menotti et Ricciotti. La guerre est toujours pour lui une affaire de famille. On compte parmi ces hommes des Espagnols et des Grecs, des Polonais et des Français bien sûr, l'ensemble constituant une petite armée cosmopolite à laquelle, dès son arrivée à Dôle, Garibaldi donne pour instruction de conduire une guerre d'escarmouches et d'embuscades, une guerre où la mobilité l'emporterait, suppléant la faible puissance de feu.

Garibaldi reprend ainsi ses méthodes de guerre et dresse — comme il l'avait fait en Italie — un plan d'action de guérilla, adapté à ses forces et au terrain.

Dans une proclamation à ses troupes, le 14 octobre 1870, il condamne l'envahisseur et l'ennemi de la République et ajoute : « La Prusse sait qu'elle doit maintenant compter avec la nation armée. »

Dans la vallée de la Saône, cette percée naturelle qui, entre Bourgogne et Jura, conduit à Lyon, les Prussiens sont prêts. Ils ont plus de quarante mille hommes commandés par le général Werder.

En face, Garibaldi ne peut aligner que des unités disparates dont les noms seuls disent la diversité, pour ne pas dire l'hétérogénéité. Le Gouvernement provisoire semble avoir, dans un souci d'ordre public plus que par préoccupation stratégique, rassemblé dans ce secteur, éloigné de Paris et de Tours, les corps qu'il sait indisciplinés.

A Garibaldi et à ses fils, à Bordone, son chef d'état-major, de mener aux combats « les Francs-tireurs du Rhône », ceux de l'Atlas et d'Oran, les Éclaireurs Polonais, les Ours Nantais, les « Francs-tireurs de la mort », une « Compagnie franco-espagnole », les « Enfants perdus de Paris », le « Bataillon de l'Égalité de Marseille », La « Guérilla française d'Orient ».

Comment imposer à ces soldats le plus souvent improvisés une discipline et des actions communes ? Ils ne se sont jamais rencontrés avant de se trouver côte à côte sur la ligne de feu. Parfois ils combattront efficacement, mais pourront aussi se disperser.

Pillards ? Paillards ? Certains le sont. Mais on les calomnie. Ils sont, aux yeux de l'état-major, une sorte d'abcès qu'on tolère, mais qu'on méprise et dont on se méfie. Freycinet, ministre de la Guerre, se heurte, dès qu'il veut nommer des officiers auprès de cette « armée », à des dérobades. Le 15 décembre, il écrira à Gambetta : « La plupart des mobilisés auxquels je m'adresse refusent absolument d'aller auprès du général. »

Certains officiers, comme le général Michel, chargé pourtant de la défense de Besançon, vont plus loin encore. Michel télégraphie à Tours pour rendre compte de sa visite à Garibaldi et précise : « Je vous serais bien reconnaissant de ne pas trop écouter ses demandes de renforts, car sa situation ne comporte pas l'emploi de forces considérables. Il ne peut attaquer sérieusement personne et, s'il avait quelque chose à craindre, il serait forcé ou de se replier très loin, ou de s'appuyer sur moi. »

Garibaldi est conscient de ces réserves des milieux gouvernementaux et militaires.

Il n'obtient ni les armes ni les équipements dont il a besoin. Comme fusils, il n'a reçu que « les habituels bouts de ferraille » qui lui rappellent les armes qu'on lui distribuait en Italie. Quant aux soldats, ce sont des « novices » qui doivent faire face à la « détermination impassible des fiers vainqueurs de Sedan ». La formule qu'emploie Garibaldi montre bien l'estime dans laquelle il tient les Prussiens. Il sait que s'il veut pouvoir s'opposer à cette armée victorieuse, il lui faudra payer de sa personne, être avec ses soldats en première ligne. Il se fait fort de les guider, de les reprendre en main quand ils céderont à la panique. Il se sent le bouvier — le « gaucho » — de ce troupeau indiscipliné.

Lui qui, si souvent, a fait avec sensibilité — presque de la sensiblerie — l'éloge de ses hommes, le voici cynique, ou simplement réaliste, pour dire :

« Dans certains cas, il convient d'agir avec l'animal humain comme avec le bovin. Il s'échappe ? Laissez-le partir courir à sa guise, gare à vous si vous commettez l'imprudence de traverser la route. Il vous renversera comme il m'est arrivé en 1849... Il s'échappe ? Laissez-le partir, s'enfuir et contentez-vous de rester à côté de lui ou derrière ; il trouvera un obstacle, ne vous en mêlez pas ; il sera arrêté par un fleuve, une montagne, par la faim, la soif, ou une nouvelle peur, plus proche ou

plus grande que celle qui l'a fait fuir. Alors c'est le moment :
regroupez comme vous pouvez les animaux humains, faites en
sorte qu'ils aient de quoi manger, boire et se reposer ; et, quand
ils seront rassasiés, reposés et qu'ils auront repris courage, ils
se souviendront d'une fuite honteuse, d'avoir manqué à leur
devoir, et ils se souviendront de la gloire ! A l'exception de la
gloire, à laquelle je crois que les bœufs ne pensent pas, heureusement pour nous, il arrive la même chose chez les animaux. »

Garibaldi est un meneur d'hommes et il le montrera une fois
encore dans cette campagne de 1870. Mais tout est devenu plus
difficile. L'ennemi est redoutable, plein de compétence et
d'élan. Le patriotisme français s'émiette en hésitations des
chefs ; quant aux citoyens venus se battre là, ils sont suspects,
mal encadrés.

Et Garibaldi lui-même n'est plus qu'un vieillard malade, qui
se traîne en voiture sous les pluies d'automne d'un bout à
l'autre du front.

Il ne dissimule pas son état de santé. Comment le pourrait-il
d'ailleurs, alors que, certains matins, il ne peut se lever seul ?
On est alors contraint de le porter jusqu'à sa voiture après
l'avoir aidé à s'habiller. Il fait preuve d'un véritable stoïcisme,
ne se plaignant jamais. Mais son silence et l'expression de son
visage, tendu par la douleur, révèlent sa souffrance.

Quand il parle de lui, évoquant cette période, il dit : « Alors
que j'étais infirme », ou bien : « Pour un invalide comme moi,
faire le tour des avant-postes était une entreprise ardue ». Il
faut emprunter sous la neige ou la pluie les petites routes
glacées, monter sur les plateaux que balaie le vent du Nord-
Est, s'enfoncer dans les vallées où s'accroche le brouillard
givrant. Il faut, quand la voiture ne peut plus avancer, se faire
porter jusqu'aux tireurs embusqués à quelques centaines de
mètres à peine de l'ennemi.

Garibaldi fait montre, comme à son habitude, d'un courage
exemplaire. Commander, on le sait, consiste toujours pour lui
à donner l'exemple. « Il n'y a rien d'autre à faire, précise-t-il.

Comment rester chez soi avec des gens épuisés et un ennemi aussi entreprenant et dangereux ? »

Il affronte donc sa douleur et les intempéries qui l'aggravent. Mais il lui faut un courage et une volonté hors du commun.

Un témoin, le lieutenant Cesare Aroldi, de Mantoue, qui côtoie à chaque instant Garibaldi, décrit le calvaire que le général endure :

« J'accompagne tous les jours le général en voiture dans son tour d'inspection et de reconnaissance, racontera-t-il dans ses *Note e ricordi* relatifs à la période 1861-1882. Le général est très tourmenté par ses rhumatismes ; il fait vraiment pitié. On l'apporte à la voiture dans les bras ; et, bien qu'il ne prononce pas une plainte, on voit qu'il souffre terriblement. Adamo Ferraris, notre médecin-major, l'assiste avec une passion filiale ; tous les matins, il l'enveloppe dans des draps trempés d'eau glacée, puis, au bout d'un quart d'heure, il le remet au lit. La réaction fait tellement transpirer le général qu'ensuite il se sent soulagé. A sept ou huit heures, quand on n'y voit pas encore, il se lève, et avec des béquilles, ou en s'appuyant sur sa canne, il fait quelques pas dans sa chambre et vient parfois jusque dans l'antichambre. S'il n'est pas poursuivi par ses douleurs, il échange quelques mots avec l'officier de service après l'habituel bonjour ; mais s'il tousse ou s'il chantonne, il vaut mieux ne pas lui parler. »

Le froid, très rigoureux en cette année 1870, accable Garibaldi. Il se laisser aller quelquefois à une phrase où percent le désespoir, l'humiliation d'être obligé de reconnaître qu'il n'est qu'un « infirme », un « invalide », et de conclure : « Mon épée n'est plus qu'un bâton. »

Les témoins malveillants ne manquent pas d'exploiter cette situation. Que peut faire un général ainsi handicapé alors que le commandement impose encore de chevaucher avec les troupes ? Peut-on accorder sa confiance à un chef qui se rend au combat dans une voiture de maraîcher et dont le quartier général ressemble à une chambre d'hôpital ?

« Regardez-moi le vieux Garibaldi, écrit l'un de ces témoins, il dort sur ce petit lit de camp qu'il a apporté avec lui de

Caprera. Ce domestique, qui vient de s'endormir sur une chaise avec un flacon d'eau-de-vie camphrée à la main, est chargé de frictionner toutes les heures le corps délabré de ce vieux lion, qui est venu offrir à la république française ses puissantes griffes. Il dort, son sommeil paraît agité ; peut-être rêve-t-il à tout ce qui se fait autour de lui en son nom, au nom du galant homme par excellence. L'homme que vous voyez assis devant cette table, dans la chambre voisine, beaucoup plus somptueusement meublée, c'est le chef d'état-major Bordone. Il parcourt en ce moment une liste d'arrestations. »

Car il s'agit aussi de faire croire que cette armée d'étrangers, commandée par un général paralysé, sème le désordre, persécute les « bons officiers français », faisant renaître les méthodes de la terreur révolutionnaire. Et que le général vieilli n'est qu'une potiche que manipulent au mieux de leurs intérêts des hommes corrompus comme Bordone.

La conclusion dès lors s'impose : il faut retirer à Garibaldi son commandement. Et certains font pression sur le gouvernement de Tours pour qu'il prenne cette décision. L'ingénieur Gauckler écrit ainsi à Gambetta, dont il a la confiance : « Garibaldi a eu une attaque de rhumatismes goutteux qui a mis sa vie en danger ; il ne peut plus marcher, ses facultés semblent affaissées, son initiative disparue... Les Français voudraient combattre et sont humiliés d'avoir des chefs italiens, incapables et sans probité... Le mieux serait que Garibaldi renonçât à une partie que son état le rend incapable de jouer... »

Mais Garibaldi n'est pas homme à renoncer.

Au contraire, il trouve même, dans cette maladie qu'il doit surmonter, une source d'exaltation supplémentaire. Le combat qu'il mène, en lui, contre la douleur, est une preuve du caractère exceptionnel de sa vie.

Un héros aime à aller jusqu'au bout de ses forces, à dépasser les limites de la résistance. Paralysé, rongé par cette souffrance aiguë qui s'insinue dans chacune de ses articulations, Garibaldi en tire un plaisir désespéré. Le supplice le grandit. Sous la neige, dans le vent froid, alors qu'il roule vers les avant-postes, il sait — la douleur en est témoignage — qu'il est grand, unique, exemplaire.

Et il se bat bien, utilisant au mieux les défauts et les qualités de ses hommes, les mettant en œuvre dans une guerre de francs-tireurs, la seule qu'ils peuvent d'ailleurs conduire compte tenu de leur faible nombre et de la mauvaise qualité de leur armement.

Garibaldi a choisi d'installer à Autun son quartier général. D'abord ce ne sont qu'escarmouches, puis, le 14 novembre, il confie à son fils Ricciotti, âgé seulement de vingt-trois ans, une action d'avant-garde.

Ricciotti quitte Autun avec huit cents francs-tireurs, marche cinq jours et surprend, au cours de la nuit du 19 novembre, un corps d'infanterie prussien à Châtillon. Il donne l'assaut sous la pluie, désorganise l'ennemi et se retire avec cent soixante-sept prisonniers, dont treize officiers, emportant avec lui des chariots d'armes et de munitions.

Succès incontestable dont Garibaldi est à juste titre fier. La stratégie est sienne; l'exécution est de son fils.

Pourtant, ce combat ne représente, dans le destin des armes, qu'un épisode glorieux mais accessoire. Il en sera le plus souvent ainsi de ce front secondaire. Car la grande offensive que le gouvernement de Tours a tenté de monter, avec l'armée de l'Est commandée par le général Bourbaki, s'enlise. Bourbaki n'attaque pas, se laisse déborder par les Prussiens et Garibaldi ne réussit pas, en remontant vers le Nord, à faire sa jonction avec lui.

Il se bat le 26 novembre sur le plateau de Lantenay, fier de ses hommes dont l'intrépidité l'étonne. Mais devant Dijon, l'assaut échoue. Il faut faire retraite dans le désordre, recomposer rapidement une ligne de résistance pour protéger Autun que l'ennemi menace.

Après les succès, ce peut être le revers définitif. « J'étais davantage écrasé de honte et de dépit que de peur », écrit Garibaldi.

Il ne veut pas perdre. Il jette sa volonté, sa dignité, son

orgueil dans la bataille, avec une fougue retrouvée. « Vite, dis-je à mon escorte à cheval, courez prévenir Bordone, Menotti, tous ; qu'ils prennent les armes et que l'on se batte, tous. »

Une fois encore, la détermination de Garibaldi a retourné la situation. Les Prussiens sont arrêtés, Autun sauvé.

L'hiver s'installe, rigoureux. Garibaldi réorganise ses troupes. Les succès qu'il a obtenus attirent à Dijon — évacué par les Prussiens — des combattants. Garibaldi voudrait rejoindre Bourbaki, mais celui-ci perd les jours décisifs. Et quand, le 21 janvier, Garibaldi sort de Dijon, il se heurte à de puissantes colonnes ennemies.

Durant trois jours, la bataille, violente, se déroule aux abords de la ville. A plusieurs reprises, la victoire change de camp. Les soldats de Garibaldi tiennent puis, tout à coup, ils se retirent des positions qu'ils ont brillamment défendues.

« Les soldats aguerris, raconte Garibaldi, restent aux ordres, mais ceux qui sont novices, sous divers prétextes — les munitions, la faim ou la soif —, cherchent à quitter leurs postes pour aller se restaurer, ou bien pour raconter les exploits de la journée. Et, cela arrive notamment à proximité d'une ville.

« A mesure que venait l'obscurité de la nuit, nos soldats, qui auraient très bien pu tenir les positions si courageusement défendues pendant la journée, se retiraient sous un prétexte ou un autre vers la ville et s'aggloméraient sur la grand'route qui conduit à Dijon. De sorte qu'il y eut un désordre à ne plus pouvoir s'entendre, ni donner d'ordre ni en recevoir ! Et moi-même, je fus pris dans une foule tellement dense que je ne parvenais plus à diriger mon cheval. »

Garibaldi réussit cependant à reprendre la situation en main, à organiser la résistance. Il suffit d'un môle au milieu de la crue ennemie pour la contenir. Ici, c'est dans une fabrique de noir animal — l'usine Bargy, dans la banlieue de Dijon — que les troupes de Garibaldi, commandées par Ricciotti, s'accrochent au terrain, réussissant même à enlever un drapeau à l'ennemi, celui du 61e régiment Poméranien — l'un des deux drapeaux pris par les Français durant toute la guerre de 1870.

Combat corps à corps où l'on se fusille à bout portant. « J'ai déjà vu des combats très meurtriers, écrira Garibaldi, mais j'ai rarement vu un aussi grand nombre de cadavres amoncelés sur ce petit espace au Nord de la Fabrique, qui était la position occupée par la 4e brigade et une partie de la 5e. »

Et il est fier que son fils ait dirigé la résistance, arraché ce drapeau. Satisfaction de vieux guerrier que la bravoure de son fils prolonge.

D'ailleurs, le gouvernement, malgré ses réticences, est contraint d'admettre la vaillance et les succès de cette troupe cosmopolite et de son général suspect. Freycinet, ministre de la Guerre, télégraphie à Gambetta, le 25 janvier 1871 : « Garibaldi a encore remporté un très grand succès hier. C'est décidément notre premier général. Cela fait un pénible contraste avec l'armée de Bourbaki qui, depuis huit jours, piétine sur place entre Héricourt et Besançon. »

« L'ennemi hier menaçant est en pleine retraite, note avec orgueil Garibaldi. Il nous laissa tranquilles à Dijon pendant plusieurs jours. Il évacua aussi les villages voisins que nous occupâmes. »

Mais, avec le réalisme et le fatalisme d'un homme qui a connu tant de champs de bataille, il ajoute cependant : « C'est Dame Fortune qui domine les guerres. »

L'opitimisme l'emporte cependant. Il va même mieux, réussissant à marcher, à monter un peu à cheval, pour de courts instants, il est vrai. Ses troupes ont avancé. Qui sait si ce n'est pas un tournant de la guerre, la possibilité offerte de réconquérir les Vosges ? Freycinet, dans son télégramme à Gambetta, évoque cette éventualité, sous réserve de donner à Garibaldi de plus larges pouvoirs.

Dans ce climat de confiance retrouvée, Garibaldi a de nouveau les accents enthousiastes de ses campagnes victorieuses. Il rêve à une République universelle dont la France serait le foyer, et, dans une proclamation à ses troupes, il déclare : « Bientôt nous ébranlerons dans ses fondements le trône sanglant et vermoulu du despotisme, et nous établirons, sur le sol hospitalier de notre belle France, le pacte sacré de la fraternité des peuples. »

Il déclenche donc l'offensive, dirigeant vers Dôle des brigades de francs-tireurs que commande son fils Menotti. Mais la guerre se joue ailleurs. Dans l'irrésolution des classes dirigeantes face aux Prussiens, et même dans leur complicité avec eux.

Le 29 janvier, un télégramme de Gambetta annonce à Garibaldi qu'un armistice de vingt et un jours a été conclu à Versailles avec Bismarck.

Une fois encore, Garibaldi doit se soumettre. Il obéit à Gambetta comme il avait obéi aux ordres du roi d'Italie.

De Gambetta, il reçoit le 2 février un message affectueux, comme s'il fallait concéder quelques phrases consolatrices pour calmer le général que la colère emporte, quand bien même il se soumet.

« Cher et illustre ami, écrit Gambetta, combien je vous remercie de ce que vous faites pour notre République. Votre grand et généreux cœur vous porte toujours où il y a quelque service à rendre, quelque danger à courir. Ah ! quand donc viendront les jours où mon pays pourra dire tout ce qu'il vous garde de reconnaissance !... »

Gambetta est sincère. Mais il est isolé au sein même du gouvernement. Il voulait reprendre les combats, et les renforts que reçoit Garibaldi semblent préparer de nouvelles phases de la guerre. A la fin janvier, près de quinze mille gardes mobiles commandés par le général Pélissier rejoignent ainsi l'armée garibaldienne, qui atteint près de quarante mille hommes.

Seulement il est trop tard.

Le général Bordone, chef d'état-major de Garibaldi, s'est rendu à plusieurs reprises auprès des troupes prussiennes pour fixer la ligne d'armistice provisoire. Il constate des mouvements de troupe et les officiers ennemis lui annoncent que l'armistice est partiel, qu'il vaut pour Paris et le front de l'Ouest, mais qu'il ne s'applique ni au Doubs, ni au Jura, ni à la Côte-d'Or, donc que les combats continueront sur le théâtre d'opérations de Garibaldi.

C'est comme si le gouvernement français et son négociateur Jules Favre avaient voulu qu'on pût étrangler l'armée de l'Est. Quand Bordone et Garibaldi crient à la trahison, expliquant que, de la région de Paris, des colonnes prussiennes marchent déjà vers Dijon, Gambetta répond qu'il ignore tout des détails de l'armistice et Favre, pour toute excuse, expliquera que, dans les circonstances dramatiques de la signature de l'armistice, il avait d'abord pensé à Paris et apposé son paraphe à un texte dont il n'avait pas saisi la portée.

Mais les conséquences demeurent. « C'est la plus grande infamie de cette guerre », s'exclame le préfet de la Côte d'Or. « Pendant que la trahison nous fait suspendre les hostilités, explique Bordone, les ennemis marchent contre nous. »

Dès le 31 janvier, l'ennemi a tâté les défenses garibaldiennes autour de Dijon. D'autres corps de troupes commencent un mouvement d'encerclement.

Il fait froid. Les rhumatismes paralysent à nouveau Garibaldi. Les mauvaises nouvelles s'abattent sur lui, l'une après l'autre. L'armée de l'Est, celle de Bourbaki, se défait et passe en Suisse pour y être désarmée et internée. A quoi servirait-il de résister seul ?

« Il n'y avait pas de temps à perdre, écrit-il. Nous étions la dernière bouchée qui excitait l'avidité de la grande armée qui avait vaincu la France et qui voulait sans aucun doute nous faire payer la témérité d'avoir contesté un moment sa victoire.

« On ordonna donc la retraite. »

Bismarck, il est vrai, dans un de ses accès de colère, s'était emporté contre ce Garibaldi, cet Italien qui, oublieux de l'aide de Berlin en 1866, se battait — et avec succès — contre les soldats prussiens. « Ce Garibaldi, s'était exclamé le chancelier devant les membres de son état-major, j'espère que nous l'attraperons vivant pour l'enfermer dans une cage et l'exposer à Berlin sous un écriteau : ingratitude italienne. »

Mais Garibaldi ne se laissera pas prendre.

Il réussit à diriger la retraite. Des francs-tireurs mènent une action de retardement, faisant sauter les ponts, harcelant les troupes prussiennes.

Dès le 1er février, à huit heures du matin, l'ennemi a cependant occupé Dijon.

Une nouvelle convention arrête alors les hostilités sur tous les fronts, y compris celui de l'Est. Les combats cessent dans toute la France. Bismarck exige, pour donner tout son poids au traité de paix, que des élections aient lieu dans le pays et que ce soit la Chambre ainsi élue, siégeant à Bordeaux, qui accepte les conditions de paix.

Sans même être candidat, alors qu'il se trouve encore avec son état-major replié à Chagny, puis à Chalons-sur-Saône, Garibaldi est élu député dans plusieurs départements.

Nouvel indice de sa popularité et de l'écho que rencontre son nom, au terme de ces combats, dans la profondeur populaire. Il est élu en Côte d'Or, où il vient de conduire la guerre. Il est élu à Alger. Mais, fait encore plus significatif, il est élu député de Nice, sa ville natale, où l'on sait pourtant qu'il n'a pas été favorable au rattachement. D'une certaine manière, cette élection sur les bords de la Baie des Anges est comme la revanche de 1860, la preuve que ses concitoyens lui restent, malgré le dessin des frontières, attachés. Curieusement, Garibaldi a été ainsi élu deux fois par sa ville : une fois au Parlement de Turin, en 1860, une seconde fois au Parlement français en 1871.

Encore plus clair est son succès à Paris : il recueille deux cent mille deux cent trente-neuf voix et est élu en quatrième position, après Louis Blanc, Victor Hugo et Gambetta.

Le vœu populaire est si net que Garibaldi, d'abord hésitant, décide de l'accepter. Moins pour siéger à l'Assemblée réunie à Bordeaux que pour y apparaître, afin de témoigner par sa présence qu'il ne se dérobe pas au souhait de ceux qui l'ont élu.

« Je décidai le 8 février 1871, explique-t-il, de me rendre à Bordeaux dans le seul but d'apporter ma voix à la malheureuse république, et je laissai provisoirement Menotti au commandement de l'armée. »

Seulement, malgré cette approbation populaire, les combats
et la retraite l'ont marqué : ils sont une nouvelle désillusion,
l'obligation pour lui, après le regain de ces quelques semaines,
de prendre conscience que la campagne qui vient de s'achever est à nouveau un échec et — son état de santé ne peut
plus lui laisser d'espoir — qu'elle est aussi sa dernière
guerre.

Certes, il n'a aucun regret, aucun remords. Le peuple, par
ses votes, lui a donné raison. Garibaldi peut marcher tête
haute : il s'est battu courageusement et victorieusement. Il n'a
pas été de ces chefs suprêmes qui, comme il l'écrira, « à Metz, à
Sedan, à Paris et dans le Jura, ont conduit leurs soldats à la
boucherie ou à la servitude avec tant d'idiotisme et de stupidité
qu'on ne saurait en trouver ailleurs de pareils exemples ». Il
poursuit avec la même sévérité : « Des armées de plus de cent
mille combattants enveloppées par des ennemis inférieurs et
obligées de déposer les armes ! Voilà des choses incroyables et
voilà la véritable cause de la haine contre la petite et valeu-
reuse armée des Vosges, qui eut le tort si grand de ne pas se
laisser battre ni envelopper comme les grands maréchaux de
l'Empire ».

En effet, les milieux officiels commencent à répandre des
calomnies contre lui. Ses hommes ont été, dit-on, des pillards.
Ils ont mis Autun à sac. On laisse entendre qu'ils ont violé et
volé, se souciant de leur plaisir et de leurs rapines davantage
que de la guerre. Quant à Garibaldi, « il n'a pas combattu, dira
dans quelques jours à Bordeaux un député de droite, le
vicomte de Lorgeril. Ce sont des réclames qui ont été faites ! Il
n'a pas été vaincu parce qu'il ne s'est pas battu. C'est un comparse de mélodrame que votre héros ! »

Ces calomnies qui, peu à peu, montent jusqu'à lui, accablent
Garibaldi. Il est l'homme de l'unanimité. Il ne comprend pas. Il
n'a pas abandonné un seul de ses soldats à l'ennemi. Il n'a pas
capitulé. Il est venu se battre ici sans aucune ambition personnelle. Il a, malgré sa maladie, marché, en s'appuyant sur son

sabre, à la tête de ses troupes en retraite. Et — l'image n'est pas trop forte — on lui crache au visage.

Il a sans doute l'habitude de la haine, mais elle l'atteint d'autant plus qu'il est blessé dans sa vie intime. Francesca Arnosino lui a annoncé que sa dernière fille, « notre chère Rosa, qui depuis le jour de ton départ, à chaque minute, te cherchait et te réclamait », est morte. Elle avait dix-huit mois. Francesca raconte dans sa lettre la longue maladie, la toux aiguë, les appels de l'enfant, en cette nuit du premier janvier.

Un nouveau coup. La deuxième petite fille qu'il perd, elle aussi — comme la première — prénommée Rosa, la mère de Garibaldi. Blessure profonde qui se ravive, car une fois encore, Garibaldi est au loin alors que son enfant meurt. On imagine et la douleur et le courage ambigu qu'il faut pour la surmonter, la sorte de rumination amère et fière qui conduit Garibaldi à faire comme s'il ne souffrait pas, à taire sa tristesse et redresser la tête, à « jouer » au chef de guerre qui fait face, trouvant peut-être dans la domination de soi, dans la maîtrise affichée, un intense et morbide plaisir. Garibaldi, chef, homme public, avec ce que cela signifie de silence imposé en soi aux cris de la sensibilité.

Il prend donc le chemin de fer pour Bordeaux. Il se défend des calomnies, rassemble les témoignages de sympathie qu'il a reçus. Il raconte comment, dans la Côte d'Or, partout ses hommes ont été bien accueillis, parce qu'on les avait vus se battre. « Les voilà, les barricades qui sauvèrent le Midi de la France, disait un paysan français en montrant un lambeau de chemise rouge que le soc de sa charrue venait d'arracher au cadavre d'un des valeureux défenseurs de Dijon », rapporte-t-il. Et il ajoute : « Pour nous, les paroles de sympathie et de fraternité du paysan dijonnais suffisent pour effacer les injures grotesques, empoisonnées et méprisables, lancées contre nous. »

En fait, Garibaldi veut davantage.

Son passé est clair. Il a enraciné au fond de lui cet orgueil naïf qui lui fait penser que, s'il se présente, s'il dit ce qu'il a fait, les combats de ses hommes, de lui-même et de ses fils, au ser-

vice de la France, on ne pourra que reconnaître son dévouement et sa bavoure. En même temps que cet espoir s'ajoute
chez lui un sentiment de défi. On va vers ceux qui vous insultent. Parce qu'on croit qu'ils vont se convertir dès lors qu'ils
vous verront si noble, et parce que la morale d'un guerrier
exige qu'on affronte de face l'adversaire.

Garibaldi est donc à Bordeaux, le 12 février 1871.

L'Assemblée où il entra, le 13 février, était celle de la peur.
Élue au suffrage universel sans doute, mais après le régime
impérial, mais alors que le pays était occupé sur une part
importante de son territoire par les Prussiens, élue mais sans
véritable débat, elle ne voulait que la paix, la paix à tout prix,
fût-ce dans l'humiliation, dans l'abandon de l'Alsace et de la
Lorraine, et fût-ce en livrant Paris. Composée d'élus des campagnes, de notables conservateurs et cléricaux, elle ne pouvait
que haïr, en Garibaldi, « l'homme rouge », l'extravagant, l'ennemi du Pape, le révolutionnaire, l'étranger. Au sens fort, un
homme comme Garibaldi ne pouvait lui inspirer que de l'horreur, symbolisant tout ce qu'elle rejetait, ce qu'elle craignait et
qu'elle était prête à coller au mur. Ce qu'elle encouragea
quelques semaines plus tard quand l'armée fusilla les Communards de Paris.

Elle siégeait au Grand Théâtre de Bordeaux, sous les lustres
de cristal et les dorures. On avait, devant la scène, monté une
tribune, installé une grande horloge et les députés étaient au
parterre, le public au balcon. Le doyen d'âge, Benoit d'Azy,
préside. Le 12, il a reçu un message de Garibaldi, un texte
court : « Pour remplir un dernier devoir envers la République,
je suis venu à Bordeaux où siègent les représentants de la
Nation, mais je renonce aux mandats dont m'ont honoré les
départements. »

Lettre de démission, donc, étonnante et révélatrice des contradictions et des naïvetés de Garibaldi. Il vient à Bordeaux, il
se rend à l'Assemblée mais il démissionne, c'est-à-dire qu'il
s'interdit de voter, d'intervenir, de répondre. Il n'est ainsi présent que pour le geste et par fidélité, par courage et défi. Il veut
montrer qu'il fait front et il veut l'acclamation. Mais, au plan

politique, son attitude est pleine d'inconséquence : il se ferme toutes les issues.

Il est vrai, aussi, qu'il ne se sentait plus français mais italien et, de ce fait, comment pouvait-il siéger dans une Assemblée française qui devait décider de la paix pour la France ? Il est sûr qu'il espérait, dans un bref discours, à la fois se présenter, faire ses adieux à la France et, dans son style, recommander à l'attention de la Patrie républicaine ses compagnons de l'armée des Vosges et leur famille, les blessés, les veuves et les orphelins.

Illusion. Les parlementaires « gris », en redingote et chemise empesée, les notables ruraux ne peuvent accepter la présence de ce « personnage » vêtu de son costume traditionnel, chemise rouge, poncho et chapeau sur la tête. Quand il gravit les marches du grand escalier, avec à ses côtés Victor Hugo et Esquiros, c'est déjà le scandale.

Il est symbolique que le dernier événement historique de la vie de Garibaldi se passe là, dans un lieu où l'on déclame et où l'on chante, comme si se résumait, au pied d'une scène de théâtre, toute la vie de Garibaldi : histoire et opéra.

Les députés républicains l'acclament. Le public des tribunes se dresse et applaudit à son tour. Mais le Président d'Azy refuse de lui donner la parole. Garibaldi est démissionnaire. A quel titre parlerait-il ? D'Azy a le droit pour lui. Des bancs de la droite commencent à fuser insultes et sarcasmes. Certains crient : « Chapeau, à bas le chapeau ! » D'autres accusent Garibaldi de n'être qu'un faux héros. On le calomnie. On montre ses bottes, son poncho. On se moque avec hargne. Et, des rangs républicains, on répond.

Quand d'Azy lève la séance sans avoir donné la parole à Garibaldi, toujours silencieux, défiant du regard ses insulteurs, c'est le tumulte. Garibaldi tente de se faire entendre, répète qu'il « renonce au mandat dont il a été honoré », puis il dit, maladroit et provocateur par naïveté et sincérité : « Dans ma vie, il m'est arrivé de me battre aussi bien contre les Français qu'à leurs côtés, mais toujours pour la cause de la justice. »

La phrase, qui rappelle les combats de Rome, déclenche la
fureur : « Lâches, crie-t-on sur les bancs républicains, c'est
Garibaldi qui parle » ! Avez-vous peur d'entendre la vérité ? »
Et Gaston Crémieux, un journaliste marseillais, debout à son
banc, lance : « Majorité rurale, laisse parler Garibaldi. » En
fait, la séance est close. Le tumulte mêle les cris des tribunes à
ceux des députés. Garibaldi lentement quitte la salle, redescend
le grand escalier cependant que les gardes nationaux lui présentent les honneurs. La foule l'accompagne, détache les chevaux de sa voiture, crie encore : « Reste avec nous, Garibaldi,
reste, ne nous abandonne pas ! »

Des députés de gauche le rejoignent à l'hôtel, le supplient de
demeurer parmi eux. A quel titre ? Garibaldi ne se laisse pas
convaincre. Il est « sorti de scène » à sa manière, spectaculaire
et tumultueuse, au dernier acte d'un théâtre français.

A sept heures du soir, il prend le train pour Marseille. Là, il
s'embarquera pour Caprera où il arrivera le 16 février 1871.

C'est Émile Zola qui a le mieux rendu compte de l'atmosphère et de l'indignation de la partie républicaine de l'opinion.

Agé de trente ans, Zola n'est encore qu'un jeune auteur ; il a
publié quelques livres remarquables mais qui n'ont pas encore
connu de grand succès. Il tient la chronique parlementaire dans
un journal républicain radical et il est donc présent à Bordeaux. Son article est une vigoureuse prise de position qui,
vingt-sept ans avant *J'accuse,* annonce le style vengeur du
polémiste :

« Le Président a levé la séance avec une habileté de prestidi-
gitateur, raconte Zola. Et qu'importe à ces messieurs ce vieillard qui vient de battre les Prussiens pour le compte de la
France ! La plupart d'entre eux suaient la peur pendant que
Garibaldi allait, la poitrine nue, devant les balles ennemies.
Qu'il s'en aille chez lui, saignant et meurtri, et qu'il ne nous
importune plus avec son héroïsme ! Entendez-vous, Messieurs,
ce sera une honte pour la France d'avoir marchandé des remer-
ciements à ce soldat de la Liberté. Soyez simplement polis, on
ne vous demande pas d'être grands. »

Mais, malgré l'apostrophe de Zola, les « ruraux » de l'Assemblée persévèrent dans leur être.

Car ils doivent encore affronter Garibaldi ! Il a été à nouveau élu en Algérie, puisque Gambetta, qui le devançait, a choisi un autre siège. Un débat s'ouvre à son propos. Des bancs de la droite, et bien qu'il ne soit pas présent, on l'accable. Son nom seul déchaîne les sarcasmes : « A Charenton, Garibaldi ! » crie-t-on. On demande son invalidation. Il n'est pas Français, comment pourrait-il être député ?

C'est le gendre de Victor Hugo, Lockroy, qui s'exclame : « Le général Garibaldi est devenu français sur le champ de bataille », mais on l'insulte et le 8 mars 1871, Victor Hugo prend la parole pour répondre.

Il est le poète célèbre des *Châtiments* et le romancier des *Misérables*, il est le républicain intransigeant qui rentre d'exil. Il est l'écrivain le plus glorieux de France. Mais, dès qu'il a prononcé ses premières phrases en faveur de Garibaldi, on couvre sa voix. Et le vicomte de Lorgeril lui lance : « Monsieur Victor Hugo ne parle pas français. » L'exclamation ridicule permet de mesurer la haine dont on entoure Garibaldi. Victor Hugo en est fouetté. Avec son éloquence de poète, il magnifie et exagère le rôle du général. Mais, face à cette Assemblée rageuse, à cette majorité calomniatrice et insultante, comment ne pas être poussé à exalter le rôle d'un « homme de la liberté et de l'humanité » dont Hugo a déjà, plusieurs fois, souligné la générosité ?

Alors Hugo clame : « Il n'y a pas eu un Roi, pas un Etat qui ne se soit levé pour défendre la France qui, tant de fois, a pris en main la cause de l'Europe, un seul homme a fait exception : Garibaldi ! »

Ce préambule — excessif par rapport aux faits — déchaîne les passions. La suite du discours de Hugo va achever de révolter la droite, car le poète continue de plus belle son apologie de Garibaldi :

« Les puissances ne sont pas intervenues, dit-il, mais un homme est intervenu et cet homme est une puissance. Et cet homme, qu'avait-il ? Son épée. Et cette épée avait déjà émancipé un peuple et pouvait en sauver un autre. Il est venu, il a combattu. Je n'ai pas l'intention de blesser personne, je ne dis que la pure vérité en déclarant que lui seul parmi tous les généraux qui ont lutté pour la France n'a jamais été vaincu ! »

De toutes parts, on proteste. Et il est vrai que Victor Hugo oublie ces autres généraux, Chanzy et Faidherbe, qui ont remporté des succès. Devant le tumulte, il réitère son affirmation : « Oui, Garibaldi est le seul général qui n'ait jamais été vaincu ! »

Debout à la tribune, accroché à elle comme à une passerelle, Victor Hugo utilise un bref moment de silence pour crier : « Il y a trois semaines, vous avez refusé d'écouter Garibaldi ; aujourd'hui, vous refusez de m'entendre. J'irai parler plus loin. »

Et il démissionne à son tour. Acte symbolique encore. Garibaldi avait trouvé dans le plus grand poète du temps son défenseur, et les deux hommes, celui qui avait mis un « bonnet rouge au vieux dictionnaire » et celui qui portait une chemise rouge, étaient confondus dans la même haine par les mêmes « hommes gris ».

Deux jours plus tard, le 10 mars 1871, la démobilisation de l'armée des Vosges — celle de Garibaldi — a commencé. Dès le 19 février, d'ailleurs, l'amiral Penhoat avait remplacé Menotti à sa tête.

Le 15 mars, depuis Caprera où il a retrouvé son mode de vie patriarcal, Garibaldi adresse à ses soldats son dernier ordre du jour, où passent des sentiments vrais et où l'on sent vibrer l'émotion d'un homme qui sait qu'il s'agit là du dernier texte qu'il adresse à des soldats ayant combattu sous son commandement.

« Aux braves de l'armée des Vosges, écrit-il. Je vous quitte avec douleur, mes braves, mais je suis contraint à cette séparation par des circonstances impérieuses.

« En retournant dans vos foyers, racontez à vos familles les travaux, les fatigues, les combats que nous avons soutenus ensemble pour la Sainte cause de la République.

« Dites-leur surtout que vous aviez un chef qui vous aimait comme ses fils et qui était fier de votre bravoure.

« Au revoir, dans des circonstances meilleures. »

Il n'y aura pas de « circonstances meilleures ».

Le 18 mars 1871, Paris s'insurge et cependant que l'armée évacue la capitale, la Commune surgit des souvenirs de la révolution de 1793 et des espérances socialistes des adhérents de l'Internationale. La Commune — sursaut patriotique après les humiliations de la défaite et mouvement révolutionnaire — prend le pouvoir. Et s'enfonce ainsi dans le piège que lui a tendu le gouvernement des « ruraux », maintenant installé à Versailles.

Une lutte implacable commence sous le regard des Prussiens qui encerclent toujours Paris. Elle durera jusqu'à la semaine sanglante du mois de mai 1871, quand tomberont sous les balles des Versaillais près de vingt mille communards. La Seine, ces jours-là, fut rouge de sang.

Rouge : c'était la couleur garibaldienne. Et rouge fut le drapeau de la Commune.

Pour tous les Communards, Garibaldi était l'homme le plus proche d'eux.

Ils avaient, sous l'Empire, alors qu'ils luttaient en faveur de la République, manifesté pour lui en 1867, sur les boulevards de Paris. Et on les avait arrêtés pour cela. Ces derniers mois, à la tête de la petite armée « internationale » des Vosges, Garibaldi avait symbolisé la résistance et la Défense nationale. A Bordeaux, en le frappant de leurs insultes, les futurs « Versaillais » l'avaient encore, aux yeux des révolutionnaires, grandi. De plus, sa compétence militaire avait une nouvelle fois été attestée par ses succès : or, le Comité Central de la Commune prévoit un affrontement armé avec les troupes de Versailles. Aussi, dès le 24 mars, on fait appel à Garibaldi. Le Comité Central décide que « les pouvoirs militaires de Paris sont remis aux délégués Brunel, Eudes, Duval. Ils ont le titre de généraux et agiront de concert en attendant l'arrivée du général Garibaldi acclamé comme général en chef. »

Or Garibaldi, si prompt à répondre à l'appel du combat, ne rejoindra pas les Communards.

Dans une lettre datée du 28 mars et qu'il expédie de Caprera, il explique que sa santé ne lui permet pas de rejoindre Paris et d'assumer un tel commandement. Il n'exprime certes aucune réserve, remercie même pour l'honneur que constitue sa désignation. Mais lui qui, sur l'appel imprécis de Bordone, a en 1870 quitté son île pour gagner Tours et aider un gouvernement pourtant réticent, se dérobe à l'invitation enthousiaste du Comité central de la Commune.

Au même moment, des étrangers nombreux — des Polonais, des Russes, des Hongrois — s'enrôlent aux côtés des Communards, mais le plus célèbre des républicains européens sera absent du combat. La maladie est-elle seule responsable ?

L'état de santé de Garibaldi, après les épreuves de l'hiver dijonnais, s'est incontestablement aggravé. Rhumatismes déformants et douleurs quotidiennes l'empêchent de se mouvoir librement. Mais l'écart n'est pas si grand d'avec la période de 1870. Or, il avait suivi Bordone.

Seulement, à l'état physique il faut ajouter la désillusion. Il a soixante-quatre ans. Il a su, il y a quelques mois, trouver en lui les forces de l'enthousiasme pour s'engager à nouveau. Échapper ainsi à l'île quotidienne. Il vient de rentrer de Bordeaux depuis un mois : les insultes et les sarcasmes sont encore dans ses oreilles. Et il faudrait repartir, laisser la petite Clelia — elle a quatre ans — alors que le souvenir de Rosa, morte il y a peu, est encore si présent ?

Ce n'est pas tout. En 1870, le gouvernement, même avec réticence, semblait appeler Garibaldi. Aujourd'hui, ce sont des révoltés qui le réclament. Certes, Garibaldi les soutient, leur donne des conseils. « Donnez le pouvoir, leur dit-il, à un seul homme... Rappelez-vous bien, insiste-t-il, qu'un seul honnête homme doit être chargé du poste supérieur, avec de pleins pouvoirs. »

Mais cette sympathie ne dissimule pas à Garibaldi que les Communards sont en minorité, que leur insurrection est lourde d'une guerre civile. Et à cela, lui l'étranger, ne veut pas être mêlé. L'aspect international de la Commune paraît lui échapper. Est-il si évident d'ailleurs pour les contemporains, malgré la participation de nombreux révolutionnaires européens, parmi lesquels des garibaldiens : Amilcare Cipriani, par exemple, ou Assi, ou encore des anciens de l'armée des Vosges, ou même des volontaires qui ont servi en Italie aux côtés de Garibaldi ? Enfin, malgré cela, la Commune est d'abord française. C'est l'analyse de Marx qui l'internationalisera.

Mais Garibaldi, apôtre d'une République universelle, internationaliste de principe, ne pressent pas cette signification de la Commune. Française, elle se dresse contre le gouvernement légal. Et lui-même n'a jamais pris les armes, comme un révolutionnaire radical l'aurait fait, contre son gouvernement, si ce n'est en 1834, quand il venait d'adhérer à la *Giovine Italia*.

Dans sa lutte pour l'unité italienne, il a toujours refusé, par souci d'éviter la guerre civile, d'affronter le pouvoir en suscitant la violence révolutionnaire. C'est malgré lui qu'à Aspromonte ses Garibaldiens ont répondu au feu des *Bersagliere*.

Toutes ces motivations se conjuguent pour l'écarter du nouveau combat. Quant à son fils Menotti, élu membre de la Commune lors des élections du 16 avril — nouvel indice de la popularité de Garibaldi —, il refusera de siéger puisqu'il est absent de Paris.

Ainsi, les Garibaldi ne sont pas présents dans ce foyer « rouge » qui embrase la France et qui servira de point de repère aux révolutionnaires du monde entier.

On touche ici aux limites du « révolutionnaire » Garibaldi. On saisit l'importance presque exclusive qu'il accorde aux problèmes nationaux. Il écrira à son fils Ricciotti qui l'interroge :

« Toi, tu restes en France. Observe attentivement le mouvement communaliste qui commence. Si tu vois qu'il peut en résulter une reprise d'hostilité avec les Prussiens, je t'autorise à y prendre part. Rappelle-toi seulement qu'à peine j'apprendrai à Caprera que tu es uni aux Communards, je pars immédiatement pour te rejoindre. Mais si ce mouvement reste uniquement entre Français et Français, ne t'en mêle point. »

Français contre Prussiens : oui. Révolutionnaires contre conservateurs, Français contre Français : non.

Il manqua ainsi à la Commune l'homme qui eût été pour le monde entier son symbole et eût montré, par sa seule présence, qu'elle incarnait un mouvement internationaliste.

Peut-être Garibaldi prit-il conscience, quelques mois plus tard, qu'il avait eu tort en s'en tenant à sa ligne politique étroitement nationale.

N'a-t-il pas appris par exemple que Gaston Crémieux, le journaliste marseillais qui avait interpellé à Bordeaux « la majorité rurale », a été dans sa ville victime de la répression ? D'autres anciens garibaldiens ont péri. Amilcare Cipriani, blessé, a été déporté en Nouvelle-Calédonie.

Le 21 octobre, la lettre que Garibaldi adresse au mazzinien Giuseppe Petroni témoigne peut-être de ces regrets. Garibaldi écrit que les Communards ont été « les seuls hommes qui, dans cette période de tyrannie, de mensonges, de lâcheté et de déchéance, ont hissé la bannière sacrée du droit et de la justice et s'en sont enveloppés en mourant ».

Mais Garibaldi n'avait pas été parmi eux.

Il a vécu toute cette période à Caprera, informé des événements, répondant à de nombreuses lettres, mais s'adonnant aux travaux agricoles, se recueillant sur la tombe de la petite Rosa, dans ce cimetière improvisé où, malgré les autorités, Francesca et lui ont décidé d'ensevelir le cercueil de l'enfant.

Vie paisible et lente, méditative et morose, que cependant traverse parfois une préoccupation, un acte, la rédaction d'une lettre qui montrent que Garibaldi reste à l'écoute, que sa volonté d'intervenir n'a pas disparu.

Le 5 avril, par exemple, l'*Economista d'Italia* publie un projet de colonisation agraire de la Sardaigne, dont Garibaldi est l'auteur. Il s'agit d'exproprier cent mille hectares de terres incultes, de fonder des colonies agricoles associées à des manufactures et à des écoles d'agronomie. Vaste perspective qui a fait rêver Garibaldi, quelques semaines durant lesquelles il s'est imaginé en Empereur pacifique de ce domaine immense. Puis l'écho est retombé. On retrouve le rythme des jours. On écrit à Victor Hugo, le 11 avril, pour le remercier de son intervention à Bordeaux. Lettre fière et pleine d'une authentique gratitude, lettre de Roi à Roi :

« J'aurais dû plus tôt vous donner un signe de gratitude pour l'honneur immense dont vous m'avez décoré à l'Assemblée de Bordeaux, écrit Garibaldi au poète. Sans manifestation écrite, nos âmes se sont néanmoins bien entendues, la vôtre par le bienfait, la mienne par l'amitié. Le brevet que vous m'avez signé suffit à toute une existence dévouée à la cause sainte de l'humanité, dont vous êtes le premier apôtre. »

Il est sûr que l'appui de Hugo, la solidarité qu'il a manifestée, sa démission ont flatté Garibaldi. Il se sent ainsi reconnu par cette autorité morale. Est-ce suffisant pour faire oublier les insultes et chasser l'amertume, qui sont l'une des raisons de son refus de se rendre dans le Paris insurgé de la Commune ?

Une lettre que Garibaldi adresse quelques semaines plus tard à Bordone montre qu'il se souvient des « ruraux et des prêtres », de ces hommes qui, « avec les processions, les miracles, les mensonges, voudraient effacer la honte qui retombe sur le glorieux drapeau de la France ». Selon Garibaldi, la France est encore marquée par « la double souillure de l'aristocratie et du prêtre », que seule la liberté pourra effacer.

Mais il ne s'est pas rendu auprès des Communards qui avaient pourtant les mêmes ennemis que lui. Il a laissé tracer de « nouvelles pages écrites par des plumes trempées dans la boue ».

Ces lignes indignées donnent un reflet de son humeur. Il vieillit et s'en irrite. Il se sent incompris, il multiplie les lettres aux journaux et les réponses à des « interpellateurs » qui, souvent, ne se sont pas adressés à lui.

Cherche-t-il à attirer l'attention ou bien, misanthrope pour la première fois, ne voit-il autour de lui que des ennemis ou des ingrats ?

On le sent aigri, comme sont souvent, à la fin de leur vie, les « hommes illustres », quand se dérobent sous le pas des héros les tapis de la renommée et que reste le sol nu de la quotidienneté. Francesca Armosino l'entoure de soins et de bourgonnements, de sa rude efficacité paysanne, de son avarice invétérée et de sa vulgarité. Mais cela ne suffit pas à faire oublier la gloire.

Garibaldi va à petits pas, une main sur les reins, appuyé à une canne, cherchant le soleil, les pierres chaudes de sa façade, regardant l'horizon et les arbres, comptant de loin ses bêtes, écoutant les cris de Clelia, les voix de ses petits-enfants.

Il pense tout naturellement à la mort, parce qu'il sent l'âge bien plus lourd que les années — il n'a que soixante-quatre ans —, mais aussi parce que c'est une manière de mettre en scène un nouvel épisode de sa vie. Il consacre ainsi plusieurs jours à la rédaction de son testament politique. Et qu'il le rédige à la fin de l'année 1871 est révélateur du climat psychologique de cette « année terrible ».

Le Testament résume les pensées de Garibaldi, il dit ses amours et ses haines ;

« A mes enfants, à mes amis et à tous ceux qui partagent mes opinions, écrit-il, je lègue : mon amour pour la liberté et pour la vérité et ma haine du mensonge et de la tyrannie. » Et il ajoute, restant sur ses gardes : « Parce que, dans les derniers moments de la créature humaine, le prêtre, profitant de l'état de faiblesse dans lequel se trouve le moribond et du désarroi qui souvent y succède, se présente et, mettant en œuvre tous ses tortueux stratagèmes, prétend et, avec ce talent d'imposteur dont il est un des maîtres, que le défunt a accompli, se repentant de ses croyances passées, ses devoirs de catholique, j'affirme donc en pleine raison ne jamais vouloir accepter à aucun moment le ministère odieux, méprisant et scélérat d'un prêtre que je considère comme le plus atroce ennemi du genre humain et de l'Italie en particulier. C'est seulement dans un état de folie ou de grave ignorance qu'un individu peut se recommander d'un descendant de Torquemada. »

Ce passage où s'exprime avec excès toute la hargne anticléricale de Garibaldi, est suivi d'un texte qui organise la crémation de son corps. Au XIXᵉ siècle, cette décision est encore exceptionnelle et l'église la considère comme un défi. Mais Garibaldi la stipule :

« Je demande à mes enfants et à mes amis, dit-il, de brûler mon cadavre après ma mort (je crois avoir le droit de pouvoir en disposer, puisque toute ma vie j'ai lutté pour le droit de l'homme) et de recueillir un peu de mes cendres dans une bouteille de cristal qu'ils placeront sous mon genévrier de Phénicie, mon arbre préféré, à gauche de la route qui descend au lavoir. »

Puis le testament devient plus politique. Évoquant la situation de l'Italie, Garibaldi écrit :

« J'espère voir s'accomplir l'unification italienne, mais si je n'avais pas ce bonheur, je recommande à mes concitoyens de considérer les prétendus purs républicains, avec leur exclusivisme, comme guère meilleurs que les modérés et les curés, et néfastes comme eux pour l'Italie. Pour très mauvais que soit le gouvernement italien, je crois préférable, s'il ne se présente pas l'occasion de le renverser rapidement, de s'en tenir à la grande idée de Dante : « Faire l'Italie même avec le diable » (...) Quand elle le pourra et sera son propre maître, l'Italie devra proclamer la République.

Ces « purs républicains », ce sont bien sûr les mazziniens, les « extrémistes ». Et le testament rend ainsi encore plus claires les raisons du refus de Garibaldi de participer à la Commune. Il se veut un réaliste, capable de compromis « même avec le diable », même avec un Roi.

D'ailleurs, dans la dernière partie du testament, il condamne le parlementarisme, les « cinq cents docteurs qui, après avoir assourdi l'Italie avec leurs parlotes, la conduiront à sa ruine ». Une seule solution pour le pays : « Il faudra choisir, conseille Garibaldi, le plus honnête des Italiens et le nommer dictateur temporaire... Le système dictatorial durera jusqu'à ce que la nation italienne soit plus habituée à la liberté et ne soit plus menacée par de puissants voisins. Alors la dictature cédera la place au gouvernement réellement républicain. »

Décembre 1871.

Un testament qui est l'expression de haines vigoureuses contre les mazziniens, contre les prêtres, un adieu — prématuré — où s'affirme la défiance à l'égard de la démocratie parlementaire. Une attitude qui manifeste l'isolement acariâtre et la certitude d'avoir raison contre tous et qui rejette ce changement des pensées, des mœurs et des hommes, semblable à une mer menaçante qui bat l'île où l'on s'est réfugié.

Pour Garibaldi, c'est bien le règne de la vieillesse, avec ses ronces et ses aigreurs.

Dix-septième tableau

Une tombe dans une île

(1872-1882)

Dix ans encore à pousser la vie, à s'obstiner à marcher, malgré la douleur et la paralysie, à faire entendre sa voix, à écrire, à proposer, à susciter encore l'enthousiasme des foules, dix ans : les plus dures années d'une vie, parce que l'horizon se rétrécit et que l'écho n'amplifie plus ce que l'on crie.

Et pourtant, vivre encore.

Dans ces dix années, le plus souvent pathétiques, parce que la volonté de Garibaldi d'être présent au monde se heurte à la maladie, au silence, parfois à la bienveillance apitoyée des autorités, un éclat de lumière vient, inattendu, rassurer pour quelques semaines et donner, le long des dernières années, une présence chaleureuse : un fils.

En effet, Francesca Armosimo est à nouveau enceinte et le 23 avril 1873, elle donne naissance à un fils, Manlio.

A Caprera, c'est la joie. Cet enfant efface un peu la peine qu'avait ressentie Garibaldi à la mort de Rosa, en 1871. Manlio pleure, hurle, grandit. Il est, avec Clelia — la fille de Francesca aussi, maintenant âgée de six ans —, la vie qui continue de battre dans la maison d'un homme dont les soixante-dix ans approchent (soixante-six à la naissance de Manlio) et que la maladie vieillit prématurément.

Manlio — après Clelia et Rosa — apportait la preuve de la virilité, il offrait sa faiblesse à l'affection et à la protection. Garibaldi en était à la fois le père et le grand-père » — ne se séparant jamais de lui, partageant son lit avec l'enfant, lui cédant — s'interrompant de fumer, même, pour ne pas l'importuner. Plus tard, quand il sera en âge de se passionner pour les récits, Garibaldi ne cessera de lui raconter ses campagnes d'Amérique, ses guerres, trouvant en Manlio l'un de ces auditeurs émerveillés qu'aiment les vieillards glorieux. Et c'est le fils, un autre fils, ce Manlio Garibaldi, qui a ainsi pris la place de Menotti ou de Ricciotti qui, hommes accomplis, ont naturellement quitté l'île et dont la vie — comme souvent chez les fils de héros — paraît bien chaotique.

L'un, Menotti, s'est lancé dans des spéculations malheureuses. Après avoir épousé une jeune fille pauvre, il tente de participer à cet essor de la construction qui bouleverse les quartiers de Rome et où de si nombreux aigrefins, liés aux milieux politiques, réalisent de rapides fortunes. Une fièvre de spéculation a en effet saisi l'Italie nouvelle qui commence son essor économique. A Rome, où Menotti cherche à réussir, les *palazzi* et les villas séculaires sont détruites ou aménagées. Un témoin scandalisé raconte : « Ils ont démoli la porte Salaria, l'ancienne porte Venerande par laquelle autrefois passèrent les Goths... On blanchit les maisons et mêmes les anciens et vénérables *palazzi*... Les couvents sont transformés en bureaux, on ouvre les fenêtres claustrales et on en perce de nouvelles dans les murs... »

Mais Menotti est aussi peu doué pour les affaires que l'était son père. Échouant à Rome, il fonde une nouvelle entreprise avec Canzio, son beau-frère. Il essaie — comme il l'avait fait dans la capitale — de profiter de l'élan économique et des transformations qui changent l'Italie. Cette fois-ci, il crée une affaire de traverses de bois, car les chemins de fer étendent leur réseau d'un bout à l'autre de la péninsule. Mais c'est encore l'échec. Déception non seulement pour Menotti, mais aussi pour Garibaldi qui, pour éviter que son nom ne soit compromis, et parce qu'il a le sens du devoir paternel — l'âge de ses fils ne l'en dispense pas —, doit assumer les dettes. Heureusement, autour de lui, pour le distraire par leurs jeux et leur affection, courent Manlio et Clelia.

Car Ricciotti, le second fils, le combattant valeureux de

1871, mène lui aussi une vie incertaine. Installé à Londres, il s'y contente de succès féminins faciles, de rodomontades et d'une existence à coups d'expédients, peu glorieuse. Il vend, dit-on, des « reliques » ayant appartenues à son père. Il se couvre de dettes qu'il faut effacer.

Décidément, le nom de Garibaldi est difficile à assumer.

Comme pour Garibaldi lui-même. Il est — effet de l'âge, des certitudes que donne la gloire — persuadé de plus en plus qu'il détient la vérité. Parce qu'il s'appelle Garibaldi, qu'il a vécu ce destin exemplaire, il se présente comme un juge ou un procureur de l'Italie et des Italiens, et même de l'humanité. Retiré dans son île comme un sage que la sagesse n'a pas touché, il fustige, dénonce et morigène, conseille et ne pardonne guère.

Quand Mazzini meurt le 10 mars 1872 à Pise, où il vivait presque dans l'anonymat, entouré par l'affection de quelques amis mais sans pouvoir rassembler autour de lui l'immense approbation populaire que Garibaldi réussissait toujours à susciter, celui-ci reconnaît certes qu'il s'agit d'un « grand Italien », et que derrière son cercueil doit « flotter le drapeau des " Mille " », mais il ne se rend pas aux funérailles et dans des correspondances privées, il montre sa rancœur. « Dites-moi pourquoi Mazzini, écrit-il, a toujours dénigré mon œuvre aussi bien à Milan en 1848 qu'en France en 1871... Dites-moi pourquoi il a critiqué ainsi la plus glorieuse action accomplie par les Italiens dans l'époque moderne, celle de France ? »

On ne peut être plus excessif, car, en somme, la participation garibaldienne à la guerre de 1870-1871, pour glorieuse et héroïque qu'elle fût, n'a été que marginale et n'a pas décidé — hélas ! — de l'issue du conflit. Mais Garibaldi, enfermé dans son inaction, rêve son passé et s'érige en grand exemple.

Cet orgueil et cette solitude, son mode de vie — l'île, l'exploitation du domaine, la famille —, sa maladie, les souvenirs, rien qui lui rende aisée la compréhension de l'Italie nouvelle qui se construit. Il ne peut imaginer d'autres moyens d'intervention dans les événements que ceux qu'il a déjà employés.

Élu député de presque toutes les législatures à partir de

1874, il veut se situer à part. Parce qu'il se sent et qu'il est authentiquement singulier, mais aussi par suspiscion à l'égard de l'institution parlementaire, et parce qu'il ne sait en pénétrer les rouages. Il n'est pas l'homme du travail d'assemblée, ni, bien évidemment, de la corruption parlementaire. Il condamne les « députés du profit », le « gouvernement pervers », pose parfois ses conditions à son dépôt de candidature. A Rome, le 15 octobre 1874, alors qu'il est candidat dans la première circonscription, il déclare qu'il ne se rendra au Parlement que lorsqu'il le jugera nécessaire. C'est lui qui juge, toujours, et même si cette prétention suscite les critiques de la presse italienne, il ne s'en dédit pas. Il écrit à Bordone, après son élection :

« Au Parlement, je ferai figure de plante exotique ; mais que voulez-vous, j'apporterai ma voix à la cause de la justice, comme je voulais l'apporter à Bordeaux ; mais comme à Bordeaux, je serai probablement mis à la porte. Qu'importe ? J'aurai obéi à ma conscience. »

Une telle attitude, qui ne retient pour critère que le point de vue personnel dans ce qu'il a de plus exigeant — l'éthique — ne peut évidemment qu'entrer en conflit avec les comportements des hommes politiques qui gouvernent l'Italie.

Le nouveau royaume est en effet confronté à d'immenses difficultés. A ce pays rural, à ce pays divisé entre un Nord et un Sud, l'unification n'a apporté qu'une façade monarchique. Tout va dépendre du développement économique et des initiatives politiques. Les transformations sont d'autant plus urgentes que l'essor démographique fait passer la population de vingt-cinq millions, en 1866, à trente et un millions en 1887. La terre manque. Les familles connaissent la pauvreté et même la famine. Elles sont poussées vers les ports où les bateaux de l'émigration commencent à les transporter vers les continents neufs et lointains — Amérique — ou vers l'Afrique du Nord proche. D'autres marchent vers la France.

Cette population n'a guère l'occasion de s'exprimer. Le suffrage est censitaire. Et il faudra attendre 1882 pour qu'une réforme électorale fasse passer le nombre des électeurs de 2 à

7 % ! Dans ces conditions, la vie politique se déroule dans un monde isolé où les responsables n'ont de compte à rendre qu'à des minorités d'électeurs, où les « combinaisons » peuvent s'élaborer « entre soi ».

Garibaldi fait partie de la « gauche » parlementaire qui, jusqu'en 1876, est minoritaire. Quand elle accède au pouvoir, elle gouverne en mettant en œuvre le «transformisme». Cette pratique politique a deux faces. Au Parlement, elle implique que le chef du gouvernement s'assure une majorité en «transformant» les leaders de l'opposition en alliés. Cela se fait au terme de longues négociations, de tractations, de compromis où la rigueur n'est plus de mise. Durant plus de dix ans, des manœuvres — caricatures de la *combinazione* — vont assurer à la « gauche » le pouvoir.

Dans le pays — c'est l'autre face du transformisme — une sorte de pacte est passé entre les milieux bourgeois de l'Italie du Nord et les *galantuomini* du Midi. Ces derniers obtiennent qu'on les laisse continuer de gérer leurs biens comme ils l'entendent, en exploitant les masses paysannes analphabètes — qui ne votent pas, exclues qu'elles sont de la réforme électorale. En échange, les propriétaires du Sud laissent les représentants de la bourgeoisie septentrionale réformer l'État, développer une économie moderne entre Turin, Milan et Gênes, asseoir leur pouvoir sur cette société lombarde et piémontaise qui ressemble à celle des autres nations d'Europe occidentale. Le Sud, dans ce compromis, est sacrifié. Mais les privilégiés de Naples, de Palerme, des Pouilles ou de Calabre, y trouvent leur avantage.

Garibaldi — et comment le lui reprocher, alors que personne, à deux ou trois exceptions près, ne dénonce cet état de choses — ne saisit pas le sens de ce marchandage, et ne peut donc devenir le protagoniste d'une autre politique. Il n'est pas un homme de parti. Il ne peut, face à ce qu'il voit et devine, que rejeter la corruption, la *politica sporca e volpina*, et menacer.

Durant l'été 1873, il proclame ainsi que si le « gouvernement

pervers » ne change pas de politique, lui et ses amis seront
« poussés à reprendre le fil des conspirations ». Et dans de nombreuses lettres, il dénonce la monarchie : « Bien gouverner ou
disparaître, écrit-il, c'est ce que la gauche doit dire à la
monarchie. »

Mais comment faire passer ces menaces dans la réalité italienne ?

On sent Garibaldi désarmé, réduit précisément à sa plume.
Il s'indigne par exemple des conditions de vie misérables des
Italiens, mais il n'est pas homme à trouver une solution politique à de tels problèmes. Existe-t-elle d'ailleurs dans l'Italie
des années 1870-1880 ?

Les forces socialistes n'en sont qu'à leurs balbutiements.
Garibaldi est attentif à leur disparition, mais sans aller au-delà
des mots ou d'un vague voisinage. Il a d'un beau mouvement
de plume, à la fin de l'année 1871, déclaré que « l'Internationale
est le soleil de l'avenir ». Et le premier congrès régional de l'Internationale, à Bologne en 1872, a acclamé les Communards et
Garibaldi, les « hommes rouges ». Le moment n'est pas très
éloigné où l'on chantera « *la bandiera rossa la triofera e viva il
socialismo e la libertà* »...

Quand, en 1874, les premiers militants italiens de l'Internationale sont arrêtés, Garibaldi est l'une des personnalités républicaines à témoigner en leur faveur.

Mais, très vite, les désaccords s'installent. Les positions de
Garibaldi sont morales et il a toujours refusé la révolution. Il
est favorable à un compromis social, partisan d'une série
d'étapes qui évitent les violences.

Intransigeant dans ses propos, rigoureux, il sait aussi être un
modéré. Son « réalisme » l'a séparé de Mazzini et l'éloigne des
socialistes révolutionnaires. Aussi, en 1874, dans son appel au
peuple italien, l'Internationale le condamne-t-elle :

« N'écoutez pas Garibaldi, peut-on lire. Le socialisme
comme il l'entend est une équivoque. Ce qu'il appelle les exagé-
rations des socialistes ne sont que nos principes fondamen-
taux... Il voudrait que les associations ouvrières ne soient pas
plus que des sociétés de secours mutuels. Elles ne seraient alors

que des groupes mesquins et étroits dont les bourgeois riraient... Prolétaires d'Italie, en avant ! »

« Prolétaires » : ce n'est pas un mot du langage garibaldien. Il utilise « Italiens », il emploie « peuple ». Mais la reconnaissance de la lutte des classes dans laquelle le prolétariat serait la force motrice, on ne la trouve pas sous sa plume. Il préfère diviser le monde selon le principe du Bien et du Mal.

« Les deux principes du Bien et du Mal qui se disputent la suprématie dans la société humaine de tous les siècles, écrit-il, présentent aujourd'hui, sans nul doute, un avantage notable pour le Mal. »

Pessimiste, Garibaldi, dans ces dernières années de sa vie ? Misanthrope ?

On le sent amer. On devine que sa maladie, la vieillesse et l'isolement concourent à cette morosité un peu aigre où il se complaît. « On m'accusera de pessimisme, explique-t-il encore, mais celui qui aura la patience de me lire me pardonnera. J'entre aujourd'hui dans ma soixante-cinquième année, et après avoir cru pendant la plus grande partie de ma vie à un progrès humain, je suis attristé de voir tant de malheurs et tant de corruption dans ce siècle prétendu civil. Je laisse aux hommes de bon sens le soin de juger si la société d'aujourd'hui est dans un état normal. Les ouragans n'ont pas encore balayé l'atmosphère empestée par la puanteur des cadavres, et on pense déjà à la revanche. Les gens sont affligés de malheurs de toutes sortes : disettes, inondations, choléra. Qu'importe : tous s'arment jusqu'aux dents. Tous sont soldats ! »

Au sommet de l'évolution humaine, il place, en effet, la paix. Sa philosophie peut apparaître simple, naïve. Elle est le reflet de son « humanisme » maçonnique, de sa générosité. Il écrit ainsi :

« Dans l'échelle sociale, on commence par le Je, vient ensuite la Commune, puis la Nation, et finalement on arrive à l'Humanité. Par conséquent, le Cosmopolitisme, l'Internationalisme et l'Humanité, que je considère comme des synonymes, c'est l'ultime expression de la société humaine libre. »

La sincérité est absolue. Mais comment réaliser le passage entre ce futur heureux et ce présent de guerre, de misère et de désordre ?

A qui s'adresser ? Aux peuples ? Garibaldi a encore en mémoire ce Congrès de Genève où son échec fut retentissant. Écrire ? Il multiplie les lettres, les articles, les déclarations. Peut-être alors faut-il se tourner vers les dirigeants, ceux qui mènent les peuples ?

Ainsi Garibaldi en arrive-t-il à écrire à Bismarck pour solliciter de lui une intervention en faveur de la paix. Intention louable, mais qui peut croire que le Chancelier de fer, qui rêvait en 1871 d'enfermer Garibaldi dans une cage, entendra l'appel que lui lance son adversaire ?

« Vous avez fait de grandes choses dans le monde, lui écrit Garibaldi le 20 décembre 1872. Couronnez aujourd'hui votre brillante carrière par l'initiative d'un Arbitrage mondial. Que soient envoyés à Genève, siège de l'Arbitrage, des délégués de chaque État. 1° Guerre impossible entre les nations ; 2° Que tout désaccord entre celles-ci soit jugé par l'Arbitrage mondial. »

On croirait la lettre d'un poète égaré dans la politique internationale. Mais Garibaldi n'a-t-il pas toujours partagé avec les poètes cette situation de solitaire « en dehors » des rangs, même s'il prit souvent leur tête ?

Pourtant, en même temps, il y a derrière cette « innocence » un projet politique, ou tout au moins une aspiration à formuler un programme précis. Ainsi, de même qu'il rêve à un « arbitrage international », Garibaldi imagine-t-il, pour l'Italie, que le Roi pourrait être un « arbitre ». Il songe à une Italie à l'anglaise.

« L'Angleterre, écrit-il, n'est pas une république ; mais l'opinion publique y est toute puissante, et quand elle se porte vers une amélioration, on la signale au peuple, on la propose sans l'imposer et on finit toujours par y arriver. A cet ordre de choses appartient l'arbitre national, déjà mis en pratique par les deux colosses anglo-saxons, et qui préoccupe les hommes de cœur de toutes les parties du monde. »

Démocrate, Garibaldi, plus que révolutionnaire. Rêveur, mais soucieux de réalité. Il voudrait une sorte de régime « présidentiel », et peu importerait alors le titre donné au Président. Roi ? Dictateur temporaire ? Il l'a envisagé. Pourquoi pas ? Il constate les faiblesses du parlementarisme et les méfaits de la machine à corrompre que peut être le Parlement. Il rêve de « la gloire inestimable pour un roi d'être entouré d'institutions républicaines » qu'il imagine « fédérales ».

« Je vous ai déjà manifesté mon adhésion à la république fédérale », écrit-il à ses amis mazziniens. Pas si archaïque que cela, Garibaldi !

Seulement, que peut-il faire d'autre que rêver ou écrire ?

Il est vieux, paralysé le plus souvent. Politiquement, sa gloire seule se survit, mais il est sans pouvoir. Mort. Il s'entête pourtant avec une obstination pathétique où s'expriment sa puissance vitale, sa volonté de ne pas mourir au monde, de peser encore sur les événements, bref, de rester un homme vivant, mêlé aux événements de son temps.

Il multiplie ainsi les « grands projets », soumettant au Parlement un plan de déviation du Tibre et de bonification de la campagne romaine. Il en recherche encore le financement à l'étranger dans cette Angleterre qui s'est toujours montrée accueillante. Mais quand, le 16 juin 1875, son projet est approuvé, qu'ainsi, dans les plans tout au moins, ces travaux hydrauliques vont protéger Rome et sa campagne des inondations du Tibre, il ne peut que constater le peu d'écho que soulève cette adoption.

Un an plus tard, au terme d'une nouvelle discussion parlementaire — alors que la gauche est au pouvoir —, il comprend que son plan ne verra jamais le jour, quelle que soit la position que prendra le Parlement à son sujet. C'est l'Italie réelle qui résiste, c'est en elle que s'embourbent les tentatives de réforme. L'Italie politique flotte au-dessus.

Que peut donc faire Garibaldi, sinon s'indigner encore, toujours ?

« C'est une toute autre Italie que j'ai rêvée toute ma vie,

soupire-t-il, pas celle-ci, misérable au-dedans et humiliée à l'étranger. »

Il s'indigne, laisse fuser des imprécations : « Je décline aujourd'hui toute responsabilité quant à ce ministère incapable de bien faire. » Il démissionne de ses fonctions de député (1880), parce qu'il ne peut pas faire partie des « législateurs dans un pays où la liberté est foulée aux pieds et où la loi ne sert dans son application qu'à garantir la liberté aux jésuites et aux ennemis de l'unité de l'Italie. »

Il est excessif, naturellement, mais tout le révolte : « l'émigration de nos paysans dans les pays lointains, au lieu de leur trouver un moyen de les installer dans la campagne romaine », le traitement réservé aux Siciliens, « ce peuple courageux et illustre ». Il met en garde : « La patience est la première qualité des chameaux, mais quand ils sont surchargés, ils restent encore les plus terribles de tous les quadrupèdes. » Il répète : « La situation de l'Italie me peine infiniment. » Il dit : « Il faut des mesures radicales qui puissent épargner des milliards. »

Mais c'est une voix dans le désert. Il argumente, mais qui l'écoute sinon les couches les moins écrasées de la nation, celles qui votent et savent lire ? Les autres sont enfouies dans la misère quotidienne.

A tous ses collègues du Parlement, il dit :

« Quand une forteresse assiégée ou un navire qui a pris du retard viennent à manquer de vivres, les commandants ordonnent de passer de la ration complète à la demi-ration, ou moins. En Italie, on fait le contraire ; plus on approche de la ruine et plus on cherche à gaspiller les ressources déjà misérables du pays. Je soumets donc à votre sage considération et à votre approbation la proposition de loi suivante : *tant que l'Italie ne sera pas tirée de la dépression financière dans laquelle on l'a injustement mise, aucune pension ou allocation, aucun traitement versé par l'État ne pourra dépasser cinq mille lires par an.* »

Qui, parmi les parlementaires ou les hauts-fonctionnaires, pourrait proposer ou accepter une telle mesure ? Il ne se trouve même pas un journal pour l'approuver !

Garibaldi alors veut aller plus loin. Il se fait le partisan du suffrage universel, « à qui appartient la tâche d'envoyer, pour représenter la nation, des hommes qui puissent et qui veuillent réaliser la grandeur et la prospérité du pays ». Il fonde la Ligue de la Démocratie (21 avril 1879) « pour la souveraineté nationale, pour que les déshérités aient une vie moins dure, pour la justice sociale, pour la garantie de la liberté », et, dans un *Manifeste aux Italiens* (avril 1879), il déclare que le gouvernement depuis vingt ans n'exprime qu'une minorité. Mais, désormais, il trouvera devant lui « le faisceau de la démocratie ». La presse modérée l'accuse alors d'extrémisme. Elle lui reproche son attaque contre la monarchie et les institutions.

Et, une fois de plus, Garibaldi est acculé à ce dilemme : en rester aux mots ou bien passer aux actes. Il a su jadis choisir. Mais il ne faisait alors que rompre avec la « stratégie » de la monarchie, pour la dénoncer et inciter le Roi à agir. En fait, il servait le monarque. Aujourd'hui, c'est de tout autre chose qu'il est question. Il faudrait se séparer radicalement du régime, en contester les institutions et les procédures, pour rejoindre l'infime minorité des révolutionnaires qui tentent d'inventer d'autres voies. Et, qui sait, risquer la guerre civile — peut-être.

Garibaldi a toujours refusé de courir ce danger. Et il a déjà soixante-douze ans.

Il rentre à Caprera.

L'île-refuge, l'île-prison ? Peut-être est-il exagéré de dire qu'à Caprera, Garibaldi est un enfermé.

Cette île, il l'a choisie. Il la possède toute, désormais. Il a lui-même planté les arbres et construit les bâtiments. Elle est son royaume, mais aussi, parce qu'il sait qu'il ne peut plus la quitter pour de grandes entreprises, le territoire de sa vieillesse. Il y connaît encore les joies de la paternité tardive, les longs tête-à-tête avec Manlio, il y entend les chants de Clelia, mais l'île est aussi le lieu des souvenirs. Le cimetière est à portée de regard.

D'ailleurs, quand la maladie et la douleur vous tenaillent,

comment éviter que les paysages les plus doux, les pièces que l'on a aimées ne se transforment ?

Garibaldi est parfois contraint de rester plusieurs journées de suite alité, incapable de marcher, de bouger même, sans souffrir violemment. Il fait face à la douleur avec stoïcisme. Il écrit, couché, la version définitive de ses *Mémoires*, et surtout il entreprend un nouveau roman, *I Mille*.

Ce livre, qui raconte l'aventure des garibaldiens en 1860, est emphatique, plein de bons et de méchants qui s'opposent. Un jésuite y incarne toutes les turpitudes. Les sentiments y sont simples, l'intrigue élémentaire. *I Mille* est à peine l'ébauche d'un roman populaire, mais Garibaldi espère que ce roman lui permettra d'éviter la misère, de payer les dettes de ses fils. Cependant, la somme qu'il demande aux éditeurs — trente mille lires — leur paraît excessive. Et ce sont finalement des admirateurs qui se rassembleront pour éditer le livre et le diffuser.

Ce fut un succès, dû non pas aux réalités de l'ouvrage, mais à la notoriété de Garibaldi. En peu de temps, le livre recueillit quatre mille trois cent vingt-deux souscriptions.

Il rapporta à Garibaldi onze mille trois cent soixante lires. Somme importante pour un auteur, mais insuffisante pour couvrir les besoins de la famille.

Il lui faut se décider à vendre un yacht que des admirateurs anglais lui avait offert. Il en tire près de quatre vingt mille lires. Cela représente, cette fois, une petite fortune. Encore faut-il que, contrairement à ses habitudes, Garibaldi la gère avec attention. Or il la confie à l'un de ses amis, un ancien des guerres garibaldiennes, Antonio Bo. Et l'homme s'enfuit avec l'argent.

Amertume, pessimisme, accès de misanthropie submergent à nouveau Garibaldi, alors que s'aggravent les problèmes matériels qu'il doit affronter. Le domaine de Caprera est hypothéqué. Mais Garibaldi est un homme fier qui refuse de s'apitoyer sur son sort. Les articles qui parlent de ses difficultés l'irritent. Il ne demande rien. Le 10 novembre 1874, il écrit à l'un de ses correspondants :

« Au moment où divers journaux ont pour thème ma pauvreté, je dois donner quelques explications : je n'ai jamais été pauvre, parce que j'ai toujours su me conformer à ma condition, depuis l'époque où je servais les Républiques américaines et où je possédais une seule chemise de rechange sous la selle de mon cheval, à celle où j'ai été dictateur des Deux-Siciles. Si des membres de ma famille n'avaient pas oublié cette règle, et si de prétendus amis n'avaient pas abusé de ma bonne foi, ma pauvreté ne serait pas exaltée aujourd'hui et j'aurais vécu, comme toujours, une vie modeste et non pauvre. »

C'est pourtant presque reconnaître qu'il est dans le besoin. Dans les milieux gouvernementaux — qui comptent d'anciens garibaldiens qui ont peu à peu acquis le sens de l'ordre et le goût du pouvoir —, on s'inquiète. Et derrière cette préoccupation, on décèle aussi une manœuvre politique. Verser à Garibaldi une pension, n'est-ce pas l'associer à la droite qui règne sur le pays ?

Le 19 novembre 1874, une loi est approuvée qui accorde à Garibaldi un titre de rente de cinquante mille lires et une pension annuelle de la même somme. Le texte de la loi est clair, et Garibaldi eût pu accepter la pension sans paraître se soumettre.

Le gouvernement du Roi déclare en effet qu' « afin de manifester la reconnaissance de la nation italienne au glorieux concours donné par le général Garibaldi à la grande œuvre de l'unité et de l'indépendance de la nation, il est autorisé à inscrire sur le Grand Livre de la dette publique de l'État une rente de cinquante mille lires... ».

Le Sénat a adopté le projet à l'unanimité.

A la Chambre, on n'a compté que vingt-cinq opposants.

Mais Garibaldi se sent fouetté par cette mesure. Pour qui le prend-on ? Il sent l'intention politique : « Ce gouvernement, s'exclame-t-il, dont la mission est d'appauvrir le pays pour le corrompre, qu'il se cherche des complices ailleurs ! »

Et dans cette lettre à son fils Menotti, il ajoute :

« Tu diras au ministre que ces cent mille lires pèseraient sur mes épaules comme une tunique de Nessus. En acceptant, je perdrais le sommeil, et je sentirais à mon pouls le poids des menottes, les mains chaudes de sang ; et chaque fois que j'apprendrais la nouvelle de déprédations gouvernementales et de misère publique, mon visage se couvrirait de honte. Pour nos amis et le Parlement en général, j'ai une sincère reconnaissance. Quant au gouvernement — répète-t-il une nouvelle fois — qu'il cherche des complices ailleurs. »

Il faut vivre, pourtant. Et puisque Garibaldi a refusé le « Don National », imaginer d'autres ressources. Par exemple, exploiter à Caprera même des carrières de granit. Son fils Menotti, déjà lancé dans ses entreprises de construction à Rome, est mêlé à l'affaire.

Les Garibaldi rêvent. Puis, brutalement, vient la déception. Le gouvernement refuse — pour des raisons stratégiques liées à la défense de l'archipel — l'ouverture de carrières à Caprera.

Garibaldi s'indigne, dénonce ces projets militaires au moment même où il faut se préoccuper du développement de l'Italie. Il se rend à Rome — il est député —, revit avec l'accueil enthousiaste sur les quais de Civitavecchia, propose son plan de bonification de la campagne romaine, mais sa vivacité retombe quand il constate qu'on l'écoute sans le comprendre et, surtout, sans passer à la réalisation de ses projets.

Déception, une fois encore, cependant que s'accumulent sur sa tête les problèmes financiers.

Au même moment, sa maladie s'aggrave. Les rhumatismes déformants l'empêchent toujours de se mouvoir. Il est, presque chaque jour, un invalide qu'il faut pousser sur un fauteuil et poser là, contre la façade ou sous un arbre. Son visage alors est empreint d'une tristesse digne et d'une révolte silencieuse. Il veut tenir droit encore. Seul. Mais autour de lui on s'inquiète. Francesca pense à ses jeunes enfants.

Quand, en 1876, la gauche parvient au pouvoir, que le chef du gouvernement n'est autre qu'Agostino Depretis, un garibaldien du temps des « Mille », ancien gtouverneur de Palerme, Garibaldi, sensible aux pressions qui s'exercent de toutes parts — famille, amis —, accepte la pension que le gouvernement précédent avait votée.

Il n'est plus désormais menacé par la misère. il ne sera pas un complice de la politique gouvernementale. Garibaldi n'est pas de ces hommes qu'on achète. Mais ce « don national » qu'on lui accorde est, à ses yeux, la preuve qu'il est vieux. Dépendant. Et, pour l'homme qui avait vanté la vie libre du *matrero* chevauchant dans la pampa, l'acceptation d'une pension est une humiliation.

Cette abdication qui, pour d'autres, serait une consécration, la reconnaissance naturelle et publique de la gratitude de la patrie, l'affecte sourdement.

Certes, elle lui permet de résoudre les plus urgents des problèmes familiaux. Il organise rapidement le partage des cinquante mille lires de rente entre ses enfants. Menotti est sauvé de la faillite. Ricciotti, le fantasque cadet, maintenant installé en Australie, reçoit une aide de cinq mille lires. Les filles obtiennent leur part, plus modique, de même que Manlio, comme si les enfants de Francesca n'avaient pas autant de besoins que les deux premiers fils. Et c'est vrai. Mais il y a, dans cette inégalité, quelque injustice sur laquelle passe Garibaldi. Il lui faut soutenir les plus menacés. Et Francesca la paysanne, qu'on dit avare, ne proteste pas. Elle obtient elle aussi sa part et Garibaldi souscrit une assurance sur la vie. Il ne lui reste pour lui-même que cinq mille lires.

De quoi a-t-il besoin ? répète-t-il.

Il est plus que jamais frugal. A peine s'il sort de sa chambre. Au cours de l'hiver 1877-1878, il est sévèrement malade et presque toujours alité. C'est dans cet état de faiblesse qu'il doit encore subir le choc de la mort d'Anita, la fille qu'il avait eue de Battistina Ravello la Niçoise, l'enfant qu'il avait renvoyée chez elle. Triste sort que celui d'Anita, confiée à Esperanza von Schwartz qui l'utilisait comme bonne ou dame de compagnie. Anita s'était révoltée contre l'extravagante Allemande, avait obtenu de rentrer à Caprera où elle avait été mal accueillie par Garibaldi. Atteinte d'une insolation, elle devait mourir en quelques heures.

Garibaldi découvrit alors combien il l'aimait aussi, et se

sentit coupable de l'avoir négligée. Il l'enterra dans le cimetière
des Garibaldi où gisait déjà une autre enfant, Rosa. La mort le
serrait de toutes parts.

La maladie, ces déceptions, ces deuils, cette vieillesse que
tout signale, et les faiblesses du corps et l'attitude des membres
de la famille, et le Don national, tout cela ronge sa résistance et
sa volonté.

La sensibilité de Garibaldi, qui fut toujours vive, s'exacerbe.
Il pleure. L'émotion le saisit vite et l'emporte. Il s'accroche à
Francesca qui le soigne, attentive à ses désirs, comme souvent
les malades et les vieux adorent ceux qui les aident encore à
vivre. Elle, avec le dévouement qu'elle a toujours manifesté,
elle veille. S'il se plaint de ne pas voir la mer de sa chambre,
parce qu'un rocher ferme l'horizon, elle le fait araser et, pour le
soixante-treizième anniversaire de Garibaldi, elle aménage une
chambre d'où il pourra enfin apercevoir les vagues battant les
récifs de Caprera. Quand elle lui montre la chambre, il est
saisi, sanglote, lui baise les mains. Dehors, la fanfare de la
Maddalena joue pour Garibaldi. Il serre ses enfants contre lui.
« Remerciez votre maman », répète-t-il.

Le vieux guerrier n'est plus qu'un homme que quitte peu à
peu la vie.

Il le sait si bien qu'il veut partir « en ordre ». C'est un devoir
de reconnaissance.

Il vit avec Francesca et elle lui a donné trois enfants, dont
deux sont vivants, mais elle n'est rien qu'une concubine, car le
mariage d'un instant, que Garibaldi a contracté en 1860 avec
la jeune marquise Raimondi, n'a pas été rompu, même si Garibaldi a, le jour même de la cérémonie, répudié son épouse et ne
l'a plus revue depuis.

Maintenant, il met toute son énergie à obtenir l'annulation
de ce lien qui l'empêche de donner à Francesca le nom auquel
elle a droit, et à ses enfants une paternité légale.

Garibaldi sollicite l'intervention du roi Victor-Emmanuel II,
puis, en 1879, quand il est reçu par son successeur (Victor-

Emmanuel II est décédé en 1878), Humbert Ier, il lui demande d'intervenir à cette fin. Quelques mois plus tard, il lui envoie une supplique dans le même sens.

Les souverains, lui répond-on, sont soumis à la loi qui est, en ce domaine, égale pour tous. Et le tribunal repousse la demande d'annulation.

Garibaldi ne peut l'admettre. Est-ce chantage de sa part ou preuve de sa détermination ? Il déclare publiquement qu'il va en appeler à son ami Victor Hugo, afin d'obtenir la nationalité française. N'est-il pas niçois ? Et il pourra, alors, se marier avec Francesca Armosino.

C'est, dans l'opinion italienne, une levée de boucliers contre les juges aveugles, l'injustice qui est faite à Garibaldi, la honte pour la patrie.

La cour d'appel annule alors le mariage le 14 janvier 1880. L'affaire avait traîné près de vingt années.

Garibaldi ne tarde pas. Il a soixante-treize ans quand, le 26 janvier 1880, il épouse à Caprera Francesca Armosino. Le maire de la Maddalena s'est déplacé. Les enfants, Menotti, Teresita, Manlio, Clelia, entourent les époux. On chante. On pleure et l'on s'embrasse.

Dernière fête à Caprera.

Dans un peu plus de deux ans, Garibaldi va mourir.

Qui ne sait autour de lui que cet homme qu'on porte dans un fauteuil, ou qu'on pousse, vit ses derniers mois ?

Il est pâle, la peau semble s'être amincie et le regard voilé. Il respire lentement, comme si l'effort de laisser le cœur et les poumons battre était trop grand. On a le sentiment, en le voyant immobile, les mains dissimulées sous son poncho, qu'il s'éteint de fatigue et d'épuisement. Une vie trop usée et qui s'effiloche, brin après brin.

Il ne l'ignore pas. Le 2 juillet 1881, à deux jours de son soixante-quatorzième anniversaire, il demande qu'on le laisse seul. Il écrit. On saura qu'il a rédigé ce qu'iil appelle un *Appendice à mon testament*. Il ajoute encore des précisions sur l'incinération qu'il désire. Aucune hésitation sur ce point, une minutie qui révèle que Garibaldi veut que sa mort soit une proclamation, voire une provocation :

« Mon cadavre sera incinéré, écrit-il, avec du bois de Caprera, dans le site que j'ai désigné avec un axe en fer. Un peu de cendre sera recueillie dans une urne de granit placée dans la tombe de mes filles, sous l'acacia. Ma dépouille sera revêtue de la chemise rouge, la tête dans le cercueil, ou plutôt dans le petit lit de fer appuyé au mur vers le couchant, avec le visage découvert. Le bas du cercueil ou du petit lit, comme ma tête, seront maintenus par de petites chaînes de fer. On n'avisera pas le maire ou une quelconque autre personne avant que mon cadavre ne soit complètement incinéré. »

Garibaldi craint-il que l'on empêche l'incinération, ou bien désire-t-il que cet acte, le dernier, soit une sorte de rituel en harmonie avec les croyances maçonniques, ou au contraire veut-il frapper les imaginations, dérober son corps pour demeurer présent dans la mémoire ?

Tout cela sans doute, et d'abord complaisance à préparer la scène dans le détail. Car écrire cet *Appendice* à son testament est une manière de ne pas renoncer à agir, l'affirmation de la volonté d'intervenir encore, de rester maître de soi à l'instant même où tout se défait.

Le délai se rétrécit. Quelques actes encore. Le désir de prendre parti dans les luttes du moment, de dire encore qu'il faut lutter pour la patrie plus grande, afin d'ajouter Trente et Trieste au territoire national. Garibaldi se souvient de ses campagnes dans le Tyrol, il soutient ceux qui manifestent en faveur de « l'Italie irrédente », il donne son patronage à des sociétés de tir où devront s'entraîner les futures recrues.

Il écrit :

« Les manifestations pour l'Italie Irrédente émanent du sentiment national. Elles sont faites contre l'Autriche et pour une fraction considérable de nos frères asservis... Quand tout Italien de dix-sept à cinquante ans pourra loger une balle dans la cible à cinq cents pas, la question sera vidée, et nous attendons ce résultat du gouvernement, aidé par la nation tout entière. »

Il persiste donc dans sa voie « nationale » qui rend la guerre légitime, alors même qu'il se proclame pacifiste. Se rend-il compte que son patriotisme peut conduire au chauvinisme ? Garibaldi ne le soupçonne même pas, car il est viscéralement « internationaliste ».

N'a-t-il pas combattu pour la France, oubliant tous ses ressentiments ? Cela ne lui donne-t-il pas le droit de s'indigner quand, au moment de l'occupation de la Tunisie par les Français (1881), des manifestations anti-italiennes se produisent à Marseille et à Paris ?

Car la Tunisie, si proche de la Sicile, compte une forte colonie italienne, et Rome n'avait pas dissimulé qu'elle considérait comme une conséquence naturelle son influence prédominante en Tunisie. Mais le « partage colonial », ce sont les rapports de force entre puissances qui le déterminent, et non on ne sait quelle répartition équitable en fonction de la proximité ou des besoins. La France a trop ? L'Italie rien ? La France aura davantage et l'Italie moins encore ! Telle est la loi.

Elle déclenche la hargne des nationalistes italiens qui se sentent humiliés et frustrés. Crispi, qui fut l'un des compagnons de Garibaldi, qui mit sur pied l'expédition des « Mille », est devenu l'un des plus intransigeants dans la défense des droits nationaux de l'Italie. Ministre de l'Intérieur, il a oublié le temps des conspirations et des révoltes et préfère organiser des manifestations antifrançaises qui préludent à une grande politique coloniale dont l'objectif est de faire de l'Italie, il l'espère, une puissance coloniale respectée.

Garibaldi est présent dans cette bataille.

« Je suis l'ami de la France, écrit-il, et je crois que l'on doit faire tout ce qui est possible pour conserver son amitié. Cependant, comme je suis Italien avant tout, je donnerais joyeusement ce qui me reste de vie pour que l'Italie ne soit outragée par personne. »

Et il ajoute qu'il faut « laver le drapeau italien traîné dans la boue des rues de Marseille. Déchirer le traité arraché par la violence au bey de Tunis ».

Il est à l'unisson de la sensibilité des couches moyennes italiennes, d'autant plus suceptibles qu'elles n'ont pu exprimer leur passion nationaliste et leurs rêves de gloire dans une grande guerre victorieuse. Elles piaffent d'impatience, persuadées que l'Italie nouvelle doit se tailler un rôle en Europe, que l'Italie humiliée, moquée, réduite à une région touristique, n'est plus qu'un souvenir. Garibaldi dit bien ce qu'ils ressentent : « Nos voisins autrichiens et français doivent comprendre que le temps de leurs promenades dans le beau pays est à tout jamais passé. »

Le nationalisme, le chauvinisme commencent d'apparaître.

Garibaldi interpelle les Français, se moquant de « ces fameux généraux qui se sont laissé mettre en cage par les Prussiens dans des wagons à bestiaux, puis traîner en Allemagne, abandonnant à l'ennemi un demi-million de glorieux soldats, et ce sont les mêmes qui aujourd'hui jouent les héros contre les populations faibles et innocentes de Tunisie » !

Dans le concert patriotique, la voix de Garibaldi résonne haut, forte de sa participation victorieuse à la campagne de 1870 et de ses vertus militaires. Il est l'Italien légendaire, celui dont on peut opposer les qualités viriles aux héros des autres nations.

On comprend que Crispi veuille le pousser plus encore en avant. Car à l'impérialisme italien naissant, Garibaldi donne sa coloration démocratique et généreuse, il permet qu'on le présente non comme une revendication de puissance, équivalente à celle des autres nations, mais bien comme le mouvement justifié d'une nation pauvre qui réclame ses droits.

Et la presse fait écho aux déclarations de Garibaldi qui revient sur l'abandon de Nice — *Nizza* —, sa patrie, et même s'interroge sur le destin de cette île dont il aperçoit depuis Caprera la côte, la Corse, et dont il dit qu'elle aurait dû aussi rester italienne.

Au printemps de 1882, Crispi, qui est sicilien, veut donner un grand retentissement à la célébration du six centième anniversaire des Vêpres siciliennes.

En 1282, la population de l'île a mis fin dans une insurrection sanglante — un massacre — au règne des « Français » de Charles d'Anjou, frère de Louis XI. On peut évidemment contester le raccourci historique aux limites de la mauvaise foi politique qui fait des chevaliers médiévaux, peu sensibles à la notion de « patrie », les ancêtres de la IIIe République ! Mais ils venaient de France, et cela suffit à Crispi pour alimenter le foyer du nationalisme italien.

Le gouvernement de Rome prépare la signature du traité de Triple Alliance qui associera Rome à l'Allemagne et à l'Autriche, et il faut que l'opinion italienne oublie sa passion anti-autrichienne, son désir de récuper Trente et Trieste, pour se tourner contre la France.

Invité à visiter la Sicile à cette occasion, Garibaldi accepte au mois de mars 1882. Le souvenir de 1860, le désir de tenir encore un rôle, sa volonté de participer à ce qu'il croit être une juste politique italienne, le poussent, malgré la maladie et les conseils des médecins, à répondre à l'appel de Crispi.

Ce voyage à Naples, à Messine et à Palerme, est le dernier qu'il accomplit.

Quelques mois auparavant, il s'est rendu à Gênes — où son gendre Canzio était détenu pour sa participation à des manifestations républicaines — puis de là, après avoir obtenu la libération de Canzio, il s'est rendu jusqu'à San Damiano d'Asti, le village de Francesca, sa femme. Il a gagné ensuite Milan.

Partout l'accueil a été enthousiaste, même si, à la vue de cet homme épuisé, immobile dans les voitures, au teint si pâle, les cris s'étouffent et l'attitude des foules devient recueillie.

Mais Garibaldi, malgré l'épuisement qu'il en a éprouvé, a sans doute gardé dans les yeux ces visages innombrables, pressés autour de lui, et qui lui expriment leur affection. Il a besoin de cela, comme d'un moyen de retrouver sa gloire passée. C'est aussi ce qu'il va chercher dans le Sud.

Le 20 janvier 1882, il quitte Caprera pour Naples. On a hissé son lit à bord du bateau, à l'aide d'un palan. Le temps est mauvais. Garibaldi, depuis son lit, donne quelques ordres à l'équipage, comme s'il était revenu à ces années qui s'éloignent à l'horizon de sa vie, quand, debout sur la passerelle, il commandait des navires.

Ainsi ce voyage commence-t-il sous le signe de la nostalgie et des retrouvailles.

Voici Naples enthousiaste. Des centaines d'embarcations entourent le navire où l'on n'aperçoit pas Garibaldi, car il ne peut plus se lever. On lui fait parcourir les rues de Naples, et, comme à Milan, les foules découvrent un homme qui va mourir.

Durant quelques jours, il séjournera paisiblement dans une villa de Posillipo, donnant des déclarations à la presse, décidant, contre l'avis des siens, de se rendre à Palerme, en train afin de refaire le trajet qu'il avait accompli en guerrier victorieux, cavalcadant à la tête de ses « Mille », en 1860.

Il commence à tousser, respire avec une difficulté croissante. On diagnostique une bronchite.

A partir du 26 janvier, les journaux publient régulièrement un bulletin de santé. La mort s'insinue en lui alors qu'il parcourt cette route qui fut celle des sommets de sa gloire.

A Palerme, il est si las qu'on le porte jusqu'à l'hôtel et que, sur son passage, la foule, dense pourtant, se tait.

Le 16 avril il s'embarque pour Caprera où il arrivera le lendemain avec sa famille.

Son état de santé s'aggrave de jour en jour. Il respire mal, si lentement qu'à chaque souffle, il paraît étouffer.

Le 29 mai, Francesca écrit à Menotti : « Il a beaucoup maigri en quelques jours et me donne ses ordres habituels pour son projet d'incinération. »

Le 1ᵉʳ juin, son état empire. Il s'étouffe. Un médecin de la marine, embarqué à bord d'un navire ancré dans les eaux de l'île, se déclare impuissant. Il faut une intervention. On télégraphie à Palerme. A la bronchite s'ajoute une paralysie progressive qui empêche Garibaldi de respirer.

Le 2 juin, à 18 h 20, il meurt.

On dira que deux fauvettes à tête noire étaient entrées dans la chambre et qu'il avait murmuré qu'elles étaient l'âme de ses deux petites filles mortes.

On dira que sa dernière pensée avait été pour Trente et Trieste, les villes toujours séparées de l'Italie.

On dira qu'il regarda la mer et la silhouette d'un navire qui s'éloignait.

Il faudrait seulement dire : un homme est mort de vieillesse et de maladie, un homme est mort qui a fait de sa vie une légende.

Mais les survivants, les foules, les chefs politiques qui l'avaient aimé, suivi, utilisé, exalté, ne pouvaient que s'emparer de sa mort. Pour la magnifier, afin qu'elle fût exemplaire. Le corps de Garibaldi et l'image qu'il laissait étaient à eux et non, comme il l'avait cru, à lui seul.

Ils s'emparèrent donc de lui.

Il était mort le 2 juin à 18 h 20. Dès que le télégramme annonçant le décès eut atteint le continent, les préparatifs, les manifestations commencèrent. Le deuil fut à la mesure de la gloire.

On se battit pour savoir où aurait lieu les funérailles. « A Rome, à Rome », répétaient beaucoup qui voulaient que l'éclat national fût le plus grand possible.

Puis on prit connaissance du testament minutieux de Garibaldi. Mais pouvait-on laisser ce corps se consumer seul sur un bûcher champêtre ?

Le 7 juin, à Caprera, le conseil de famille se réunit. D'anciens garibaldiens — comme Francesco Crispi — en font partie.

Les débats sont vifs. Comment oublier les précisions de Garibaldi, si explicitement insistantes, répétées sous diverses formes, données à nouveau dans une lettre à son médecin, le docteur Prandini :

« Sur la route qui de la maison conduit à la plage, a écrit Garibaldi comme s'il craignait qu'on ne retrouve pas son testament, il y a une dépression de terrain bornée par un mur. Sur ce point, on fera un tas de bois de deux mètres avec des branches d'acacia, de myrthe, de lentisque et d'autres bois aromatiques. Sur le bûcher se posera un petit lit de fer et sur celui-ci, la bière découverte où seront mes restes parés de la chemise rouge.

« Une poignée de cendres sera conservée dans une urne quelconque qui devra être placée dans le tombeau où sont les cendres de mes enfants Rosa et Anita. »

Mais rares sont ceux qui sont décidés à suivre les vœux de Garibaldi. On parle d'embaumer le corps. L'incinération choquerait les sentiments du peuple, affirme-t-on. Garibaldi ne s'appartient pas, laisse-t-on entendre. Il est propriété de l'Italie et de la légende.

La décision est prise après de longues heures de discussion. Les funérailles auront lieu à Caprera, mais on renonce à l'incinération.

Ministres, représentants du Roi et des associations patriotiques se rassemblent à Caprera, le 8 juin 1882.

Les anciens garibaldiens, les survivants de ses guerres et leurs drapeaux se mêlent aux « hommes gris », ces officiels qui n'ont souvent vu en Garibaldi qu'un instrument à utiliser ou un gêneur. Les chemises rouges et les couleurs vives des bannières rappellent que Garibaldi fut un « homme rouge ».

Dans les eaux de Caprera, deux navires de guerre tirent une salve. On porte le cercueil à bout de bras jusqu'au petit cimetière.

« Qui s'est éteint — dit avec emphase au même instant, à Rome, un parlementaire — qui a disparu ? Un peuple, un royaume ? Non. César, Saint-Thomas, Dante ? Non. Le

Verbe, l'Energie de la souveraineté de la nation se sont éteints. Maintenant, la signification du monde est devenu cendres... »

Excessif, bien sûr. Mais la tristesse populaire est profonde. Le peuple a le sentiment de perdre l'un des siens. Et cependant qu'à Caprera, dans le désordre d'une cérémonie mal organisée, cinq cents personnes envahissent le petit cimetière, dans les villes et les villages, des femmes se rassemblent, pleurent et prient. « *E morto Garibaldi, il generale.* » Des refrains de chansons populaires montent déjà aux lèvres.

Celui qu'on enterre là-bas faisait déjà partie de l'imaginaire de chaque Italien, personnage aussi profondément enraciné dans la sensibilité qu'un héros de conte ou d'opéra.

« *E morto Garibaldi, il generale.* » « Il est mort, Garibaldi, notre général. »

Un orage d'une violence extrême s'abat en fin de journée sur Caprera. Les personnalités sont contraintes de demeurer sur l'île toute la nuit et une partie de la journée du 9 juin.

Apeurés par la tempête et par ce sentiment un peu étrange que provoquent toujours les premières heures passées dans une île, installés sans confort dans les bâtiments du domaine, ces grands s'inquiètent. On dit que, sur le continent, des désordres ont éclaté, que Garibaldi mort mène la danse contre les autorités.

Rumeurs infondées, que les heures suivantes dissipent.

Dans le monde entier, la nouvelle a fait la première page des journaux. En France, par deux cent quatre-vingt-dix-huit voix contre cent quatre-vingt-neuf, la Chambre des Députés a décidé, en signe de deuil, de lever la séance.

Cependant, on a entendu encore des propos insultants de la droite conservatrice qui refuse de s'associer à l'hommage rendu.

Mais Victor Hugo accepte de présider le Comité constitué en l'honneur de Garibaldi.

Après sa mort, Garibaldi retrouve les siens.

Le 26 juin 1882, l'ensevelissement de sa dépouille était achevé.

Un rocher brut pesant plus de trois tonnes fermait la tombe.

On y avait gravé une simple étoile, celle des « Mille », et un nom : « Garibaldi. »

Point de date.

Point de phrase.

Ce nom avait à lui seul son poids de légende, la force et la puissance d'un chœur.

Finale

Une voix humaine

Garibaldi, vivant depuis un siècle qu'il est mort ? Ou bien prisonnier des cérémonies officielles qui, les jours anniversaires — 1907, 1957 : centième et cent cinquantième anniversaire de sa naissance ; 1932 : cinquantième anniversaire de sa mort, et aujourd'hui, 1982... —, rassemblent autour de ses statues, de ses plaques innombrables, des monuments du souvenir dispersés dans toute l'Italie, à Nice, en bien d'autres villes, des notables, qu'ils appartiennent aux gouvernements ou à des Ligues qui n'ont plus souvent l'hérétique que la cravate rouge qu'elles nouent autour des hampes de leurs drapeaux ?

Si l'on ne se fiait qu'à ces rassemblements, si l'on n'entendait que ces discours, on ne verrait en Garibaldi qu'un personnage du musée Grévin de l'Histoire, dressé à jour fixe sur les tribunes, puis enfermé à nouveau dans les salles poussiéreuses et obscures. Et l'on pourrait conclure que le corps et l'image de cet homme rouge sont bien ensevelis dans cette tombe de l'île, sous un rocher pesant trois tonnes.

Mais il faut toujours écarter les drapeaux des cérémonies, interrompre les conférences, troubler les célébrations, si l'on veut savoir ce qu'il en est, en profondeur, de l'influence d'un homme, afin de reconnaître dans ceux qui, depuis sa mort, se sont avancés au premier rang des créateurs d'histoire, qui ont revendiqué son héritage, ses bâtards ou, au contraire, ses enfants légitimes.

Car enfin, comment ne pas s'étonner de la diversité de cette famille garibaldienne au cours du siècle écoulé ?

Les descendants de « sang » — les fils — ne peuvent être appelés à témoigner.

Ils ont conduit leur vie à leur manière.

L'un, Menotti, devenu général, mort en 1903, approuva les entreprises coloniales et impérialistes de Crispi.

L'autre, Ricciotti, se battit dans les Balkans, puis, avant de mourir en 1924, exalta la prise du pouvoir par Mussolini, et l'installation du fascisme après la Marche sur Rome de 1922.

Le troisième fils, Manlio, officier de marine, mourut en 1900.

Seule Clelia survécut longtemps à sa mère, Francesca — morte en 1923 —, et ne disparut, après avoir habité toute sa vie Caprera, qu'en 1959. Elle écrivit un peu afin de témoigner, mais resta discrète.

Canzio, le beau-fils, représente dans la famille la gauche et il fut mêlé aux troubles révolutionnaires de 1898. Son fils, le général Ezio Garibaldi, entretint des relations complexes avec le régime mussolinien. Il a laissé un fils.

Mais la postérité de Garibaldi n'est pas seulement sa famille. Ni même ces hommes qui se réclamèrent directement de lui pour participer, en son nom, à la guerre des Boers, à la révolution du Venezuela (1904), aux guerres des Balkans (1912-1913), ou, sur le sol de France, dans l'Argonne, aux premiers combats de la guerre de 1914, l'Italie demeurant neutre jusqu'en 1915.

Ceux-là reprenaient la tradition de l'interventionnisme de 1870. Et ils se battirent vaillamment, ces garibaldiens de l'Argonne, payant un lourd tribut humain à leur sentiment de solidarité avec la France. Deux petits-fils de Garibaldi, Bruno et Constance, moururent là. Et autour des monuments aux morts de la Première Guerre mondiale, il y eut, des années durant, des chemises rouges et un drapeau des garibaldiens.

Mais ce n'est pas encore l'essentiel de l'héritage, et dans cet « activisme » généreux, ou ces destins contradictoires des membres de la famille, on ne distingue pas les faces opposées de la postérité garibaldienne.

Car il faut briser l'unanimité. Les ronces ont aussi poussé sur cette tombe.

Dans le fascisme et ces *squadre* (sections) indisciplinées qui marchent dans la campagne romaine derrière un chef — Mussolini — qui, à grands coups de mots, tente d'entraîner les Italiens derrière lui, dans l'idée même de « marcher sur Rome », dans celle de la « chemise noire », puis, plus tard, dans ce programme où l'on retrouve l'assèchement des Marais Pontins et les grandes déclamations nationalistes, dans cette rhétorique du Duce, dans ce « folklore », il y a l'expression d'un héritage garibaldien. Le pire, l'écorce, sans doute. Mais le nier serait ne pas saisir l'un des sillons de l'histoire italienne, l'une de ses « traditions ».

Ce n'est pas par hasard que le fascisme fit du cinquantième anniversaire de la mort de Garibaldi, en 1932 — qui coïncidait avec le *decennale*, dix ans de fascisme — l'une de ses grandes dates. On transféra alors de Nice à Rome les cendres d'Anita Garibaldi. Et l'on bâtit un monument pour elle.

Ce n'est pas un hasard non plus si, sous le fascisme, le « *Nizza Nostra* » — et la « Corse italienne » — revint comme l'écho de la déception garibaldienne d'avoir été privé de sa patrie.

Le fascisme n'a pas voulu seulement utiliser ou contrer habilement une sensibilité populaire et se parer ainsi de tradition garibaldienne. Il a dévoilé les « scories » du garibaldisme, vidant le fruit pour ne laisser que l'enveloppe. Mais elle existait.

Dans le style garibaldien, il y avait trop d'ambiguïté — affirmation spontanée du rôle de l'homme providentiel : le *duce* Garibaldi, exaltation du « geste » héroïque, goût du théâtre — pour que d'autres ne l'utilisent pas jusqu'à la caricature.

Le fascisme et Mussolini sont le décalque noir et caricatural

du garibaldisme et de Garibaldi, la contrefaçon d'une tradition
nationale.

Il est une autre veine, où coule le sang du souvenir garibaldien. Et il est rouge. Sous le fascisme, précisément, contre ce
bâtard du garibaldisme et le détournement d'héritage auquel il
aspirait, se dressèrent dès l'origine les garibaldiens antifascistes, d'orientation républicaine, libérale et marxiste, qui
dégageaient dans l'épopée garibaldienne l'essentiel : le recours
à l'intervention populaire dans l'histoire italienne, au nom d'un
idéal démocratique et fraternel. Mal défini ? Ouvrant la porte
aux compromis et aux interprétations ? Limité parfois dans ses
analyses ? Ils ne le niaient pas. Mais rigoureux dans le dévouement et l'engagement personnels, malgré les méandres d'une
vie. Et toujours, à chaque instant, cette existence de vérité,
même maladroite : Garibaldi ne se dérobe jamais.

Ceux qui se réclamaient de lui, les antifascistes, ses fils légitimes, payèrent aussi leurs convictions de leur vie.

En Espagne, durant la guerre civile, ils combattirent dans
les rangs d'une Brigade Internationale portant le nom de Garibaldi.

Surtout, durant la Résistance — ce second et profond Risorgimento —, lors des derniers mois du fascisme dans les montagnes de l'Italie du Nord, les jeunes gens qui constituaient les
unités de partisans garibaldiens nouaient à leur cou un foulard
rouge.

La victoire remportée, le noir vaincu par le rouge, c'est le
2 juin 1946, jour anniversaire de la mort de Garibaldi, que les
Italiens sont appelés à se prononcer, par plébiscite, sur la disparition de la Monarchie.

Plus de douze millions de voix contre dix — écart significatif, même si ce n'est pas le fossé que certains espéraient — choisissent la République.

Ce jour-là, les partisans de la République arboraient comme
emblèmes l'étoile garibaldienne et le visage de Garibaldi.

2 juin 1882 : un homme meurt.
2 juin 1946 : une République naît.

Quittons l'Italie, rejoignons les antipodes, terrain d'autres luttes garibaldiennes.

Il est en Argentine, au nord de Bahia Blanca, à cinquante kilomètres environ, perdu dans la *stipa*, cette herbe haute et drue, un hangar, une construction frêle que longe la ligne de chemin de fer. On y lit une grande inscription : *Colonia Nueva, Roma* comme si une station était celle d'une ville, ou tout au moins d'une bourgade.

Mais, autour du hangar, il n'y a rien que la *stipa*.

Ici, des garibaldiens s'installèrent dans l'espoir de construire une cité. Ils étaient trop loin de la mer. La misère et les difficultés les prirent à la gorge. Les haines entre eux s'envenimèrent. Et ils s'entre-tuèrent.

Ne reste de leur espoir que ce hangar fragile. Cette trace d'une présence, d'un combat et d'une volonté. Cette inscription, ce nom : *Roma*, qui fait écho à celui de Garibaldi.

C'est peu, un nom.

C'est fugace, dans l'histoire des hommes, une tradition. Et, dans le tumulte, au milieu des explosions de nos guerres et de nos violences, c'est si ténu, une voix humaine.

Et pourtant, après un siècle, la voix de Garibaldi, si souvent contrefaite ou maquillée, s'entend encore et se reconnaît.

Un homme croyait aux hommes et à leur avenir, naïvement.

Et ce chant-là — miracle, mystère —, on ne peut l'étouffer.

Novembre 1981

Annexes

Dates	Vie de Garibaldi	En Italie	Dans le reste du monde	Faits culturels
1807	Naissance à Nice (4 juillet)		Bolivar s'empare du pouvoir à Caracas (1808)	Foscolo : *I Sepoleri*
1810	Naissance de son frère Michele			Naissance de Verdi (1813-1901)
1813	Naissance de son frère Felice			Naissance de Wagner (1813-1883)
1814		Nice fait à nouveau partie du Royaume de Piémont-Sardaigne	Abdication de Napoléon Ier (1814)	
1817	Naissance de sa sœur Teresa			Naissance de Marx (1818-1883)
1820	Mort de Teresa			
1821		Les Autrichiens infligent à Novare une défaite aux Piémontais	Mort de Napoléon	Naissance de Dostoïevski (1821-1880)
		Victor-Emmanuel Ier abdique le 19 mars 1821 en faveur de son frère Charles-Félix. Charles-Albert, régent	Insurrection grecque	Naissance de Flaubert (1821-1881)
1822	Voyage à Odessa	Troubles à Turin		
1825	Voyage à Rome	Insurrection dans le Cilento	Complot des décembristes	Manzoni publie *Les Fiancés* (1827)
1828				

			en France ; Louis-Philippe succède à Charles X	*Noir*
1831		Émeutes à Modène, Parme et en Romagne. Mazzini fonde la *Giovine Italia*		
1833	Rencontre du Saint-Simonien Barrault (mars) et de Mazzini (décembre)	Répression à Turin		
1834	Choléra à Nice. Garibaldi condamné à mort. Choléra à Marseille	Échec de l'insurrection mazzinienne à la frontière suisse et à Gênes	Émeutes à Lyon	
1835	Départ pour Rio de Janeiro		Attentat de Fieschi contre Louis-Philippe. Tentative de soulèvement de Louis-Napoléon à Strasbourg (1836)	Naissance de Carducci (1835)
1837	Entre au service de la République du Rio Grande do Sul			*Ruy Blas* de V. Hugo (1838)
1939	Rencontre avec Anita	Réunion du Premier Congrès scientifique italien à Pise		Stendhal : *La Chartreuse de Parme*
1840	Naissance de Menotti		Nouvelle tentative de Louis-Napoléon à Boulogne	Premier opéra de G. Verdi. Naissance de Zola (1840-1902)
1841	Mort du père			

Dates	Vie de Garibaldi	En Italie	Dans le reste du monde	Faits culturels
1843	Siège de Montevideo	Gioberti écrit *Il Primato* Mazzini fonde la *Giovine Italia*		*Nabucco*, opéra de Verdi (1842)
1844	Naissance de Teresita	Insurrection des frères Bandiera en Calabre. Balbo écrit *Le Speranze d'Italia*.		*Les Trois Mousquetaires*, d'A. Dumas (1844). *Le Comte de Monte-Cristo* (1845)
1847	Naissance de Ricciotti	Cavour crée la Banque de Turin. Pie IX pape en 1846. Le Risorgimento (1847)		*Tannhäuser*, de Wagner (1845)
1848	Garibaldi repart pour l'Italie (15 avril)	Défaite piémontaise à Custozza (23 juillet). Armistice	Révolution de 1848 Chute de Metternich (mars)	E. Brontë : *Les Hauts de Hurlevent* Le Manifeste communiste (1847)
1849	Réunion de l'Assemblée nationale à Rome : Garibaldi y participe Garibaldi abandonne Rome Mort d'Anita (août) Second exil (septembre)	République romaine Charles-Albert déclare la guerre à l'Autriche (12 mars) Défaite et abdication de Charles-Albert (Novare, 23 mars) Débarquement des Français d'Oudinot à Civitavecchia (avril) Assaut français contre Rome (mai-juin)	Élection de Louis-Napoléon Bonaparte à la présidence de la République provisoire	

Année	Garibaldi	Événements italiens	Événements politiques	Œuvres
1851			Coup d'État de Louis-Napoléon Bonaparte (2 Décembre)	Dumas : *Montevideo ou une Nouvelle Troie* Dickens : *David Copperfield*
1850-1854	Voyages (Amérique centrale, Chine, Australie)			
1852	Mort de la mère	Cavour président du conseil du Piémont (1852)		
1853	Mort d'Angelo, le frère aîné	Martyrs de Belfiore Manifestation à Milan		*La Traviata* de Verdi (1853) Les *Vêpres siciliennes* de Verdi
1855	Arrivée à Nice Mort du frère Felice : héritage Achat d'une partie de l'île de Caprera	Guerre de Crimée : le Piémont allié de la France et de l'Angleterre Laïcisation des couvents au Piémont		
1856	Voyage à Londres	Fondation de la Société Nationale italienne	Congrès de Paris	Baudelaire : *Les Fleurs du Mal*
1857	Installation à Caprera	Tentative de Pisacane		
1858	Rencontre avec Cavour Garibaldi adhère à la Société Nationale		Attentat d'Orsini contre Napoléon III	
1859	Garibaldi à la tête des Chasseurs des Alpes	Guerre entre l'Autriche et le Piémont. 26 avril : inter-		Marx : *Critique de l'économie politique*

Dates	Vie de Garibaldi	En Italie	Dans le reste du monde	Faits culturels
1860	Mariage avec Giuseppina Raimondi Départ pour la Sicile (6 mai) Rencontre avec Victor-Emmanuel II (26 octobre) Départ pour Caprera (novembre)	vention française. Magenta (6 juin), Solférino (24 juin) Paix de Villafranca (11 juillet) Nice cédée à la France Expédition des Mille Garibaldi entre à Palerme (27 mai) puis à Naples (7 septembre)	Lincoln élu Président des États-Unis	Wagner : *Tristan et Iseult* Naissance de Jean Jaurès
1861		Proclamation du Royaume d'Italie Mort de Cavour (6 juin)	Guerre de Sécession	Dostoïevski : *Souvenirs de la Maison des Morts* Dumas : *Révolution de Sicile et de Naples*
1862	Garibaldi quitte Caprera pour la Sicile et se heurte à l'armée royale à Aspromonte (29 août) où il est blessé		Bismarck premier ministre	*La Force du Destin* de Verdi *Les Misérables* de V. Hugo
1864	Voyage en Angleterre (avril)		Fondation de l'Internatio-	*Guerre et Paix* de Tolstoï

	Succès à Bezzecca (20 juillet) Garibaldi « obéit » (août)	l'Autriche Guerre contre l'Autriche (20 juin) Défaite italienne à Custozza (25 juin) Défaite navale à Lissa (20 juillet)	dowa (3 juillet)	par Nobel *Crime et châtiment* de Dostoïevski
1867	Naissance de Clélia, fille de Francesca Armosino Intervention au Congrès de la Paix à Genève (septembre) Tentative pour s'emparer de Rome Bataille de Mentana contre les Français (3 novembre)	Taxe sur macinato (1868) Émeutes paysannes	Exécution de Maximilien, empereur du Mexique par Juarez Dissolution de la Section française de l'Internationale (1868)	*Le Capital*, tome I, de Marx
1870	Garibaldi participe à la guerre en France à Dijon (novembre)	L'armée italienne entre à Rome (20 septembre)	Ouverture du Concile au Vatican (1869) Guerre franco-prussienne (19 juillet) Sedan La République est proclamée à Paris (4 septembre) Rockefeller fonde la Standard Oil	(Naissance de Lénine) *Aïda* de Verdi
1871	Garibaldi à l'Assemblée (février) après avoir été élu à Nice, Paris, Alger	Le royaume d'Italie compte 26 801 000 habitants ; 61,9 % des hommes et		

Dates	Vie de Garibaldi	En Italie	Dans le reste du monde	Faits culturels
		95,7 % des femmes sont analphabètes Tunnel du Mont-Cenis	La Commune (mars-mai 1871)	
1872	Testament politique (décembre)	Mort de Mazzini	Kulturkampf	
1873	Naissance de Manlio, fils de Francesca	Visite de Victor-Emmanuel II à Vienne et à Berlin Pie IX interdit aux catholiques italiens de participer à la vie politique (1874) L'empereur d'Autriche en visite officielle à Venise (1875)	Amendement Wallon (1875) La République en France	Rimbaud : *Une saison en enfer* Naissance de Proust (1873-1923)
1876	Garibaldi accepte un « don national » de l'État	Arrivée de la gauche au pouvoir		
1878		Mort de Victor-Emmanuel II Humbert Ier lui succède	Démission de Mac-Mahon (1879) La République l'emporte définitivement en France	(Naissance de Staline, 1879)
1880	Le mariage de Garibaldi avec G. Raimondi est annulé. Mariage avec Francesca Armosino	Constitution du Partito Operaio (parti ouvrier) à Bologne		
1881		Visite de Humbert Ier à Expédition française		

| 1882 | Mort de Garibaldi (2 juin) | L'Italie adhère à l'alliance austro-prussienne : la « Triple Alliance » dirigée contre la France (20 mai) | *Parsifal* de **Wagner** Naissances de Joyce et d'Igor Stravinski |

Orientation bibliographique

Les livres et articles consacrés à Garibaldi se comptent par milliers. Il faudrait y ajouter ceux, innombrables aussi, qui traitent du Risorgimento.

On ne donne que quelques titres qui comportent une bibliographie et conduisent donc à d'autres livres.

Il faut d'abord situer le climat historique :
G. Candeloro, *Storia dell' Italia Moderna,* Feltrinelli, sept volumes (1958, et années suivantes). Une somme très détaillée, d'inspiration marxiste.
J. Godechot, *Histoire de l'Italie Moderne, Le Risorgimento 1770-1870,* Hachette, 1971. Une excellente étude, complète.
G. Procacci, *Histoire des Italiens,* Fayard, 1970. Une introduction et un survol remarquables.
S. Romano, *Histoire de l'Italie du Risorgimento à nos jours,* Le Seuil, 1977. Un livre essentiel où les faits sont constamment réévalués dans une perspective critique. Le plus stimulant des ouvrages récents.

Les textes de Garibaldi :
Les éditions de sa *Correspondance* (2 vol., 1885) de ses *Mémoires autobiographiques* (1888) sont nombreuses.
On retiendra, puisqu'il faut choisir, les plus accessibles :
Le Memorie di Garibaldi nella redazione definitiva del 1872 (Bologna, 1932).
Lettere e proclami (Milano, 1954).
Et surtout, en français, un livre récent :
Mémoires d'une Chemise rouge, Maspero, 1981.
Ce livre, qui comporte des notes et des cartes, devrait ouvrir, pour un Français non spécialiste, toute lecture sur Garibaldi.

Les biographies de Garibaldi :
Elles sont très nombreuses et très inégales. Leur publication commence du vivant même de Garibaldi et ne cessa pas jusqu'à nos jours.
On relèvera outre les livres de ce témoin particulier qu'est Alexandre Dumas (*Montevideo ou une nouvelle Troie,* Paris, 1850 — *Révolution de Sicile et de Naples,* Paris, 1861), l'ouvrage d'un autre témoin :
Jessie W. Mario : *Garibaldi et son temps,* Paris, 1884. Très détaillé.

D. Mack Smith : *Garibaldi a great life in brief*, New York, 1956. Un survol précis.

Un ouvrage imposant :

G. Sacerdote : *Vita di Garibaldi* (1932, et Milan 1957).

Au cours des dernières années ont été publiés en français des ouvrages d'orientations différentes. On peut en retenir deux qui apportent un point de vue intéressant.

Traduit de l'italien, l'ouvrage anecdotique et qui se veut démystificateur :

I. Montanelli et Marco Nozza : *Garibaldi*, Paris, 1964.

L'historien E. Tersen a écrit un *Garibaldi* précis et vif (1962, réédition plus récente) mais où le point de vue marxiste loin d'éclairer le rôle d'un homme le fait disparaître au bénéfice du jeu des forces sociales. Utile cependant et la plus rigoureuse des biographies récemment publiée en français.

Témoignages et articles, points particuliers :

Très nombreux aussi. Il faut consulter essentiellement la revue *Rassegna Storica del Risorgimento*. Pour ce qui est de la « bibliographie niçoise », on se reportera à la plaquette « Nice à Joseph Garibaldi » publiée à Nice, en 1957, pour le 150ᵉ anniversaire du plus illustre des Niçois.

Un ouvrage essentiel sur l'un des tournants de la carrière de Garibaldi :

D. Mack Smith : *Cavour and Garibaldi, 1860 A study in Political Conflict*, (Cambridge University Press, 1954).

Autour de Garibaldi

Il serait fructueux de relever toutes les créations que le destin de Garibaldi a fait naître, celles qu'il traverse comme un personnage, celles qui évoquent le climat de l'époque.

Je voudrais simplement rappeler le roman *Le Guépard*, de Lampedusa qui, mieux que bien des livres d'histoire, restitue l'atmosphère de la Sicile dans les années 1860 et tous les problèmes sociaux et psychologiques qui se posent dans l'île. Voilà le livre qui devrait servir d'introduction.

Comment ne pas citer les films de L. Visconti, *Le Guépard*, encore et l'admirable *Senso* et ceux moins connus des frères Taviani : *San Michele aveva un gallo* et surtout leur *Allonzanfan*. Toute une série d'autres films contribuent à une mise en image intelligente et belle des épisodes garibaldiens *1860* de Blasetti, *Viva l'Italia* de Rosselini, *Aniva faiscaldi* d'Alesandri, *In terne del paparè* et *Arrivano i bersaglieri* de Mafori, *Ifatti di Bronte* de Vancini.

Et puis, il faut écouter et voir, encore et toujours, les opéras de Verdi : *Nabucco, La Traviata, Les Vêpres siciliennes* et *La force du destin*.

Index

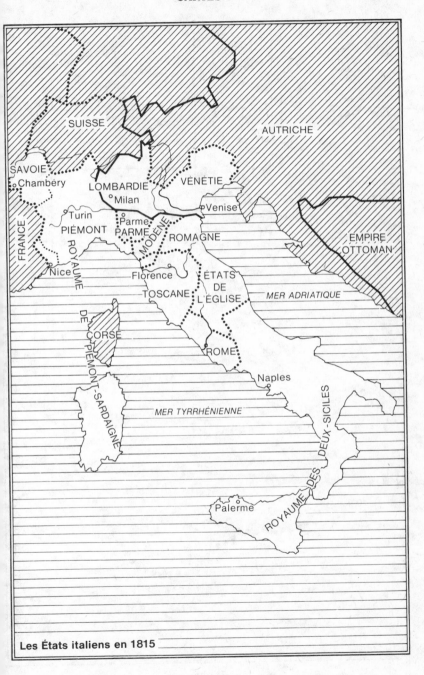

SUISSE

AUTRICHE

SAVOIE

Chambéry

LOMBARDIE

Milan

VÉNÉTIE

Venise

FRANCE

Turin

PIÉMONT

Parme

PARME

MODÈNE

ROMAGNE

EMPIRE OTTOMAN

ROYAUME

Nice

Florence

TOSCANE

ÉTATS DE L'ÉGLISE

MER ADRIATIQUE

DE PIÉMONT-SARDAIGNE

CORSE

ROME

Naples

MER TYRRHÉNIENNE

ROYAUME DES DEUX-SICILES

Palerme

Les États italiens en 1815

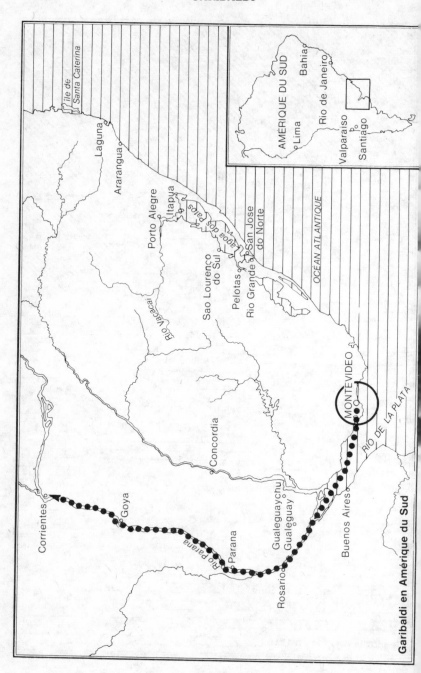

Garibaldi en Amérique du Sud

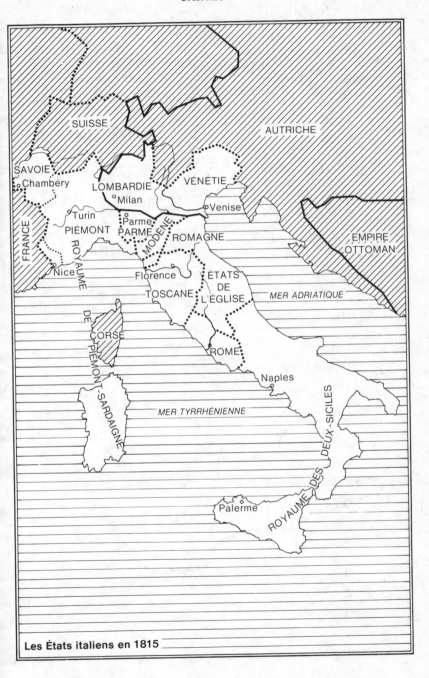

Les États italiens en 1815

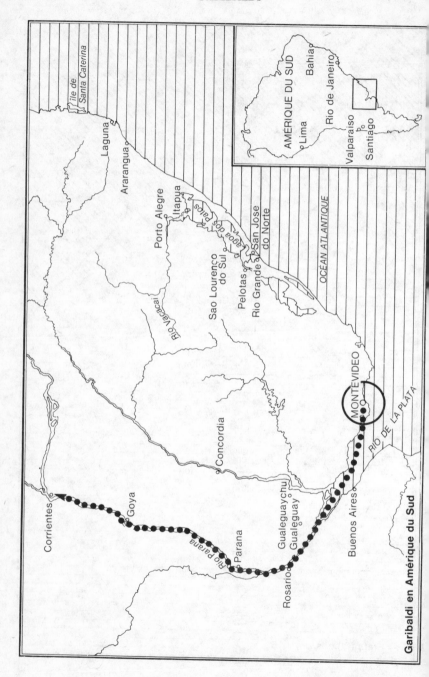

Garibaldi en Amérique du Sud

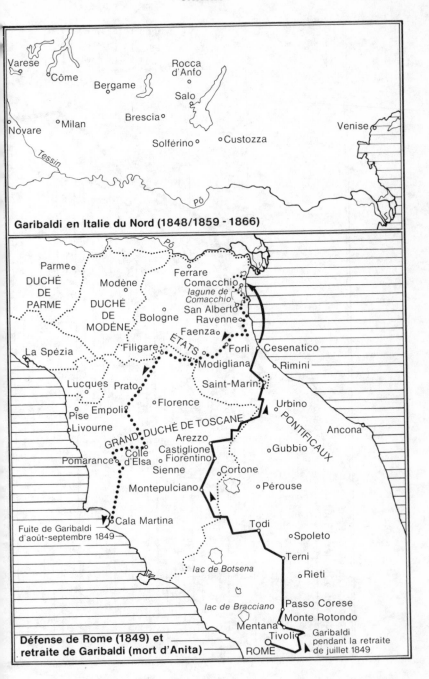

Garibaldi en Italie du Nord (1848/1859 - 1866)

Varese
Côme
Bergame
Rocca d'Anfo
Salo
Brescia
Novare
Milan
Solférino
Custozza
Venise
Tessin
Pô

Parme
DUCHÉ DE PARME
Modène
DUCHÉ DE MODÈNE
Bologne
Ferrare
Comacchio
lagune de Comacchio
San Alberto
Ravenne
Faenza
Filigare
ÉTATS
Forli
Cesenatico
La Spézia
Modigliana
Rimini
Lucques
Prato
Saint-Marin
Florence
Urbino
Pise
Empoli
Livourne
GRAND DUCHÉ DE TOSCANE
Arezzo
PONTIFICAUX
Ancona
Pomarance
Colle d'Elsa
Castiglione
Fiorentino
Sienne
Cortone
Gubbio
Montepulciano
Pérouse
Cala Martina
Fuite de Garibaldi d'août-septembre 1849
Todi
Spoleto
lac de Botsena
Terni
Rieti
lac de Bracciano
Passo Corese
Monte Rotondo
Mentana
Tivoli
ROME
Garibaldi pendant la retraite de juillet 1849

Défense de Rome (1849) et retraite de Garibaldi (mort d'Anita)

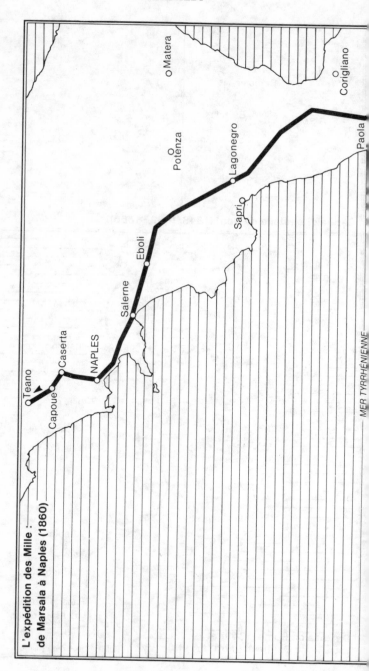

L'expédition des Mille :
de Marsala à Naples (1860)

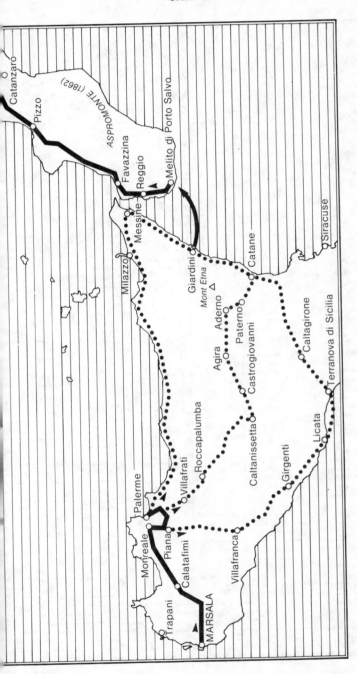

L'Italie en 1867

Table des matières

Ouverture
Une vie-opéra

Premier Acte
Le marin des origines
(1807-1835)

Deuxième Acte
Le combattant des antipodes
(1835-1848)

Troisième Acte
Le héros de la nation
(1848-1860)

Quatrième Acte
Le soldat soumis
(1861-1866)

Cinquième Acte
Le vieux guerrier
(1867-1882)

L'impression de ce livre
a été réalisée sur les presses
des Imprimeries Aubin
à Poitiers/Ligugé

pour le compte de la libraire Arthème Fayard
75, rue des Saints-Pères à Paris

ISBN 2-213-01147-8